新文科·新传媒·新形态 精

网络主播培养与直播销售实战

AIGC版

梁乃锋 丁露◎主编

崔萌 欧阳茜◎副主编

人民邮电出版社

北 京

图书在版编目（CIP）数据

网络主播培养与直播销售实战：AIGC版 / 梁乃锋，丁露主编. -- 北京：人民邮电出版社，2025. --（新文科·新传媒·新形态精品系列教材）. -- ISBN 978-7-115-67028-1

Ⅰ. F713.365.2

中国国家版本馆 CIP 数据核字第 2025A5V626 号

内 容 提 要

在数字化浪潮的席卷下，网络直播行业异军突起、蓬勃发展。随着网络直播行业生态的日益成熟，网络主播这一职业也迎来了全新的发展机遇。本书系统地讲解了网络主播培养与直播销售的策略与方法，主要内容包括网络直播概述、直播销售活动策划与筹备、主播打造与管理、主播素质培养、主播能力提升、直播话术设计、直播商品运营、直播销售活动管理、售后服务与复盘及直播销售案例分析。

本书内容新颖、全面，既可作为高等院校网络与新媒体、电子商务、市场营销等专业课程的教材，也可作为网络直播行业工作人员的参考书。

◆ 主　　编　梁乃锋　丁　露
　　副主编　崔　萌　欧阳茜
　　责任编辑　林明易
　　责任印制　陈　犇
◆ 人民邮电出版社出版发行　　北京市丰台区成寿寺路 11 号
　　邮编　100164　　电子邮件　315@ptpress.com.cn
　　网址　https://www.ptpress.com.cn
　　三河市君旺印务有限公司印刷
◆ 开本：787×1092　1/16
　　印张：16.5　　　　　　　　　　2025 年 6 月第 1 版
　　字数：420 千字　　　　　　　　2025 年 8 月河北第 3 次印刷

定价：56.00 元

读者服务热线：(010)81055256　印装质量热线：(010)81055316
反盗版热线：(010)81055315

前　言

在数字经济的浪潮中，网络直播行业如同一颗璀璨的新星，以燎原之势迅速发展，从最初的娱乐功能，发展到如今集娱乐、教育、销售等多功能于一体，网络直播已经渗透到人们生活的方方面面。

党的二十大报告指出："加快发展数字经济，促进数字经济和实体经济深度融合，打造具有国际竞争力的数字产业集群。"网络直播不仅激活了传统产业的潜力，还促进了数字经济与实体经济的深度融合。越来越多的品牌通过网络直播找到了新的增长点，而消费者也在这一过程中享受到了更加便捷、个性化的购物体验。网络直播就像一条纽带，紧密衔接着生产端与消费端，激活了市场经济，让商品流通焕发出全新的活力。

随着网络直播行业的蓬勃发展，网络主播数量呈爆发式增长。2024年，人力资源和社会保障部正式将网络主播增设为国家新职业，这标志着网络主播的职业身份得以确立，网络主播这一职业逐渐被社会认可。高质量的网络主播培养体系是行业行稳致远的基石，唯有培养出大批专业过硬、素质优良的网络主播人才，整个网络直播行业才能持续输出优质内容，维系用户信任，稳健前行。

基于网络直播行业发展的背景和网络主播培养的需求，编者精心策划并编写了本书，旨在帮助网络主播在竞争激烈的市场中脱颖而出，实现直播销售业绩的稳步增长和网络直播行业的可持续发展。

本书特色

- 体系完善，注重实战。本书内容全面、系统，对网络主播素质和能力的培养以及直播销售流程的各个环节进行了深度诠释，并且充分考虑课程要求与教学特点，注重实用性，在简要而准确地介绍理论知识的基础上，重点传授行之有效的网络主播培养方法和直播销售策略，着重培养读者的直播技能。本书注重实战训练，每章最后均设有"课堂实训"模块，让读者在实训中提升综合素养。

- 案例引导，传授经验。本书通过"案例导入"模块引入课程内容，并且在理论和技能讲解的过程中穿插"案例在线"模块，通过案例深入解析网络主播培养方法和直播销售策略。读者可以从案例中汲取成功经验，达到举一反三、融会贯通的学习目标。

- 紧跟潮流，应用 AI。本书深入讲解了 AI 在网络直播行业中的应用，包括使用 AI 写作直播脚本、直播话术，以及数字人主播的设置与训练等，旨在引领读者搭乘 AI 快车，在竞争激烈的直播赛道中脱颖而出。

学时安排

本书作为教材使用时，课堂教学建议安排 30 学时，实训教学建议安排 18 学时。各章主要内容和学时安排如表 1 所示，教师可以根据实际情况进行调整。

表 1　各章主要内容和学时安排

章序	章名	课堂教学/学时	实训教学/学时
第 1 章	网络直播概述	2	1
第 2 章	直播销售活动策划与筹备	3	2
第 3 章	主播打造与管理	4	2
第 4 章	主播素质培养	4	2
第 5 章	主播能力提升	4	2
第 6 章	直播话术设计	4	2
第 7 章	直播商品运营	2	1
第 8 章	直播销售活动管理	3	2
第 9 章	售后服务与复盘	2	2
第 10 章	直播销售案例分析	2	2
学时总计		30	18

本书资源

为了方便教学，编者为用书教师提供了丰富的教学资源，包括教学大纲、电子教案、课程标准、PPT 课件、课后练习答案等。用书教师如有需要，请登录人邮教育社区（www.ryjiaoyu.com）通过搜索本书书名或书号获取相关教学资源。

本书教学资源及数量如表 2 所示。

表 2　教学资源及数量

序号	教学资源	数量
1	教学大纲	1 份
2	电子教案	1 份
3	课程标准	1 份
4	PPT 课件	10 个
5	课后练习答案	1 份

为了帮助读者更好地使用本书，编者为书中的案例录制了 17 个配套的微课视频，读者可以通过扫描书中的二维码观看微课视频。

本书微课视频名称及二维码所在页码如表 3 所示。

表 3　微课视频名称及二维码所在页码

章节	微课视频名称	页码	章节	微课视频名称	页码
第 1 章 案例导入	塔斯汀——中式汉堡抖音直播首秀掀开销售新篇章	2	第 7 章 案例导入	LINHUANYING，通过灵活选品打造新中式雅韵直播	162
第 1 章 案例在线	数字人主播"花木兰"带游客领略大同文旅风采	6	第 7 章 案例在线	韩束直播——主题场景巧陈列，"红蛮腰"系列魅力绽放	172
第 1 章 案例在线	天猫超市进博会直播，引领进口商品销售热潮	12	第 8 章 案例导入	鸿星尔克直播困局，化解流量冲击有妙招	176
第 2 章 案例在线	利用豆包设计整场直播脚本	35	第 9 章 案例导入	支吾家居——多维策略助力直播破圈	212
第 2 章 案例在线	利用豆包设计单品直播脚本	39	第 9 章 案例在线	利用第三方数据分析工具分析直播数据	225
第 2 章 案例在线	猕猴桃果园直播销售新玩法	46	第 10 章 案例导入	"小明正能量"用特色直播赋能乡村振兴	230
第 5 章 案例导入	及时回应，洁柔和主播快速解除网络质疑危机	101	第 10 章 案例在线	"笔记+直播+群聊"联动，生野安室有效提升直播转化率	249
第 6 章 案例导入	"蜀中桃子姐"直播话术探秘——农产品销量背后的话语力量	123	第 10 章 案例在线	使用通义撰写小红书笔记	250
第 6 章 案例在线	利用豆包写作直播话术	157	—	—	—

本书编者

本书由梁乃锋、丁露担任主编，由崔萌、欧阳茜担任副主编。尽管编者在编写过程中力求准确、完善，但书中难免有疏漏与不足之处，恳请广大读者批评指正。

编　者

2025 年 2 月

目　录

第1章 网络直播概述

本章概述

随着互联网技术的飞速发展和普及，特别是宽带网络的广泛应用，直播行业得以迅速崛起。从娱乐休闲到教育学习，从商业推广到文化传承，网络直播以其即时性、互动性和包容性，渗透到人们生活的每个角落，重新定义了信息的传播方式、购物消费场景与人际交往的边界。本章介绍网络直播与直播销售的概况，以及网络主播的岗位需求等。

学习目标

➤ 了解网络直播的类型、直播行业的现状与发展趋势。
➤ 了解直播销售的常见形式、基本流程与规范。
➤ 了解直播销售的优势与风险。
➤ 了解网络主播的工作要求与直播销售员的就业前景。

本章关键词

直播行业 规范 直播销售 主播 岗位 工作要求

案例导入

塔斯汀——中式汉堡抖音直播首秀掀开销售新篇章

塔斯汀作为国内最大的中式汉堡连锁品牌，以中华面点制作工艺为基础，开发了手擀现烤中国汉堡，其产品凭借独特的口味和创意搭配，如"北京烤鸭中国汉堡""五香肉饼中国汉堡""有妆有味鸭中国汉堡"等，获得了消费者的广泛好评。在激烈的市场竞争中，为了提升品牌知名度和市场占有率，塔斯汀开始直播销售，进一步拓展销售渠道。

2024年"五一"期间，塔斯汀开通抖音账号，并与本地生活服务商千千惠合作进行直播销售。直播团队结合节庆热度与核心用户群体——职场打工人的特点，策划了"无论在哪都要吃'堡'"的专场直播主题，如图1-1所示。塔斯汀采用创新半实景直播模式，将职场打工人的"精神状态"和"假期休闲"巧妙融合，引发用户的共鸣。

直播中重点推荐塔斯汀的招牌爆款产品，如"香辣鸡腿中国汉堡"等，主播通过场景化的产品介绍对主推产品进行价值拆解，对

图 1-1　塔斯汀直播间

产品在工作餐、下午茶、夜宵、聚会等场景下的消费体验进行生动描述，引起上班族、全职妈妈、学生等群体的情绪共鸣，击中用户内心的利益锚点，进而提升产品转化率。

塔斯汀抖音官方账号建立第一天，售出套餐超 6 300 份，销售额超过 10 万元，粉丝增长超 100%，在多个城市餐饮榜团购榜单登顶，获得亮眼的成绩。

在直播创意营销方面，塔斯汀不断推动传统文化与热点事件的结合，以独特的视角打造具有国风魅力的内容，不仅助力国货品牌崛起和文化自信增强，还持续加强年轻消费群体与品牌之间的情感联系，为内容营销生态的健康持续发展注入新动力，为直播销售开启新篇章。

案例思考： 从塔斯汀直播案例中思考直播销售具备哪些优势。

1.1　初识网络直播

随着互联网的普及和移动互联网技术的发展，直播的形式和内容得到了极大的丰富和拓展。直播是一种通过电视或互联网实时传输音频和视频内容的方式，具有高度的即时性、互动性和真实性。直播不仅包括传统的电视节目直播，还包括各种形式的网络直播，如娱乐直播、电商直播、教育直播等。

1.1.1　网络直播的类型

按照直播的内容领域来划分，网络直播可以分为以下类型。

1．娱乐直播

娱乐直播（见图 1-2）是主播通过网络平台与用户进行实时互动，向用户展示才艺、进行搞笑表演或聊天等，旨在为用户带来欢乐和轻松氛围的直播活动。才艺展示包括唱歌、跳舞、表演等，这是娱乐直播中最常见的形式之一，主播通过展示自己的才艺，吸引用户的关注和喜爱。有的主播通过脱口秀表演，为用户带来欢乐，这种直播形式要求主播具备一定的幽默感和表演能力。

图 1-2　娱乐直播

有的主播则与用户互动、聊天，分享彼此的生活经历、兴趣爱好等。这种直播形式注重与用户的互动，让用户感受到被关注和尊重。做聊天直播时，主播要选择有趣的话题，时刻保持直播间的气氛热烈，还要通过提问、做游戏、在线投票等方式与用户互动，积极回应用户的评论和问题，以增强用户的参与感。

2．生活直播

生活直播（见图1-3）是以生活方式为主题的直播活动，这种类型的直播通常包括时尚生活直播、健身生活直播、旅游生活直播、家居生活直播等，主播通过实时分享生活中的经验和技能，吸引用户的关注和互动。

图1-3　生活直播

时尚生活直播涵盖服装搭配、美妆教程、发型设计等与时尚相关的直播主题。在服装搭配直播中，主播会展示当季流行的服装款式，上身示范不同风格的服装搭配，并且介绍搭配的技巧和注意事项。在美妆教程直播中，主播会详细讲解化妆步骤，推荐适合不同肤质的化妆品，让用户学习如何打造适合自己的妆容，提升个人形象。

家居生活直播主要围绕家居装修展示、家居用品推荐等内容展示。在家居生活直播中，主播会展示不同风格的家居装修案例，介绍家具的选择、软装的搭配等知识。同时，主播也会推荐一些实用的家居用品，如智能家居设备、清洁工具等，帮助用户打造舒适、美观的家居环境。

3．电商直播

电商直播是以商业宣传或商品销售为主题的直播，例如，一些品牌商可以通过直播介绍商品，吸引用户的关注，销售商品并扩大品牌和商品的影响力。电商直播又分为品牌专场直播、达人带货直播与农产品直播等。

- 品牌专场直播（见图1-4）。品牌商与主播合作，在特定的时间段专门销售该品牌的商品。主播会详细介绍品牌理念、商品特点及使用方法等信息。
- 达人带货直播。达人带货直播是指具有一定粉丝量和带货能力的达人在直播间推荐并销售各种商品。达人有自己的选品标准，他们通过试用、评测等方式为粉丝筛选出优质商品。
- 农产品直播。此类直播主要用于销售农产品，帮助农民拓宽销售渠道。主播可以在农产品产地进行直播，展示农产品的种植、采摘过程，让用户看到产品的源头，提高产品的可信度。

图 1-4　品牌专场直播

4．教育直播

　　教育直播是在教育领域开展的一种创新的教学模式。随着时代的发展，很多网络直播平台看准教育直播的市场潜力，推出各种教育类直播内容。教育直播又分为技能培训直播、知识讲解直播和学术讲座直播。

　　• 技能培训直播（见图 1-5）主要提供各种职业技能的培训内容，如办公软件的应用、编程、设计、烹饪、美容美发等。

　　• 知识讲解直播主要讲解历史文化、文学艺术等知识。

　　• 学术讲座直播是指专家、教授在直播间讲解专业领域的知识，内容涉及前沿科学研究成果、学术理论等。

5．体育直播

　　体育直播是以各种体育比赛为主题的直播活动，如足球、篮球、乒乓球、网球比赛等，这些比赛通常会被直播，观众可以实时欣赏精彩的比赛过程。

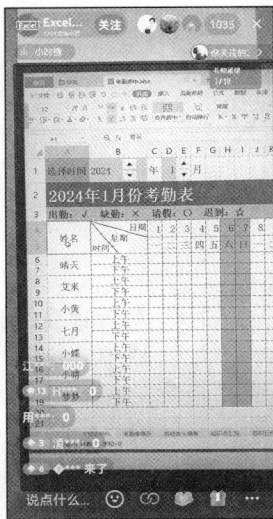

图 1-5　技能培训直播

　　体育比赛本身具有很强的观赏性，而直播则能够更好地呈现比赛的精彩瞬间和细节。高清的画面、流畅的播放及专业的解说和评论都使得体育直播成为观众欣赏体育比赛的重要渠道。

　　在直播过程中，观众可以通过弹幕、评论等方式与其他观众和主播进行互动，分享自己对比赛的看法和感受，这种互动性增强了观众的参与感和归属感。

6．游戏直播

　　游戏直播是以电子游戏为内容载体，以电子竞技比赛或电子游戏为素材，主播实时展示/解说自己/他人的游戏过程或游戏节目的直播类型。游戏直播又分为电子竞技赛事直播、游戏攻略直播与游戏体验直播等。

1.1.2　直播行业的现状

　　随着网络直播的快速发展，直播内容从最初的娱乐领域转向电商、教育、游戏等多个领域，直播终端也从 PC 端转向了移动端。目前，我国直播行业的发展现状具有以下特点。

1．市场规模持续扩大，管理逐步规范化

中国演出行业协会发布的《中国网络表演（直播与短视频）行业发展报告（2023—2024）》显示，2023年我国网络表演（直播）行业市场营业收入规模达2 095亿元，较2022年增长5.15%，市场规模持续扩大，直播行业逐渐进入成熟期，增速有所放缓。

《中国网络视听发展研究报告（2024）》显示，截至2023年12月，我国职业主播数量已达1 508万人，网络视听用户规模达10.74亿人。

2024年7月，人力资源和社会保障部联合国家市场监督管理总局、国家统计局共同揭晓了19个全新职业、28个新工种信息。其中，"网络主播"这一职业首次被纳入国家确定职业分类，并享受相关政策待遇，成为正式的职业种类。

另外，政府还出台了一系列政策措施，对直播行业的内容审核、主播行为规范、用户隐私保护等方面进行监管，直播行业管理日益规范化。例如，2024年7月1日正式施行的《中华人民共和国消费者权益保护法实施条例》，对直播带货等网络消费乱象进行规范，进一步明确了平台、直播间和主播对产品的责任。

2．平台多样化，各方竞争加剧

目前，直播平台不断增多，直播用户规模也在不断扩大，市场竞争加剧。直播平台包括内容平台、电商平台、教育平台等，其中抖音直播、快手直播、微信视频号直播等综合性内容平台处于头部位置，淘宝直播、京东直播等属于较大的电商平台，哔哩哔哩、陌陌、虎牙直播等平台凭借各自的特色也在市场中占据了一席之地。各平台在主播资源、内容创新、用户流量等方面展开激烈竞争。

虽然头部主播仍然具有较大的影响力和商业价值，但随着行业的发展，腰部和尾部主播数量不断增加，竞争日益激烈。

3．直播内容丰富，垂直化发展

直播是靠内容来吸引用户的，因此直播内容多样化是推动直播发展的动力。目前，直播内容呈垂直化发展趋势，各个细分领域专业直播的内容更加深入和精准，直播内容涵盖娱乐、游戏、电商、教育、健身、美食、旅行等众多领域，涉及人们生活的方方面面，满足了不同用户的需求。

4．直播与实体经济融合加深

直播成为品牌推广和营销的重要手段，许多品牌通过与主播合作进行产品的展示和推广，提升品牌的知名度和影响力。例如，一些新消费品牌通过开展电商直播活动，与主播合作，快速聚拢目标用户，帮助店铺积累初始客群。直播行业还带动了相关产业的发展，如物流、供应链等。为了满足电商直播行业的快速发展需求，物流行业不断提高配送效率，供应链也在不断优化，以确保商品能够及时、准确地送到用户手中。

5．技术创新，推动直播行业发展

5G的普及提高了直播的流畅度和稳定性，为用户带来了更好的观看体验。同时，5G也支持多个设备同时连接，为大规模的直播活动提供了技术保障。

人工智能技术在直播中的应用也越来越广泛，例如，智能推荐算法可以根据用户的兴趣和行为，为用户推荐个性化的直播内容；智能客服可以及时回答用户的问题，提高用户的满意度；数字人主播可以提升用户的观看体验。

虚拟现实（Virtual Reality，VR）、增强现实（Augmented Reality，AR）等技术的发展也为直播带来了新的体验，用户通过VR设备或AR设备仿佛身临其境地感受直播场景。

案例在线

数字人主播"花木兰"带游客领略大同文旅风采

"你好呀，亲爱的朋友！我是花木兰。想必你对我的故事并不陌生，知道我接军帖、替爷征，也知我不用尚书郎，只为还故乡。" 2024 年 4 月 25 日，京东云言犀打造的数字人"花木兰"（见图 1-6）身着一身戎装，英姿飒爽，与观众展开了一场跨越时空的对话："让我们步入时光长廊，探寻精彩大同，我的家乡！"

微课视频

图 1-6　数字人主播"花木兰"

看"花木兰"广眉英气、长发束起、衣袂飘飘，时而挥扇而舞，大气十足，时而身披甲胄，气宇轩昂；听"花木兰"一口流利的中英双语，带领人们走进世界文化遗产云冈石窟，领略千年文化的魅力。从还原经典外形，到注入文化底蕴，这些都得益于京东云言犀的技术支持。

在"五一"假期来临之际，这位融合现代科技与传统文化的数字人"花木兰"，无疑成了大同走向全国、走向世界的重要名片，为广大游客推开一扇通向古都的"数智之门"。

从智能导游到带货主播，数字人"花木兰"的身份可以灵活切换。在游客出行前，"花木兰"可以化身为贴心的智能导游，根据游客的个人偏好和需求，定制个性化的旅游路线和游玩规划；在云冈石窟、古城墙等热门景区，它摇身一变，化身为博学多才的讲解员，引导广大游客探寻东方石雕艺术的精魂、中西文化融合的代表，让古老的城墙散发出鲜活的生命力；它还可以化身为专业主播，讲解大同丰富的文创产品，推广当地特产、好物。

1.1.3　直播行业的发展趋势

直播行业呈现出一系列显著的发展趋势，这些发展趋势将塑造行业的未来格局，并推动其持续发展。直播行业的发展趋势如下。

1. 电商直播持续发展

随着人们购物习惯的改变和对线上购物体验要求的提高，电商直播行业持续保持增长态势。未来，电商直播将更加注重内容的专业性和趣味性，通过打造优质的直播内容，吸引用户关注并促进消费。同时，电商直播与供应链的协同发展会更加紧密，建立起与直播前端相匹配的供应链和售后服务体系，提高商品的质量和物流配送效率。

随着直播行业的发展，品牌商会更加重视自己的直播渠道建设，品牌自播将成为主流。品牌自播能够更好地控制直播内容和推广商品，提升品牌形象和用户信任度。

另外，电商直播的场景将不再局限于直播间，而是逐渐拓展到线下门店、工厂、田间地头等，通过直播展示商品的使用场景、生产过程等，让用户更加直观地了解商品，增强购买意愿。

2．社交属性不断增强

直播与社交平台的融合更加深入，用户可以通过直播与朋友、家人、粉丝进行实时互动，分享自己的生活、经验和见解等，维持良好的社交关系。社交平台的用户基础和社交关系链将为直播提供更多的流量和用户资源，同时，主播可以通过社交平台积累粉丝，然后将粉丝转化为消费者，从而提高商品的销售转化率。

3．全球化发展加速

随着全球经济的不断融合，跨境直播成为直播行业的新亮点。主播可以通过直播向国外用户推广国内的商品和文化，同时也可以将国外的优质商品引入国内市场，促进国际贸易的发展。国内外的直播平台和主播之间的合作将不断增加，共同开展直播活动和进行内容创作。这将有助于不同国家和地区之间的文化交流和传播，推动直播行业的全球化发展。

4．行业监管日益完善

我国政府将继续加强对直播行业的监管，出台更加严格的政策法规，规范直播平台的运营和主播的行为。例如，对直播内容的审核、用户隐私的保护、商品质量的监管等方面将提出更高的要求，保障消费者的合法权益。

直播行业内部将加强自律，建立健全行业规范和标准，加强对主播的培训和管理，提升行业从业人员的整体素质和形象。直播平台也会加大对违规行为的打击力度，维护良好的直播生态。

5．与其他产业深入融合

直播将与其他产业深度融合，如教育、医疗、金融等。例如，在线教育直播可以为学生提供更加生动、直观的教学体验，医疗直播支持远程医疗诊断和手术示范，金融直播可以为投资者提供实时的市场分析和投资建议。

6．主播职业化水平更高

随着直播行业的发展，主播的职业化、专业化水平将不断提高。未来，主播不仅需要展示商品，还需要掌握商品知识、销售技巧、用户运营知识等。同时，主播的培训体系将不断完善，多频道网络（Multi-Channel Network，MCN）机构将提高签约主播的准入门槛，培养出更多高素质的主播。

1.1.4　直播行业规范

直播行业规范是确保直播行业健康、有序发展的基础与前提，直播行业规范的建立能够保护消费者、主播、平台等各方的合法权益。

直播行业规范主要涉及以下几个方面。

1．平台管理规范

直播平台应建立商家、主播的入驻资质审核机制，对其身份信息、专业资质等进行严格审核，确保进入平台的主体符合相关要求；同时还要建立健全内容审核制度，利用人工智能、大数据等技术开发高效的审核工具，对直播内容进行实时监控和审核，及时清理违规内容，确保内容积极向上，传递正能量。

直播平台需保护用户权益，建立健全信用评价制度，公示信用评价规则，为用户提供对商家或主播服务进行评价的便捷途径；建立畅通的用户举报或投诉渠道，及时处理用户的反馈和投诉。

直播平台还要做好合同与协议管理，制定完善的服务协议与行为规范，明确平台与主播、商家之间的权利义务关系，以及违规行为的处理方式。

2．商品销售规范

在直播销售中，主播和平台方应对销售的商品进行查验，不得提供或宣传法律法规、规章及有关规定禁止生产销售、禁止网络交易、禁止商业宣传的商品或服务，如明令淘汰并停止销售的商品、不符合安全标准的商品等。

直播中的广告宣传要合法合规，主播不得进行虚假的或容易引人误解的商业宣传。一些特殊商品的广告，如金融、食品、化妆品等，要符合广告法要求。

开展促销活动时，促销活动有附加条件或期限的，应当明确公示条件或期限；促销活动有限量要求的，应当明示促销商品的具体数量，售完后应即时明示。以抽奖、附赠、积分换购等方式进行促销的，应当如实展示有奖销售信息、赠送物品的品名和数量或换购的条件。

3．主播行为规范

主播是网络直播中的重要角色，要遵循相关的行为规范。

- 政治立场坚定。主播应坚持正确的政治方向，不得发布违反宪法所确定的基本原则及违反国家法律法规的内容。

- 具有良好的道德修养与正确的价值观。主播要崇尚社会公德，恪守职业道德，提升个人品德，自觉摒弃低俗、庸俗、媚俗等低级趣味，反对流量至上、畸形审美、拜金主义等不良现象，抵制违反道德、有害网络和谐的行为。要与用户文明互动，理性表达，引导用户合理消费，共建文明、健康的网络生态环境。

- 尊重知识产权。主播应当遵守与知识产权相关的法律法规，自觉尊重他人的知识产权，未经授权不得使用他人的作品。

- 具有执业资质。对于需要较高知识水平的直播内容，如医疗卫生、财经金融、法律等，主播应取得相应的执业资质，并向直播平台进行执业资质报备。

1.2 初识直播销售

直播销售是一种通过直播形式进行商品或服务推广和销售的新型商业模式，它具有极强的互动性和直观性，主播能够实时向用户展示、介绍并推荐商品或服务，用户可以通过评论、弹幕等方式与主播进行交流，这不仅提升了用户的购物体验，还提高了用户做出购买决策的效率。这种新型的商业模式正在逐步改变人们的购物方式和消费习惯。

1.2.1 直播销售的常见形式

直播销售作为直播行业的重要组成部分，其形式多种多样，能够满足不同用户的需求，为用户带来不同的购物体验。直播销售的常见形式如表1-1所示。

表 1-1　直播销售的常见形式

直播销售形式	直播间形式	直播内容	商品来源
分享式直播	直播团队搭建的直播间	主播在直播间里向用户分享和推荐商品，通过讲解与展示商品，引导用户做出购买决策	自有品牌或合作品牌的商品
产地式直播	商品的原产地或生产车间	展示商品真实的生产环境、生产过程，通过营造真实感来吸引用户做出购买决策	合作地区的农产品或合作品牌的商品
基地式直播	直播基地的直播间（需向基地运营方缴纳基地服务费）	主播讲解并展示商品，通过丰富的商品类及有吸引力的价格策略引导用户做出购买决策	直播基地的商品一般有店铺链接，主播可一键将其上架到自己的直播间
体验式直播	直播团队搭建的直播间	主播现场对商品进行加工、制作，展示商品经过加工后的真实状态或商品的使用过程，激发用户的体验兴趣，吸引用户做出购买决策	自制商品或品牌商提供的商品，主要是食品类、小型家电类商品
知识式直播	直播团队搭建的直播间	主播以授课的方式在直播中分享有价值的知识或技巧，在获得用户的信任后，再推荐合作品牌的商品或与所分享知识相关的在线教育类服务	多为合作品牌的商品或与所分享知识相关的在线教育类服务
才艺式直播	直播团队搭建的直播间	主播通过直播表演舞蹈、脱口秀、魔术等才艺，并在表演才艺的过程中使用要推广的商品，如与才艺表演相关的服装、鞋、乐器等	多为合作品牌的商品
促销式直播	直播团队搭建的直播间或商场、品牌店内	主播通过各种促销活动，向用户推荐商品，吸引用户购买	多为合作品牌的商品
测评式直播	直播团队搭建的直播间	主播边拆箱边介绍箱子里面的商品，客观地描述商品的特点和使用体验，让用户真实、全面地了解商品的功能、性能等，从而让用户产生购买意愿并做出购买决策	多为合作品牌的商品，品类多为数码商品
访谈式直播	直播团队搭建的直播间	围绕与商品相关的某个主题，主播与嘉宾通过对话的方式阐述自己的观点和看法，向用户介绍商品的独特功能和使用方法，吸引用户做出购买决策	多为合作品牌的商品
日常式直播	日常生活场所	主播个人可以直播日常生活内容；企业的主播可以直播企业的日常工作，如研发新品的过程、生产商品的过程、领导开会的情景、员工的工作状态、办公室趣事等，通过直播这些趣味内容，提升用户对主播和直播间的黏性	合作品牌的商品或自有品牌商品

1.2.2　直播销售的基本流程

　　直播策划人员应按照直播销售的基本流程确定好各环节的内容，最终形成完整的直播策划。直播销售的基本流程如下。

1. 明确直播主题

　　任何直播销售活动都是围绕一定的主题进行的。用户可以通过直播主题清楚地知道能从该场直播中看到什么、收获什么，这十分有助于引起用户的观看兴趣，吸引用户留在直播间。常见的直播主题有新品上架、清仓、特卖、促销等。

确定直播主题后，直播团队还要明确直播目的，如日常销售、新品上市、活动促销等。明确直播目的，有助于直播团队有计划、有针对性地开展直播销售活动。在考虑目的可行性和可操作性的前提下，将目的具体化，并明确目的达成时间。

例如，某品牌就单场直播销售活动，将直播目的确定为：销售额达到 500 万元，直播账号新增关注人数达到 8 000 人。

2．规划整体流程

直播销售活动通常按照"直播筹备→直播预热→直播执行→直播复盘"的流程进行。在策划阶段，直播团队需要明确直播销售整体流程各个环节的具体内容，如表 1-2 所示。

表 1-2　直播销售的整体流程

环节	目标	实施细节
直播筹备	选择直播场地	根据直播销售的需要，选择合适的直播场地，并根据销售的商品及直播内容等合理布置场地
	筹备直播设备	开播前准备好直播需要用到的设备并调试好设备，防止直播中因设备发生故障而影响直播
	准备直播物料	准备好直播需要用到的直播商品样品、素材（如直播封面图、标题和脚本等）、直播道具
	主播准备工作	主播需要提前熟悉直播流程和商品信息
直播预热	选择推广渠道	根据目标受众的上网习惯，选择其活跃度高的平台发布直播预告
	确定预热方法	根据选定的直播预热平台，确定符合该平台特性与要求的预热形式
直播执行	撰写直播脚本	直播脚本应包括直播主题、直播目的、直播时间、人员安排、注意事项等
	选择互动方式	以留存用户为主要目的，选择合适的互动方式
	确定促销策略	以促进用户购买商品为目的，采取一系列的促销策略
直播复盘	数据收集整理	收集整理整场直播数据，包括流量数据、互动数据与销售数据
	直播过程回顾	回顾整个直播过程，包括主播的表现、产品展示、环节设置及技术故障等方面的问题
	团队协作评估	对运营团队、客服团队及后勤团队的协作情况进行评估
	总结经验教训	根据数据和过程回顾，总结直播成功的经验。对于不足的地方，实施有效的改进措施，不断进行优化

3．策划直播内容

直播内容即呈现在直播画面中的内容，包括商品、主播、直播间布置等。直播团队除了明确直播主题，还要策划直播的具体内容及内容的表现形式。

（1）策划直播的具体内容

策划直播的具体内容主要分为内容定位、内容结构和内容创新。

● 内容定位。主播要根据直播主题确定内容的受众，了解他们的需求和兴趣点；确定内容的风格，确保与品牌形象和受众喜好相符。

● 内容结构。设计一个清晰的内容框架，包括开场白、主体内容、互动环节、结尾等部分。主体内容应围绕直播主题展开，可以包括产品介绍、知识分享、娱乐互动等。互动环节可以设计问答、抽奖、投票等活动，以提升观众的参与度。

● 内容创新。尝试新的内容形式，如访谈、辩论、情景剧等，增强直播的趣味性和吸引力。结合时事热点、节日庆典等元素，策划具有时效性与话题性的内容。

（2）策划内容的表现形式

策划内容表现形式涉及视觉表现、听觉表现和互动形式3个方面。

- 视觉表现。选择合适的直播场景和背景，营造符合直播主题的视觉氛围。使用高质量的摄像设备和灯光设备，确保画面清晰、色彩鲜艳。设计吸引人的视觉元素，如动画、特效、字幕等，提升观众的视觉体验。

- 听觉表现。选择合适的背景音乐和音效，与直播内容相协调，营造氛围。确保主播的音质清晰，使用专业的音频设备。必要时可以邀请嘉宾或观众进行语音互动，以增强直播的互动性。

- 互动形式。利用直播平台提供的互动功能，如弹幕、评论、点赞等，与观众进行实时互动。设计有趣的互动游戏或挑战，鼓励观众参与并将直播间分享到社交媒体上。设立专门的互动时段，解答观众的问题，收集他们的反馈和建议。

4．做好直播预算

直播预算是对直播销售活动成本的估算，也可以称为可以承受成本的上限。直播销售的形式、人员分工、物资购买等都需要根据直播预算来确定，以确保直播销售利益的最大化。例如，设备购买、场地租赁、奖品发放、道具准备等费用，都需要在直播预算中进行明确。

5．正式直播

正式直播的过程包括开场互动、产品展示与介绍、互动环节和促销环节。

在开场互动时，主播要热情地欢迎观众，简单介绍自己，通过一些轻松、愉快的方式拉近与观众的距离，例如，分享一个有趣的小故事或当天的热点话题。另外，主播还要详细介绍直播的主题和流程安排，让观众对接下来的内容有清晰的了解。

在产品展示与介绍环节，主播要按照直播脚本的顺序展示和介绍产品，包括产品的特点、优势和功能等。

在互动环节，主播要及时回答观众的提问，开展抽奖活动，并引导观众分享直播间。

在促销环节，主播要介绍产品的价格和优惠活动，并合理使用促销策略，促使观众下单。

6．直播后跟进

直播后跟进包括订单处理与发货、售后服务和数据分析与总结。

主播要及时处理观众下单后的订单信息，包括确认订单、安排发货等。要确保发货的速度和准确性，提供良好的物流服务。可以与可靠的物流公司合作，并对发货过程进行跟踪，让观众能够及时了解产品的运输状态。

企业要建立良好的售后服务体系，如果观众对产品有任何疑问、投诉或退换货需求，要及时响应并处理，可以通过客服电话、在线客服或电子邮件等方式与观众进行沟通。

主播及其团队要对直播的数据进行分析，包括观看人数、观看时长、点赞数、评论数、下单量、销售额等，通过这些数据来评估直播效果，找出成功的经验和不足之处，对下一次直播进行优化，包括调整直播的内容、形式、产品、促销策略等方面，不断提升直播销售效果。

1.2.3 直播销售的优势与风险

直播销售在众多商品销售方式中具有突出的优势，同时也存在一定的风险。

1．直播销售的优势

直播销售的优势体现在以下几个方面。

（1）直观性与真实性

直播销售能够直观地展示商品或服务，使用户能够实时看到商品的外观和了解商品的功能、使用方法等，增强用户的购买信心。主播在展示商品的过程中所展现出的真实使用感受，能够让用户产生共鸣。例如，试穿服装时，主播可以描述衣服的面料质感、穿着的舒适度、版型是否修身等实际体验，让用户对服装有更真切的感知，减少因信息不对称导致的购买顾虑。

（2）便利性与互动性

直播销售打破了时间和空间的限制，用户可以随时随地通过手机或计算机观看直播并购买商品，这极大地简化了用户的购物过程。在直播过程中，用户可以随时参与互动，如评论、点赞、抽奖等，还可以通过弹幕实时与主播沟通，这增强了用户的参与感；主播也可以及时回答用户的问题，消除他们的购买疑虑，提高他们做出购买决策的效率。

（3）个性化与定制化

在直播销售中，主播可以根据用户的喜好和需求，推荐合适的商品或服务，实现个性化营销。直播销售还可以提供定制化服务，例如，根据用户的特殊需求定制商品，增强商品的吸引力。

（4）传播速度快、覆盖面广

直播销售借助互联网的力量，可以实现信息的快速传播，吸引大量潜在用户。用户可以通过社交媒体、短视频平台等渠道分享直播间链接，吸引更多用户进入直播间，迅速扩大用户覆盖面，提高品牌的知名度和曝光率。

（5）营销成本低，销售效率高

相较于传统的线下销售和广告宣传，直播销售对场地、物料、代言人、销售人员等要求低，其营销成本相对较低。企业或个人只需在直播平台开通直播功能，便可进行直播，然后凭借优质内容或活动快速吸引大量用户，并借助大数据实现精准营销，在大大降低营销成本的同时提高销售效率。

（6）提升品牌形象，增强用户黏性

在直播销售中，主播以独特的风格和话术介绍商品，传递品牌理念，有助于提升品牌形象。主播的专业知识和经验分享也能提升用户对品牌的认知度和信任感。经过定期的直播销售活动，企业与主播能够与用户建立长期稳定的互动关系，不断增强用户黏性。

案例在线

天猫超市进博会直播，引领进口商品销售热潮

中国国际进口博览会作为世界上首个以进口为主题的国家级展会，为全球各国的企业提供了一个展示优质商品、拓展中国市场的重要平台。天猫超市已连续 5 年参与进博会，其于 2024 年采用官方直播间现场直播的方式，打破了传统线下参展的局限，将参展商的新品第一时间推荐给全国消费者，让消费者能够同步感受进博会的新品魅力。

微课视频

2024 年 11 月 6 日下午，在参展商佳沃的展台，天猫超市和佳沃合作发布了车厘子海运预售新品。直播间里，智利驻上海商务领事和天猫超市生鲜健康行业总经理详细介绍了这款车厘子的产品特色。车厘子是智利原箱进口的皇家黎明和桑提娜两个品种，具有饱满圆润、甜度高的特点。而且，发货速度快，消费者下单后能够快速品尝到新鲜美味的车厘子。

进博会开幕三天，仅天猫超市的官方直播间，这款车厘子就卖出1 000多箱，销售额超过170万元，同比增长27倍，成绩斐然。这一销售业绩一方面得益于车厘子本身的高品质和独特优势，另一方面离不开直播推广的强大作用。通过直播，消费者能够更加直观地了解产品细节，增强对产品的信任和购买欲望，同时，智利驻上海商务领事的参与也为产品增添了权威性和可信度。

另外，新西兰牛奶品牌安佳的4款参展新品也通过天猫超市官方直播间同步上新销售，如图1-7所示。这4款参展新品一经推出便受到消费者的广泛关注和喜爱。这些新品在品质、营养、口感等方面都具有独特之处，满足了不同消费者的需求。此次进博会期间，安佳将商品同步送到天猫超市的仓库，确保消费者在下单后的第二天就能收到商品，实现了高效的物流配送和快速的市场响应。此次直播销售提高了安佳新品在中国市场的知名度和影响力，为其后续的市场销售打下了良好的基础。

图1-7　直播销售安佳新品

在进博会直播期间，天猫超市官方矩阵销售额同比增长154%，充分显示了直播间的强大带货能力和市场影响力。通过直播，天猫超市能够与消费者进行实时互动，及时了解消费者的需求和反馈，为消费者提供更加个性化、专业化的服务，增强了消费者的黏性。

2．直播销售的风险

直播在高速发展的同时也滋生出很多问题，企业要开展直播销售，必须了解直播行业的法律法规，做好风险防范，提升直播合规意识。

（1）法律风险

网络监管日趋严格，确保直播的合规性，明确相应的法律义务及责任，是开展直播销售的前提。直播团队要在直播选品、拟定广告用语、撰写直播文案等方面进行专业合规性审查、业务流程把关与法律风险控制。

在直播销售过程中，多方面原因会导致消费者的合法权益受侵害，形成潜在的法律风险，如商品质量风险、发布虚假广告的违规风险、违规使用广告语的风险、违反《中华人民共和国反不正当竞争法》的风险等。

对此，直播团队需要严格查验企业的主体资质和经营许可证，严格按照《中华人民共和国产品质量法》等相关法律法规的要求选品，保障商品质量，且确保主播言行符合法律法规和社会道德规范，并针对可能涉及的风险提前制定风险预案，做好危机公关。

（2）税务风险

直播销售产业链中各方负责的内容不同，所承担的纳税义务也就不同。直播销售所涉税种主要有增值税、个人所得税、企业所得税、印花税等，如果个人或企业发生逃税、漏税等行为，就有可能受到处罚。各方应当强化法律意识，及时依法履行纳税义务，并进行自我核查，及时整改。

📚 素养课堂

面对纷繁复杂的直播销售场景和各种可能出现的情况，我们要学会运用批判性思维去分析不同行为、决策可能带来的风险，对选品、宣传、直播话术等方面的潜在风险进行理性评估，而不是盲目地推进直播活动，要培养从多角度审视问题、权衡利弊的能力。

1.2.4 直播销售规范

直播销售行业的可持续发展需要建立在良好的市场秩序和消费者信任的基础上。制定直播销售规范并实施，可以引导商家和主播树立诚信经营的理念，提升商品质量和服务水平，从而实现行业的可持续发展。直播销售需要遵循以下规范。

1．商品信息规范

在直播销售中，主播必须确保商品或服务信息的真实性、全面性和一致性。

● 真实性。主播展示并介绍的商品或服务信息必须真实准确，不得夸大或虚构商品的功效、性能等。

● 全面性。主播要全面介绍商品或服务的相关信息，包括成分、规格、产地、保质期、使用方法、售后保障等内容，不仅要介绍商品的功能亮点，还要介绍其限制条件、退换货政策等。

● 一致性。主播介绍的商品或服务信息要和商品详情页、实际提供的商品或服务保持一致。

2．广告宣传规范

在直播销售中，直播团队要遵守广告宣传规范。

● 用语合规。直播间禁止使用绝对化用语，如"国家级""最高级""最佳"等夸大性表述。

● 广告标识清晰明确。如果直播内容涉及广告推广，直播团队要按照规定明确标识出来，让消费者能够清晰地区分正常的商品介绍与广告内容，保障消费者的知情权；直播间如果使用数字人主播进行直播销售，应在合理位置进行持续、显著标识，与自然人名义或形象进行明显区分。

3．直播内容规范

在直播销售中，直播团队要确保直播内容的合法性、文明性。

● 合法性。直播内容要符合国家法律法规要求，不得传播违法违规、违背公序良俗的信息。

● 文明性。主播在直播销售过程中要使用文明用语，保持良好的形象，不能出现辱骂、诋毁他人等不文明行为，要营造积极、健康的直播销售氛围。

4．互动环节规范

在直播销售中，直播团队要遵守销售活动规则，对消费者提出的问题要及时回应。

● 活动规则。在直播互动环节中，如果设置抽奖等活动，直播团队要提前明确、清晰地公布抽奖的参与条件、开奖时间、奖品设置等规则，并且严格按照规则执行，确保公平公正，避免引起争议。

● 问题回应。对于消费者在弹幕等互动渠道提出的问题，主播要及时、认真地给予回应，不能忽视消费者的问题，保障消费者的参与权和知情权。

5．交易环节规范

直播团队要确保下单、支付等交易环节的流畅性、安全性等。

● 下单流程。直播团队要确保直播销售的下单流程清晰、简便，同时引导消费者下单购买商品，避免出现因流程复杂导致消费者放弃购买的情况。另外，在引导消费者下单前还要明确售后服务政策，包括退换货的条件、期限、流程，以及维修、保养等售后保障措施，并严格按照承诺执行。

● 支付安全。直播团队要保障支付环节的安全性，采用合规的支付平台和方式，对消费者的支付信息严格保密，防止消费者因支付信息泄露造成经济损失。

6．数据使用规范

直播销售会涉及消费者的个人信息（如联系方式、地址等），直播团队要遵循"合法、正当、必要"的原则，明确告知消费者收集信息的目的、使用范围等，并取得消费者的同意，不能过度收集消费者的数据；同时，对收集到的消费者数据要做好安全保护工作，防止数据被泄露、篡改、滥用等情况发生，维护消费者的隐私权。

1.3 网络主播的岗位需求

网络主播是直播行业的关键角色，既可以是产品与消费者间的重要桥梁，又可以作为直播内容的创作者与传播者，还能增强观众对直播平台的黏性。他们不仅需要具备扎实的专业知识与娴熟的直播技能，还要具备良好的职业素养。网络主播正站在行业发展的浪尖上，市场需求浪潮既是前所未有的机遇，也是充满考验的挑战。

1.3.1 网络主播、互联网营销师与直播销售员

2020 年 7 月 6 日，人力资源和社会保障部正式发布新职业公告，增设"互联网营销师"新职业，下设"直播销售员"新工种。自此，"电商主播""带货网红"等大众熟知的网络身份有了国家认可的正式称谓。网络主播作为直播销售的核心，其重要性不言而喻。下面从网络直播、互联网营销师与直播销售员的概念及关系出发，阐述三者的区别与联系。

1．三者的概念

网络主播、互联网营销师与直播销售员的概念如下。

（1）网络主播

网络主播是一个相对宽泛的概念，通常是指在网络直播平台上进行内容输出、与用户互动的人。网络主播的类型多种多样，有的侧重于娱乐，擅长展示个人才艺，如唱歌、跳舞、讲段子等，通过才艺吸引用户，增加粉丝量和人气；有的则侧重于分享知识，如讲解历史知识等；还有的则投身于商品销售领域，即常说的带货主播，他们与直播销售员的工作内容有重合之处，都在直播间里向用户推荐商品，但并不是所有网络主播都从事销售工作。

（2）互联网营销师

互联网营销师是指在数字化信息平台上，运用网络的交互性与传播公信力，对商品进行多平台营销推广的人员。其工作范围比较广泛，包括但不限于通过各类互联网渠道开展市场调研、分析营销数据、制定营销策划方案，然后运用多种网络营销手段实施推广，最终实现品牌知名度提升、品牌美誉度提高，以及商品销售量增加等多项目标。互联网营销师是一种综合性、专业性较强的职业。

（3）直播销售员

直播销售员属于互联网营销师职业下的一个新工种，侧重于直播。其通过直播平台向用户展示、介绍商品或服务，运用专业的销售技巧与用户互动，解答疑问，促成交易。其核心职责是在直播过程中完成商品的销售工作，故其聚焦于直播带货这一环节。

2．三者的关系

互联网营销师作为一个大的职业范畴，包含直播销售员这一具体工种。换言之，直播销售员是互联网营销师在直播销售领域细分出来的一个专业岗位角色。而网络主播中

那些从事直播销售业务的带货主播，从职业属性来讲，可以归属于直播销售员，进而也算是互联网营销师。而网络主播范畴更广，还包含非销售类的诸多主播类型。

对想从事直播销售工作的人来说，考取互联网营销师职业资格证书，尤其是聚焦于直播销售员这个工种来提升专业技能，有助于提升自身在行业内的专业性和认可度，有利于在直播销售领域的长远发展。很多网络主播在积累了一定的粉丝和直播经验后，如果想往专业的商品销售方向转型，那么系统学习与互联网营销师相关的知识，成为合格的直播销售员，是一条很好的职业发展路径。

同样，直播销售员也可以通过不断提升自身能力，如提升内容创作能力、互动能力等，逐渐成长为一名综合型、更具影响力的网络主播，从而进一步扩大自己在直播销售乃至整个网络直播领域的影响力。

📖 知识链接

2020 年，互联网营销师成了国家机关认证的新兴职业，被正式纳入《中华人民共和国职业分类大典》。互联网营销师并不完全等同于大众所熟知的带货主播，这一职业已发展分化出选品员、直播销售员、视频创推员与平台管理员四大职业工种。

互联网营销师职业资格证书是由人力资源和社会保障部注册登记的职业技能等级证书，职业编码为 4-01-02-07，共设五个等级，分别为：五级/初级工、四级/中级工、三级/高级工、二级/技师、一级/高级技师。

选品员、直播销售员、视频创推员三个工种设五个等级，分别为五级/初级工、四级/中级工、三级/高级工、二级/技师、一级/高级技师。平台管理员设三个等级，分别为五级/初级工、四级/中级工、三级/高级工。

通过职业技能等级认定的考生，可以获得相应等级的互联网营销师职业技能等级证书。证书按统一编码、统一样式，由评价机构用印，人力资源和社会保障部统一授权编号，录入国网，全国联网统一查询，与原国家职业资格证书具有同等效力，可以作为招聘录用、考核晋升、岗位续聘、职称评定等的重要参考依据。

1.3.2　网络主播的工作要求

网络主播通常有以下几个方面的工作要求。

1. 专业知识要求

很多网络主播负责为公司推广和销售商品，因此，这类网络主播需要深入了解所销售商品的特点、优势和卖点，并能运用有效的销售技巧，通过直播平台向用户详细介绍商品，引导用户完成购买流程。

网络主播需要全面掌握商品信息，了解商品背后的生产工艺及制作流程等，根据用户的特征与需求，准确、专业地向用户传递商品信息，精准地与用户进行沟通互动，提高销售转化率。另外，网络主播还要具备消费心理学知识，明白用户的购买动机、决策过程及影响用户购买行为的因素等，这样就可以根据用户的反应和提问，适时调整直播讲解内容和话术，促进销售。

2. 直播技能要求

直播技能主要包括语言表达能力、镜头表现能力、互动能力、应变能力和复盘能力。

- 语言表达能力。网络主播需要具备优秀的语言表达能力，能够用通俗易懂、富有感染力的话语将信息传递给用户，避免出现结巴、表述不清或用词过于专业晦涩而让用户听不懂的情况。

- 镜头表现能力。网络主播要在镜头前保持自然、大方、自信的形象和状态，要有亲和力，能与用户进行良好的互动；懂得如何通过眼神、表情、肢体动作等配合语言来更好地展示商品和营造氛围；懂得调整直播角度、光线等，确保自己或商品在镜头中的展示效果最佳。
- 互动能力。网络主播要善于与直播间的用户保持互动，及时回复用户的评论、私信和提问等；能够通过发起话题、举办问答活动、抽奖等方式，调动用户的积极性，活跃直播间气氛，提高直播间用户的留存率和活跃度。
- 应变能力。网络主播在直播时可能会遇到各种突发状况，如网络卡顿、设备故障、商品展示出现意外等。此时，网络主播要保持冷静，快速解决问题或采取补救措施。在面对用户的质疑或不满时，要以耐心、友好的态度应对和处理，通过摆事实、讲道理、提供证据等方式，消除用户的疑虑。
- 复盘能力。网络主播应具备较强的复盘能力，即通过对某个周期、阶段或时间点的行为和直播效果进行回顾、反思和探究，进一步优化自身的行为，从而优化直播效果。

3．新媒体技能要求

直播也是新媒体的一部分，所以网络主播需要具备基本的新媒体技能，新媒体技能主要包括以下几个方面。

- "网感"。"网感"指的是对时下热点信息的敏感性，对当前趋势的判断力。网络主播必须具备"网感"，对网络语言、网络流行趋势具有一定的判断力和把控力。
- 视觉美化能力。在"注意力经济"时代，赏心悦目的直播现场、有格调的背景图片、有美感的画面能够极大地提升直播间的传播效果。
- 信息组织能力。网络主播要能在海量的网络信息中识别并组织有效信息，以实现有效交流。
- 创新能力。网络主播应具备一定的创新意识和创新能力，不断产生奇思妙想，用新颖的内容与形式吸引用户的目光。

4．综合素质要求

网络主播要具备过硬的综合素质，为行业的持续发展提供支撑。网络主播需要具备的综合素质主要包括以下两个方面。

- 沟通协作能力。网络主播要采用有效且恰当的方法与他人进行沟通交流；要具有团队意识，能够围绕统一的目标，在团队内部进行有效的组织协调。
- 持续学习能力。当前直播领域发展迅速，新的商品、技术和营销手段等不断涌现。网络主播需要有持续学习的意识和能力，不断更新自己的知识储备，提升直播技能和应变能力，以适应行业的变化，在激烈的市场竞争中保持自己的优势。

5．职业素养要求

网络主播需要具备的职业素养如下。

- 服务意识与职业道德。网络主播应具备较强的服务意识，能够认真、耐心地回答用户的问题，消除用户的疑虑；要秉持诚信经营的理念，对用户如实介绍商品信息，不虚夸商品功效，不隐瞒商品缺陷，以良好的职业道德赢得用户的信任和认可，树立良好的自身形象和品牌形象，为长期的直播销售事业打下坚实的基础。
- 遵守法律法规。网络主播应严格遵守国家关于广告宣传、消费者权益保护、电子商务等方面的法律法规，遵守直播平台的规则和政策，确保直播销售的内容合法合规，不进行虚假宣传，不销售假冒伪劣商品等，维护公平、健康的市场秩序。
- 市场意识与风险意识。网络主播需要实时关注行业动态，了解用户偏好和市场趋势，以便不断优化直播内容和销售策略。网络主播应具备对时间、成本、人员等方面可能存在的风险进行预判、规划和应对的意识。

1.3.3　直播销售员的就业前景

近年来，直播销售行业发展迅猛，随着 5G、大数据、人工智能等先进技术的应用，直播从娱乐形式转变为品牌营销的工具，直播销售员这个职业应运而生。直播销售员的职业发展前景广阔，潜力无限，其就业前景主要体现在以下几个方面。

1．市场需求持续增长

随着网络科技的日新月异，传统的营销方式正逐步被新型的互联网营销手段所替代。直播销售以其直观、高互动性、即时反馈的特性，为越来越多的企业纳入整体营销战略。这种新型的销售模式不仅降低了企业的营销成本，还提高了销售效率。因此，企业对直播销售人才的需求也呈现出爆炸式增长的态势。

直播销售不局限于传统的电商领域，而是广泛应用于农产品、文化艺术、教育培训、旅游等众多行业。直播销售岗位需求日益增长，涵盖主播、运营、技术支持等多个岗位。市场对直播销售员的需求持续攀升，提供了大量的就业机会。

2．行业规范化发展

近年来，直播销售行业逐渐规范化发展。国家出台了一系列法律法规，如《中华人民共和国电子商务法》《关于进一步规范网络直播营利行为促进行业健康发展的意见》等，以规范行业发展，保障消费者权益。这些法律法规的出台为直播销售员提供了更加稳定和有序的工作环境，也促进了行业的可持续发展。

3．职业发展路径清晰

直播销售员的职业发展路径清晰，晋升空间大。初级直播销售员通过不断提升自己的专业技能和综合素质，可以逐步晋升为高级直播销售员或团队负责人。直播销售员在积累了一定的经验和资源后，还可以向直播运营、选品专员、内容策划、技术支持等相关岗位发展，拓宽自己的职业道路。例如，熟悉直播流程和用户需求的直播销售员，可以转行从事直播运营工作，负责直播间的整体规划和运营管理。

4．职业薪酬提升潜力巨大

直播销售员的薪酬通常包括基本工资、提成和奖金等部分。提成受销售业绩的影响，销售业绩越好，提成越高，优秀的直播销售员可以凭借提成获得丰厚的收入。除了全职工作，直播销售员还可以利用业余时间开展兼职直播，增加额外收入。

随着个人经验的积累和技能的提升，直播销售员可以通过晋升、横向发展等方式获得更高的薪酬水平。此外，随着直播销售行业的不断发展壮大和市场需求的增加，企业对直播销售员的需求也会不断增加，从而推动薪酬水平的提升。

5．自主创业机会大

随着直播技术的不断发展和普及，直播销售员自主创业的门槛逐渐降低。他们可以凭借自己的直播销售经验和粉丝基础成为知名主播，成立个人工作室或创建自己的公司，自主选择商品和品牌进行直播销售，实现从就业到创业的转变。

在创业过程中，直播销售员与供应商建立紧密的合作关系，能够更好地把控商品质量，为消费者提供更优质的商品和服务，从而提升自己的品牌竞争力和商业价值。

6．新兴领域与机遇多

随着直播销售行业的不断发展和创新，越来越多的新兴领域和机遇涌现出来。例如，跨境直播、保税仓直播等新模式为直播销售员提供了更多的就业机会和发展空间。

同时，随着消费者对直播购物的接受度不断提高和市场竞争的加剧，直播销售行业将面临更多的机遇和挑战。这些机遇和挑战将推动直播销售员不断提升自己的专业技能和综合素质，以适应市场的变化和需求。

当前，直播销售行业发展迅速，直播销售员需要不断学习和掌握新的直播技术、营销手段、产品知识等，以保持竞争力，了解市场动态和消费者需求的变化，培养敏锐的市场洞察力和创新意识，这可以让直播销售员站在行业的前沿。

课堂实训：观看并分析抖音直播

1．实训背景

凭借抖音短视频积累的庞大用户基础和流量优势，抖音直播逐渐吸引了更多用户和创作者的关注。抖音直播的内容丰富多样，除了常见的才艺表演、聊天互动，还有生活记录、户外探险、美妆教程、美食制作等各种类型的直播内容，满足了不同用户的兴趣和需求，吸引了更广泛的用户参与和关注。

2019年起，抖音大力发展电商直播，众多品牌和商家纷纷入驻抖音直播平台，开启直播带货模式。发展至今，抖音直播的社交互动性愈发强大，用户不仅可以通过弹幕、点赞等方式与主播互动，还可以在直播间内与其他用户进行实时交流和讨论，形成了良好的社区氛围和社交圈子，进一步提升了用户的黏性和活跃度。

如今，抖音直播形成了一个较为完整的生态系统，包括主播、用户、商家、品牌方、内容制作团队、运营机构等各个角色，各个角色相互协作，相互促进。

2．实训要求

选择抖音直播平台中优秀的主播，观看其直播过程，然后与同学讨论分析其直播类型、直播流程，以及要成为一名优秀的主播，需要具备的基本能力。

3．实训思路

（1）选择优秀主播

进入抖音直播的主播榜单，在其中选择自己感兴趣的主播，分析其所属的直播类型。

（2）观看主播的直播

选择一个合适的时间，观看主播的一场直播，总结其直播流程。

（3）讨论主播的能力要求

通过观察优秀主播的直播表现，总结优秀主播需要掌握的基本能力。为了更贴合实际，学生可以在招聘平台搜索主播的相关岗位，查看具体的岗位要求。

课后练习

1. 简述网络直播的类型。
2. 简述直播销售的基本流程。
3. 简述直播销售的优势。
4. 直播销售有哪些规范？
5. 简述网络主播的工作要求。

第2章　直播销售活动策划与筹备

本章概述

在直播销售领域，策划与筹备工作意义重大。它能够明确直播目的与流程，使主播和团队成员清楚各自的职责，保障直播有序开展。本章主要介绍直播团队的组建、直播销售活动的策划、直播销售活动脚本的策划，以及直播间的搭建，帮助读者深入了解直播销售策划与筹备工作。

学习目标

➢ 掌握直播团队人员配置及职责。
➢ 掌握直播销售活动策划的方法。
➢ 掌握直播销售活动脚本策划的方法。
➢ 掌握搭建室内直播间、户外直播间及虚拟直播间的要点。

本章关键词

团队组建　活动策划　活动脚本　直播间搭建　虚拟直播间

案例导入

陈克明食品董事长直播首秀——从舌尖到心间的品牌魅力释放

2024年1月26日下午6时，陈克明食品官方旗舰店的抖音直播间上演了一场别开生面的直播首秀，董事长兼总经理陈宏坐镇，这场直播堪称直播销售活动脚本策划的范例。

直播开场时，画面聚焦于温馨而专业的直播间，董事长陈宏准时出现，面带微笑，亲和力十足，瞬间营造出轻松愉快的氛围，拉近了与观众的距离。

在直播中，陈宏分享了自己的留学经历，通过讲述留学过程中的所见所闻、所感所悟，将国际化的视野和对品质生活的追求融入其中，提升陈克明食品的品牌形象，让观众从品牌领导者的个人经历中感受到品牌的深厚底蕴。

在阐述企业成功原因时，陈宏从品牌创立初期的艰辛历程说起，讲述了对每一个生产环节严格把控、对原材料精挑细选的坚持，以及对消费者反馈的重视等。这些内容生动地展现了一个企业从无到有、从小到大的发展历程，使观众深刻地认识到陈克明食品是一个有顽强生命力和卓越品质的品牌，进而增强对品牌的信任感。

当谈及经营理念时，陈宏着重强调了健康与美味并重的理念。他详细介绍了陈克明食品如何在保证美味的同时，致力于为消费者提供更健康的食品选择，从食材的天然无添加到制作工艺的科学环保，每一个细节都体现出对消费者健康的关怀。这种情感化的表达使观众与品牌之间建立了情感纽带，感受到品牌的温度和责任感。

对于华夏软弹面、菜肴包等热销产品，研发总监生动地描述了研发团队为打造软弹面的独特口感，历经无数次实验，研究面粉的不同配比，将揉面工艺的过程一一呈现。产品经理则对菜肴包的口味研发过程进行揭秘，从对市场上各种口味的调研，到与专业厨师团队的合作，最终确定了满足不同消费者口味需求的菜肴包口味。这些故事让观众深入了解到每一款产品背后的心血与智慧，使产品升华为团队努力的结晶。

在产品展示和促销环节，多款热销产品以特价销售，这一设计让观众感受到了专属的优惠和福利。陈宏介绍特价产品的性价比，强调此次优惠是为了回馈一直支持陈克明食品的消费者，这种情感驱动的促销方式极大地激发了观众的购买欲望。同时，直播中抽取观众赠送茅台酒等环节，吸引了很多观众参与其中。通过设置简单有趣的抽奖规则，观众的参与热情被充分调动起来，整个直播间气氛热烈，互动频繁。

整个直播过程中，从品牌故事的讲述、产品研发历程的分享，到优惠福利的推出，每一个环节都紧密围绕着提升品牌形象、增进观众对产品的认知和增强观众购买欲望的核心目标。直播销售中的每个环节都经过精心策划，如同一场精彩的演出，各个环节环环相扣、有条不紊，充分体现了直播销售活动脚本策划对直播效果和销售转化的关键作用，也为其他品牌的直播销售活动提供了借鉴范例。

案例思考：陈克明食品直播活动体现了直播销售活动脚本策划中的哪些要点？

2.1　直播团队的组建

从大型企业的新品发布会到小型商家的日常带货，直播都展现出了巨大的商业价值。然而，一场成功的直播绝不是一个人单打独斗就能完成的，它需要一个专业、高效的直播团队来支撑。

2.1.1　直播团队主要岗位及职责

一场成功的直播并非偶然，其背后是直播团队的协同努力。无论是吸引观众目光的主播、运筹帷幄的运营人员、精心构思内容的策划人员和贴心服务的客服人员，还是保障视听效果的技术人员，都是直播顺利开展的重要因素。了解直播团队主要岗位及职责，是打造高效直播团队、实现直播目的的基础。

直播团队主要包括选品团队、运营团队和主播团队。

1．选品团队

选品团队是负责挑选适合在直播间销售的产品的专业团队。他们是直播销售的"把关人"，从众多产品中筛选出最有可能获得消费者青睐、符合直播主题、满足消费者需求的产品。选品团队的岗位主要包括选品专员、商务合作专员、市场调研员、产品助理和供应链管理员，其职责分工如表 2-1 所示。

表 2-1　选品团队的主要岗位及职责分工

岗位	职责分工
选品专员	关注市场动态，分析消费者需求变化，研究竞争对手的选品策略
市场调研员	寻找可靠的供应商，并与之谈判，争取最有利的合作条件

岗位	职责分工
商务合作专员	根据市场调研结果制作选品清单；对产品进行全面评估，包括产品的质量、独特卖点和吸引力
产品助理	安排产品试用环节；收集内部团队成员和外部试用者的反馈意见，对产品进行筛选与优化
供应链管理员	设计合理的产品组合；制订产品更新计划，根据季节变化、节日促销等因素，及时更新产品库存

2. 运营团队

运营团队是确保直播活动顺利开展、实现直播目的的关键力量。他们如同直播的"大脑"和"指挥中心"，统筹协调各个环节，从直播前的策划准备，到直播中的实时监控，再到直播后的复盘总结，都离不开运营团队的精心运作。

运营团队的主要岗位包括产品运营、活动运营和场控，其职责分工如表 2-2 所示。

表 2-2 运营团队的主要岗位及职责分工

岗位	职责分工
产品运营	负责产品陈列规划、品类规划及收集整理产品信息，提炼产品卖点，对主播进行产品知识培训等
活动运营	安排直播流程，进行日常活动、上新活动、节日活动、大促活动等各种活动策划及制作各项活动的脚本； 收集活动信息，随时掌握官方平台发布的最新活动玩法，了解其他直播间，借鉴有效的活动形式； 跟踪活动执行情况，及时解决出现的问题
场控	操作直播场控台，包括产品上架、发放红包、评论抽奖送礼等； 控制整场直播的节奏、提醒主播使用话术、临时调整数据、烘托直播间氛围、调动观众情绪等

3. 主播团队

主播团队是直播的最终执行方，其主要职责是展示产品，与观众互动，最终促成交易。主播团队的主要岗位包括主播、副播和助理，其职责分工如表 2-3 所示。

表 2-3 主播团队的主要岗位及职责分工

岗位		职责分工
主播	产品展示与讲解	深入了解产品的各项细节，包括功能、材质、使用方法、适用场景等；以实物展示、操作演示等方式，让观众直观地看到产品的特点
	与观众互动	积极关注观众的评论、弹幕和提问，及时回应；与观众互动，如抽奖、问答等，提升观众的参与度与活跃度
	氛围营造和节奏把控	根据直播的主题和产品类型，营造合适的氛围；合理把控直播节奏，避免直播过程拖沓或过于仓促，灵活调整介绍产品的速度和时间
副播	产品展示与讲解协助	主播介绍产品的主要特点后，副播适时补充产品细节； 针对比较专业或复杂的产品，讲解更深入的技术知识； 将正在销售的产品与其他类似产品进行对比分析
	直播节奏把控	负责直播环节的自然过渡； 帮助主播把握直播时间，提醒主播合理安排时间
	互动环节支持	在互动环节向观众解释互动规则，或者协助主播
	应急情况处理	直播出现技术故障时，与技术团队沟通如何解决问题； 产品出现问题时，协助主播解决问题

岗位		职责分工
助理	物料准备与展示辅助	直播前，准备好所有物料，包括产品、道具等； 在直播过程中，帮助主播更好地展示产品
	互动数据记录	记录互动环节的相关数据，用于后续分析总结； 关注评论区和弹幕，将观众的问题和评论及时反馈给主播，对于简单的问题，助理可以直接在评论区回复
	信息传递与沟通	与直播团队其他成员沟通，传递直播间实时信息； 适时提醒主播产品信息

2.1.2　直播团队人员配置及职责

根据人员配置规模的不同，直播团队可分为基础版团队、标准版团队和高级版团队。无论是初涉直播领域的小团队，还是直播经验丰富的大团队，合适的人员架构都是成功的关键。商家可以根据直播工作岗位、工作内容、工作流程等的不同，组建不同层级的直播团队。

1．基础版团队

基础版团队的人数一般是2～3人，能满足基本的直播需求，主要由主播和运营组成。下面是2人组成的基础版团队配置及职责分工，如表2-4所示。

表2-4　基础版团队配置及职责分工

岗位	职责分工
主播（1人）	负责产品展示与讲解，需要熟悉产品的基本功能和使用方法； 通过生动、简洁的语言向观众传达产品信息，同时积极与观众互动，回答问题，营造轻松、愉快的直播氛围，吸引观众购买产品
运营（1人）	承担直播策划与推广工作，主要包括制订直播计划、确定直播时间和主题； 撰写直播活动脚本，设计直播话术，搭建并设计直播场景； 负责在社交媒体等平台发布直播预告，吸引流量； 关注直播数据，如观看人数、点赞数等，以优化后续直播； 调试直播设备和直播软件，保证直播视听效果，上架产品链接

基础版团队只能从事基本的直播工作，无法实现连续直播。此外，基础版团队配置对主播和运营的要求都比较高，尤其是运营，必须是全能型的人才，需要掌握技术、策划、控场、运营等多方面的知识，在直播过程中身兼数职，可以自如地切换角色。

2．标准版团队

标准版团队的人数基本是4～5人，主播是核心岗位，其他岗位人员都要围绕主播开展工作。下面是4人组成的标准版团队配置及职责分工，如表2-5所示。

表2-5　标准版团队配置及职责分工

岗位	职责分工
主播（1人）	熟悉商品介绍话术；讲解和销售商品；适时互动；把握直播节奏和氛围；直播复盘
运营（1人）	对市场和目标受众进行调研；分解直播销售任务；规划商品品类、上架顺序及陈列方式；分析直播数据
策划（1人）	策划直播间优惠活动；设计粉丝分层规则和粉丝福利；策划直播间引流方案； 撰写直播活动脚本，设计直播话术；搭建直播间并筹建道具
场控（1人）	调试直播设备和直播软件，保障直播视听效果；上架商品链接；配合主播发放优惠券；解决突发技术问题，保障直播顺利进行

3．高级版团队

高级版团队的人员更多，分工更细化，工作流程也更优化。这样的团队在直播销售时拥有更多的优势：直播内容质量更高；流量获取与转化能力更强；产品选择更精准，带给观众更好的视听体验，客户服务也更优质。高级版团队配置及职责分工如表 2-6 所示。

表 2-6　高级版团队配置及职责分工

岗位		职责分工
主播团队（3 人）	主播	熟悉直播流程、商品信息及直播脚本； 向观众展示商品，适时互动，精准把控直播节奏，介绍直播间福利； 做好复盘，总结话术、情绪、表情等的使用效果
	副播	协助主播介绍商品、直播间福利，补充更深入的专业知识和细节； 在需要时担任临时主播，保证直播质量不受影响
	助理	准备直播商品、使用道具等； 配合主播工作，充当演示模特、互动对象，完成画外音互动等
策划（1 人）		挖掘商品卖点和品牌价值，结合市场热点和目标受众，策划直播主题和形式； 规划直播内容，如确定直播主题、准备直播商品、做好直播前的预热宣传、规划好开播时间段、做好直播间外部导流和内部用户留存等
编导（1 人）		编写商品脚本、活动脚本、关注话术脚本、控评话术脚本，做好封面场景策划，协调妆容、服饰、道具等准备工作
场控（1 人）		做好直播设备如摄像头、灯具等相关硬件的调试； 负责直播中控台的后台操作，包括直播推送、商品上架，监测直播实时数据等； 接收并传达信息（协助运营传达信息给主播或副播）
运营（2 人）		制订长期战略和短期计划，统筹协调团队各部门的工作，合理分配资源，监督工作进度和质量； 营销任务分解，负责品类规划、结构规划、陈列规划、直播间数据运营、活动宣传推广、粉丝管理等
店长导购（2 人）		辅助主播介绍商品特点，强调商品卖点，为观众推荐商品，同时协助主播与观众互动
拍摄剪辑（1 人）		负责视频拍摄、剪辑（直播花絮、直播短视频等），辅助直播工作
客服（2 人）		配合主播在直播间为观众提供实时咨询服务； 记录观众的问题和需求，及时反馈给相关部门； 修改商品价格，上架优惠链接，解决物流、售后等问题

素养课堂

团队意识，简单来说就是大局意识、协作精神和服务精神的集中体现。践行团队意识，需在日常工作中勇于担当，遇棘手难题时不推诿、不退缩；任务分工时，服从大局、恪尽职守。以高度的责任感挑起团队重担，将团队目标化为实干动力，用点滴付出夯实团队前行根基。

2.2　直播销售活动的策划

为了更好地实现销售目标，商家要积极参加直播平台举办的各项活动，这是商家在直播领域获得成长的必经环节。策划直播销售活动，一般会确定独特的直播主题，增强直播间的吸引力，提升专业性，让观众感受到品牌的用心，提高对产品的信任度。同时，还要精心设计互动环节，鼓励观众积极参与活动，增强观众的黏性，进而提升销售效果。

2.2.1　目标用户定位

在直播销售活动策划中，精准定位目标用户是成功的关键一步。只有了解目标用户才能让直播内容策略有的放矢，然而这并非易事，需要深入剖析多方面的因素。进行目标用户定位时，商家可以从以下几点入手。

1. 分析产品特点

在分析产品特点时，商家可以从产品功能与用途、价格方面进行分析，使直播内容和营销策略与目标用户精准匹配，更好地展示产品价值，吸引用户，进而提高直播销售转化率。

（1）功能与用途

商家要仔细研究产品的功能，确定其能满足的用户需求。例如，一款具有高效保湿和防晒功能的护肤品，目标用户可能是注重皮肤保养、经常户外活动的人群。又如，一款主打专业视频编辑功能的软件，目标用户大概率是视频创作者、自媒体工作者或广告公司的剪辑人员。

（2）价格

产品价格通常也会影响目标用户定位。高价位的产品，如奢侈品品牌的服装或高端电子产品，目标用户往往是具有较高消费能力、追求品质和品牌形象的消费者；而价格亲民的产品，如平价的日用品或小吃零食，则面向更广泛的大众消费群体，包括学生、普通上班族等。

2. 研究市场数据

研究市场数据是直播销售活动目标用户定位的关键。商家从行业报告和平台数据中可以精准把握用户特征，增强直播销售的针对性和有效性。

（1）参考行业报告

商家可以借助专业的市场研究报告来了解产品所属行业的用户分布情况。这些报告可以提供不同年龄段、性别、地域和消费层次的人群对该类产品的购买倾向等信息。例如，某份美妆行业报告显示，20～30岁女性是彩妆产品的主要购买群体，且在一、二线城市的消费占比较高，这就为彩妆直播销售的目标用户定位提供了参考方向。

（2）挖掘平台数据

商家利用直播平台自身的数据工具，分析直播间的观众画像，包括观众的年龄范围、地域分布、观看时间等数据，可以从中发现目标用户特征。例如，某运动品牌直播的观众主要为25～40岁男性，且沿海发达城市的观众的观看活跃度较高，那么在策划直播销售活动时，就可以将这部分人群作为目标用户。

3. 考虑品牌价值观与品牌风格

品牌价值观与品牌风格是吸引目标用户的关键因素，与品牌价值观相符的用户更容易与品牌产生共鸣。

（1）匹配品牌价值观

品牌所倡导的价值观会吸引与之相匹配的用户。如果品牌强调环保和可持续发展，使用可回收材料制作产品包装，那么目标用户很可能是关注环保、有社会责任感的消费者，这些消费者愿意为符合自己价值观的品牌和产品买单。

（2）关联品牌风格

品牌风格也会影响目标用户定位。例如，一个主打潮流、个性设计的服装品牌，其目标用户多为追求时尚、喜欢展现自我风格的年轻人；而经典、优雅风格的品牌，可能更吸引成熟、注重品质和美感的消费者。

4．用户调研与收集反馈信息

商家可以通过用户调研收集反馈信息，这些信息能精准指向目标用户的核心诉求，让直播内容、推荐产品等紧密贴合用户需求，从而提高直播销售活动的精准度和成功率。

（1）实施问卷调查

商家可以设计有针对性的问卷，通过社交媒体、电子邮件或品牌官方网站等渠道发布问卷，收集用户的信息。问卷内容可以包括用户的基本信息、消费习惯、对产品的需求和期望等方面。例如，在策划智能家居产品直播销售活动前，通过问卷询问用户对智能家居产品的了解程度、是否有购买意向、期望的价格区间，以及希望产品具备的功能等问题。

（2）焦点小组访谈

商家通过组织小范围的焦点小组访谈，邀请具有代表性的用户参与，在访谈过程中深入了解他们的消费动机、购买决策过程及对产品和品牌的看法。例如，针对母婴产品直播，可以邀请准妈妈和新手妈妈，讨论她们在选择母婴产品时最关注的因素，如产品安全性、便利性、品牌口碑等，从而精准把握目标用户的核心需求。

（3）收集用户评论与建议

商家还可以查看电商平台、社交媒体上用户针对产品的评论，以及客服部门收集的用户反馈信息。这些评论和反馈信息能够直接反映用户对产品的满意度、改进建议和期望，有助于更好地定位目标用户。例如，用户在评论中频繁提到希望某品牌能推出更小巧、便携的健身器材款式，这表明有一部分用户对产品的便携性有需求，在直播销售活动策划中可以考虑这部分用户的需求。

2.2.2　直播主题的确定

一个精彩且恰当的直播主题是一场直播销售活动成功的关键。它不仅能够决定直播的风格和氛围，还直接影响观众的参与度和购买意愿。然而，确定一个合适的直播主题需要综合考虑多方面的因素，从分析目标受众，到结合产品特点，从关注热点和趋势，到巧妙融入创意和趣味性元素，每一个环节都至关重要。

1．分析目标受众

在分析目标受众时，直播策划人员通过了解目标受众需求，考虑目标受众喜好和痛点，确定符合他们期望的主题，从而提升直播效果。

（1）了解目标受众的需求

直播策划人员要对目标受众进行深入的调研，包括他们的年龄、性别、消费习惯、兴趣爱好等。例如，目标受众是年轻的上班族，他们可能对与职场能力提升相关的产品比较感兴趣，那么直播可以围绕"职场新人必备好物推荐"展开。通过收集目标受众反馈，如查看评论、私信及开展问卷调查等方式，直播策划人员可以精准把握他们的需求。

（2）考虑目标受众的喜好和痛点

直播策划人员还要关注目标受众的喜好，如美妆产品的目标受众可能喜欢时尚潮流主题。如果他们热衷于复古妆容，直播策划人员就可以把直播主题定为"复古妆容大揭秘——穿越回旧时光的美妆教程"。同时，直播策划人员通过挖掘目标受众的痛点，也可以确定直播主题，以母婴产品为例，新手妈妈可能会担心宝宝的睡眠问题，此时，直播主题可以是"解决宝宝睡眠难题——母婴好物分享"。

2．结合产品特点

结合产品特点是指直播策划人员确定直播主题时要突出产品核心卖点，并展示产品优势和价值。

（1）突出产品核心卖点

对于有独特功能的产品，直播策划人员要在直播主题中体现出来。例如，如果是一款具有强大防水功能的运动手表，其直播主题可以是"无惧汗水与雨水——防水运动手表深度解析"；如果是服务类产品，如在线教育课程，课程的重点是个性化教学，直播主题可以是"专属于你的学习路径——个性化在线教育课程介绍"。

（2）展示产品优势和价值

强调产品的性价比是商家吸引消费者的重要手段。例如，对于价格实惠且质量不错的家居用品，直播主题可以是"高性价比家居好物来袭——让你的家焕然一新"。如果是高端产品，直播主题要突出其品质和品牌价值。例如，一款奢侈品牌的手袋，其直播主题可以是"经典传承——××手袋的奢华品质之旅"。

3．关注热点和趋势

直播策划人员在确定直播主题时，要紧跟社会热点，顺应行业趋势，这样可以让直播更具前瞻性，在直播销售市场中也更具竞争力。

（1）紧跟社会热点

热点事件往往自带流量，直播策划人员可以借助当下热门的社会事件或节日来确定主题，从而借助事件或节日热度吸引消费者关注。例如，在世界杯期间，体育用品的直播主题可以是"世界杯同款运动装备推荐"。

（2）顺应行业趋势

了解所在行业的最新动态，可以让直播更具前瞻性。在电子产品领域，折叠屏手机是最新趋势，直播主题可以是"折叠屏手机的新时代——××折叠屏手机全方位体验"，以唤起消费者对新技术的好奇心。在健康食品领域，低糖、低热量饮食流行，直播主题可以是"低热量健康食品新潮流——美味与健康兼得"，以满足消费者对健康与美味的需求。通过顺应行业趋势，产品可以紧跟潮流，且更具竞争力，也让直播主题更符合市场的动态变化。

4．巧妙融入创意和趣味性元素

采用新颖的创意形式，增加直播中的趣味性元素，吸引消费者的注意力，提升消费者的留存率和参与度。

（1）采用新颖的创意形式

直播主题的创意形式可以是角色扮演。例如，销售古装时，主题是"穿越千年的衣橱——古装角色扮演购物盛宴"，主播可以穿着不同朝代的古装进行展示和讲解。这能让主播在众多直播中脱颖而出，激发消费者的好奇心，使他们愿意参与到直播间的活动中。此外，直播策划人员还可以设置悬念，如"神秘新品大猜想——猜猜它是什么宝藏好物"，以引起消费者的兴趣。

（2）增加趣味性元素

直播策划人员还可以结合游戏来确定主题。例如，在零食直播中，主题可以是"零食大作战——边玩游戏边品尝美味零食"，通过游戏互动来介绍零食，让消费者在轻松、愉快的氛围中了解产品。

此外，直播策划人员也可以利用有趣的故事背景来确定直播主题，例如，销售手工制品的直播主题可以是"匠人故事汇——手工制品背后的温暖故事"，在讲述故事的过程中展示产品的制作工艺和独特之处，进而提高消费者购买产品的可能性。

2.2.3 直播平台的选择

随着直播行业的火热发展，众多直播平台如繁星般涌现，商家面临如何选择直播平台的问题。直播平台的选择至关重要，因为它直接关系到直播销售的成败。不同的直播平台在用户特征、功能特点、流量状况及稳定性和服务质量等方面都存在差异。商家需要深入了解这些信息，才能找到最契合自身产品和营销目标的直播平台。

在选择直播平台时，商家应关注以下几个方面。

1．分析目标受众与平台用户画像

每个直播平台都有自己的受众，这些受众都有自己独特的标签和特征，对某一类文化或行为感兴趣。商家在选择直播平台时，必须了解各平台用户画像，选择目标受众聚集的直播平台。

（1）了解目标受众的平台偏好

首先，商家要明确目标受众主要活跃在哪些平台。例如，如果产品面向年轻的潮流爱好者，抖音可能是一个很好的选择。因为抖音的用户以年轻人为主，他们对时装、美妆、潮流玩具等产品比较感兴趣。

专业的商务人士或高净值人群可能倾向于在一些知识付费平台或具有商业氛围的平台观看直播，如得到、小鹅通等平台，这些平台的用户更注重知识和品质，适合向其销售高端商务课程、专业咨询服务等。

知识链接

小鹅通是一款集品牌营销、知识产品交付、用户管理和商业变现于一体的数字化工具，为有线上经营需求的企业提供一站式技术服务，助力企业完成数字化转型。

小鹅通直播是小鹅通的核心功能，小鹅通直播在满足老师的不同直播场景需求的同时，也提供高清画质，播放流畅不卡顿，无论是在线直播还是录播，都能满足老师的在线教学需求。

小鹅通直播为老师配备了丰富的直播互动工具，可以实现教学课件实时共享、电子白板板书、直播随堂测验、学生举手发言、直播数据统计，以及帮助老师在直播的同时能够和学生实时互动，及时解决学生提出的问题，让教学效果更好。

为了让新手老师更容易上手，节约操作时间，减少使用成本，小鹅通直播持续优化功能操作，倾听老师的建议，在丰富功能的前提下，让操作更简单。

（2）研究与平台用户画像的匹配度

商家要仔细研究不同平台的用户画像，包括年龄分布、地域分布、消费习惯等。如果目标受众与平台用户画像高度契合，就意味着产品能够直接触达对其感兴趣的潜在用户。以淘宝直播为例，其用户年龄层次较为广泛，有很强的购物意向，且对各类商品都有需求，尤其喜爱购买服装、家居、食品等品类。

了解平台用户画像可以帮助商家判断产品是否适合在该平台销售。例如，哔哩哔哩的用户以年轻人为主，他们富有创意，对二次元文化、电竞、手办等有较高的热情。如果商家的产品能够与平台的用户画像相匹配，那么在该平台进行直播销售就更容易找到精准的潜在客户。

2．考虑平台功能特性

商家选择直播平台时，要从直播功能多样性、营销推广工具和流量扶持 3 个方面判断平台的功能特性。

（1）直播功能多样性

不同的直播平台提供的功能不同，有些平台支持多种直播形式，例如，在抖音可以进行单人直播、双人直播及多人连麦直播。直播功能多样性对一些需要嘉宾互动、产品对比或团队协作展示的直播销售活动非常有利。

此外，一些电商平台的直播功能会侧重商品展示和交易。例如，京东直播有专门的商品链接展示区域，方便观众边看边下单，同时还能展示商品的详细参数、用户评价等信息，这对销售实体产品有很大的帮助。

（2）营销推广工具

平台提供的营销推广工具也是商家选择直播平台时需要考虑的重要因素。例如，微博直播可以借助微博的话题功能进行推广，通过创建热门话题吸引用户关注直播。同时，微博的粉丝通等营销推广工具也可以帮助商家扩大直播的影响力。

微信小程序直播则可以利用微信的社交生态，通过微信公众号推送、微信群分享等方式进行推广。一些平台还提供直播抽奖、优惠券发放、折扣优惠等营销功能，这些功能可以有效提高观众的参与度和购买率。

（3）流量扶持

商家可以了解平台的流量扶持政策，争取更多的曝光机会。一些平台会对新入驻的商家或优质内容创作者提供流量扶持，选对直播平台就能得到更好的扶持政策和更多的资源。例如，抖音小店对新商家有一定的流量激励政策，帮助其快速积累人气。

3．评估平台流量和曝光度

在挑选直播平台时，商家还要评估平台流量和曝光度，了解平台在目前市场中的表现和地位。

（1）平台流量规模

平台流量规模直接关系直播的潜在观众数量。抖音、快手等短视频平台拥有庞大的用户基础，这些平台的日活用户数以"亿"为单位计算，是直播巨大的流量入口。在这样的平台上进行直播，只要主题和内容有吸引力，就有机会获得大量的曝光。

不过，流量大也意味着竞争激烈。一些垂直领域的小平台虽然流量相对较小，但是如果产品正好符合该平台的垂直属性，也能获得较高的关注度。例如，专注于母婴产品的宝宝树平台，在母婴领域有较高的专业性和较多的精准流量。

（2）流量分配机制和曝光机会

了解平台的流量分配机制对商家来说也很重要，有些平台会根据直播的热度、观众互动情况、主播权重等因素分配流量。例如，淘宝直播会优先展示热门直播间和有高转化率的直播间，鼓励主播通过提高内容质量、增加观众互动来获取更多的流量。这种流量分配机制和曝光机会可以影响直播销售活动的初期发展和长期效益。

4．考虑平台的技术稳定性和客户服务质量

平台的技术稳定性和客户服务质量是选择直播平台时的重点考量因素，它们影响直播的效果和发展。

（1）技术稳定性

一个优质的直播平台应具有良好的技术稳定性，能够保证直播的流畅性，避免出现卡顿、掉线等情况。例如，腾讯云直播凭借其强大的云计算技术，能够为直播提供稳定的网络支持，确保观众有良好的观看体验。

直播平台还应具备一定的负载能力，能够应对高并发的情况。在大型促销活动时，可能会有大量观众同时进入直播间，此时平台需要能够承受这种流量压力，不会因为人数过多而崩溃。

（2）客户服务质量

优质的客户服务可以帮助主播解决在直播过程中遇到的各种问题。例如，当出现技术故障或直播内容违规等情况时，主播能够及时得到平台的支持和指导。例如，斗鱼直播平台有完善的客服团队，能够快速响应主播的咨询和投诉，为主播提供专业的解决方案。

直播平台还应提供相关的培训和资源，帮助新手主播了解平台的规则和操作技巧。例如，抖音推出了创作者学院，为主播提供视频制作、账号直播、账号运营等方面的培训内容。

2.2.4　直播形式的选择

在直播销售蓬勃发展的当下，直播形式的选择成了决定直播效果的关键因素。不同的产品、不同的目标受众及多样化的直播目的，都对直播形式有要求。对企业来说，直播的形式主要有以下4种。

1．单人讲解式直播

单人讲解式直播分为两种，分别是产品展示型和知识分享型。

（1）产品展示型

产品展示型是指主播在镜头前详细展示产品的外观、细节、功能等。例如，在销售珠宝首饰时，主播可以将首饰放在展示台上，用特写镜头展现宝石的光泽、切割工艺及纹理，同时讲解产品的设计理念、制作工艺的独特之处："这款项链采用的是意大利经典的编织工艺，每一个细节都经过工匠精心打磨。"

对于电子产品，主播可以通过操作产品来展示各种功能。以平板电脑为例，主播可以演示其高分辨率的屏幕显示效果，展示其运行大型软件或游戏的流畅性，以及各种便捷的功能，如手写笔精准书写等。

（2）知识分享型

知识分享型是指主播凭借自己的专业知识，在直播中分享与产品相关的知识内容，同时推荐产品。例如，在销售健身器材时，主播可以是一位健身教练，在直播中讲解不同健身器材的作用原理、适合的锻炼人群和锻炼方式等知识："哑铃是锻炼上肢力量的经典器材，对初学者来说，选择合适的重量很重要。这款哑铃有多种重量可以选择，方便大家根据自己的情况逐步提升。"

2．多人互动式直播

多人互动式直播分为两种，分别是嘉宾访谈型和用户互动型。

（1）嘉宾访谈型

嘉宾访谈型，即商家邀请行业专家、品牌代表、名人等嘉宾参与直播，主播与嘉宾进行对话，围绕与产品相关的话题展开讨论。例如，销售美容产品时，可以邀请美容专家，一起探讨美容产品的成分与功效，以及最新的美容趋势。嘉宾可以分享专业见解，提升产品的可信度。

如果邀请名人嘉宾，他们可以分享自己的使用体验，借助名人效应吸引粉丝购买。例如，名人嘉宾可以说："我自己在工作时经常会使用这款面膜，它能够让我的皮肤在高强度的工作环境下依然保持水润。"

（2）用户互动型

用户互动型是指主播与观众进行实时互动，回答观众的提问，收集观众的反馈。例如，在销售服装时，观众可以在评论区询问服装的尺码、材质是否透气等问题，主播要及时解答。同时，主播可以根据观众的要求现场试穿不同颜色或款式的服装，让观众更直观地看到服装的上身效果。

主播还可以设置互动环节，如抽奖、问答竞赛等。例如，在直播销售家居用品时，主播可以提出一些与家居装饰相关的问题，观众回答正确就有机会参与抽奖，奖品可以是正在销售的家居小摆件，这样可以提高观众的参与度和留存率。

3．场景化直播

场景化直播分为两种，分别是生活场景直播和虚拟场景直播。

（1）生活场景直播

生活场景直播指将产品融入日常生活场景进行展示的直播。例如，销售厨房用品时，主播可以在一个真实的厨房环境中，使用这些厨具制作美食，在制作过程中自然地展示厨具的便利性、耐用性等特点。主播在使用平底锅煎蛋时，可以说："这款平底锅受热非常均匀，你看，鸡蛋在锅里很快就成型了，而且它的不粘涂层很好，煎蛋一点都不粘，清洗也很方便。"

销售家居装饰品时，主播可以在布置好的家居场景中展示装饰品如何提升房间的整体美感："这个壁画挂在客厅的沙发背景墙上，瞬间让整个客厅的格调都提升了，它的色彩和图案与整体家居风格很搭。"

（2）虚拟场景直播

虚拟场景直播指利用虚拟技术构建场景进行的直播。例如，主播在销售旅游产品时，构建的虚拟场景可以让观众仿佛身临其境般体验旅游目的地的美景。主播在虚拟的海滩场景中介绍海边度假酒店的设施和服务："大家看，这是酒店的海景房，大家能从房间窗户看到壮阔海景，在这里你可以享受惬意的假期。"

对于科幻或动漫周边产品，主播也可以用虚拟场景营造产品所属的科幻世界或动漫世界，增强产品的吸引力。例如，销售某科幻电影的手办，在虚拟的电影场景中展示手办与场景的融合，激发观众的购买欲望。

4．产品体验式直播

产品体验式直播分为两种，分别是试用体验直播和沉浸式体验直播。

（1）试用体验直播

试用体验直播是指主播试用产品，并在直播中分享试用感受的直播。例如，在销售化妆品时，主播可以在镜头前化妆，展示化妆品的使用步骤、妆效及持妆效果。在试用口红时，主播可以说："这款口红的质地很滋润，涂上去嘴唇显得非常饱满，而且颜色很持久，我现在已经涂了几个小时了，颜色依然很鲜艳。"

对于食品，主播可以现场品尝，描述味道、口感等。例如，在销售零食时，主播品尝后说："这款薯片口感很酥脆，味道是浓郁的烤肉味，真的很好吃，每一片都很入味。"

（2）沉浸式体验直播

沉浸式体验直播指让观众更深入地体验产品的直播。例如，在销售 VR 设备时，主播可以戴上设备，让观众通过镜头看到主播在虚拟世界中的体验过程。主播可以一边体验一边描述："我现在感觉自己好像真的置身于游戏世界中，周围的场景非常逼真，这种身临其境的感觉太奇妙了，这都得益于这款 VR 设备的高分辨率和精准的定位系统。"在销售按摩椅时，主播可以躺在按摩椅上，开启不同的按摩模式，向观众详细介绍每个模式的按摩力度、按摩部位及按摩感受，让观众更好地理解产品的功能和效果。

2.2.5 直播活动节奏安排

在直播销售中，直播活动节奏安排是影响销售效果的关键因素。合适的直播活动节奏能让观众全程投入，提高购买转化率。表 2-7 为一场直播活动的节奏安排示例。

表 2-7 直播活动节奏安排

时间段	流程安排	直播脚本		说明
		要点	方式	
20:00—20:10	开场环节	吸引观众注意力	创意开场	采用具有吸引力的方式开场，如用有趣的短视频、热门音乐或制造悬念来引起观众的好奇心
			自我介绍和主题引入	简单而清晰的自我介绍，包括主播的名字、身份及直播主题，让观众在短时间内了解直播的核心内容
20:11—20:40	产品介绍	产品概览与亮点展示	分类介绍产品	如果有多种产品，先对产品进行分类介绍，让观众有整体的认知
			结合场景和需求介绍产品	把产品特点与实际生活场景或消费者需求相结合
		产品演示和细节展示	现场操作演示	需要演示操作的产品，如电子产品或家居小电器，主播要在镜头前进行现场操作
			细节特写展示	利用特写镜头展示产品的细节
20:41—20:50	互动环节	问答互动	收集和回答观众问题	主播留出时间收集观众在评论区提出的问题，并及时回答
			主动提问，引导互动	主播也可以主动提出一些问题，引导观众参与互动
		抽奖和福利互动	公布抽奖规则和奖品	安排抽奖活动，提前公布抽奖规则和奖品
			发放福利优惠	除了抽奖，还可以发放福利优惠，如优惠券、折扣码等
20:51—21:00	促单环节	营造购买氛围	强调优惠时效性	向观众强调优惠活动的时间限制
			产品数量提醒	如果产品的数量有限，也要提醒观众
		产品优势总结和购买引导	总结产品优势	简要总结产品的主要优势，强化观众的购买意愿
			提供购买链接和指导	清楚地告诉观众购买链接在哪里，以及如何下单
21:01—21:10	结尾环节	感谢观众和预告下次直播	表达感谢	真诚地感谢观众的观看和支持
			预告下次直播	简单提及下次直播的主题或亮点，吸引观众再次关注

案例在线

"我为湖北带好货"直播活动，荆楚好物的魅力释放之旅

2024 年 6 月 13 日，湖北省商务厅联合省委网信办、团省委、省经信厅、省人社厅、省农业农村厅、省文旅厅、省市场监督管理局、省邮政管理局、省供销社共同举办了一场"我为湖北带好货"直播嘉年华暨双品网购节。

现场揭晓了由全国网友选出的"必买100款湖北好货",如恩施玉露、荆州鱼糕、潜江小龙虾等皆在其中。随后,多位湖北籍知名主播展开了长达7小时的直播。他们怀着对家乡的热爱与自豪,不遗余力地推销湖北的各类产品,力求将这些独具特色的湖北好物推向更广阔的市场。

直播开场,直播间画面展现了湖北的壮丽全景,从黄鹤楼到三峡大坝,再到热闹的武汉街头,随着音乐的推进,镜头切换至现场布置精美的直播间。随后主播和嘉宾纷纷向观众问好,并分享自己对家乡湖北的深厚情感,以及对家乡美食和特产的思念,引发了观众的情感共鸣。

直播画面切换到恩施分会场,展示了恩施玉露的茶园风光。主播介绍了恩施玉露的历史传承,从古代的贡茶到如今的国际知名绿茶,以及制作工艺中的蒸青工艺的精妙。同时,现场进行了恩施玉露的冲泡展示,并邀请嘉宾和观众一同欣赏茶叶在水中舒展的姿态,品味其鲜爽的口感。

主播还邀请了知名企业的负责人讲述企业如何从小作坊起步,攻坚克难,一步步发展成为行业翘楚。企业始终坚守对品质的执着追求,为响应市场需求,研发出适合不同消费者的系列产品,体现了企业的社会责任感和对消费者的关怀。

在介绍湖北特色食品时,研发人员讲述了如何从传统的湖北口味中汲取灵感,进行口味创新和优化。经过无数次试验,最终打造出既保留湖北特色又符合现代消费者口味的产品。

在产品展示和促销优惠阶段,主播集中展示了本次活动的热销产品,还有特别设置的"湖北好物特价区"。主播不仅介绍了特价产品的性价比,还强调这些优惠是为了回馈全国消费者对湖北的支持与厚爱。促销过程中还穿插了抽奖活动,奖品丰富,抽奖规则简单明了,极大地提高了观众的参与热情,整个直播间气氛达到高潮。

在互动环节,主播结合湖北文化、历史和产品知识提出一些问题,还邀请观众在评论区分享自己与湖北产品的故事。选读部分精彩故事,进一步增进观众与直播间的互动和增强观众对直播间的情感。

在直播结尾,主播对本次直播的重点产品、优惠活动及销售成果进行了总结,呼吁更多观众持续关注湖北,支持湖北的经济发展。

这场直播从荆楚文化与品牌故事的深情讲述,到产品研发历程与产品特色的细致分享,再到优惠福利的重磅推出,每一个环节都紧密相连,丝丝入扣。它不仅成功地将湖北的特色产品推向全国观众,提升了湖北品牌的知名度与美誉度,还在消费者与湖北之间建立起一座情感的桥梁,让人们对湖北这片土地充满向往,也为如何打造一场精彩绝伦且富有内涵的直播销售活动提供了绝佳的范例。

2.3 直播销售活动脚本的策划

直播销售活动脚本的策划是直播销售成功与否的关键,它指导主播的动作和话术方向,把控直播的节奏和氛围,从而决定了能否吸引观众的注意力,激发他们的购买欲望。对商家而言,直播销售活动脚本能够明确直播的流程,从开场的引人入胜,到产品展示环节的亮点突出,再到促销环节的紧张、刺激,以及圆满收官,每个环节都紧密相连，环环相扣。

2.3.1 整场直播脚本的策划

整场直播脚本的策划，即直播团队策划并撰写直播过程中的每一个具体环节的关键内容。一个完善的直播脚本应明确活动开场时如何迅速抓住参与者的注意力，让他们沉浸其中，也应明确主体环节中内容的展现顺序、节奏把控，以及如何引导参与者的情绪和行动。

1．计算每个商品的推荐时长

制作一个简洁的策划方案一般是先规划时间，再整合工作内容，最后完成脚本策划。以2小时直播推荐5个商品的直播计划为例，进行整场直播脚本的策划。如果开场互动环节等非商品推荐环节的时长预计为40分钟，则商品的推荐时长是80分钟，平均每个商品的推荐时长是16分钟。

一场直播中的商品可能包括引流款商品、印象款商品、利润款商品和数量较少的"宠粉"商品，每个商品类别需要的推荐时长不同，所以可以把每个商品的推荐时长设为10～20分钟。

2．分配非商品推荐环节时长

一场直播中，除了商品推荐环节，还有开场互动环节、活动剧透环节、福利抽奖环节、问答互动环节、结尾环节等，直播策划人员可以按照具体需求对每个环节适当分配时长，如表2-8所示。

表2-8 非商品推荐环节时长规划

开场互动	活动剧透	福利抽奖	问答互动	结尾
10分钟	5分钟	10分钟	10分钟	5分钟

在实际操作中，一场直播销售活动通常在2小时以上，主播可以适当调整每个环节的时长，以提升直播间观众的参与度和兴趣度，增强观众的黏性。

3．策划整场直播脚本

直播策划人员根据直播过程中各个环节的时间规划，结合直播主题、直播目的及所有参与直播人员的工作内容，即可策划整场直播脚本，如表2-9所示。

表2-9 整场直播活动脚本示例

直播活动概述	
直播主题	家居好物大揭秘，打造品质生活空间
直播目的	通过展示和销售各类家居商品，实现销售额达到××万元，同时提升品牌知名度和粉丝忠诚度，提高粉丝互动量，粉丝增长××××人
主播、副播、客服	主播：××× 副播：××× 客服：×××
直播时间	2024年12月10日，20:00—22:00
注意事项	①合理把控商品讲解节奏及与观众互动时长； ②适当延长对商品功能讲解的时间； ③及时回复观众问题，多与观众互动，避免冷场

直播流程				
时间安排	流程安排	人员分工		
		主播	副播	客服
20:00—20:10	开场互动	热情开场，和观众打招呼，介绍抽奖规则	演示参与截屏抽奖的方式，引导观众点赞	向观众推送开播通知，收集中奖信息
20:11—20:20	活动剧透	剧透新款商品和主推商品，以及直播间优惠力度	补充主播遗漏的内容，引导观众点赞	向粉丝群推送本场直播活动，回答观众关于活动规则的问题
20:21—20:30	商品讲解	介绍引流款商品，展示使用方法，分享使用体验	配合主播演示商品用法，引导观众下单	添加商品链接，回复关于商品和订单的问题
20:31—20:50	商品讲解	介绍印象款商品，展示使用方法	配合主播演示商品使用方法，引导观众下单	添加商品链接，回答关于商品和订单的问题
20:51—21:10	商品讲解	介绍利润款商品	配合主播演示商品使用方法，引导观众下单	添加商品链接，回答关于商品和订单的问题
21:11—21:20	问答互动	解答观众疑问，和观众进行互动	引导观众参与互动	收集互动信息
21:21—21:25	福利抽奖	介绍奖品和抽奖规则，引导观众抽奖	演示参与抽奖的方法	记录中奖观众信息
21:26—21:45	商品讲解	介绍利润款商品	配合主播演示商品使用方法，引导观众下单	添加商品链接，回答关于商品和订单的问题
21:46—21:55	商品讲解	介绍"宠粉"商品，引导观众加入粉丝团	展示商品，强调优惠信息，引导观众下单	添加、整理后台商品链接，回答关于商品和订单的问题
21:56—22:00	结尾	和观众再见，预告下次直播的时间、商品和福利	引导观众关注直播间，和观众再见	处理观众订单和售后问题

　　从表 2-9 可以看出，整场直播脚本旨在对直播全程进行内容规划，其核心要点在于规划直播间商品的介绍逻辑、安排观众互动环节，以及把控直播节奏。

　　在完成整场直播脚本方案后，主播可以依据既定的互动时间及商品自身特点来设计具体的互动方案，如确定聊天主题和内容、准备才艺展示等，以实现对直播节奏的有效把控。

📒 案例在线

利用豆包设计整场直播脚本

　　下面介绍利用豆包设计整场直播脚本的方法。

（1）角色设定

　　在豆包对话框中输入文字："假设你是一位抖音主播，精通抖音直播带货的全流程。我们首先探讨抖音直播销售的特点和成功的关键点。"单击◉按钮，豆包给出的回答如图 2-1 所示。

微课视频

（2）生成整场直播脚本

　　把商品背景资料及要求输入豆包对话框，单击◉按钮，豆包就会生成整场直播脚本，如图 2-2 所示。

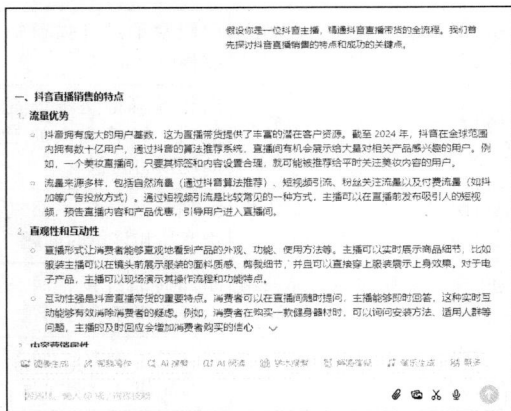

图 2-1　角色设定

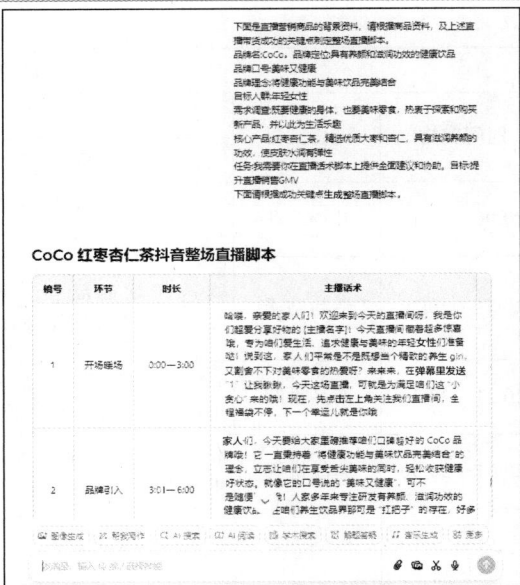

图 2-2　生成整场直播脚本

（3）对直播脚本进行优化

在豆包对话框中输入文字："在原来的基础上，根据以下意见对直播脚本进行优化：整场直播的环节依次是开场暖场、对号入座、需求痛点、产品介绍、互动环节、品牌信任、价格刺激、售后承诺、结尾促单。"单击⬆按钮，豆包优化后的直播脚本如图 2-3 所示。

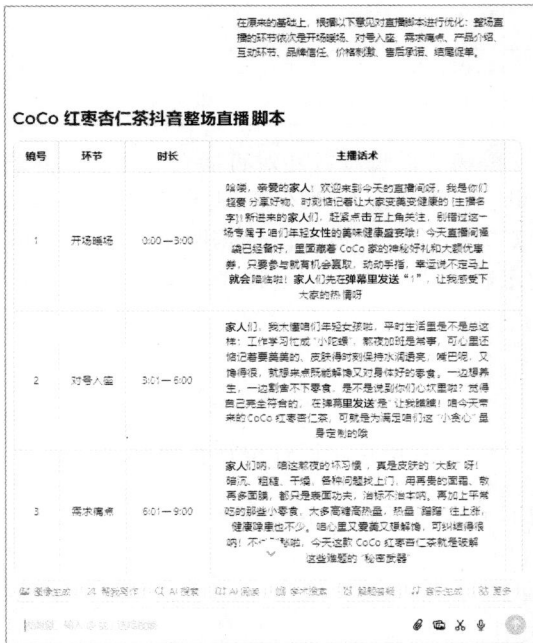

图 2-3　优化后的直播脚本

（4）整理成表格形式的整场直播脚本

将豆包生成的内容整理成一个 32 分钟的直播脚本，可适当修改，用表格形式输出，表头包括时长、环节、策略要点、话术示例，如表 2-10 所示。

表 2-10　表格形式的整场直播脚本

时长	环节	策略要点	话术示例
0:00—3:00	开场暖场	吸引注意，拉近距离	亲爱的家人们！欢迎来到今天的直播间呀，我是你们超爱分享好物、时刻惦记着让大家变美变健康的[主播名字]！新进来的家人们，赶紧点击左上角关注，别错过这场专属于咱们年轻女性的美味健康盛宴哦！今天直播间福袋已经备好，里面藏着 CoCo 家的神秘好礼和大额优惠券，只要参与就有机会赢取，动动手指，幸运说不定马上就会降临啦！家人们先在弹幕里发送"1"，让我感受一下大家的热情呀
3:01—6:00	对号入座	精准定位目标受众	家人们，我太懂咱们年轻女孩啦，平时生活里是不是总这样：工作学习忙成"小陀螺"，熬夜加班是常事，可心里还惦记着要美美的、皮肤得时刻保持水润透亮；嘴巴呢，又馋得很，就想来点既能解馋又对身体好的零食。一边想养生，一边割舍不下零食，是不是说到你们心坎里啦？觉得自己完全符合的，在弹幕里发送"是"让我瞧瞧！咱今天带来的 CoCo 红枣杏仁茶，可就是为满足咱们这"小贪心"量身定制的哦
6:01—9:00	需求痛点	展示受众的需求、痛点，然后介绍对应的商品	家人们呐，咱这熬夜的坏习惯，真是皮肤的"大敌"呀！暗沉、粗糙、干燥，各种问题找上门，用再贵的面霜、敷再多面膜，都只是表面功夫，治标不治本呐。再加上平常吃的那些小零食，大多高糖高热量，热量"蹭蹭"往上涨，健康隐患也不少。咱心里又爱美又想解馋，可纠结了呢！不过别愁啦，今天这款 CoCo 红枣杏仁茶就是破解这些难题的"秘密武器"
9:01—15:00	产品介绍	深入介绍产品功能	接下来，重点来咯，好好认识一下咱们的 CoCo 红枣杏仁茶。家人们瞧，大枣精选自优质产地，每一颗都经历多轮筛选，个头匀称、色泽红润，吸收了充足的阳光和养分，富含多种维生素与铁元素，能滋补气血；再看这杏仁，饱满圆润，一咬"嘎吱"响，带着醇厚香气，品质上乘，富含蛋白质和不饱和脂肪酸，润肺养颜效果一流。从原料到成品，采用传统工艺，精心研磨、小火慢熬，不添加香精、色素、防腐剂，最大限度锁住营养，成就这一杯细腻丝滑、馥郁醇厚的红枣杏仁茶。入口瞬间，枣香与杏仁香在舌尖交织，每一口都能感受到满足，无论是当作早餐开启活力一天，还是当作下午茶慰藉疲惫时刻，都再合适不过啦
15:01—18:00	互动环节	引导观众参与活动，提升直播间的活跃度	家人们，介绍这么多，相信大家已经对咱们的红枣杏仁茶兴趣满满啦！现在进入互动答疑时间了，大家有什么疑问，比如口感甜度、储存方式、适合人群，尽管在弹幕发问。我还准备了几个小游戏，在"快问快答"环节，我提出关于产品知识的问题，第一个在弹幕中答对的朋友赢奖品；还有"最美试喝"活动，家人们下单后拍试喝照片或视频并发在评论区，我们会评选出最美的试喝照片或视频，给发布者送大额消费券哦。现在就开始提问啦，家人们听好咯，CoCo 红枣杏仁茶的主要原料有哪两个？快抢答
18:01—21:00	品牌信任	提升品牌认可度	买东西讲究放心，CoCo 品牌在健康饮品领域那可是深耕多年的"老大哥"！一直秉持"美味又健康"的理念，从源头把控品质，有自家专属原料供应基地，确保每批原料优质稳定。生产车间全透明、标准化管理，严格遵循国际食品质量安全标准，多年来收获无数消费者好评。看，这是我们的品牌荣誉墙，这里有各种行业权威认证、消费者口碑奖项，就是为咱们提供靠谱、安心的产品。现在大家在弹幕里发送"CoCo 靠谱"

时长	环节	策略要点	话术示例
21:01—24:00	价格刺激	优惠促销、介绍赠品信息	信任有了，福利更不能少！平常咱们去 CoCo 门店买红枣杏仁茶，一杯得要 ×× 元，今天直播间专属福利放送，一杯只要 × 元，直接省了 × 元，近乎优惠一半！而且下单就送 CoCo 定制精美勺子，这勺子可不光好看，而且握感舒适，非常适合用来搅拌、品尝咱们的茶。更惊喜的是，现在买满 × 杯，再额外送 1 杯，多买多送，优惠叠加，算下来简直太划算了，家人们可以和闺蜜、同事一起囤起来，共享这份美味健康呀
24:01—27:00	售后承诺	增强购买信心	大家下单可能还有顾虑，别担心，咱们 CoCo 有超贴心售后保障。产品到手要是有任何质量问题，比如包装破损、口感不对等，联系客服，无条件退换货，运费我们承担，就是要让您购物零风险、百分百满意。而且客服团队 24 小时在线，随时待命解答您的疑问，守护您的权益。家人们，放心享受这场美味之旅吧
27:01—32:00	结尾促单	强化购买理由	倒计时钟声敲响啦，优惠活动马上结束！CoCo 红枣杏仁茶，集美味、健康、养颜于一身，是非常值得购买的！再给大家最后 2 分钟，下单还能叠加包邮福利哦，已经下单的赶紧在评论区晒下单截图，我们再抽 3 位送 CoCo 价值 ×× 元的礼品卡，可任意选购 CoCo 产品哦。感谢家人们的支持陪伴，咱们下次直播再见啦

2.3.2 单品直播脚本的策划

单品直播脚本就是针对单个商品的直播脚本。在直播销售中，主播会向观众推荐多款商品，因此主播需要对每一款商品的特点有清晰的了解，在直播中有条不紊地介绍商品的外观、功能和质量，生动地展示其在各种场景中的使用方法，每一个环节都影响着最终的销售结果。

直播策划人员可以将单品直播脚本以表格的形式呈现出来，将品牌介绍、商品卖点、直播利益点、引导转化等内容都通过表格展现出来。表 2-11 所示为某品牌一款儿童推车的单品直播脚本设计示例。

表 2-11 某品牌一款儿童推车的单品直播脚本设计示例

商品宣传点		具体内容
品牌介绍		一个专注于母婴产品研发的知名品牌，成立多年，一直秉持为宝宝提供最舒适、最安全的体验，为家长减轻负担的理念，其产品经过了严格的质量检测，深受家长的喜爱和信赖
商品卖点	安全设计	车架采用了高强度铝合金材质，坚固又轻便；车轮是优质的橡胶材质，不仅耐磨，而且刹车系统灵敏，轻轻一踩就能稳稳刹住；五点式安全带，给宝宝全方位的保护，在任何路况下都不用担心宝宝的安全问题
	舒适体验	座椅符合人体工学，有很强的支撑性，能保护宝宝的脊柱；座椅可以多角度调节，宝宝可以坐起来看风景，也可以躺着睡觉，满足不同需求；推车的遮阳篷的防晒指数是 ××，能有效阻挡紫外线，呵护宝宝娇嫩的肌肤
	便捷操作	这款推车有一键收车功能，轻轻一按就能轻松折叠，放在后备厢不占空间；它的把手可以根据家长的身高调节，推行起来非常轻松，无论是逛街还是旅行，操作都很方便

商品宣传点	具体内容
直播利益点	7.5 折优惠，比平时购买划算很多； 赠送一套价值 199 元的宝宝出行小礼包，里面有可爱的遮阳帽、口水巾和小玩具； 提供 3 年的质量保修服务，有任何问题都可以联系售后客服
引导转化	这么好的儿童推车，这么大的优惠力度，只有 500 辆哦，点击下方的购物链接就可以下单，下单后 48 小时内发货

📋 案例在线

利用豆包设计单品直播脚本

利用豆包设计单品直播脚本的方法如下。

（1）角色设定

在豆包对话框中输入文字："假设你是一位抖音主播，精通抖音直播带货商品脚本策划。我们首先探讨抖音直播销售的特点和成功的关键点。"单击⊕按钮，豆包给出的回答如图 2-4 所示。

微课视频

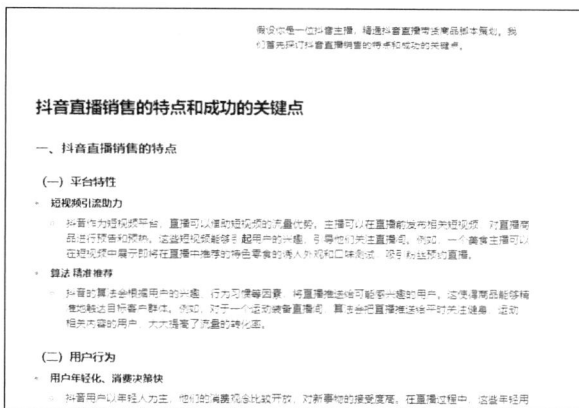

图 2-4　角色设定

（2）生成单品直播脚本

把商品背景资料及要求输入豆包对话框，单击⊕按钮，生成单品直播脚本，如图 2-5 所示。

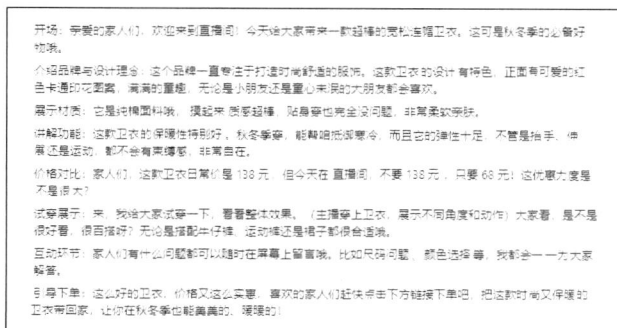

图 2-5　生成单品直播脚本

39

（3）对直播脚本进行优化

在豆包对话框中输入文字："在原来的基础上，根据以下意见对直播脚本进行优化，品牌介绍、商品卖点、直播利益点、引导转化。"单击❶按钮，豆包优化后的直播脚本如图2-6所示。

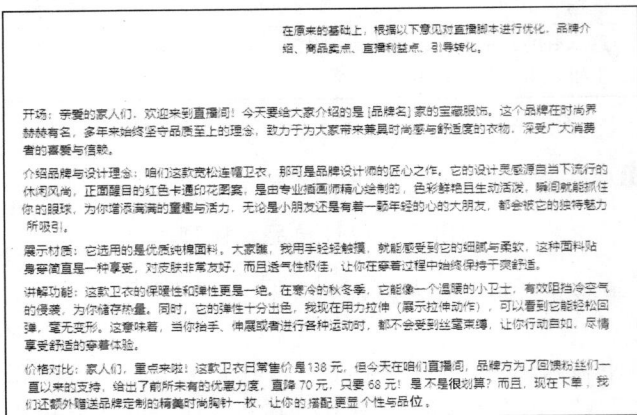

图2-6　优化后的直播脚本

（4）整理成表格形式的单品直播脚本

根据豆包生成的内容整理成一个单品直播脚本，可适当修改，用表格形式输出，如表2-12所示。

表2-12　表格形式的单品直播脚本

商品宣传点		具体内容
品牌与设计理念		咱们这款宽松连帽卫衣，那可是品牌设计师的匠心之作。它的设计灵感源自当下流行的休闲风尚，正面醒目的红色卡通印花图案，是由专业插画师精心绘制的，色彩鲜艳且生动活泼，满满的童趣与活力，无论是小朋友，还是有着一颗年轻的心的大朋友，都会被它的独特魅力所吸引
商品卖点	展示材质	它选用的是优质纯棉面料。大家瞧，我用手轻轻触摸，就能感受到它的细腻与柔软，这种面料贴身穿简直是一种享受，对皮肤非常友好，而且透气性极佳，让你在穿着过程中始终保持干爽舒适
	讲解功能	这款卫衣的保暖性和弹性更是一绝。在秋冬季，有效阻挡冷空气的侵袭，同时，它的弹性也很好，我现在用力拉伸（展示拉伸动作），可以看到它能轻松回弹，毫无变形。这意味着，当你抬手、伸展或者进行各种运动时，都不会受到丝毫束缚，让你行动自如，尽情享受舒适的穿着体验
直播利益点		家人们，重点来啦！这款卫衣日常售价高达138元，但今天在咱们直播间，品牌方为了回馈粉丝们一直以来的支持，给出了前所未有的优惠力度，直降70元，只要68元！是不是很划算？而且，现在下单，我们还额外赠送品牌定制的精美时尚胸针一枚，让你的搭配更显个性与品位
引导转化		这么好的衣服，品牌有保障，价格还这么实惠，赠品也很诱人。喜欢的家人们可别再犹豫了，赶快点击下方链接下单吧

📚 **素养课堂**

在新时代的征程中，学会使用工具是提升个人能力的关键一环。我们应当充分认识到，无论是传统工具还是AI工具，都是推动社会进步和发展的重要力量。通过掌握和使用这些工具，我们能够更高效地完成工作任务，为社会发展贡献自己的力量。

2.4　直播间的搭建

直播间的搭建就像是盖房子打地基，它是整场直播活动的基石，从硬件的选择到软件的配置，从场景布置到灯光音效的设计，每一个环节都需要精心规划。搭建一个良好的直播间，可以让主播呈现出良好的直播状态并增强表现力，为观众带来优质的视觉与听觉体验，从而增强观众黏性，提升观众的参与度。

2.4.1　直播间风格定位与场地要求

直播间风格定位是决定直播成败的重要因素。直播间风格定位要依据直播的内容和目标观众来确定，不同类型的产品或内容需要截然不同的风格。合适的场地是直播顺利开展的基础，从空间大小到场地形状，再到环境条件，每一个因素都影响着直播的质量。

1. 直播间风格定位

直播间的风格类型一般有 4 种，如表 2-13 所示。

表 2-13　直播间风格类型

风格类型	特点	优势	适用范围	举例
产品导向型	因产品不同而风格迥异，有精致时尚的，有温馨甜美的，也有充满科技感的	能直接让产品与风格相契合，让观众在视觉上对产品的类型和档次有初步的认知，提高产品的吸引力和可信度	适用于各种实体产品的直播，如服装、家居用品、食品等	一些国际知名美妆品牌的直播间会用白色大理石纹路的背景墙，搭配明亮的灯光，突出产品的光泽和品质
人物形象导向型	以主播的个人形象和风格为核心	有助于强化主播的个人形象，让观众因为对主播形象的喜爱而更关注直播内容	适用于以个人影响力为主的直播，如才艺展示、知识分享、生活记录等类型的直播	文学类知识博主的直播间可能会有古色古香的中式屏风，桌上摆放着古籍和文房四宝
主题活动导向型	根据不同的节日或活动来设计直播间风格	能够在特定的时间节点或活动期间吸引更多目标观众，增强直播的趣味性和话题性	适用于节日促销、特殊事件直播、主题派对直播等	六一儿童节期间，直播间可以用明亮的色彩（如天蓝、嫩绿、浅黄）为主色调，放置各种卡通形象的玩偶，还会有彩色的气球组成的拱门作为背景装饰
场景模拟型	模拟真实的生活或工作场景	可以让观众更好地理解产品的使用场景，增强代入感	适用于家居装修、旅游等类型的直播	家居装修直播间可能会是搭建的一个完整的家居样板间，从客厅、卧室到厨房，按照不同的装修风格进行布置。观众可以直观地看到产品在家居环境中的实际效果

2. 直播场地要求

合适的直播场地是保证直播顺利和吸引观众的关键。从空间大小来看，直播场地决定了能展示何种商品、主播的活动范围及场景搭建的可能性。在场地形状方面，正方形、长方形便于规划布局和拍摄，不规则形状若利用好则能创造独特的视觉效果。此外，声学环境、光线条件和网络环境这些场地环境条件也对直播质量有着很大的影响。

（1）空间大小

直播场地按空间大小可以分为小型空间、中型空间和大型空间。

小型空间（10～19平方米）适合销售小型产品，如首饰、手工艺品、小型电子产品配件等。这样的空间便于主播操作和展示产品细节，能够在有限的范围内将产品的特点清晰地呈现给观众。同时，较小的空间在灯光和背景布置方面的成本相对较低，容易营造出温馨、精致的氛围。不过，若在小型空间展示大型产品，如家具、健身器材等，就会显得很局促，而且主播活动范围有限，不利于进行一些需要较大动作幅度的产品演示。

中型空间（20～50平方米）能够划分出不同的功能区域，如产品展示区、主播讲解区、互动体验区等。以服装直播为例，在这个空间里可以设置试衣间，方便主播展示服装的试穿效果，还可以设置专门的产品陈列架，展示不同款式、颜色的服装。同时，主播也有足够的活动空间，可以灵活地展示产品的各种特性，如运动装备的使用方式等。中型空间还可以支持简单的场景搭建，例如，如果销售家居用品，可以搭建一个小型的客厅或卧室场景，让观众更直观地看到产品在家居环境中的实际效果。

大型空间（50平方米以上）适用于销售大型产品，如汽车、大型机械等。汽车直播需要足够的空间来展示汽车的外观，包括车身线条、轮毂造型等，还要能够打开车门、后备厢，展示内部空间。销售大型机械也需要足够的空间来展示其工作原理和操作方式。此外，大型空间还适合举办大型的直播销售活动，如电商购物节、品牌新品发布会等，能够容纳多个主播、嘉宾和大量的产品展示道具，营造出盛大的活动氛围。

（2）场地形状

根据直播场地形状来划分，直播场地可以分为正方形或长方形场地、不规则形状场地。

正方形或长方形场地是最常见和实用的，便于合理规划布局。例如，将场地的一侧作为产品展示区，中间为主播讲解区，后面为背景区。在打光和安装摄像头时，正方形或长方形场地更容易计算角度和覆盖范围，能够有效避免拍摄死角。而且这种形状的场地空间利用率高，容易划分出不同的区域，有利于产品展示以及主播与观众的互动。

不规则形状场地虽然在布局上有一定难度，但如果利用得当，可以营造出独特的视觉效果。例如圆形场地，可以将主播安排在圆心位置，产品围绕主播呈环形分布，这样可以营造出一种聚焦的视觉效果，让观众的注意力始终集中在主播和产品上。

然而，不规则形状场地可能会存在声学和灯光反射的问题。例如，不规则的墙面可能会导致声音反射不均匀，产生回声或声音模糊的情况；不规则的墙面也可能会使光线反射角度难以控制，造成阴影或光线过强、过弱等。以上两种问题需要利用特殊的声学和灯光设备来进行处理。

（3）场地环境条件

直播场地环境条件主要指声学环境、光线条件和网络环境。

关于声学环境，良好的隔音是直播场地的基本要求。直播过程中外界的噪声，如交通噪声、人声等，会影响观众的视听体验。如果场地靠近马路或者工厂等嘈杂环境，就需要安装隔音材料，如隔音板、吸音棉等。同时，要注意场地内部的回声问题，尤其是在空间较大或者墙面材质比较光滑的情况下，声音容易反射，形成回声。对于一些需要清晰讲解产品的直播，如电子产品介绍、知识讲座等，回声会严重影响信息的传递，可以通过在墙面和天花板安装吸音材料，或者使用软质的装饰品来减少回声。

光线条件是影响直播画面质量的关键因素。最好的情况是场地有自然光线，但要确保自然光线的稳定性。如果自然光线过强，会导致画面曝光过度，产品细节丢失；如果自然光线过弱，画面会显得昏暗，影响观众的视觉感受。因此，商家需要配备人工照明设备来进行调节。在选择场地时，商家还要考虑周围建筑物的遮挡情况，因为周围的高楼大厦等可能会在不同时间造成阴影，影响光线效果。此外，人工照明设备的布置也很重要，要根据产品的特点和直播风格来设计灯光，如美妆产品需要明亮、均匀的光线来展示肤色和产品色泽；一些有氛围需求的产品，如香薰、家居装饰品等，可以使用柔和的暖色调灯光来营造温馨的氛围。

直播销售离不开稳定、高速的网络。对于高清直播或者多人互动直播，网络带宽要保证在 100Mbit/s 以上，以避免网络不稳定。网络不稳定会导致直播画面卡顿、声音延迟，严重影响观众的购物体验，甚至可能导致观众流失。在场地选择时，商家要提前测试网络的速度和稳定性，同时准备好备用网络方案，如移动网络热点等，以应对突发的网络故障。

2.4.2　室内直播间的搭建

一个精心搭建的直播间能为直播销售活动的顺利开展奠定坚实的基础。背景选择、软硬件配置、直播物料配置，都对直播的成功开展起着重要的作用。

1．背景选择

直播背景不仅是直播画面的衬托，还影响着直播间的氛围和专业性。合适的背景要与销售的产品及主播形象相符，无论是时尚服装还是家居产品，都需要具有独特风格的背景来突出重点。

（1）风格适配产品与主播形象

商家要根据直播销售的产品类型确定背景风格。如果销售时尚服装，背景可以是简约的现代都市风格，如以白色或灰色为主色调的背景（见图 2-7），若搭配金属质感的衣架和时尚杂志的陈列，则能营造出时尚的氛围。对美妆产品来说，背景可以是带有柔和灯光的化妆台场景，背景可以是粉色或淡紫色的，以传递出精致的感觉。

图 2-7　时尚服装类直播场景

同时，商家要考虑主播的形象风格。如果主播属于成熟稳重型，背景可以选择深色木质书架，体现专业性；如果属于青春活力型，背景可以采用色彩鲜艳的涂鸦墙或充满运动元素，如篮球、健身器材等。

（2）注重背景的简洁性与专业性

直播背景应避免过于杂乱，以免分散观众的注意力。商家可以选择纯色背景布，如黑色、白色或浅蓝色，这些颜色通用性强，能够适应不同类型的产品。如果要添加图案，要确保图案简洁明了。例如，销售家居用品时，商家可以使用带有简单几何图案的背景布，像北欧风的三角形、菱形图案，既能增强背景的趣味性，又不会过于复杂。

对于一些需要展示细节或技术参数的产品，如电子产品，背景应该更具专业性，可以是具有科技感的蓝色或绿色渐变背景，也可以是带有电路板图案的背景，让观众感觉直播是专业、权威的。

（3）考虑背景的可更换性与灵活性

为了适应不同的促销活动或产品系列，背景最好是可以灵活更换的。商家可以使用可拆卸的背景板或背景墙，通过挂钩或卡槽等方式安装。例如，在节日促销期间，可以快速更换成带有节日元素的背景，如春节的红色福字背景等。商家还可以利用绿幕技术，通过后期软件抠像更换背景，这对于需要频繁更换场景或营造特殊效果的直播非常有用，如销售旅游产品时，可以将主播身后的绿幕替换成世界各地的风景名胜。

2．软硬件配置

拍摄设备决定了观众看到的画面质量，灯光设备影响视觉效果，话筒保障声音清晰，计算机和网络设备则是直播流畅运行的核心；而软件配置在承载直播功能、产品展示和管理上也发挥着重要作用。

（1）硬件配置

硬件设备包括拍摄设备、灯光设备、话筒、计算机及网络设备。

商家可以根据直播的画质要求和预算选择摄像头。对于一般的直播销售活动，高清网络摄像头是基本配置，如罗技C920（见图2-8），它可以提供1080P的高清画质，能够清晰地展示产品细节和主播形象。如果对画质有更高要求，如高端珠宝、艺术品直播等，需要展示产品的精细纹理，商家可以考虑将专业的单反相机或无反相机作为拍摄设备，通过采集卡将相机画面传输到计算机进行直播。此外，摄像头的帧率也很重要，一般选择30帧/秒以上的帧率，这样在展示动态的产品或主播的动作时，画面会更加流畅。

在灯光设备中，主光用于照亮主播和产品，通常使用柔光灯箱。柔光灯箱（见图2-9）的光线柔和均匀，不会造成强烈的阴影。在销售食品时，主光可以让食物的色泽看起来更加诱人。一般将主光放置在主播的前方，与主播约呈45°角。

辅光用于照亮主光产生的阴影部分，减小画面的反差，使画面更加自然、柔和、平衡。商家可以使用小型的柔光灯或者反光板（见图2-10）。如果主光过强，辅光可以适当减弱，避免出现"高光过曝"的现象。

图2-8　摄像头（罗技C920）　　　图2-9　柔光灯箱　　　图2-10　反光板

背景光用于照亮背景，使背景与主播和产品分离，增强画面的层次感。商家可以根据背景的颜色和风格选择不同颜色的灯光。例如，在营造温馨的家居产品直播背景时，可以使用暖黄色的背景光。

对于需要清晰讲解产品的直播，电容式话筒是不错的选择，如铁三角AT2020等，如图2-11所示。它可以灵敏地捕捉声音，使主播的讲解清晰可闻。如果直播环境比较嘈杂，或者需要在一定距离外进行讲解，商家可以选择动圈式话筒，它具有较好的抗噪性能。此外，话筒的拾音范围也需要考虑。如果主播需要在直播间内一边走动，一边展示产品，可以选择拾音范围较大的话筒，或者使用无线话筒，以确保声音的稳定传输。

图2-11　电容式话筒（铁三角AT2020）

直播对计算机的性能有一定的要求，中央处理器（Central Processing Unit，CPU）要具备足够的处理能力，一般推荐英特尔酷睿i5或以上的处理器，以保证在处理视频编码、推流等任务时不会出现卡顿。内存至少要8GB，对于高清直播或同时运行多个软件的情况，16GB 或更大内存会更好。同时，计算机的显卡也很重要，尤其是在需要展示 3D 产品模型或进行一些特效处理时。NVIDIA 的 RTX 系列显卡可以提供较好的图形处理能力。此外，计算机要有足够的存储容量，用于存储直播软件、产品素材和录制的视频等。

网络是直播的生命线，商家要确保直播间有稳定、高速的网络。如果使用有线网络，商家要选择带宽足够的网络套餐，一般建议上行速度在 100Mbit/s 以上。如果使用 Wi-Fi，商家要选择性能好的无线路由器，并且避免信号干扰，或使用双频路由器，让直播设备连接 5GHz 频段，以获得速度更快和更稳定的网络。

（2）软件配置

商家要根据直播平台的要求和直播的功能需求选择直播软件。淘宝有自己的官方直播软件，它可以连接淘宝店铺后台，进行产品上架、展示和促销活动的设置。若在抖音直播，可以使用抖音直播伴侣，它支持多种直播场景，如游戏直播、电商直播等。

同时，直播软件要具备基本的功能，如画面采集、推流、美颜功能（对美妆、时尚类直播比较重要）、添加字幕和特效等。一些高级的直播软件还支持多镜头切换，方便主播在展示不同产品或场景时快速切换视角。

视频编辑软件用于在直播前制作产品介绍视频、开场视频等，或者在直播后对录制的视频进行剪辑。Premiere Pro 是一款专业的视频编辑软件，支持进行精细的视频剪辑，添加转场效果、字幕和进行音频处理等。对于初学者，剪映也是一个不错的选择，它操作简单，拥有丰富的模板和特效，可以快速制作出吸引人的视频。

如果直播销售的产品种类繁多，商家则需要一款产品管理软件来进行库存管理、价格调整和产品信息更新。例如，管家婆软件可以帮助主播或商家有效地管理进货、产品销售和库存等。

3．直播物料配置

直播物料一般包括产品展示物料、促销物料和互动物料。产品展示物料能让产品更好地呈现出来，促销物料可以吸引观众购买，互动物料可以促进观众与主播的互动。

（1）产品展示物料

商家可以根据产品的类型和尺寸选择展示架。对于服装，可以使用衣架、人体模特等展示架，让服装的款式和版型一目了然；对于小型产品，如首饰、化妆品等，商家可以使用多层的玻璃展示架或旋转展示架，方便观众看到各个角度的产品。

在直播中使用合适的展示道具可以增强产品的吸引力。例如，销售香水时，商家可以使用精美的香水瓶座、鲜花等道具来营造浪漫的氛围；而销售电子产品时，商家可以使用透明的塑料模型来展示产品的内部结构。

（2）促销物料

商家可以制作醒目的促销牌，用于展示产品的折扣信息、赠品信息等；促销牌的颜色要鲜明，字体要大且清晰；可以使用电子显示屏作为促销牌，这样可以方便地更新促销信息。同时，商家要准备实体或电子优惠券，在直播过程中发放给观众。优惠券可以设计得有吸引力，包括品牌标志、折扣力度和使用规则等信息。

（3）互动物料

抽奖箱（或电子抽奖工具）用于直播抽奖活动，提高观众的参与度。如果是实体抽奖箱，要制作得精美，里面可以放置写有奖品名称的纸条。电子抽奖工具可以通过直播软件自带的抽奖功能或者第三方抽奖软件来实现。

2.4.3　户外直播间的搭建

随着直播活动越来越丰富，很多商家开始选择户外直播。由于户外场地和户外环境的复杂性，户外直播间的搭建要结合多方面的因素。从直播场地的选择、场景布置，到设备准备、直播软件配置，各环节涉及诸多要点和细节，每一个环节都紧密相连，缺一不可。

1. 直播场地的选择

在直播场地的选择上，商家要注意选择与主题相契合的背景，以及合适的光线条件。

（1）背景选择

户外直播的背景要与直播主题相契合，并且具有吸引力。例如，户外探险直播可以选择山川、森林等自然景观作为背景；如果是户外体育直播，像足球场、篮球场等体育场地就比较适合作为背景。背景不能过于杂乱，以免分散观众的注意力。

此外，要尽量减少背景中的干扰因素，如过多的行人、车辆（除非这些是直播主题的一部分，如街头采访直播）、反光物体等。反光的水面或玻璃建筑可能会造成画面曝光过度或产生光斑，影响直播画面质量。

（2）光线条件

户外直播要充分利用自然光，但要避免强光直射。早晨和傍晚的光线比较柔和，适合营造温馨的直播氛围；中午阳光强烈时，避免强光直射镜头，商家可以利用树荫、建筑物的阴影等来调节光线，或者使用柔光设备（如反光板等）来柔化光线，避免产生强烈的阴影和高光。

直播时，商家要注意光线的方向，尽量让光线从正面或斜侧面照射主播和直播场地，这样可以保证画面的明亮度和立体感。如果光线从背后照射，容易使主播面部等主体部分处于阴影中，影响画面效果。

2. 场景布置

商家在进行直播场景布置时，可以适当添加一些标识和道具，提高品牌的辨识度，但也要保证直播空间的合理性，不要显得过于杂乱。

（1）添加标识和道具

商家要根据直播主题布置场景，如果是旅游直播，可以展示当地的特色纪念品、地图等道具；如果是户外美食直播，商家则需要准备好炊具、食材等。同时，商家可以添加一些带有自己直播间标志的标识牌，提高品牌辨识度。

（2）保证空间合理性

商家要确保布置后的场地不会显得过于拥挤或杂乱。主播活动的区域要足够宽敞，设备的摆放要整齐有序，并且不能遮挡直播画面中的重要元素。

案例在线

猕猴桃果园直播销售新玩法

陕西省西安市周至县的猕猴桃是中国国家地理标志产品。随着电商行业的蓬勃发展，当地政府积极牵头，联合众多企业以及广大农户，一同实行了颇具创新意义的直播销售活动。其中，"百名主播陕西果业产区行"活动开展得如火如荼，众多网络主播纷纷参与其中。

他们借助各个热门的电商平台，将周至县的猕猴桃推向全国的消费者。部分关于猕猴桃鲜果的直播场景就设置在果园里。工作人员穿梭在果园之中，忙

微课视频

着采摘那一个个饱满诱人的猕猴桃。与此同时，主播们也没闲着，他们有的在果园里进行走播，带着粉丝们沉浸式感受果园的氛围，近距离观赏猕猴桃的生长环境和采摘实况。有的主播会在果园里精心搭建起直播间，就在这充满果香的地方现场直播售卖。

当粉丝们下单之后，工作人员会立刻在果园里完成打包封箱的工作，并且迅速贴上快递单。这样一来，粉丝们通过直播画面就能清清楚楚地看到，自己购买的水果刚刚从树上采摘下来，随即就被封箱发货。

这种直接把直播间搭建在采摘基地的做法，能够让粉丝们直观地审视水果的品质，仿佛自己就在现场挑选一般，极大地提高了粉丝们对水果质量的信任度，让粉丝们买得放心，也让周至县的猕猴桃通过直播的方式畅销全国各地。

3. 设备准备

户外直播的基本设备包括拍摄设备、音频设备、网络设备和电源设备。

（1）拍摄设备

拍摄设备（包括手机、运动相机或专业摄像机）的像素至少要达到 1080P，以保证观众可以看到画质清晰的直播内容。例如，主流智能手机现在很多都支持 4K 视频拍摄，能为户外直播提供高质量的画面素材。

由于户外环境复杂，设备的稳定性也很关键，商家可以使用手持稳定器（见图 2-12），如智云、大疆等品牌的手持云台，来减少手持拍摄时的抖动，让画面更稳定。对于运动场景较多的户外直播，具有防抖功能的运动相机可以在一定程度上保证画面稳定。

（2）音频设备

领夹式话筒是户外直播收音的重要工具，它具有清晰收音功能，可以让主播的声音更清晰地被采集。商家在选择音频设备时，要注意话筒的拾音范围和灵敏度，确保能够有效地捕捉声音，同时减少周围环境噪声的干扰。例如，罗德 Wireless Go（见图 2-13）可以夹在衣领上，近距离收音，有效减少环境噪声，保证声音的清晰。

图 2-12　手持稳定器　　　　图 2-13　领夹式话筒（罗德 Wireless Go）

如果在嘈杂的户外环境（如街边、集市等）中直播，带有降噪功能的音频设备或软件可以提升声音质量。一些专业的话筒有内置的降噪算法，在直播软件中也可以通过设置来降低环境噪声。此外，户外环境风大，为话筒配备防风罩也很重要，它可以减少风噪对声音质量的影响，使观众能够清楚地听到主播的声音。

（3）网络设备

稳定的网络是户外直播的基础。移动 Wi-Fi 是常用的设备，商家要选择信号覆盖范围广、信号稳定、网络速度快的产品，确保直播过程中网络顺畅。在直播前，主播最好测试一下网络速度，确保上行带宽能够满足直播的需求，一般来说，至少需要 3M～5Mbit/s 的上行带宽来保证直播画面的流畅。

为了防止网络出现故障，商家可以准备多个网络接入方式。例如，除了移动 Wi-Fi，商家还可以使用手机的 4G/5G 数据流量作为备用网络，通过一些网络切换软件，在主网络出现问题时快速切换到备用网络。

（4）电源设备

在户外直播时，大容量的移动电源是必不可少的，商家要根据直播设备的耗电量和直播时长来选择容量合适的移动电源。例如，一个 20 000mAh 的移动电源可以为一部智能手机充电多次，基本能够满足数小时的直播需求。

除了传统的移动电源，太阳能充电板（见图 2-14）等充电设备也是不错的选择，特别是长时间在户外直播且没有方便的电源插座的情况下，太阳能充电板可以作为一种补充充电工具，如安克的太阳能充电板，让直播设备能够持续工作。

4．直播软件配置

在进行直播软件配置时，商家要选择与直播内容和目标观众匹配的直播平台，并对直播软件进行测试，确保能够正常直播。

（1）选择合适的平台

图 2-14　太阳能充电板

商家要根据直播的内容和目标观众选择合适的直播平台。例如，以年轻用户为主要观众、内容偏向娱乐和生活分享的户外直播，可以选择抖音；如果是户外体育赛事直播，可能更适合在体育类直播平台或综合视频平台的体育专区进行。

此外，商家还要考虑平台的功能是否满足户外直播的需求，如是否支持高清甚至超高清直播、是否有良好的互动功能（如观众留言、赞赏、连麦等）、是否提供直播数据统计等功能，这些功能可以帮助主播更好地与观众进行互动并了解直播效果。

（2）测试直播软件功能

在直播软件中，商家可以根据网络情况和设备性能合理设置画面质量和帧率。一般来说，户外直播可以设置为30帧/秒的帧率，画质可以选择高清（1080P）或根据网络条件适当降低，以保证直播的流畅性。在进行音频设置时，商家要注意调整音频输入和输出的设置，确保话筒声音能够正常采集，并且音量适中、清晰，同时还要检查是否有回声、杂音等问题，如果有则通过软件的音频处理功能进行消除。

此外，在正式直播前，商家要测试软件的推流功能、画质设置、声音采集等功能，确保画面流畅、声音清晰，并且能够实时查看观众的留言和互动信息。

2.4.4　虚拟直播间的搭建

随着直播销售活动的发展，虚拟直播间逐渐兴起。它突破了现实场地的局限，能够营造出各种新奇有趣的直播场景。在搭建虚拟直播间时，从硬件设备的准备到软件的挑选与设置，再到场景搭建和设计都很关键。无论是虚拟场景素材还是产品展示素材，都要精心准备。在搭建过程中，怎样让主播完美融入虚拟场景，如何设置好互动元素来吸引观众参与，都是要考虑的要点。

1．硬件设备方面

虚拟直播间的搭建需要用到的硬件设备包括计算机设备、拍摄设备和照明设备。

（1）计算机设备

虚拟直播间的搭建对计算机的性能要求较高，需要有高性能的 CPU，如英特尔酷睿 i7 或 i9 系列，以进行复杂的图形渲染和实时数据运算。同时，计算机还要有足够的内存，建议 16GB 以上，最好是 32GB，这样可以保证在运行虚拟直播软件和其他辅助程序时不会出现卡顿。对于显卡，NVIDIA 的 RTX 系列显卡是不错的选择，其具有强大的图形处理能力，能够支持高质量的虚拟场景渲染和人物抠像等操作。

由于虚拟场景、素材等会占用大量的存储空间，计算机要有大容量的硬盘，最好采用固态硬盘（Solid State Disk，SSD）作为系统盘，以保证系统的快速启动和软件的快速加载。另外，商家还要配备更大容量的固态硬盘来存储虚拟场景模型、动画素材等文件，一般建议存储容量在 1TB 以上。

（2）拍摄设备

商家在准备拍摄设备时，要选择高分辨率的摄像头，至少要支持 1080P 画面拍摄。如果条件允许，可以使用 4K 摄像头，因为 4K 摄像头可以提供更清晰的画面细节。例如，罗技的 4K 高清摄像头的色彩还原度高，能够捕捉到主播的细微表情和动作。同时，摄像头的帧率也很重要，一般要保证 30 帧/秒以上的帧率，这样可以使画面更加流畅，对展示主播和产品细节很重要。

对于一些需要实现更高级的人物抠像效果的虚拟直播间，深度传感器可以派上用场。它可以精确地获取人物与背景之间的距离信息，帮助软件更好地进行抠像和空间定位，让主播自然融入虚拟场景中。

绿幕（见图 2-15）是更换虚拟背景的关键道具，其尺寸要根据直播间大小和主播活动范围来确定，一般建议至少宽 3 米、高 3 米，以保证背景颜色的一致性，也便于软件更好地抠像。

（3）照明设备

直播时要保证主播面部和主体区域有足够的亮度，商家可以使用柔光灯作为主光，如环形柔光灯（见图 2-16），它能提供均匀、柔和的光线，减少阴影，使主播的形象更加清晰、柔和。主光的位置一般在主播的正前方或斜前方45°左右，要略高于主播的头部，这样可以提供均匀柔和的光线，减少主播的面部阴影。

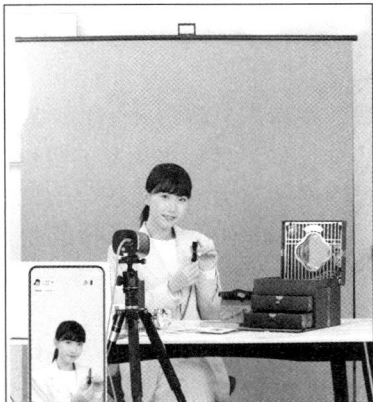

图 2-15　绿幕　　　　　　　　　　图 2-16　环形柔光灯

此外，直播中还需要辅光和轮廓光。辅光可以用来照亮主光产生的阴影部分，减小画面反差，使画面看起来更柔和、平衡、自然。轮廓光则用于勾勒主播的轮廓，使其与虚拟背景更好地分离，增强立体感，通常可以使用小型的 LED 灯作为辅光和轮廓光，调整灯光的角度和强度，使主播在画面中更加立体。

2．软件方面

商家在搭建虚拟直播间时，要选择合适的虚拟直播软件、插件和素材库。

（1）虚拟直播软件

商家要选择具备强大的场景创建和编辑功能的软件。例如，一些软件可以提供丰富的虚拟场景模板，包括各种风格的室内场景、户外场景、舞台场景等，方便用户快速搭建直播场景。优质的软件还应具有精准的人物抠像功能，能够将主播与背景干净利落地分开，并能对抠像的边缘进行羽化等精细处理，使融合效果更加自然。同时，软件的实时渲染速度至关重要，它需要在直播过程中快速渲染虚拟场景和主播的画面，并根据主播的动作和互动实时更新画面。有些软件采用了先进的渲染引擎，可以在保证画面质量的同时实现较高的帧率，让直播画面保持流畅、不卡顿。

此外，为了增强直播的趣味性和观众的参与感，软件应具备一定的交互功能。例如，可以支持观众通过弹幕、送礼等方式触发虚拟场景中的特效，或者让主播能够方便地与虚拟场景中的物体进行互动，如拿起虚拟道具进行展示等。

（2）插件和素材库

合适的插件可以扩展虚拟直播软件的功能。例如，一些动作捕捉插件可以让主播的动作更加精准地被软件识别，从而更好地与虚拟场景中的动画元素进行配合。还有一些音频处理插件，可以对直播过程中的声音进行优化，如添加回声、混响等特效，增强直播的氛围感。

丰富的素材库可以为虚拟直播提供更多的创意资源。商家可以从软件自带的素材库或第三方网站收集虚拟场景素材，包括室内店铺场景、仓库场景等，以符合直播销售的产品类型和风格。素材库中应包括各种虚拟场景模型、3D道具、动画特效等。例如，有不同风格的建筑模型可以用来搭建虚拟城市景观，有各种各样的3D服装道具可以让主播在虚拟场景中进行换装展示。

此外，商家还要准备高清的产品图片、3D模型等素材，用于在虚拟场景中展示产品细节，让观众更直观地了解产品。

3．场景搭建和设计方面

商家在进行虚拟直播间搭建时，要注意软件设置、虚拟场景规划、人物与场景融合，以及测试优化。

（1）软件设置

首先，打开虚拟直播软件，新建一个直播场景，根据产品特点和销售主题选择合适的虚拟场景模板。例如，卖服装的可以选择时尚的店铺场景，卖家居用品的可以选择温馨的家居场景。随后，在软件中添加摄像头设备，调整摄像头参数，如亮度、对比度、饱和度等，确保画面清晰、色彩自然。如果使用绿幕，则在软件中开启抠像功能，调整抠像参数，如容差、边缘羽化等。反复测试，找到最佳抠像效果，使主播与虚拟背景自然融合。

（2）虚拟场景规划

商家可以根据直播的主题和目标观众确定虚拟场景的风格。如果是游戏直播，可以设计科幻或奇幻风格的场景；如果是美妆直播，可能更适合温馨、时尚的室内场景。场景的风格要与直播内容相契合，并且能够吸引目标观众的注意力。

虚拟场景的空间布局要考虑主播的活动范围和展示需求。商家要为主播留出足够的空间来进行产品展示、才艺表演等活动。同时，场景中的元素分布要合理，避免出现过于拥挤或空旷的情况。例如，在一个电商直播的虚拟场景中，产品展示区应该设置在主播方便拿取和展示的位置。商家要在虚拟场景中确定产品展示区的位置，将产品图片、3D模型等素材添加到产品展示区，根据产品销售顺序和重点，合理排列产品，方便主播进行展示和讲解。

为了增强观众的参与感，商家可以在虚拟场景中添加互动元素，如产品购买按钮、抽奖按钮等。这些按钮可以与电商平台或抽奖系统链接，方便观众操作；根据直播主题和风格，添加一些与产品相关的装饰元素，如促销标语、品牌标志等，营造出良好的销售氛围，增强场景的吸引力。

（3）人物与场景融合

为了让主播更好地融入虚拟场景，抠像质量是关键。商家在软件中要仔细调整抠像参数，确保将主播的背景去除得干净，同时要注意头发丝等细节部分的抠像，这部分往往是比较难处理的。商家可以通过软件的精细抠像功能或者使用一些辅助工具（如绿幕抠像辅助灯等）来优化抠像效果。

主播的光影效果要与虚拟场景的光影相匹配。例如，如果虚拟场景中有阳光从左侧照射，就要调整主光和辅光的角度，让主播身上也有类似的光影效果，使其与虚拟场景协调，增强真实感。

此外，商家可以在软件中设置音频输入和输出设备，调整音量、音色等参数，确保主播的声音清晰，没有杂音，并且可以添加一些适当的背景音乐来营造氛围，但要注意音量不能太高，以免盖过主播的声音。

（4）测试优化

在直播开始前，商家要进行功能测试。例如，主播在绿幕前进行各种动作和姿势的测试，检查抠像是否干净，头发丝等细节部分是否处理得当，有无背景残留或边缘闪烁等问题。同时，商家还要对互动功能进行测试，测试产品购买按钮、抽奖按钮等互动元素是否正常工作，链接是否正确，确保观众能够顺利参与互动。

此外，画面和声音测试也不能少，检查直播画面是否流畅，分辨率是否符合要求，帧率是否稳定；检查声音是否清晰、同步，有无回声或其他音频问题。

如果测试结果不太理想，则要对其进行优化。如果测试过程中发现软件运行卡顿或渲染延迟，商家可以通过降低虚拟场景的复杂度、调整软件的渲染参数等方式来优化性能。

在视觉方面，根据测试反馈，对虚拟场景的布局、产品展示效果、灯光效果等进行优化。例如，调整产品的展示角度，使产品细节更突出；或者调整灯光的颜色和强度，营造更舒适的视觉氛围。

在用户体验上，商家要考虑观众的观看体验，对直播的节奏、互动方式等进行优化。例如，调整主播的讲解速度，使观众能准确接收信息；或者增加更多有趣的互动环节，提升观众的参与度。

课堂实训：品牌童装直播策划——品牌破圈与销售跃升实战演练

1．实训背景

某品牌童装为进一步巩固与老客户的关系，提升品牌知名度与产品销量，决定开展一场直播销售活动，旨在通过直播实现销售业绩的增长与品牌形象的强化。主播小李承担着策划并执行整场直播销售活动的重任，需要精心策划整场直播脚本，确保直播的顺利进行与销售目标的达成。

2．实训要求

请你帮助小李设计一份整场直播脚本。根据直播主题、直播目的、直播时间、人员分工及工作流程的时间规划等，制定整场直播脚本，并以表格形式呈现出来。

3．实训思路

（1）市场调研与竞品分析

收集市场上童装品牌的相关资料，分析品牌在童装市场中的定位，如风格定位、价格定位等，挖掘产品核心卖点与独特优势。

（2）直播主题确定

结合品牌特色构思一个富有吸引力和感染力的直播主题，突出产品特色，吸引潜在客户。

（3）直播脚本撰写与优化

在撰写整场直播脚本时，将直播流程分为开场预热、产品展示与介绍、互动环节、促销推广、结尾总结等几个主要环节，并为每个环节合理分配时间。同时，在搭建好框架的基础上，对每个环节的直播内容进行详细规划并逐步完善，确保整场直播脚本的完整性、准确性、流畅性及吸引力。

课后练习

1. 简述高级版的直播团队人员配置及其职责。
2. 直播具有哪些形式？
3. 简述直播间的风格类型及其特点和优势。
4. 直播场地要求涉及哪些方面？
5. 搭建室内直播间的基本要点有哪些？

第3章 主播打造与管理

本章概述

　　主播的打造与管理是提升直播竞争力的关键。通过精准定位与独特的人设打造，主播得以在众多竞争者中崭露头角。不仅如此，恰当的形象管理和镜头管理还能进一步增强直播的吸引力与沉浸感，为主播的成功奠定坚实的基础。随着AI技术的发展，数字人主播为直播行业带来创新与变革的同时，也满足了多元化的市场需求。本章主要介绍了初识主播、主播的人设打造、主播的形象管理、主播的镜头管理，以及数字人主播的配置。

学习目标

➢ 掌握商家选择主播的策略。
➢ 掌握主播人设打造的方法。
➢ 掌握主播形象管理与镜头感培养的方法。
➢ 掌握选择数字人主播的方法。

本章关键词

　　主播人设　形象管理　镜头管理　数字人主播

案例导入

花西子——东方美妆使者打造国风彩妆新风尚

　　诞生于 2017 年的花西子，短短几年间，就成为各大榜单上的国货排头兵。花西子不仅是一个国货彩妆品牌，还是一个善于洞察潮流趋势的先锋。

　　花西子的主播（见图 3-1）将自己定位为"东方美妆使者"，致力于打造独特的"东方美学"国风彩妆品牌形象，深入挖掘花西子品牌所蕴含的东方美学元素，从古典诗词到传统工艺，主播皆能信手拈来。她们在直播中不仅对产品进行了详细介绍，还对其进行了文化解读。无论是产品推荐还是互动环节，始终围绕东方美学展开，在消费者心中树立了独树一帜的风格。

　　每一位主播都仿佛是从东方画卷中走出的佳人，眉如远黛，唇若朱丹，搭配盘发或发髻等古风发型，身姿体态无不透露出东方女性的柔美与优雅。花西子坚持"自然之美，精致之选"的理念，巧妙运用品牌特色产品，如雕花口红、空气散粉等，打造出既符合东方审美又富有现代感

图 3-1 花西子的主播

的妆容。在服饰上，主播既注重东方韵味的体现，又融入现代时尚元素，力求在传统与现代之间找到完美的平衡点。例如，旗袍、汉服、改良中式服装等，不仅展现了东方文化的魅力，也符合现代审美趋势。

主播在展示花西子精美包装设计时，恰到好处的镜头聚焦和自身姿态、表情的配合，让消费者清晰地看到了产品的独特外观，这与花西子注重包装设计、符合年轻消费者审美需求的特点相契合。

在当今直播行业蓬勃发展的背景下，主播的打造与管理是提升直播销售竞争力的关键，也是各大品牌提高消费者忠诚度、品牌持久竞争力的重要方法。

案例思考： 本案例中体现了主播形象管理的哪些要点？

3.1 初识主播

主播是基于互联网，以直播、实时交流互动、上传音视频节目等形式发声、出镜，提供视听信息服务的人员。

主播可以说是直播间的灵魂人物，他们不仅是内容的创作者与传播者，还是商家和观众情感连接的纽带和桥梁。

3.1.1 主播的作用与类型

随着直播平台的兴起和观众对互动性节目的需求不断增加，主播成为直播平台上不可或缺的角色。一个主播就像一场活动的主持人，尤其是在直播销售时起着关键性的作用。他们不仅是产品的介绍者和展示者，还是氛围的营造者、信任关系的建立者及品牌形象的塑造者。

1. 主播的作用

主播是直播平台的重要角色，其在传递信息、分享快乐的同时，通过和观众的良性互动，实现销售的目的。

具体来说，主播的作用主要体现在以下几个方面。

（1）产品介绍与展示

主播是产品的直接介绍者和展示者。他们通过详细讲解产品的功能、特点、材质、使用方法等，帮助观众全面了解产品。同时，主播还会通过实物展示、试用体验等方式，让观众更直观地感受到产品的使用效果，从而增强观众购买的信心和欲望。

（2）氛围营造与互动

主播通过幽默风趣的语言、生动的表情和动作，以及适时的互动（如抽奖、问答、回复评论等），营造出一种轻松愉快的购物氛围。这种氛围能够吸引并留住观众，提高直播间的活跃度和观众参与度，进而促进销售转化。

（3）信任获取与口碑传播

主播的个人魅力、专业能力和诚信态度对获取观众信任至关重要。当主播与观众建立起良好的信任关系后，观众更容易接受主播的推荐信息，从而促成购买决策。同时，满意的购物体验也会促使观众成为品牌的忠实粉丝，并进行口碑传播，从而吸引更多潜在观众。

（4）销售策略与促销引导

主播会根据产品的特色和市场需求，制定相应的销售策略和促销方案。他们通过满减优惠、礼品赠送等促销手段，激发观众的购买欲望。同时，主播还会运用专业销售技巧，引导观众迅速下单。

（5）数据分析与意见收集

在直播销售过程中，主播会密切关注直播间的各项数据指标（如观看人数、互动率、转化率等），以便及时了解观众的反应和市场趋势。通过数据分析，主播可以调整直播内容和策略，以更好地满足观众需求。同时，主播还会积极收集观众的反馈意见，以便为后续的直播和产品优化提供参考。

（6）品牌代言与形象塑造

对品牌方而言，主播不仅是产品的推广者，还是品牌的代言人。当主播与品牌深度绑定后，其良好的个人形象和品牌形象的融合将进一步提升品牌的知名度和美誉度。

2．主播的类型

直播销售中的主播类型多种多样，每种类型都有其独特的优势和特点。选择合适的主播类型对直播带货的成功至关重要。

直播销售中的主播主要分为以下 5 种。

（1）专业讲解类主播

专业讲解类主播通常是某个行业的专家或具有丰富知识和经验的人士，具有较高的权威性，对产品有足够的了解，能够准确、快速地介绍产品的特点和优势，能够为观众提供专业的建议并进行产品测评。"高精尖"产品、奢侈品以及高端化妆品等比较适合由专业讲解类主播介绍。

（2）形象类主播

形象类主播主要依靠自身的形象和魅力吸引观众，通常是有一定知名度的网红或名人。他们拥有较多的粉丝和广泛的影响力，能够通过自身的形象和人格魅力提升产品的吸引力。他们的推荐和分享会激发观众的购买欲望，促使观众快速做出购买决策，同时能够快速提升产品知名度和销售额。

（3）教学类主播

教学类主播，即在直播间教授各种技能或知识的主播，如瑜伽教练、英语教师等具有特定技能的人群。他们通过提供实用的技能或知识，满足观众的学习需求，并在此过程中推荐相关产品。他们能够吸引对特定技能或知识感兴趣的观众，提高产品的购买转化率。

（4）组合类主播

组合类主播由一名主播和一名副播或场控组成，主播负责讲解产品，副播或场控负责互动，共同完成直播任务。他们通过相互配合和互动，营造良好的直播氛围，提高观众的参与度并强化观众的购买意愿。

（5）虚拟主播

虚拟主播，指通过先进的计算机技术和人工智能算法生成的主播，它以数字化的形式出现在直播场景中，代替真人主播进行产品展示、解说和销售。虚拟主播可以应用于多个场景和领域，如电商直播带货、品牌宣传与营销活动、知识付费与在线教育等。

3.1.2 主播的行业规范与职业要求

中商产业研究院发布的《2024—2029 年中国直播电商行业市场分析及投资风险趋势预测研究报告》显示，2023 年中国直播电商交易规模达到 4.9 万亿元，直播电商用户规模达 5.4 亿人。

与此同时，人力资源社会保障部办公厅、市场监管总局办公厅、国家统计局办公室于 2024 年 7 月 25 日发布《关于发布生物工程技术人员等职业信息的通知》。该通知中发布的 19 个新职业、28 个新工种中，正式增设网络主播为国家新职业，这也标志着网络主播已经成为官方认可的国家新职业。

直播行业具有无限潜力，而主播的行业规范与职业要求是实现行业长远繁荣与主播的职业成长的关键。

1．主播的行业规范

主播的行业规范是保障行业健康、有序发展的重要准则。主播只有严格遵守行业规范，才能在行业中长久立足，并为社会传递正能量。

为进一步规范网络主播从业行为，加强职业道德建设，促进行业健康有序发展，2022 年 6 月 8 日，国家广播电视总局、文化和旅游部共同制定了《网络主播行为规范》。

主播应遵循以下行业规范。

（1）内容健康、积极向上

主播应该坚持正确的政治方向，引导、传播正能量，抵制低俗、暴力、色情等不良内容。这就要求主播以积极向上的精神状态传递符合社会主义核心价值观的内容。

《网络主播行为规范》第四条规定："网络主播应当坚持正确政治方向、舆论导向和价值取向，树立正确的世界观、人生观、价值观，积极践行社会主义核心价值观，崇尚社会公德、恪守职业道德、修养个人品德。"

第六条规定："网络主播应当坚持健康的格调品位，自觉摒弃低俗、庸俗、媚俗等低级趣味，自觉反对流量至上、畸形审美、'饭圈'乱象、拜金主义等不良现象，自觉抵制违反法律法规、有损网络文明、有悖网络道德、有害网络和谐的行为。"

（2）言行文明规范

作为公众人物，主播的一言一行都可能被观众模仿，因此主播在直播间要保持文明用语，尊重他人，禁止使用侮辱性、具有歧视性的语言，共同维护良好的网络生态环境。

《网络主播行为规范》第七条规定："网络主播应当引导用户文明互动、理性表达、合理消费，共建文明健康的网络表演、网络视听生态环境。"

第八条规定："网络主播应当保持良好声屏形象，表演、服饰、妆容、语言、行为、肢体动作及画面展示等要文明得体，符合大众审美情趣和欣赏习惯。"

（3）保护未成年人权益

主播不能诱导未成年人打赏、泄露未成年人隐私或者进行其他可能有损身心健康的行为。2022 年 5 月，中央文明办、文化和旅游部等部门联合印发《关于规范网络直播打赏加强未成年人保护的意见》，明确要求各网络平台禁止为未成年人提供现金充值、"礼物"购买、在线支付等各种打赏服务。

（4）遵守法律法规

遵守国家法律法规是每个人的责任和义务，主播也应该坚守底线，不传播违法信息，不进行虚假宣传或欺诈行为，这也是维护行业秩序的基本要求和保障。

《网络主播行为规范》第二条规定："网络主播应当自觉遵守中华人民共和国宪法和法律法规规范，维护国家利益、公共利益和他人合法权益，自觉履行社会责任，自觉接受行业主管部门监管和社会监督。"

第九条规定："网络主播应当尊重公民和法人的名誉权、荣誉权，尊重个人隐私权、肖像权，尊重和保护未成年人、老年人、残疾人的合法权益。"

第十条规定："网络主播应当遵守知识产权相关法律法规，自觉尊重他人知识产权。"

第十四条规定："网络主播在提供网络表演及视听节目服务过程中不得出现下列行

为：……25.营销假冒伪劣、侵犯知识产权或不符合保障人身、财产安全要求的商品，虚构或者篡改交易、关注度、浏览量、点赞量等数据流量造假；26.夸张宣传误导消费者，通过虚假承诺诱骗消费者，使用绝对化用语，未经许可直播销售专营、专卖物品等违反广告相关法律法规的；27.通过'弹幕'、直播间名称、公告、语音等传播虚假、骚扰广告……"

2．主播的职业要求

主播（即网络主播）已经成为一种被国家和社会认可的职业，那么与之相关的职业技能、规则和职业道德也会成为行业的门槛，而且不仅要设门槛，还要提高门槛，只有让直播间内容生态"良币驱逐劣币"，不断提升内容质量，如此正向循环，才能让直播行业整体氛围更加积极向好。

健康、良性的网络生态环境不仅需要政府划定红线和底线，规范行业从业行为，强化社会责任，还需要主播从自身做起，不断提升职业要求。

主播的职业要求有以下几点。

（1）专业知识与技能

要在激烈竞争的直播市场立足，主播需要具备才艺，如唱歌、跳舞等，在活跃直播间氛围的同时吸引并留住观众。同时，主播还要不断学习新知识、新技能，只有保持内容的创新性和吸引力，才能不断提升直播销售业绩。

根据直播内容的不同，主播需要具备相应领域的专业知识。例如，游戏主播需要熟悉游戏玩法和策略，教育类主播需要掌握所教授领域的知识和教学方法。对于需要较高专业水平的直播内容（如医疗卫生、财经金融、法律、教育等），主播应取得相应执业资质。

主播还要熟悉直播设备，包括摄像头、话筒、打光灯等，知道如何调整设备以获得最佳的直播画面和声音效果。例如，能够根据直播环境的光线情况调整灯光亮度和角度，保证自己的面部清晰可见，声音清晰且无杂音。一些需要使用软件进行直播的主播，还要掌握直播软件的基本功能，如添加字幕、切换画面等。

（2）口语表达能力

主播需要具备良好的口语表达能力，能够清晰、流畅地传达信息。语言要生动形象，富有感染力，以吸引观众的注意力并让他们理解直播内容。例如，在讲解产品时，能够用生动的语言描述产品的特点和优势，使观众产生购买欲望。

同时，主播还需要掌握一定的沟通技巧。主播应善于倾听观众的需求，积极回应并主动与观众互动，营造轻松活跃的直播氛围。通过良性互动，主播可以增强观众黏性，奠立稳定的观众基础。

（3）工作态度

主播要保持敬业负责的工作态度，按时开播，保证直播时长和频率符合平台或合作方的要求。在直播前要做好充分的准备，如准备直播内容、检查设备等。直播过程中要保持专注，不能敷衍了事，即使遇到一些突发情况，也要尽力维持直播的正常进行。

主播要有较强的情绪管理能力，能够很好地控制自己的情绪。在直播过程中，可能会遇到观众的质疑、批评或者网络卡顿等问题，主播要保持冷静，用平和的心态去处理这些情况，而不是情绪失控，与观众发生冲突或者中断直播。

（4）形象与礼仪

主播需要保持整洁、得体的形象。这包括合适的妆容和整洁的发型。例如，美妆主播的妆容应该精致且能展示出化妆技巧，而生活类主播的妆容则可以更自然清新。此外，服装也要与直播主题和风格相匹配，如进行运动健身直播时应穿着运动装，体现活力和专业性。

主播在直播过程中要使用文明、礼貌的语言，避免说脏话、攻击性语言或带有歧视性的话语。主播的举止也要大方得体，例如，保持良好的坐姿或站姿，避免做出过于随意或低俗的动作，尊重观众的感受。

3.1.3 优秀主播应具备的素养

随着电商行业的迅猛发展，直播销售已经成为电商领域中不可逆转的趋势，它不仅改变了消费者的购物习惯，还为众多商家和主播开辟了新的商业蓝海。

在竞争激烈的直播市场中，要想脱颖而出，成为一名优秀的主播，应该具备以下素养。

1. 出色的沟通能力

沟通是主播的灵魂。优秀主播必须具备出色的沟通能力，能够快速抓住观众的注意力，并通过生动的讲述和恰当的沟通，营造出轻松、愉悦的直播间氛围。优秀主播应懂得如何巧妙地解答观众的疑惑，用真诚的态度赢得观众的信任。

2. 扎实的专业知识

无论是美妆、服饰，还是数码产品等领域，优秀主播都应该成为该领域的专家。他们不仅对产品细节、特点烂熟于心，还能给观众推荐合适的商品。扎实的专业知识既能帮助主播赢得观众的信任，也能帮助品牌提升知名度、美誉度。

3. 良好的个人魅力

主播的个人魅力不仅能增加直播间人气，还可以提升品牌知名度，更是主播吸引观众的重要因素之一。个人魅力包括幽默感、自信心、亲和力等。拥有个人魅力的主播，能在镜头前展现自我，与观众建立情感联系，让人感受到即使不购物，单纯看直播也是一场视觉与听觉的盛宴。

4. 敏锐的市场洞察力

优秀主播应该具备敏锐的市场洞察力，能够准确捕捉市场趋势和消费者需求的变化。优秀主播善于分析数据，能够及时调整直播内容和策略，以便适应市场的快速变化；还能发现并挖掘潜在市场机会，为商家创造更大的利润，开拓更大的商业空间。

5. 持续的学习能力

信息时代的一切都是瞬息万变的，直播行业的发展日新月异，新的玩法和技巧、规则层出不穷。优秀主播必须具备强大的学习能力，时刻保持一颗好奇心和旺盛的求知欲，在不断学习和摸索中掌握新技能、学习新知识，以适应行业的快速发展。无论是提升直播技巧、学习营销策略，还是了解新技术、新规则，都有助于主播在激烈的市场竞争中保持竞争优势。

6. 高效的团队协作能力

虽然主播是直播销售的核心人物，但是直播销售也离不开强大的团队支持。优秀主播应该具备高效的团队协作能力，与运营、选品、客服等团队成员紧密配合、齐心协力，这样才能推动直播项目的顺利进行。具有高效的团队协作能力的主播懂得尊重团队的每一个成员，乐于倾听，并善于采纳团队成员的合理建议。

知识链接

高效的团队协作能力在主播的职业生涯中起着至关重要的作用，这种能力不仅关乎个人发展，还直接影响团队的效率和成果。主播在团队协作中展现出的关键能力如下。

（1）沟通与表达能力

主播要能清晰、准确地传达自己的想法和意图，无论是与团队成员讨论内容策划，还是在直播中与观众实时互动。他们擅长倾听他人的意见和建议，能够积极回应并整合团队成员的想法，使团队成员达成共识。

（2）领导力与影响力

即便在非正式的团队环境中，主播也常能展现出一定的领导力，通过自身的言行激励团队成员，提振团队士气。他们能够设定明确的目标，并引导团队朝着这些目标努力，同时保持团队的凝聚力和向心力。

（3）适应性与灵活性

在快速变化的直播行业中，主播要能迅速适应新的环境、技术和内容，同时带领团队一起适应变化。他们能够灵活调整直播策略，以应对情况的变化，确保直播内容的吸引力。

（4）时间管理与优先级设定

主播应懂得高效管理自己的时间，确保既能创作高质量的直播内容，又能参与团队会议和协作活动。主播还应合理设定任务的优先级，确保团队资源得到有效利用。

（5）团队支持与协作

优秀主播深知团队力量的重要性，他们愿意为团队的成功贡献自己的力量，同时也乐于接受来自团队的支持和帮助。在团队面临挑战时，他们能够挺身而出，成为团队的支柱，共同解决问题。

（6）创新与创造力

主播要在团队协作中展现出创新思维，能够策划出新颖的内容并提出有吸引力的直播形式，为团队带来灵感和活力。他们鼓励团队成员一起探索新的创意，共同推动团队的创新发展。

（7）责任感与担当

主播要对自己的工作充满热情，对团队的责任也毫不含糊。他们愿意承担额外的责任，以确保团队的顺利运作。在出现问题时，他们能够主动承担责任，寻找解决方案，而不是推卸责任或逃避问题。

3.1.4　商家选择主播的策略

直播电商日益火爆，商家如何选用合适的主播，已成为决定直播效果和业绩好坏的关键因素。商家在选用主播时应该坚持精准匹配、共创共赢的原则，从多个维度综合考量，以达成直播销售业绩与品牌知名度和美誉度持续提升的目标。

1．明确品牌定位与目标观众

不同的品牌和产品面向的观众各异，其消费习惯、兴趣爱好及购买决策路径也不尽相同。商家需要明确自身的品牌定位与目标观众，在选用主播时考虑该主播的观众与自身品牌的目标观众是否相吻合，以确保直播信息能够精确触及品牌的目标观众。

2．评估主播的专业素养与影响力

主播的专业素养与影响力是商家选用主播的重要考量因素。

专业素养包括主播对产品的熟悉程度、表达能力、沟通能力等，这些能力会直接影响直播内容的质量和观众的观看体验。

主播的影响力主要体现为主播的人气（包括粉丝的数量、活跃度与粉丝黏性等），它直接决定了直播活动的传播范围和销售转化率。因此，商家应该综合评估主播的专业素养与影响力，只有选择那些既具有专业讲解能力又能吸引大量观众的主播，才能给直播间带来更高的销售额。

3．考虑主播的风格与品牌理念的契合度

不同的主播会有自身的特点和风格，不同品牌的产品也会传达不同的理念，因此商家要考虑主播的个人风格与品牌的理念是否契合。

一个与品牌理念相符的主播，能够更好地传达品牌的价值观，增强观众对品牌的认同感和好感。因此，商家在选择主播时，应该关注主播的言行举止、穿衣风格、直播氛围等方面，确保其与品牌理念相符合。

4．注重主播的创新能力与适应能力

直播行业千变万化，新技术、新玩法、新规则层出不穷。商家在选用主播时，应该重视主播的创新能力和适应能力。

一个具有创新精神的主播能够不断尝试新的方式、方法，为观众带来新鲜感，不断提升直播的吸引力，增强互动性。同时，主播还需要具备市场应变能力，如遇到敏感话题、平台功能更新、设备发生故障等情况，主播能够快速应对并巧妙化解，如此才能在竞争激烈的直播市场中保持竞争优势。

> **素养课堂**
>
> 在新时代背景下，创新意识已成为推动社会进步和发展的重要动力。它要求人们敢于突破传统思维，勇于尝试新事物，不断探索未知领域。具备创新意识的人，能够敏锐地捕捉时代脉搏，把握发展机遇，提升个人竞争力。

5．建立长期合作与共赢机制

商家与主播之间应该建立长期合作与共赢机制，通过签订协议明确双方权责，共享直播收益，确保双方利益最大化。

商家为主播提供必要的资源，帮助主播提升专业素养和影响力。主播则应积极为商家推广产品，吸引观众，提升转化率。商家和主播共同努力和协作，才能实现直播销售额的持续增长和品牌的长期发展。

3.2　主播的人设打造

优秀的主播自带流量，鲜明的人设是直播带货的先决条件。主播作为直播间的灵魂人物，其人设打造不仅关乎个人品牌的建立，还是吸引观众、促进产品销售的关键。

3.2.1　主播人设的定位

主播人设的定位是直播销售中至关重要的一环，它直接关系到主播在观众心中的形象和吸引力。主播需要对自身特点、优势及市场需求进行全面分析，明确自己在直播领域的独特定位，努力打造具有鲜明个性的形象，通过独特的直播内容、个性化的语言表达及深入人心的品牌故事，吸引并留住观众。

具体来说，主播人设的定位包括以下两个方面的工作。

1．分析目标观众

在直播销售中，分析目标观众是一项至关重要的工作，也是直播销售取得成功的关键环节。

（1）深入研究产品或服务的目标观众

主播要深入了解目标观众的需求、偏好及消费习惯，以便在直播时结合自己直播的内容、风格做出有针对性的调整。通过市场调研，主播可以精准把握市场脉搏，也为人设的确立奠定基础。

例如，如果销售高端护肤品，目标观众可能是有一定消费能力、注重皮肤保养的女性，年龄为 25～45 岁。她们可能喜欢时尚，追求品质生活，关注健康和美容资讯。主播应了解她们的喜好、生活方式、价值观等。

（2）查看同类型产品或竞争对手的观众情况

主播还要关注竞品的情况，分析竞品优劣势，为自己的差异化定位提供参考。主播通过观察竞争对手的互动数据等，找出未被满足的观众需求。如果大多数竞争对手的观众更关注产品价格，而忽略了产品成分的科学性，这可能就是主播人设定位的突破点。

2．结合自身特点

主播人设的定位需要结合自身特点，它有助于提高主播的可信度，塑造独特风格，确保可以持续构思丰富的直播内容并吸引更多目标观众。

（1）挖掘自身的独特之处

主播人设的定位源于自我认知。主播可以结合自己的性格、兴趣爱好、专业技能及价值观等，明确自己的优势。通过不断地自我反思与评估，主播可以更加清晰地认识到自己在直播领域的优势和不足，为后续人设的确立提供依据。

主播自身的独特之处可以是身体特质，如有独特的嗓音或者外貌辨识度很高；也可以是个人经历，如曾经有过海外留学经历，对国外的美容理念和产品有深入了解；还可以是特殊的才艺，如擅长绘画，则可以在介绍产品时用绘画的方式展示使用后的效果。

此外，主播还可以结合自己的外在形象，包括穿着打扮、言行举止等，确保与内在特质相协调，共同塑造个性鲜明的主播形象。

（2）确保自身特点与目标观众需求相匹配

主播进行人设定位时需要明确自身特点，了解目标观众，着力于多方面的匹配与调整，注重外在形象与内在修养的协调，始终秉持真实与自然的风格特质，塑造出独具魅力的人设。例如，如果目标观众是年轻时尚人群，主播自身的时尚敏感度和潮流穿搭能力就可以成为人设定位的重要元素。

3.2.2　主播人设的确立

主播人设的确立则是在主播人设的定位明确之后，通过一系列具体的措施来塑造和强化主播在观众心中的形象。具体来说，主播人设的确立包括以下几个方面的工作。

1．确定核心标签

主播基于人设定位，可以确定 3～5 个核心标签。例如，若定位为高端护肤品销售的主播，核心标签可以是"专业护肤达人""时尚品位引领者""品质生活倡导者"。这些标签要简洁明了，能够准确概括主播人设的主要特点。

主播在直播中要不断强调这些标签。例如，主播在介绍产品时，可以不断提及自己的专业知识来源，如"我作为专业护肤达人，研究皮肤科学多年，知道这款产品的成分对改善皮肤暗沉非常有效"。

2．构建人设故事

主播可以根据自己的真实经历进行改编，创作一个能够引起观众共鸣的人设故事，但不能夸大其词或弄虚作假。例如，主播可以讲述自己皮肤不好，尝试了无数产品都收效甚微，后来通过深入学习护肤知识，找到了适合自己的护肤品，并且皮肤状况得到了很大改善，于是决定把这些好的产品分享给更多的人。

在直播开场或者与观众互动时讲述这个故事，并且根据不同的直播场景进行适当调整，可以让观众更好地理解和记住主播的人设。

3．制定人设行为准则

主播在制定人设行为准则时，行为要与标签一致。主播要根据自己的人设标签，确定在直播中的行为准则。如果主播的人设是"专业知识型主播"，那么在直播中就要表现出言行举止的专业。例如，在回答观众问题时要准确、快速，引用权威资料和数据，说话的语气要沉稳、自信；如果人设是"幽默搞笑主播"，行为就要展现出幽默，例如，经常讲笑话、做一些滑稽的动作或者用诙谐的语言与观众互动。

主播的行为准则包括语言表达、肢体动作、表情管理等。例如，若人设为"优雅时尚主播"，主播的肢体动作要轻盈、优雅，表情要时刻保持自信和亲和力。

3.2.3　主播人设的强化

主播人设的强化是指通过一系列策略和手段，不断巩固和提升主播在观众心中所设定的人物形象的过程。下面从5个方面对主播人设的强化进行阐述。

1．内容深耕，强化人设特色

内容深耕是强化人设特色的关键，主播进行内容深耕时应注意以下两点。

（1）持续输出高质量且有吸引力的内容

主播人设确立之后，主播应围绕人设持续输出高质量且具有吸引力的内容，其包括直播间的日常互动、专业知识分享、才艺展示等，确保每一次直播都能让观众感受到主播的独特魅力。

每次直播内容的选题都要与人设相关。如果人设是"健身达人"，直播内容就应该围绕健身训练、健康饮食、健身装备等展开，避免出现与健身无关的话题，如过度讨论娱乐八卦。

（2）内容创新与差异化

在保证内容质量的同时，主播要注重创新与差异化，通过不断探索新的直播形式、话题或互动方式，提升自己的个人魅力，加深观众对主播人设的记忆。

一个鲜明独特的主播人设不仅能够吸引并留住观众，还能有效提升转化率，成为品牌形象不可或缺的一部分。

2．形象塑造，视觉形象强化、升级

形象塑造是打造主播人设的重要环节。从妆容、发型到服装搭配，都要符合人设。例如，如果是传播古典文化的主播，妆容可以偏向淡雅、古典，发型可以是发髻之类的古典样式，选择汉服或者改良的中式服装。

直播间的背景布置也要与人设相匹配。例如，户外探险主播的直播间背景可以是一些户外风景照片或者地图等。

直播的风格也要与人设保持一致。如果人设是"幽默风趣的美食主播"，在直播中就要一直延续幽默的风格，无论是介绍美食的制作过程还是回答观众的问题，都要用幽默的语言。例如，主播讲麻辣香锅做法时可以这样说："各种食材在锅里那可是'华山论剑'，辣椒和花椒就是两大高手，一出手，瞬间把你的味蕾迷得晕头转向！"观众问辣度，主播笑答："这辣度就像你的快乐指数，你想要多快乐，就放多少辣椒，保证自己找到快乐的源泉！"

3．深化特色，内容为王

主播应围绕自身定位，精心策划直播内容，不断深化个人特色。独特的语言风格、别具一格的穿搭风格、专业的产品解读或有趣的互动环节，这些都可以成为主播的特色。主播通过持续输出高质量、有价值的内容，可以逐步与观众建立起深厚的情感联系，进一步增强观众黏性。

4．互动反馈，提高人设可信度

主播应积极回应观众的互动反馈。无论观众是赞扬主播还是批评主播，只要主播收到观众的反馈，都要积极主动回应，这会让观众感觉主播是真实、可亲近的。

在与观众的互动中，如果主播能够专业地解答观众的疑问，则能够强化人设的专业性。例如，一位科技主播在回复观众关于某款电子产品技术参数的疑问时，能够准确、详细地作答，这会让观众更加认可他"科技专家"的人设。

5．跨界合作，扩大影响力

在现有粉丝基础上，主播还应积极寻求跨界合作的机会，如与其他知名主播、品牌或 IP（Intellectual Property，知识产权）进行合作，通过联合直播、品牌代言等形式扩大自身影响力，这样做能吸引更多潜在观众，并且强化主播人设，提升商业价值。

3.2.4　主播人设的推广

主播作为连接品牌与观众的核心纽带，其人设的精准定位、确立与强化是直播销售成功的关键。如何让主播人设被更广泛的观众知晓，实现品牌影响力的最大化，是后续策略中的重中之重。下面将从 3 个方面探讨如何进行主播人设的推广。

1．多渠道传播，扩大曝光范围

当主播人设在多个渠道出现且保持一致时，会给观众一种可靠、真实的感觉，且便于主播利用人设吸引不同类型的观众。

（1）构建社交媒体矩阵

主播要充分利用微博、抖音、快手、小红书等社交媒体平台，构建社交媒体矩阵，通过定期发布与主播人设相关的内容，如直播预告、幕后花絮、生活分享等，提高主播的曝光率，吸引潜在观众。

（2）联动合作

主播可以联合其他知名主播、达人或品牌进行跨平台合作，通过联合直播、互推的方式，借助对方的观众基础，快速扩大主播的影响范围。主播要选择与自己人设相符或互补的主播合作。例如，健身博主可以和营养主播合作，共同推出关于健身与营养搭配的系列节目，双方互相引流，丰富各自人设的内涵。

（3）参与平台活动

主播要积极参与各大直播平台的官方活动，如创建热门话题、参与热门话题讨论等，争取获得平台的流量支持和曝光机会，进一步提升知名度。

主播可以在线上创建与主播人设相关的话题，如#时尚主播的日常穿搭#、#健身主播的训练秘籍#等，鼓励观众参与话题讨论，分享自己的经验或作品，提高话题热度，进而扩大主播人设的曝光范围。

主播还可以关注当下热门话题，并结合主播人设发表独特的见解，巧妙地融入自己的风格和观点，吸引其他话题讨论者关注主播。

（4）线下活动

主播可用自身的人设为主题举办粉丝见面会，在每个活动环节都融入主播人设特色，通过粉丝见面会，增加与粉丝的线下互动，同时也能吸引当地媒体和路人的关注，扩大人设的传播范围。

主播还可以参加与自己人设相关的行业展会或活动。例如，美食主播参加美食节，在活动中可以展示自己的美食知识、品尝美食的独特方式等，将自己的人设展示给更多的潜在观众。

2. 精准营销，触及目标观众

主播要利用数据分析工具对目标观众进行深入分析，明确目标观众的年龄、性别、兴趣爱好等特征，并根据目标观众画像制定具有针对性的推广策略。例如，针对年轻女性观众，可以在社交媒体上发布美妆、时尚等相关内容；针对游戏爱好者，可以在直播中增加游戏环节或邀请游戏主播进行互动。

3. 社群建设

积极的互动有助于建立社群。主播可以创建社群、举办群员专属活动等，让群员之间也积极互动。在这个过程中，群员会因为共同喜爱主播而形成一个团体，社群归属感会让群员更加积极地推广主播的人设。例如，一个健身主播的社群里，大家会互相交流健身心得，并且以主播倡导的健康生活方式为准则。

📋 **案例在线**

江北"前洋云上共富工坊"，主播人设助力农产品销售新范式

在浙江省商务厅公布的 2024 年度电商直播式"共富工坊"典型案例中，宁波（前洋）直播中心孵化打造的"前洋云上共富工坊"成功入选。

江北"前洋云上共富工坊"联合当地政府部门、农业合作社以及多家相关企业共同举办的"农情江北，共富直播"活动，旨在借助网络直播的力量，将江北丰富多样且独具特色的农产品推向更广阔的市场，促进农民增收，助力乡村经济蓬勃发展。

直播中，"前洋云上共富工坊"的主播们被定位为质朴热忱的乡村使者。他们大多来自本地乡村，对这片土地饱含深情，对农产品的种植、生长环境以及农民的辛勤劳动有着深刻的了解。这种源于乡土的质朴气质，成为他们与观众建立信任关系的基石。

主播们身着简约且具有乡村特色的服饰，脸上洋溢着真诚而亲切的笑容，一出场便能让观众感受到浓郁的乡村气息与温暖的人文情怀。他们的语言风格直白、通俗易懂，善于用生动形象的乡言乡语讲述农产品的故事，仿佛是邻家大哥大姐在分享自家的好物，瞬间拉近了与观众之间的距离，使观众在观看直播的过程中不仅买到了心仪的农产品，还感受到了一种真挚的乡村情谊。

为了更好地推广农产品，主播们系统提升了专业素养，成了农产品知识专家。他们深入田间地头，与农户一同劳作，详细了解每一种农产品的种植过程、生长周期、营养价值以及独特的烹饪方法。

在直播中，主播们能够熟练地介绍农产品的品种特性，例如，讲解"乌牛早"茶叶时，能准确说出其采摘时节的微妙差异对茶叶口感和香气的影响，以及如何通过观察茶叶的外形、色泽来判断品质优劣；介绍当地特色笋干时，会分享笋的不同生长阶段适合的烹饪方式，是炖汤更鲜美还是炒菜更可口等。这种专业的讲解让观众对农产品有了更全面、深入的认识，提升了产品的可信度和吸引力，使观众相信购买这些农产品不仅可以满足口腹之欲，更是获取优质、健康食材的明智选择。

主播们在直播风格上主打趣味互动，成为观众田园生活体验的引领者。他们巧妙地

将农产品的展示与乡村生活场景相结合，营造出轻松愉悦的直播氛围。例如，在直播销售"云湖姑娘"品牌的水果时，主播们会带着观众走进果园，现场采摘水果，展示水果挂满枝头的诱人景象，同时与果农互动，询问水果种植的趣事和小窍门，并及时分享给观众。

在介绍农产品加工品如"笋箕哥哥&花生妹妹"品牌的组合零食时，主播们会在直播现场制作简单的美食，邀请观众猜测食材的搭配和制作步骤，猜对的观众有机会获得优惠券或小礼品。这种充满趣味和互动性的直播风格，让观众仿佛置身于田园生活之中，增强了观众的参与感和黏性，使他们愿意持续关注直播并购买相关农产品。

"前洋云上共富工坊"的主播们还是共富理念的生动诠释者，与品牌形象深度融合。他们在直播中积极讲述工坊带动当地农户增收致富的故事，例如，提到某个农产品的销售增长如何让农户的生活得到改善，孩子能够获得更好的教育资源，老人能够得到更贴心的医疗照顾等。

主播们以自身的言行传递共富工坊的使命与价值，让观众在购买农产品的同时，也成了乡村共富事业的参与者和支持者。这种主播人设与品牌形象的有机结合赋予了农产品更深层的意义和情感价值，进一步提升了品牌的美誉度和社会影响力，为农产品的长期销售奠定了坚实的基础。

3.3　主播的形象管理

主播的形象不仅是个人品牌的直接体现，还是吸引观众、提升直播质量的关键因素。一个专业且富有吸引力的主播形象能够有效增强观众的信任感与黏性，进而促进销售转化。

3.3.1　主播的形体管理

主播进行形体管理旨在提升主播整体形象、气质。良好的形体管理不仅可以提升主播的视觉吸引力，还可以传递积极的非语言信息，给观众留下良好的第一印象。

1．体态管理

许多主播在长时间直播时，容易出现不正确的身体姿势，包括不良坐姿、站姿等。主播可以从以下 4 个方面进行体态管理。

（1）坐姿

主播在进行直播时，要保持脊柱自然挺直，不要弯腰驼背或瘫坐在椅子上，可以将直播镜头调整到合适的高度，使眼睛平视时能够看到屏幕的中心位置，这样有助于保持正确的坐姿。

膝盖与臀部保持同一水平线，双腿自然下垂，膝盖弯曲 90° 左右，不要跷二郎腿或将腿过度伸展。这种坐姿不仅有助于保持身体的平衡和稳定，还能避免腿部血液循环不畅。尤其是对长时间直播的主播来说，正确的坐姿能减少腿部的疲劳，避免水肿。

（2）站姿

正确的站姿为：双脚平稳站立，双脚分开，与肩同宽，重心均匀分布在双脚上，避免重心偏移或单脚站立过久。这样的站姿能够让身体保持稳定，给人一种自信、可靠的感觉。

主播在站立的同时要收腹挺胸抬头，收紧腹部肌肉，使胸部自然挺起，下巴微微内收，眼睛平视前方，这种姿势可以拉伸脊柱，让身体线条更加优美，同时也能让主播看起来更加精神饱满。

（3）手势

在直播过程中，手势要简洁、准确地辅助语言表达。例如，在推荐一款化妆品时，主播可以用手指指向化妆品瓶身的关键信息部分，然后用手掌做出展示动作。

手势应该自然、舒展，不要过于僵硬或局促。手臂在动作时以肩关节为轴，前后自然摆动。例如，在描述一个物体很大时，主播可以用手臂做出一个较大幅度的环绕动作，以增强表达效果。

（4）头部与颈部动作

在说话时，头部要保持相对稳定，不要频繁晃动或者歪头。稳定的头部姿势能给人一种自信、专注的感觉。在需要表达不同情感或强调不同内容时，可以适当点头或摇头。

颈部要保持自然伸展，不要缩脖子或过度伸长脖子。颈部的良好姿态有助于塑造优雅的形象。

知识链接

在主播的形体管理中，站姿管理可能是最为关键和主要的方面。因为站姿是主播在镜头前最常见的姿态，直接展现主播的形象与气质。一个挺拔、优雅的站姿能够迅速吸引观众的注意力，并给观众留下深刻的印象。因此，主播需要特别注重站姿的训练和管理，通过靠墙站立、顶物站立、背靠背站立等多种方式进行练习，以形成自然、正确的站姿。

2．运动与锻炼

主播可以通过核心肌群锻炼和柔韧性训练来塑造良好的体态，展现良好的主播形象，具体方法如下。

（1）核心肌群锻炼

主播可以每天进行几组平板支撑练习，每组持续 30～60 秒。平板支撑能够增强腹部、背部和臀部的肌肉力量，有助于保持身体的稳定性。

主播还可以练习仰卧抬腿的动作，即平躺在地上，双腿伸直慢慢抬起，与地面成一定角度（如 45°或 90°），然后缓慢放下。这个动作主要锻炼下腹部肌肉，能够改善腹部松弛的状况，使主播在坐着和站立时的腹部更加紧实。

（2）柔韧性训练

主播可以定期进行瑜伽练习，不仅可以提高身体的柔韧性，还能在直播中展现出更加优雅、舒展的动作。瑜伽中的猫牛式、下犬式等，有助于提高身体的柔韧性并适度拉伸肌肉。

舞蹈中的许多动作需要高度的柔韧性，因此主播还可以尝试一些简单的舞蹈训练，如爵士舞、拉丁舞等，以提升身体的柔韧性。另外，主播也可以利用器械进行拉伸训练，如使用泡沫轴、瑜伽球等器械进行肌肉按摩和拉伸，以放松肌肉，提升柔韧性。

主播还可以在直播前或直播间隙进行一些简单的伸展练习，如站立前屈、肩部环绕伸展等，这些练习都可以拉伸肌肉，缓解肩部紧张感。主播也可以通过一些简单的颈部伸展练习，如将头部缓慢地向左右两侧转动、向上抬起再向下压低等，来增强颈部肌肉的力量和灵活性。

3．日常习惯养成

主播要保持良好的形象和状态，还要注意日常习惯的养成，进行有效的形体管理，以提升自己的专业素养和形象。

（1）注意行走姿势

主播在日常行走时，脚步要轻盈，有一定节奏感，不能拖着脚走路或脚步过重。养成习惯后，主播在直播中的走动也会显得更加优雅。行走时身体保持平衡，手臂自然摆动，与脚步节奏协调。正确的行走姿势能够展现出主播的仪态美。

（2）避免不良姿势

主播要减少弯腰低头的时间，长时间低头或者弯腰工作会对形体造成不良影响。主播还要避免在休息时瘫坐在沙发上或长时间保持一种懒散的姿势，即使休息时也要注意自己的身体姿态，以塑造优美的形体。

3.3.2　主播的妆发管理

妆发管理对主播的形象管理具有重要意义。它能够在视觉形象上吸引观众的注意力，体现主播的专业性与独特风格，还能够营造氛围，拉近与观众的距离。

1．妆容自然

主播的妆容应该以自然、清新为主，避免过于浓重或鲜艳的妆容，以免给观众带来距离感。主播要选择与自己肤色相近的底妆产品，避免过白或过暗的色号，可以根据个人肤质并结合直播内容选择合适的底妆产品，保持肌肤的自然光泽。

眼妆和唇妆可适当加强，突出眼部神采和嘴唇的饱满度，但不要过于夸张，可以使用浅色眼影打底，使用深色眼影加深眼窝，再用眼线笔勾勒出清晰的眼线。唇妆则可以选择滋润型的口红或唇釉，保持唇部的饱满和水润。

2．发型管理

一个合适的发型不仅能够提升主播的整体形象，还能与直播内容、风格及个人气质相匹配，从而提升观众的观看体验。

（1）了解发质与脸型

主播要了解自己的发质，这有助于选择合适的造型产品和发型。例如，细软、容易贴头皮的发质，可能需要用蓬松喷雾或卷发棒来增强头发的蓬松感。另外，还需要根据不同的脸型选择不同的发型。例如，圆脸适合有层次感的发型；方形脸适合卷发，以柔和脸部硬朗的线条。

（2）发型打造

无论是男主播还是女主播，都要根据直播主题和风格选择合适的发型。

对女主播来说，如果是运动主题的直播，高马尾（见图3-2）或丸子头比较合适，既方便又能展现活力；如果是古风主题的直播，可以将头发盘成古典发髻，如双丫髻等。

主播可以巧妙利用造型工具来打造发型。卷发棒可以打造出不同卷度的卷发；直发器可以将头发拉直，打造出清爽、利落的形象；发胶、发蜡等产品都可以用来固定发型。根据发型和直播风格选择合适的发饰，可以为发型增加亮点，使主播的形象更出众。

对男主播来说，如果是文化知识讲解类直播，主播可以选择利落的短发，如经典的侧背头（见图3-3）。同时，选择发型也要结合主播脸型。例如，方形脸主播可选择头顶稍高、两侧头发稍短的发型，缓和脸部硬朗线条；长脸主播则适合有刘海或两侧头发较为蓬松的发型，以缩短视觉长度。

此外，发色选择也不能忽视。黑色或深棕色较为稳重、百搭，适合大多数直播场景；若直播面向年轻时尚群体，可以尝试其他发色，如深亚麻色等较流行的发色，但不宜过于夸张。

图 3-2　适合运动主题的高马尾发型　　　　图 3-3　男士侧背头发型

（3）日常护理

主播可以根据发质选择合适的洗发水和护发素，定期洗头，保持头发清洁，还可以使用发膜、精油等产品，防止头发干枯分叉。健康的头皮是头发健康的基础。主播平时可以定期对头皮进行按摩，促进头皮血液循环。

3.3.3　主播的服装管理

主播的服装管理是指主播及其团队对直播过程中所穿服装进行的一系列规划、选择、搭配与维护等工作，旨在通过服装这一视觉元素塑造主播的良好形象，增强直播效果。

1．风格定位

主播应根据自己的人设定位、直播内容及目标观众，确定适合自己的穿衣风格。无论是时尚前卫、知性优雅还是亲和可爱，都要保持风格的统一且高辨识，这有助于塑造独特的个人品牌形象。

例如，一位主打户外探险直播的主播，其服装可能功能性强、休闲且为户外风格，如耐磨的冲锋衣、登山裤等，如图 3-4 所示；而对时尚类主播来说，服装风格则要紧跟时尚潮流，涵盖各种流行风格，如法式复古风（见图 3-5）、韩式潮流风等。

图 3-4　户外探险类主播服饰　　　　图 3-5　法式复古风主播服饰

2．色彩搭配

合理的色彩搭配能够提升整体形象的视觉效果。主播在选择服装时，应注意服装色彩与肤色、直播背景及产品颜色是否协调，避免过于刺眼或过于暗沉的颜色，尽量选择能够映衬自己肤色的色彩，让观众在视觉上感到舒适。

例如，采用同类色搭配原则，将浅蓝和深蓝搭配，在直播中可以塑造出简洁、大方的形象；采用邻近色搭配原则，将红与橙、黄与绿等搭配，这种颜色搭配既和谐又富有变化，能够产生柔和、舒适的视觉效果；还可以采用互补色搭配原则，如将红与绿、蓝与黄等搭配，这种颜色搭配给人的视觉冲击力强，能够迅速吸引观众的注意力。

3．注重细节

主播要选择质地优良、裁剪合体的衣服，避免过于暴露或过于随意的装扮。适当的配饰如项链、耳环、手链等，可以给整体形象增添亮点，但不宜过多，以免喧宾夺主。

不同的服装面料在镜头前会呈现出不同的质感，主播要根据直播的氛围和自身形象定位选择合适的面料。例如，丝绸面料具有光泽感，能够展现出优雅、高贵的气质，适用于正式的直播场景。

在款式选择上，主播要根据自身身材选择合适的款式。例如，身材较小的主播不要选择过于冗长、拖沓的款式，选择较短的上衣或短裙可以在视觉上拉长身材。主播还可以选择结合当下流行元素的款式，从而看起来更时尚。

在进行服装维护与保养时，要坚持分类整理、遵循清洁说明、定期保养、随时记录服装信息的使用原则。

素养课堂

形象管理体现了个人的审美观念，通过对仪表、着装、言谈举止等方面的规划和塑造，我们可以逐渐培养自己的审美品位和鉴赏能力。形象管理不仅仅是对外表的装扮和修饰，更是对内在修养的展现和提升。只有不断学习、实践和反思，提升个人的内在修养，才能使外在形象展现出魅力。

3.4 主播的镜头管理

主播的镜头管理是指主播在直播过程中，对自身与镜头之间关系的一系列把控和操作，包括画面呈现、表情管理等多方面内容，目的是向观众提供更好的视觉和情感体验，增强直播的吸引力和影响力。

3.4.1 主播镜头感的体现

主播的镜头感主要体现在以下几个方面。

1．自然流畅的肢体语言

在镜头前，主播的肢体动作应自然流畅，不过分夸张也不显得僵硬。挥手打招呼、点头示意等简单动作既可以增强与观众的互动，又能自然、有效地传达信息，但要注意动作的幅度和频率适中，避免幅度过大或过于频繁导致分散观众注意力或画面混乱。例如，在介绍产品时，可以用手势辅助说明，指向产品的关键部位，或者展示其大小、形状等。

2．丰富生动的面部表情

主播控制面部表情是传递情感和吸引观众的重要手段。丰富的面部表情能够让观众更好地感受到主播的热情、真诚和专业性。例如，微笑可以展现亲和力，惊讶的表情能够增强产品介绍的趣味性，专注的神情则能体现主播对产品的了解和认真的态度。

在直播时，主播要根据不同的情境和话题随时调整面部表情。例如，在介绍一项令人惊喜的优惠活动时，露出兴奋和惊喜的表情，能够激发观众的兴趣。需要注意的是，面部表情的变化要自然，避免突然大幅度的转变，否则会给观众带来不适感。

3. 眼神交流

主播要用眼神和观众进行交流，让观众感受到被关注和重视。例如，在回答观众提问时，主播要看着镜头，用真诚的眼神给予回应，让观众觉得主播在认真对待他们的问题，从而增强观众的信任感和参与感。

眼神的运用也要配合得体的语言和肢体动作，整体的协调统一会增强观众对主播的信任感。

4. 对镜头位置和角度的适应

主播对镜头位置和角度的适应主要体现为主播在镜头前的位置与角度正确，以及主播与镜头的距离适中。

（1）镜头前的位置与角度

主播在镜头画面中应保持相对居中的位置，确保身体的主要部分能被观众看到。这样可以让观众的注意力集中在主播身上，避免出现画面失衡。主播还要注意周围环境或自身动作不会遮挡产品的重要部位。

不同的直播场景会要求不同的镜头位置和角度。无论是正面、侧面镜头，还是俯拍、仰拍等角度，主播都要知道如何调整自己的姿势和表现方式，确保在镜头中呈现出最佳的形象。

正面镜头能直接展示主播的面部表情和眼神，给人一种亲切、坦诚的感觉，适用于大多数类型的直播，如新闻播报、美妆教学类直播等。侧面镜头可以让主播的脸部轮廓更立体，同时也能在一定程度上修饰身形，适用于服装展示直播、舞蹈表演直播等。

俯拍角度可以展示更多场景元素，适合展示较大范围的环境，例如，展示直播间布置时可俯拍；仰拍则能让主播看起来更有气势，但俯拍时要注意避免直播画面过度变形。

（2）与镜头的距离

主播与镜头的距离有特写、中景、全景3种。

- 特写：展示面部细节（如美妆教学中的眼妆，如图3-6所示）、强调表情或小物品（如展示珠宝首饰的细节）时，主播会靠近镜头，采用特写距离，此时要注意保持画面稳定，避免突然晃动，否则会让观众产生眩晕感。

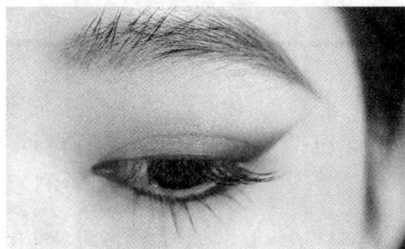

图3-6 眼妆特写

- 中景：适合展示主播的上半身及其动作，如上半身的服饰、手部动作等。这时主播要注意身体语言的协调性，使整个上半身在镜头中的表现和谐、自然。

- 全景：用于展示主播的全身形象及整个直播间的场景。例如，主播在展示完整的舞蹈动作时会使用全景距离。主播在使用全景距离时，要注意整体画面的协调性，如服装、发型、肢体动作等与周围环境协调。

3.4.2 主播镜头感的培养

主播镜头感的培养，旨在让主播在镜头前能够自然、自信地展现自己，有效地与观众进行交流，提升直播的质量和吸引力。

1．对着镜子练习

主播可以在镜子前进行各种模拟直播的练习，观察自己的肢体动作、面部表情和眼神变化，注意自己的肢体动作是否自然流畅，面部表情是否丰富得当，眼神是否有感染力；还可以尝试将不同的面部表情和肢体动作组合，进而找到最适合自己的表达方式。例如，主播可以对着镜子练习介绍一款产品，从拿起产品到讲解其功能、优势，过程中观察自己的表现，不断调整和完善，直到取得满意的效果。

2．通过拍摄视频进行自我观察

主播可以通过拍摄视频的方式来更全面地观察自己在镜头前的表现，用手机或摄像机录制自己模拟直播的过程，然后回放视频，仔细分析自己的镜头感。

观察回放视频时，主播要注意视频中的画面构图、自己在画面中的位置和比例、肢体语言的协调性、面部表情的清晰度及眼神的交流效果等方面。

另外，主播要将自己的视频与优秀主播的视频进行比较，学习他人的优点，发现自己的不足，有针对性地进行改进。例如，主播在视频中发现自己某个表情过于夸张，或某个动作很不自然，就可以针对这些问题进行专项练习，逐步提升自己的镜头感。

3．参加表演培训课程

如果条件允许，主播可以参加一些专业的表演培训课程。专业的表演培训能够系统地提升主播的表演能力和镜头感。在表演培训课上，主播可以学习表演的基本技巧，如情感表达、肢体语言控制、角色塑造等，这些表演技巧可以让主播更好地理解和把握不同情境下的情感状态，从而在直播中更真实、自然地表现自己。

例如，在表演培训课上的情感训练环节，主播可以学习如何通过回忆自己的亲身经历或想象特定的情境来激发真实的情感，然后将这些情感融入产品介绍中，使产品介绍更具说服力。

4．多进行直播实践

主播要尽可能多进行直播，在直播实践中不断积累经验，提升自己的镜头感。每次直播后，主播都要对直播过程进行回顾和总结，分析自己在镜头前的表现，看哪些地方还需要改进。同时，主播还要收集观众的反馈，了解观众对自己在镜头中的表现的意见和建议。

例如，主播在直播中发现观众在某个互动环节的参与度不高，可能是因为当时主播的肢体动作不够吸引人，表情不够热情，那么下次直播时，主播就可以有针对性地进行改进，增加具有吸引力的肢体动作和表情，提升观众的参与度。

5．与团队成员交流合作

主播镜头感的培养离不开团队成员的帮助和支持。主播要多与助理、运营等团队成员进行交流合作，了解他们对镜头画面的要求和建议。

（1）专业指导与培训

主播可以在团队成员中寻找有丰富经验的主播或专业人士，请他们分享关于镜头表现的宝贵建议和技巧。针对主播在镜头中可能存在的具体问题，如表情管理不当、肢体语言无吸引力等，团队成员可以给予具体的指导。

（2）模拟演练与实战训练

团队成员可以协助主播进行模拟直播练习，通过模拟不同的直播场景和情境，帮助主播适应不同的镜头环境。在条件允许的情况下，团队成员可以组织一些小型的直播活动或比赛，让主播在实战中锻炼自己的镜头感。通过实战训练，主播可以更加直观地感受到自己的不足和进步。

（3）反馈与改进

团队成员可以设立专门的反馈机制，对主播的每一次直播进行观看和记录，并在直播结束后及时给予反馈。反馈内容应具体、客观，并指出主播在镜头前的优点和需要改进的地方。

主播还应进行自我反思和总结。每次直播后，主播可以回顾自己的表现，思考自己在镜头前的表现是否自然、流畅，是否有需要改进的地方，并制订相应的改进计划。

3.5 数字人主播的配置

数字人主播是一种利用人工智能技术和计算机图形学等创造出的虚拟主播形象，它可以模拟人类的语言表达、动作和表情，进行各种信息的播报并与观众互动。

3.5.1 数字人主播的优势

在新媒体蓬勃发展的时代，数字人主播作为直播领域的新兴力量，正展现出诸多独特的优势。

1．工作时长与效率方面

数字人主播在工作时长和效率方面展现出了显著的优势，主要体现在以下两个方面。

（1）不间断工作

数字人主播最大的优势之一就是能够24小时不间断地进行直播工作。与真人主播受生理限制需要休息不同，数字人主播可以持续在线，这对吸引不同时区的观众或者满足一些非高峰时段的直播需求非常有帮助。

例如，在一些全球性的电商平台上，不同国家和地区的观众在不同时间浏览产品，数字人主播可以在深夜等真人主播不便工作的时间继续进行产品推广，从而扩大直播的覆盖范围，增加潜在的销售机会。

（2）高效的信息传递

数字人主播在介绍产品或服务时能够保持高度专注和高效输出信息。它们不会像真人主播一样受情绪、疲劳等因素的影响而出现口误或者信息传达不准确的情况。一旦设定好相应的产品信息和直播脚本，数字人主播就可以准确无误地将产品的特点、功能、价格等关键信息传递给观众，以稳定而高效的方式增进观众对产品的认知。

2．成本效益方面

数字人主播在成本效益方面的优势主要体现在以下两个方面。

（1）降低人力成本

培养和雇佣真人主播需要投入大量的资金，包括主播的薪酬、培训费用、福利等。而数字人主播只需要一次性的开发和配置成本。虽然开发数字人主播前期可能需要一定的技术投入，但从长远来看，企业可以节省大量的人力成本。特别是对于一些小型企业或者创业公司，在预算有限的情况下，数字人主播是一种性价比极高的选择。

（2）避免人力资源风险

真人主播可能会因为个人形象问题、违反合同（如跳槽到竞争对手处）等情况给企业带来风险。数字人主播则完全由企业掌控，不存在这些人力资源方面的风险。企业可以根据自身的发展战略和市场需求变化随时调整数字人主播的形象、风格和直播内容，不用担心主播的个人行为对企业造成不良影响。

3．定制化与灵活性方面

数字人主播在定制化与灵活性方面的优势主要体现在以下两个方面。

（1）高度定制化

数字人主播可以根据不同的产品类型、目标观众和品牌形象进行定制。企业可以按照自己的需求打造具有独特外貌、性格和风格的数字人主播。例如，高端时尚品牌可以定制外貌时尚、气质高雅的数字人主播；儿童品牌则可以定制形象可爱、充满活力的数字人主播。定制化的数字人主播能够更好地与品牌形象相契合，提高品牌在观众心中的辨识度。

（2）内容灵活性

数字人主播的直播内容调整非常灵活，可以根据市场反馈、产品更新等情况迅速修改直播脚本和话术。相比之下，真人主播可能需要重新培训或者花费一定的时间来学习新的内容。数字人主播可以在短时间内实现产品推广，并且能够快速学习新的营销概念和流行元素，使直播内容始终保持新鲜感和吸引力。

4．数据管理与分析方面

数字人主播在数据管理与分析方面的优势主要体现在以下两个方面。

（1）精准采集数据

数字人主播在直播过程中可以更精准地采集观众的数据。例如，能够准确记录观众的停留时间、提问内容、互动频率等。这些数据对企业了解观众的行为和需求非常重要，可以为后续的营销策略调整提供依据。通过对这些数据的深入分析，企业可以优化数字人主播的直播内容、直播时间等，提升直播的效果。

（2）数据安全

数字人主播在数据管理方面相对更安全，与真人主播可能会因为个人疏忽或者其他原因导致观众数据泄露不同，数字人主播的运行处于企业严格的技术管控之下。企业可以采用先进的加密技术等手段来确保观众数据的安全，这在当今注重数据安全的社会环境下是非常重要的优势。

3.5.2 数字人主播的类型

数字人主播根据不同的分类标准，可以划分为不同的类型。

1．按照外貌形象划分

按照外貌形象的分类标准，数字人主播可分为以下两种。

（1）仿真型数字人主播

仿真型数字人主播在外观上与人类高度相似，它们的面部特征、身材比例等都与真人极为相似，皮肤纹理、毛发细节等能达到以假乱真的程度。例如，一些高端的仿真型数字人主播出现在直播镜头前，若不仔细看，极易被视作真人，如图 3-7 所示。它们采集大量的真人数据，运用面部扫描、动作捕捉等技术构建而成。

我是科大讯飞人工智能虚拟主播小晴

图 3-7　科大讯飞人工智能虚拟主播

（2）卡通风格数字人主播

卡通风格数字人主播具有鲜明的动漫风格外貌，它们的形象设计往往源于流行的动漫文化，如大眼睛、夸张的发型或独特的服饰风格。这种类型的数字人主播在吸引年轻观众方面具有独特的优势，特别是在游戏、动漫周边和儿童产品等直播销售中。

例如，一个以热门动漫角色为蓝本设计的数字人主播，可以迅速拉近与动漫粉丝的距离，在推广周边产品时能够激发粉丝的购买欲望。

2．按照功能特点划分

按照功能特点的分类标准，数字人主播可以分为以下两种。

（1）问答型数字人主播

问答型数字人主播的主要功能是回答观众提出的各种问题，它们配备了强大的知识库系统，能够快速回答与产品知识、行业信息等相关的问题。在直播过程中，当观众询问产品的成分、使用方法、售后服务等问题时，问答型数字人主播可以及时解答。

例如，在电子产品的直播销售中，观众可能会问到某款手机的芯片性能、电池续航等问题，问答型数字人主播可以详细地提供这些信息，增加观众对产品的了解和信任。

（2）表演型数字人主播

表演型数字人主播擅长通过表演来吸引观众。它们可以唱歌、跳舞、表演小品等。在娱乐节目直播或者以表演为特色的直播销售中，表演型数字人主播能够营造欢快的氛围。在一些文化艺术产品的直播推广中，表演型数字人主播可以先表演一段与产品相关的艺术节目，如在推广传统戏曲文化产品时，数字人主播先表演一段戏曲，再介绍相关的戏曲产品，如戏曲服饰、唱片等，这样可以提升观众的观看兴趣和购买意愿。

3．按照应用场景划分

按照应用场景的分类标准，数字人主播可以分为以下两种。

（1）电商直播数字人主播

电商直播数字人主播是目前数字人主播应用最为广泛的类型，主要用于各种电商平台的直播销售。它们的任务是向观众介绍产品的特点、优势、价格等信息，促进产品的销售。电商直播数字人主播可以24小时不间断工作，无须休息，能够在不同时间段触达更多的观众。而且，它们可以根据不同的产品类型和目标观众进行定制化的直播内容策划。例如，在美食电商直播中，数字人主播可以详细展示食物的制作过程、口感等，以吸引美食爱好者。

（2）企业宣传数字人主播

企业宣传数字人主播主要用于企业形象的宣传、企业文化的传播等，它们会介绍企业的发展历程、企业价值观、企业的核心产品和服务等。这种类型的数字人主播往往出现在企业的官方网站、官方社交媒体账号的直播活动中。例如，一家科技企业在发布新产品时，企业宣传数字人主播可以向观众介绍企业的创新理念、研发团队的实力等，提升企业在公众心中的形象，为新产品的推广奠定良好的基础。

3.5.3　数字人主播的选择

在选择数字人主播时，商家需要综合考虑多方面因素，以确保所选主播能够满足直播销售和品牌传播的需求。

1．数字人主播制作方技术实力评估

技术实力是选择数字人主播的重要考量因素之一。数字人主播制作方技术实力的几个关键评估点如下。

（1）形象逼真度

商家应选择能够高度还原真人形象、动作自然的数字人主播。这要求数字人主播的模型设计精细、材质渲染逼真，并且动作捕捉技术成熟，能够准确捕捉并还原真人的动作和表情。

（2）交互能力

商家应考查数字人主播的实时交互能力，包括语音识别、自然语言处理、语音合成等方面的技术实力。优秀的数字人主播应该能够准确理解观众的问题，并以自然、流畅的语言进行回答和互动。

（3）稳定性与可靠性

商家应评估数字人主播在直播过程中的稳定性和可靠性，这包括系统的稳定性、网络的流畅性，以及故障应急处理能力等方面。数字人主播应具有较高的稳定性和可靠性，可以确保在直播过程中不会出现卡顿、掉线等问题，以保障直播的顺利进行。

2．考虑数字人主播的适用场景

数字人主播的适用场景广泛，但不同场景对数字人主播的要求也不同。因此，在选择数字人主播时，需要根据实际场景进行综合考虑。

（1）产品推广

对于产品推广类直播，需要选择形象专业、介绍详细且能够清晰展示产品特点的数字人主播。这类主播可以通过详细的产品介绍和演示吸引观众的注意力，并提升观众的购买意愿。

（2）品牌宣传

对于品牌宣传类直播，需要选择符合品牌形象和风格、能够传递品牌价值和理念的数字人主播。这类主播可以通过讲述品牌故事、展示品牌文化等方式，增强观众对品牌的认知和认同感。

（3）娱乐互动

对于娱乐互动类直播，需要选择形象可爱、幽默风趣且能活跃直播间氛围的数字人主播。这类主播可以通过唱歌、跳舞、聊天等方式与观众互动，提升直播的娱乐性和趣味性。

3．考虑数字人主播的维护与升级

数字人主播的维护与升级也是选择过程中需要考虑的因素之一。

（1）维护与运营

商家应了解数字人主播的维护与运营成本以及后续的技术支持和服务，确保所选数字人主播能够在直播过程中得到及时的技术支持和维护服务，以保障直播的顺利进行。

（2）升级与迭代

随着技术的不断进步和应用场景的不断拓展，数字人主播的技术也需要不断升级与迭代，以满足新的需求。因此，在选择数字人主播时，需要考虑其技术升级和迭代的潜力，以及厂商的技术支持能力。

4．综合比较与选择

在明确了直播目标和需求，评估了数字人主播制作方的技术实力，考虑了数字人主播的适用场景以及维护与升级等因素后，商家需要综合比较不同数字人主播的优缺点并进行选择。在选择过程中，可以参考行业内的成功案例，以及权威机构和专业网站的评价和推荐。同时，也可以试播，以验证所选数字人主播的直播效果，并根据发现的问题进一步优化配置方案。

李舒雯 Wendy 数字人分身，助力化妆品品牌直播 GMV 提升

在数字化转型的浪潮中，数字人主播正逐渐成为电商直播领域的新宠。2024 年 9 月 23 日下午，一场别开生面的直播活动在京东某化妆品的品牌官方直播间悄然上演。这场直播的主角并非真人主播，而是拥有百万粉丝的网红李舒雯 Wendy 的数字人分身。

李舒雯 Wendy 作为一位在社交媒体上拥有广泛影响力的网红，其粉丝群体庞大且活跃。该化妆品品牌方看中了李舒雯 Wendy 的影响力，决定尝试利用 AI 技术打造其数字人分身，以拓展直播渠道并提升销售额。

作为一次试水之举，品牌方并未将这场直播安排在流量巨大的"黄金档"，而是选择了相对平淡的下午三点档。然而，这并没有影响数字人分身的表现，反而为这场直播增添了一丝神秘与期待。

在直播过程中，李舒雯 Wendy 的数字人分身表情丰富、动作流畅，仿佛与真人无异。更重要的是，数字人分身能够及时与弹幕互动，解答粉丝的疑问，为粉丝营造了值得信赖的消费场景。

这种互动性不仅增强了粉丝的参与感，还提升了直播的转化率。据京东后台数据，这场直播的商品交易总额（Gross Merchandise Volume，GMV）相比平时提升了 20%。这一成绩不仅超出了品牌方的预期，还证明了数字人主播在电商直播领域的巨大潜力。

课堂实训："舌尖艺咖"美食主播人设打造

1．实训背景

主播是直播间的核心人物，很多知名主播都有自己的固定人设，如美食主播、健身主播、美妆主播等。确立合适的主播人设可以拉近主播与观众之间的距离，且有利于提高商品的销售转化率。

小李刚刚进入一家食品公司担任美食主播，公司的直播账号名为"舌尖艺咖"。公司考虑到小李是一位新主播，其定位不够清晰，主播人设不够鲜明，不利于后续直播的开展。因此，公司要求小李快速打造鲜明的美食主播人设，精准定位目标观众，为后续直播活动的顺利推进奠定基础。

2．实训要求

假设你是小李，请依据自身特质、兴趣爱好、专业知识与技能等，精心设计贴合自身特点的美食主播人设打造方案。

3．实训思路

（1）打造主播人设

结合自己的个人优势与特色，进行主播人设定位。在人设定位过程中，充分考虑美食直播这一垂直领域的目标观众画像，如年龄、性别、地域、消费习惯等，确保人设能够精准触达并吸引潜在观众。

（2）确定直播主题

确定直播主题，确保主题既有吸引力又与食品公司的产品品类、品牌形象及主播人设相契合。

（3）制定具体方案

根据人设定位，制定具体的实施方案，包括直播内容策划（美食制作教程、美食文化分享等）、直播风格设定（幽默风趣、温馨亲和等）、视觉形象设计（服装搭配、妆容造型、直播间布置等）以及互动环节设计（观众问答、抽奖活动等），形成初步方案，制作成 PPT，在课堂上进行展示。

（4）总结

教师对学生的方案进行点评。学生从观众视角分享对各个人设打造方案的直观感受。学生结合教师点评对方案进行优化完善，形成总结性实训报告。

课后练习

1. 优秀主播应具备的素养有哪些？
2. 主播在进行人设定位时可以从哪些方面入手？
3. 简述主播形象管理的具体方法。
4. 主播要如何培养自己的镜头感？
5. 简述数字人主播与真人主播相比有哪些优势。

第4章　主播素质培养

本章概述

　　主播素质培养不仅关乎个人职业发展，还直接影响整个网络生态的健康与秩序。本章重点介绍了主播心理素质、压力管理能力、人文素养及直播合规意识的培养，帮助读者更好地了解主播素质培养的方法，以及主播直播的风险与防范措施。

学习目标

➢ 掌握主播培养心理素质和管理压力的方法。
➢ 掌握培养主播文化底蕴、知识涵养、亲和力与社会服务意识的方法。
➢ 掌握防范合同风险、带货风险及税务风险的方法。
➢ 了解数字人主播的使用规范。

本章关键词

心理素质　压力管理　人文素养　直播合规　风险与防范

案例导入

陈洁 kiki，以真实和公益心收获直播界的良好口碑

　　作为淘宝直播的头部主播，陈洁 kiki 一直以幽默风趣、亲切的形象受到观众的喜爱。陈洁 kiki 对各类产品都有深入了解，无论是服装、美妆还是食品等。在推荐服装时，她能准确说出面料成分、版型特点、穿搭建议以及适合的场合等，帮助观众更好地选择适合自己的款式。例如，在介绍一款羽绒服时，她会详细讲解其填充材质、保暖性能、防水防风等功能特点，让观众清楚了解产品价值。

　　陈洁 kiki 的销售技巧娴熟，她懂得如何抓住产品的卖点，通过生动形象的语言和富有感染力的表达激发观众的购买欲望。在推销一款护肤品时，她会结合自身使用感受，强调产品的功效和使用后的肌肤变化，同时还会巧妙地运用优惠折扣、赠品等促销手段，促使观众下单。

　　陈洁 kiki 在直播中始终坚持真实客观地介绍产品，不夸大其词、不虚假宣传。她会明确告知观众产品的优缺点，让观众能够做出理性的购买决策。她还热心公益，积极参与各种公益活动，展现出强烈的社会责任感。2019 年 8 月，她通过直播帮助销售山东省的乡村特色产品，助力农民增收；2023 年 7 月，她参加内蒙古自治区农牧厅主办的"内蒙古草原情"直播助农带货活动，为"三农"和社会公益事业贡献了自己的力量。

　　案例思考：陈洁 kiki 直播获得成功反映了主播应具备哪些素质？

4.1 主播心理素质的培养

主播心理素质的培养是增强抗压能力、情绪管理能力和自信心的关键过程，一个拥有良好心理素质的主播能够更好地应对直播中的各种挑战和压力，保持自信、乐观和积极的状态，从而吸引更多观众并提升直播效果。

4.1.1 主播心理素质的要求

主播在直播时会遇到很多不可预测的事情及变化，其心理素质对其完成整场直播至关重要。只有具备良好的心理素质，主播才能在直播中起到关键作用，传递有价值的信息和观点，满足观众的需求。

1．抗压能力

主播的抗压能力是指主播在面对直播工作中的各种压力时，能够有效应对并保持正常工作状态的能力。

（1）应对流量压力

在直播时，流量波动是很常见的现象。主播可能会经历从低流量到高流量的突然转变，或者长时间处于低流量的直播间。例如，主播为一场直播做了精心的准备，原本期待有大量观众，结果开场时观看人数寥寥无几。主播不能因此而灰心丧气，而要不断优化直播内容，努力吸引更多观众。主播要明白流量的起伏是正常的，要学会随时调整心态，保持积极的态度，坚持直播内容的正常输出。

当遇到流量高峰时，如突然涌入大量观众，主播也不能慌乱，不能因为紧张而出现失误，要保持正常的直播节奏，满足更多观众的需求。

（2）应对销售压力

主播往往有一定的销售任务，如果在直播过程中销售业绩不理想，如长时间没有订单，主播要能保持冷静，分析原因，调整销售策略，不能因为暂时的销售低谷而产生焦虑、沮丧等负面情绪，以致影响后续的直播销售。

具有一定的抗压能力可以使主播冷静分析销售不佳的原因，可能是产品介绍不够吸引人、价格缺乏竞争力，或者直播时段选择不合适等，而不是一味地陷入自我否定的情绪中。

2．情绪管理能力

在直播过程中，主播对自己的各种情绪要具有调节和控制的能力，以达到最佳的直播效果，并维护良好的直播间氛围。

（1）保持积极情绪

直播过程中，主播需要长时间保持积极的情绪状态。主播即使遇到一些不愉快的情况，如个别观众的恶意评论或批评，也能迅速调整自己的情绪，而不被负面情绪所影响。例如，当有观众在评论区发表不友好的言论时，主播可以选择忽略或者用积极、正面的态度来回应，用专业知识和良好的态度来化解矛盾，而不是陷入愤怒或沮丧的情绪中。

主播要学会自我激励，在直播中不断给自己正面的心理暗示，保持热情和活力，以积极的情绪感染观众。例如，在介绍产品时，先给自己一个正面的心理暗示，如"这个产品很棒，一定能得到观众的喜爱"，从而以饱满的热情和积极的态度感染观众。

（2）控制紧张情绪

在直播开始前，主播可能会感到紧张，尤其是新手主播或主持重要直播活动时。主播需要通过各种方式来控制紧张情绪。例如，准备充分，包括熟悉产品、规划直播流程等。在直播过程中，如果出现由紧张导致失误，如说错话或操作失误，主播不要让紧张情绪蔓延，要保持镇定，及时做出调整，自然地纠正错误。

3．应变能力

主播在直播过程中面对各种突发情况、意外变化时，要迅速、有效做出反应并调整直播状态、内容和节奏。

（1）应对突发技术问题

直播销售依赖网络技术和直播设备，如果在直播过程中出现突发的技术问题，如网络卡顿、设备故障等，主播要能迅速做出反应，保持冷静并采取相应的解决措施。例如，在网络卡顿时，主播可以及时向观众解释情况，并尝试切换网络或调整设备设置，同时通过与观众聊天等方式保持互动，等待技术问题得到解决，而不是陷入慌乱、手足无措。

当设备出现故障，如话筒无声或摄像头画面异常时，主播要能迅速找到替代方案，如使用手机的话筒继续直播，或者通过其他方式继续与观众保持互动，确保直播不间断。

（2）适应直播中的变化

直播销售的节奏很快，直播内容可能会根据实际情况发生变化。例如，产品介绍顺序调整、优惠政策临时改变或嘉宾未能按时出现等。主播要能灵活应对这些变化，迅速调整直播计划。例如，原本计划先介绍高价产品，但由于优惠政策的临时调整，需要先推销低价产品来吸引观众，主播要能自然地过渡到新的介绍顺序，以确保直播的连贯性。

4．自信心

自信心是指主播在直播工作中对自身能力及所推荐产品或服务等方面持有肯定态度的一种心理特质。

（1）对自身能力的肯定

主播要相信自己具备良好的表达能力，在直播中能够清晰、流畅地介绍产品信息，讲述品牌故事，以及与观众互动交流。无论是在面对少量观众还是大量观众时，都能保持稳定的表达节奏，不结巴、不犹豫。例如，在介绍一款复杂的电子产品时，主播要自信地讲述该电子产品的各种功能及其优势，让观众能够轻松理解。

（2）对所推荐产品或服务的自信

主播必须深入了解所推荐产品或服务的特性、优势和价值，并对产品或服务充满信心，这样才能在直播中以真诚、坚定的态度向观众介绍。例如，在推荐一款健康食品时，主播要了解其原材料、加工工艺、营养成分等，并且相信这款食品对观众的健康有益，这样在推荐时才会有足够的底气。

5．耐心与同理心

主播在直播过程中，不仅要对观众的疑问有耐心，还要对观众的需求保持同理心，不断提高观众对主播和直播间的好感度。

（1）耐心解答观众疑问

观众在观看直播时可能会提出各种各样的问题，有些问题可能很简单，有些可能比较复杂。主播要有足够的耐心去解答每一个问题，不能因为问题简单而敷衍，也不能因为问题复杂而不耐烦。例如，观众询问一款化妆品的使用细节，主播要详细、耐心地解答，确保观众得到满意的答案。

（2）以同理心对待观众需求

主播要能站在观众的角度思考问题，理解观众的需求和关注点。例如，当观众表示产品价格较高时，主播要能体会到观众希望获得高性价比产品的心理，可以从产品的价值等方面进行解释和推荐，而不是单纯地强调产品价格不算高。

4.1.2　主播培养心理素质的方法

主播往往直接面向广大观众进行信息传播、娱乐表演或产品推广，这一职业特性要求主播不仅要具备专业的知识或技能，还要拥有强大的心理素质。主播可以从以下几个方面来培养自己的心理素质。

1. 自我认知方面

提高自我认知对主播来说至关重要，它不仅有助于主播在职业生涯中取得更好的表现，还能促进主播的个人成长和全面发展。

（1）自我剖析

主播要对自己的性格、优势和劣势有清晰的认识。例如，明确自己是外向型性格还是内向型性格，从而在直播中更好地发挥性格优势。如果是内向型性格，可能在深度访谈类直播中更能发挥思考细腻的优势；如果是外向型性格，则在热闹的娱乐直播或带货直播中更容易展现自己的活力。同时，主播还要清楚自己在业务上的不足，如语言表达不够流畅、知识储备不足等，以便有针对性地进行改进。

（2）设定合理目标

主播要根据自己的实际情况设定短期目标和长期目标。短期目标可以是在本周直播中使观众留存率有一定提高，长期目标可以是在几个月内粉丝数量增加到某个值。目标要具有可实现性，避免因目标过高无法达成而产生挫败感。

📖 知识链接

接纳自我是培养主播心理素质的一个重要方法。主播要接受自己的不完美，不要过分追求完美主义，以免给自己带来过大的压力。主播要正视自己的优点和缺点，调整预期值，设定合理目标，接受失败和挫折。主播可以记录自己的成长历程，包括每次直播的收获、观众的反馈等。这有助于主播看到自己的进步和成就，从而逐渐接纳自己。

另外，主播可以定期进行自我反思，思考自己在直播中的表现、心态变化等方面。这有助于主播更加深入地了解自己，并培养自我接纳的习惯。

2. 情绪管理方面

良好的情绪管理能力不仅有助于主播在直播中保持专业形象，还能增进与观众的互动、应对突发情况、促进个人成长、提升直播质量，以及获取信任和打造好口碑。

（1）觉察情绪

在直播过程中，主播要时刻觉察自己的情绪变化。例如，当遇到观众的负面评论时，主播应及时意识到自己是处于愤怒、沮丧还是焦虑的情绪状态。这种觉察是情绪管理的第一步，只有了解自己的情绪状态，才能对情绪进行有效调节。

（2）调节情绪

主播可以通过深呼吸和积极对话的方式进行情绪调节。

● 深呼吸法：当感到紧张或激动时，通过深呼吸来调节身体的应激反应。慢慢地吸气，使腹部膨胀，然后缓慢地呼气，重复几次，有助于放松身体和调节情绪。

● 积极对话：在心里给自己正面的暗示。例如，在直播中出现失误时，告诉自己"这只是一个小失误，很多主播都会遇到，我会做得更好"，而不是一味地自责。

3. 应对压力方面

应对压力的能力有助于主播保持稳定和高效的工作状态，还有助于增强职业竞争力，促进个人成长，提升观众体验。

（1）分析压力源

主播要找出压力源并据此调节状态。分析压力是来自直播数据，如观看人数、点赞数、销售额等，还是来自同行竞争，或者是对自身形象和表现的过度担忧。如果压力来自直播数据，主播要明白数据的波动是正常的，不能将一次数据不好就视为失败。

（2）制定压力应对策略

主播可以通过劳逸结合和建立支持系统来应对压力。

● 劳逸结合：合理安排直播时间和休息时间。长时间直播可能会导致身心疲惫，影响心理健康。主播在休息时间可以进行一些自己喜欢的活动，可以通过健身、阅读、旅行等来放松身体，减轻压力。

● 建立支持系统：与其他主播建立良好的关系，互相交流经验和心得，当遇到压力时可以互相倾诉和支持；同时，家人和朋友的支持也非常重要，他们可以给予主播情感上的支持和鼓励。

4.2　主播压力管理能力的培养

主播压力管理能力的培养需要多方面的努力，包括自我认知、时间管理、建立支持系统、持续学习、设定合理目标、保持健康生活方式及寻求专业帮助等。通过这些方法，主播可以更好地应对工作中的压力和挑战，保持积极的心态和高效的工作状态。

4.2.1　主播压力的类型

主播面临的压力类型多种多样，这些压力可能来自工作、家庭、社会及个人内心等多个方面。

1．工作压力

主播的工作压力来源于竞争、商业合作、内容创作、技术 4 个方面，这些方面的压力不仅影响其职业表现，还可能对其身心健康产生负面影响。

（1）竞争压力

直播行业竞争异常激烈，主播需要不断与同行竞争，争夺观众的关注和平台的流量。这种压力可能导致主播产生焦虑、紧张等负面情绪。

（2）商业合作压力

主播需要与各种品牌和机构进行合作，拓展商业资源和发展机会。在合作过程中，主播需要应对各种问题和挑战，如合同纠纷、商业利益分配等，这些都会给主播带来一定的压力。

（3）内容创作压力

为了吸引和留住观众，主播需要不断创新直播内容，提供有趣、有价值的信息和娱乐内容。内容创作压力可能让主播感到焦虑不安，担心自己的创意和内容无法满足观众的需求。

（4）技术压力

主播需要掌握一定的直播技术和设备操作技能，以确保缺少其他工作人员时，直播能够顺利进行。技术故障或操作失误可能导致直播中断或直播质量下降，也会给主播带来一定的压力。

2．家庭压力

主播在工作之余也面临着来自家庭的诸多压力。

（1）忙于工作导致疏忽家庭

直播通常需要主播投入大量的时间和精力，他们可能需要长时间坐在镜头前，准备直播内容、与观众互动等，这就使得主播陪伴家人的时间大大减少，家人可能会觉得主播疏忽了家庭，对家庭的关心不够。

（2）工作压力影响家庭氛围

主播在工作中需要不断优化自己的话术和表现力，以吸引更多的观众观看直播。这种压力可能会影响主播的情绪和心态，使他们回到家后也难以放松。家人也容易感受到主播的紧张和焦虑，影响家庭氛围。

此外，还有收入不稳定带来的压力。直播行业受多种因素影响，主播的收入并不稳定，时高时低，这就给主播的收入带来了不确定性，家人可能会因此感到困扰。

3．社会压力

主播的社会压力主要源于社会期望与公众监督。主播作为公众人物，其行为和言论往往受到社会广泛的关注和期待。他们被期望能够传递正能量、引领社会风尚，并在公众面前保持良好的形象和态度。

公众对主播的评价和监督无处不在，无论是直播中的表现，还是日常生活中的言行举止，都可能成为公众讨论和评判的焦点。如果主播的表现不符合社会的期望或标准，就可能会受到公众的批评与指责，这种持续的评价和监督会使主播产生巨大的心理压力和负面情绪。

4．个人内心压力

主播的个人内心压力主要源于多个内部因素，这些因素与主播的自我期望、职业发展规划紧密相关。

（1）自我期望压力

主播可能对自己有很高的期望和要求，希望自己在直播中表现出色，赢得观众的喜爱和认可。自我期望压力可能让主播感到焦虑不安，担心自己无法达到自己的期望。

（2）职业发展规划压力

主播需要对自己的职业发展进行规划，包括提升自己的专业技能、拓展商业资源、建立个人品牌等。这些规划可能让主播感到压力重重，担心自己的职业发展前景不明朗。

4.2.2 主播管理压力的方法

主播，特别是那些拥有大量粉丝和高曝光度的主播，面临着巨大的压力，这些压力可能来自观众的期望、内容创作、团队协作、个人形象维护等多个方面。为了有效管理这些压力，主播可以采取以下几种方法。

1．自我认知与情绪管理

自我认知能够让主播更加了解自己的应对能力和抗压水平，情绪管理有助于主播增强自我控制力，避免在直播过程中因情绪波动而做出不理智的行为。

（1）自我认知与心态调整

主播要有正确的自我认知，及时发现情绪波动并进行深入分析，了解情绪的来源和影响因素，以便有针对性地进行调整和控制。例如，认识到自己可能在某些方面存在欠缺，但可以通过不断学习来弥补，而不是因为一时的不足就产生巨大的压力。同时，要保持积极、乐观的心态，将压力视为成长的机会，而不是一种负担。

学会接受自己的情绪，当感到有压力时不要沮丧，而要正视自己的紧张、焦虑情绪，寻找合适的方式排解负面情绪。例如，在直播前如果感到特别紧张，可以给自己心理暗示，如"我能行""我是专业的主播"等。

（2）学习心理放松技巧

主播可以学习一些心理放松技巧，如深呼吸法，在直播前或直播间隙，通过缓慢地吸气、呼气来平复情绪。主播还可以尝试每天花几分钟进行冥想，专注于自己的呼吸或一个特定的意象，这也是一种排除杂念、减轻心理压力的方法。必要时，主播也可以寻求心理咨询师的帮助，学习更专业的心理放松技巧。

2．制订计划与内容创新

合理的工作规划可以确保主播能合理安排工作、休息与娱乐的时间。主播可以从以下两个方面对直播工作进行规划。

（1）合理制订直播计划

主播应制订详细的直播计划，包括直播的主题、内容、时间等。合理安排直播时长，避免过长时间的连续直播。例如，将一场较长时间的直播分成几个小模块，每个模块之间设置适当的休息时间，这样既能让主播有时间调整状态，也能让观众保持新鲜感。

主播要提前规划直播内容，避免临时抱佛脚。主播要按照产品的特点、销售目标等精心策划直播的环节，如产品介绍的顺序、互动环节等，这样可以减少直播过程中的不确定性，从而减轻压力。

（2）有序推进直播内容创新

在直播销售中，内容创新很重要，但主播要避免过度追求创新而给自己带来巨大的压力，可以制作一个内容创新的计划表，有条不紊地进行创新。尝试多样化的内容形式，如教学分享、生活日常等，以吸引不同类型的观众。例如，每个月或每个季度确定一个主要的创新方向，逐步尝试新的直播形式、产品展示方式等，而不是要求自己在每次直播中都有全新的内容。

3．团队合作与家人和朋友的支持

团队、家人和朋友不仅能够帮助主播分担工作量、提供情感支持，还能增强主播的抗压能力和自信心。

（1）进行团队合作

主播应积极与团队成员沟通，共同解决直播中遇到的问题和挑战。团队成员可以分担不同的工作，如运营人员负责直播的推广，技术人员确保直播设备和网络的稳定，策划人员设计直播内容等。直播前，团队成员可以一起进行策划讨论，为主播提供更多的思路和建议；直播过程中，团队成员在后台监控数据和反馈，及时为主播提供必要的信息。

主播与团队成员之间要建立良好的沟通机制，及时交流想法、反馈问题。团队合作能够减轻主播的压力，提升直播的整体效果。

（2）寻求家人和朋友的支持

情感的释放和倾诉有助于减轻压力。主播可以通过与家人和朋友分享自己的心情和压力，获得他们的支持和鼓励。例如，在直播销售不太顺利、压力很大时，家人的鼓励和安慰能让主播重新振作起来。同时，家人和朋友也可以在生活上照顾主播，让主播将更多的精力投入工作中。

4．培养个人兴趣与爱好

主播在工作之余可以培养一些个人兴趣与爱好，如阅读、旅行、听音乐、练瑜伽、游泳等，这些活动有助于主播放松心情，缓解工作压力。身心健康是应对工作压力的基础，主播应保持充足的睡眠、健康的饮食和适度的运动，以确保身心的健康状态。

4.3 主播人文素养的培养

主播人文素养的培养需要主播在多个领域进行学习和提升。通过不断地学习和实践，主播可以逐渐提升自己的人文素养，为观众提供更优质、更有深度的直播内容。

4.3.1 主播文化底蕴与知识涵养的培养

真正优秀的主播不仅拥有出众的口才，还具备深厚的文化底蕴和丰富的知识涵养。从知识储备到语言表达素养，从审美素养到道德素养，再到文化素养，每一方面都是主播成长道路上的重要基石。

1．知识储备

在直播销售中，主播需要掌握丰富的产品知识、行业趋势、市场动态等信息，以便在直播中准确解答观众的问题，提供有价值的购买建议。

（1）系统学习

主播可以通过制订学习计划，分领域进行深入学习，如与产品相关的专业知识、市场营销学、消费者心理学等，还可以通过在线课程、阅读专业书籍等方式进行系统学习。此外，主播还要了解不同类型产品的生产工艺、特点、优势及使用方法，以便在直播中能够准确地介绍产品信息，解答观众的疑问。

（2）日常积累

每天阅读新闻资讯，从而了解行业动态，关注社会热点问题，可以拓宽主播的视野。主播平时可以订阅一些专业的新闻媒体报道、行业杂志等，及时了解最新的信息；也可以通过建立知识档案，将平时学习到的知识进行分类整理，平时加以温习和记忆，以便在直播中快速引用。

2．语言表达素养

语言是主播与观众沟通的主要工具，良好的语言表达能力可以让主播清晰、准确地传达产品信息，生动有趣的语言可以吸引观众的注意力。

（1）学习与模仿

主播可以阅读一些优秀的文学作品，如经典的小说、散文、诗歌等，学习其中的语言表达技巧，如修辞手法、词汇运用方法、句式结构等。此外，观看优秀的演讲、主持节目，模仿主持人的语言风格、语速、语调等，也可以提高主播的语言表达能力。

（2）口语练习与听取意见

主播可以通过朗读、背诵、演讲等方式进行口语练习，提升语言表达的流畅度和准确性。主播在直播结束后可以邀请他人对自己的直播进行评价，听取他们的意见，及时改善自己的语言表达能力。

3．审美素养

主播的审美素养不仅关乎主播自身的形象塑造，还影响着直播环境的打造和观众的视觉体验，有一定审美素养的主播可以提升观众的视觉体验。主播在培养自己的审美素养时，可以采用以下方法。

（1）鉴赏艺术作品

鉴赏绘画、音乐、舞蹈、电影等艺术作品，可以培养主播对美的感知和鉴赏能力。主播也可以参观艺术展览、音乐会、电影节等活动，丰富自己的艺术体验；平时通过学习一些基本的艺术理论知识，如色彩搭配、构图原理、音乐节奏等，提高自己的审美水平。

（2）广泛学习与阅读

主播要主动涉猎不同领域的知识，包括艺术、设计、文学、历史等，以拓宽自己的视野和认知边界；阅读优秀的图书、杂志和在线资源，了解最新的审美趋势和行业动态。

（3）观察与模仿

主播要善于观察其他优秀主播或公众人物的穿着、妆容和言行举止，学习他们如何展现自己的风格和魅力，模仿并内化这些优秀元素，同时保持自己的个性和特色。

（4）实践与反思

主播要在直播中尝试不同的装扮、风格和内容，通过实践来检验和调整自己的审美选择；反思每次直播的效果，分析哪些元素受观众喜爱，哪些需要改进。

（5）寻求专业指导与培训

主播可以寻求专业形象顾问、化妆师或设计师的帮助，了解如何更好地展现自己的形象和气质；也可以参加相关的培训课程或研讨会，提升自己的审美能力。

4. 道德素养

在直播这个充满挑战的领域，坚守道德底线尤为重要。诚实守信、尊重他人，这些都是主播应具备的基本道德品质。

（1）诚实守信

主播要秉持诚实守信的原则，对产品进行真实、客观的介绍，不隐瞒产品的缺点和不足，履行承诺，如按时发货、提供优质的售后服务等。

（2）尊重他人

在直播销售时，主播要尊重观众的意见和建议，认真倾听他们的问题和需求，积极与观众进行互动和交流，不进行恶意攻击、辱骂等不文明行为，营造和谐、文明的直播氛围。

5. 文化素养

文化素养是主播文化底蕴的重要组成部分，主播通过提升自己的文化素养和跨文化交流能力，可以用更加开放、包容的心态面对不同文化和背景的观众。

（1）学习传统文化

主播应深入了解中华优秀传统文化和民族精神，传承和弘扬中华优秀传统文化，学习其中的智慧和价值观；还应在直播中适当融入中华优秀传统文化元素，如引用经典名言、讲述历史故事等，提升直播内容的深度，为观众带来丰富多彩的文化体验。

（2）了解不同文化

主播还应关注国际文化动态和多元文化发展趋势，通过阅读相关书籍、观看纪录片、与外国人交流等方式学习和了解不同国家和地区的文化传统和习俗，以拓宽文化视野，增添魅力。在直播中，主播在介绍一些具有特色的外国产品时，可以结合其文化背景进行讲解，让观众更好地了解产品的内涵。

📝 **知识链接**

除了阅读相关书籍、观看纪录片，以及与外国人交流等方式，主播还可以通过以下方式关注国际文化动态和多元文化发展趋势。

（1）关注国际新闻和时事

主播可以通过关注国际新闻和时事，了解世界各地的文化动态和社会变迁。这有助于主播及时捕捉文化热点，为直播内容提供新鲜素材。

（2）学习外语和跨文化知识

学习外语和跨文化知识是主播关注国际文化动态和多元文化发展趋势的重要途径。这有助于主播更好地理解不同文化，提升跨文化沟通能力。

（3）参与跨文化交流活动

主播可以积极参与跨文化交流活动，如国际文化节、文化交流论坛等。这些活动为主播提供了与来自不同文化背景的人交流互动的机会，有助于拓宽视野、增进理解。

（4）利用社交媒体和直播平台

社交媒体和直播平台是主播关注国际文化动态和多元文化发展趋势的重要工具。主播可以通过社交媒体和直播平台关注国际知名主播、文化机构和组织的动态，获取最新的文化发展趋势。

4.3.2　主播亲和力的培养

主播的亲和力是指主播在与观众交流过程中所散发出来的人格魅力，是主播与观众建立良好关系的关键因素之一。培养主播的亲和力，可以从以下几个方面入手。

1．形象塑造层面

主播通过合理的穿搭、精致的妆容、自然的肢体语言及亲切的话语等方式来展现自己的亲和力，拉近与观众之间的距离，增进与观众的互动。

（1）着装

主播的外貌不一定要十分出众，但着装整洁得体是基本要求。着装风格应根据直播的内容和观众来选择。例如，户外探险类主播的着装应该以休闲且适合运动的风格为主；如果是文化知识类主播，着装可以偏向端庄、知性。整洁得体的着装能够给观众一种易于亲近且贴合直播主题的第一印象。

（2）表情管理

主播要学会控制和调整自己的面部表情，始终展现出积极、热情的态度。例如，经常以微笑示人，眼神中透露出友善和亲切。直播时即使遇到意外或者负面评论，也能保持平和、乐观的心态，避免给观众带来距离感或压迫感。

2．语言交流层面

主播通过恰当、贴近生活的语言和观众进行交流，搭配合适的语音语调、真挚自然的情感，有助于与观众建立更紧密的关系，提升直播的吸引力。

（1）语言与话术

主播要使用通俗易懂、贴近生活的语言，避免使用过于晦涩、专业术语过多的语言。例如，用"朋友们"等亲切的称呼开启对话。在讲述内容时，采用讲故事、举例子等方式，让观众更容易理解。同时，话术要具有互动性，多问观众问题，引导观众参与到交流中来。

（2）语调与语速

语调要有起伏，不能平铺直叙。在表达兴奋、惊喜等情绪时升高语调；在讲述平淡、严肃的内容时适当降低语调。语速也要适中，让观众能够跟上主播的节奏，清晰地听到每一个字。富有变化的语调与语速会让观众感觉主播既亲切又充满活力。

3．情感传递层面

在情感传递层面，培养主播的亲和力是与观众建立深厚情感联系的关键。真诚表达情感、保持积极的心态和情绪是增强主播亲和力的重要方法。

（1）真诚与共情

主播要真诚地对待观众，分享自己真实的想法、感受和经历。例如，在讲述自己的奋斗历程时，不夸大、不隐瞒，让观众感受到主播的真诚。同时，要能与观众共情，当观众分享自己的喜怒哀乐时，主播要及时给予回应，让观众觉得主播是能够理解他们的。

（2）积极态度

无论是面对直播中的困难，还是观众的负面情绪，主播都要始终保持积极向上的态度。例如，在遇到直播设备故障时不抱怨，而是以乐观的态度向观众解释并尽快解决问题；面对观众的批评时不生气，而是积极寻求改进的方法。这种积极的态度会感染观众，让观众更愿意接近主播。

4．互动体验层面

主播在直播过程中要提高与观众的互动频率，主动了解观众的需求和喜好，尊重每一位观众的意见和观点，并结合多样化的互动方式，加深彼此的了解和联系，从而有效提升主播的亲和力。

（1）互动频率

主播要和观众保持较高的互动频率，及时回复观众的评论、留言，不要让观众长时间等待回应，否则会让观众觉得自己不被重视。例如，在直播过程中每隔几分钟就查看并回复观众的消息，让观众感受到自己是被重视的。

（2）互动方式

主播可以采用多样化的互动方式，如抽奖、问答、邀请观众连麦等。这些互动方式可以增强观众的参与感，让观众与主播之间的联系更加紧密，从而提升主播的亲和力。

4.3.3　主播社会服务意识的培养

主播社会服务意识的培养旨在增强主播的社会责任感和服务公众的能力。增强主播的社会责任感和服务公众的能力可以从以下几个层面来实施。

1．主播自身层面

主播从自身层面提升其社会服务意识，是一个涉及个人态度、价值观以及行为方式的全面转变过程。主播可以采用以下几种方法不断提升自己的社会服务意识。

（1）积极参与社会公益活动

主播应积极参与社会公益活动，通过实际行动展现自己的社会责任感。主播可以通过直播公益演出、为"三农"产品带货、宣传环保理念等方式为社会做出贡献，在直播中传播正能量，倡导健康、积极的生活方式和社会价值观。例如，一些主播为"三农"产品带货，通过直播销售，帮助当地农民增加收入，同时也让更多人了解到当地的特色资源。

> **素养课堂**
>
> 主播作为公众人物，其言行举止对社会具有广泛影响。因此，主播要增强社会责任感，在直播过程中积极传播正能量，弘扬社会主义核心价值观。通过分享正面的故事、传递积极的信息，激励观众追求进步、追求卓越，为社会的文明进步和繁荣发展贡献力量。

（2）规范自身言行

主播应认识到自己在社会中的角色和责任，以及自己的言行举止对观众和社会可能产生的影响。主播要时刻注意自己的言行举止，避免使用低俗、暴力、歧视的语言，保持积极健康的形象。例如，主播不能在直播中传播虚假信息、恶意诋毁他人等，要以正面的形象引导观众，倡导文明、和谐的社会风气。

（3）提升专业素养

主播应不断学习新知识、新技能，提升自己的专业素养，阅读有关社会、文化、伦理等方面的书籍和资料，不断提升自己的社会认知水平。另外，主播还可以通过参加培训、交流活动等途径，不断拓宽自己的视野和知识面。

主播要定期进行自我反思，回顾自己的直播行为，思考其是否具备社会服务意识。例如，每次直播结束后，主播可以思考自己是否传递了积极正面的价值观，是否存在不当言行等，若存在不当言行，应及时调整与改进。

（4）倾听观众需求

主播应主动倾听观众的需求，了解他们的期望和关切，根据观众的需求调整直播内容和方式，提供更贴近观众需求的服务。

2. 直播平台层面

在直播平台层面，提高主播的社会服务意识是一个系统工程，需要直播平台从多个方面入手。

（1）制定规章制度

直播平台应制定明确的规章制度，规范主播的言行举止。例如，规定主播不得传播有害内容，包括暴力、色情、虚假信息等。对违反规则的主播给予相应的处罚，如警告、限流、封禁账号等，以维护直播平台的良好秩序。

（2）提供培训资源和服务机会

直播平台应为主播提供丰富的培训资源，包括专业知识培训、职业素养培训等，通过线上线下的培训活动，帮助主播提升专业素养和社会服务意识。例如，主播不能为了流量而欺骗观众，虚假宣传产品功效等行为是违反职业道德的。

在培训中，要强调主播在社会文化传播中的责任，如传播积极、健康的文化价值观，抵制低俗不良文化的传播。

（3）建立反馈机制

直播平台应建立便捷的反馈机制，让观众能够方便地表达对主播服务的看法和建议，主播应根据观众的反馈及时调整服务方式和直播内容。

（4）设立激励机制

直播平台应设立激励机制，鼓励主播积极参与社会服务。例如，让积极参与公益直播、在直播中传播正能量的主播享受流量扶持、奖励和表彰等激励政策，以此激发主播的积极性和创造力，推动他们不断提升社会服务意识。

3. 社会各界层面

在社会各界层面，提高主播的社会服务意识需要多方面的努力和协作。下面是一些具体的建议。

（1）加强监管

政府和社会组织应加强对直播行业的监管，确保直播内容合法合规，对违法违规的直播行为进行严厉打击，维护良好的网络生态。

（2）倡导健康文化

媒体和公众人物应积极倡导健康文化，通过宣传和教育活动，提升公众对直播行业的认知度和认可度。

（3）提供公益支持

政府和社会组织应为直播平台提供公益支持，鼓励主播参与社会公益活动，让主播在实践中提高自己的社会服务意识。

社会各界可以主动为主播提供为社会服务的机会。例如，公益组织为主播搭建参与公益活动的桥梁，如环保公益宣传直播等。社会各界还可以推荐社会热点话题给主播，引导主播制作相关的有社会价值的直播内容。

（4）开设专门课程

相关机构可以为主播开设关于社会服务意识的专门课程，这些课程内容可以包括社会责任的理论知识，如公众人物的社会影响力、社会文化传播等方面的理论。例如，邀请社会学专家为主播讲述公众人物在社会结构中的角色和作用，让主播从理论高度上理解自己的社会责任。

同时，这些课程也应涵盖具体的社会服务案例，如成功的公益直播案例、因缺乏社会服务意识而产生负面影响的案例等。通过对比分析，主播能直观地认识到社会服务意识的重要性。

📋 案例在线

太平鸟女装主播——用文化解读时尚，用艺术诠释品牌

太平鸟女装在直播电商时代能获得突飞猛进的发展，除了产品质量有保证，主播的文化底蕴和知识涵养也发挥了重要的作用。

太平鸟女装的主播们具备丰富的产品知识和独到的时尚见解。在直播中，他们不仅能详细介绍每款服装的面料（见图 4-1）、剪裁、设计特点等基本信息，还能根据消费者的身材特点和穿衣风格，提供专业的穿搭技巧，如图 4-2 所示。例如，主播们会根据不同的季节、场合和消费者需求，推荐合适的服装款式和搭配方案，帮助消费者找到既符合个人风格又符合时尚潮流的穿搭。

图 4-1　主播介绍面料　　　　图 4-2　主播介绍穿搭技巧

太平鸟女装一直以来都将艺术与时尚文化交织在一起，其主播们也具备较高的艺术素养。在直播中，主播们经常引用大师画作、经典建筑等艺术元素，与太平鸟的产品设

计进行关联和解读，从而凸显品牌的艺术气息。例如，当介绍太平鸟女装系列时，主播们会从凡·高的《向日葵》、莫奈的《睡莲》等经典画作中汲取灵感，主要结合水彩、花卉图案，展现女性柔美的一面，并引导消费者欣赏和理解这些艺术元素在服装设计中的运用。

太平鸟女装在品牌文化中融入了传统文化的精髓，并注重与时尚元素的结合，其主播们也具备较高的文化素养和创新能力，能够在直播中巧妙地展示和传播太平鸟的品牌文化。例如，在介绍太平鸟的"中国红"系列时，主播们会讲述"中国红"在中国文化中的象征意义和历史渊源，同时还会将"中国红"与时尚元素相结合，这种文化传承与创新的方式不仅增强了消费者对太平鸟品牌的认同感和归属感，还推动了品牌文化的持续发展与创新。

4.4　主播直播合规意识的培养

主播直播合规意识的培养是指通过一系列教育、培训和实践活动，增强主播对直播行业相关法律法规、平台规则及道德规范的理解，从而自觉遵守。这一过程旨在确保主播在直播活动中能够自觉遵守法律法规要求，尊重知识产权，维护良好的网络生态，保护消费者权益，避免违法违规行为带来的法律风险和个人声誉损害。

4.4.1　直播合规的重要性

直播合规的重要性主要体现在保护消费者权益、维护市场秩序、提升品牌形象与主播可信度 3 个方面。

1. 保护消费者权益

直播合规不仅有助于明确责任归属，提升商品和服务质量，保障消费者的知情权、选择权，还能促进直播电商行业的健康发展，为消费者营造更安全、更可靠的购物环境。

（1）确保商品信息真实、准确

直播中经常涉及商品销售、广告宣传等活动，不合规的直播可能涉及虚假宣传、价格欺诈等违法行为，损害消费者权益。

直播合规要求主播如实介绍商品的性能、功能、成分、产地等信息。例如，在化妆品直播销售中，主播必须准确告知消费者商品的成分，不能隐瞒可能引起过敏的成分。这有助于消费者做出正确的购买决策，避免因虚假信息而购买到不符合预期的商品。

直播合规要求保障商品质量并承诺提供售后服务。合规的直播销售要求主播对所推销商品的质量负责，并按照承诺提供售后服务。例如，在向消费者介绍电子产品时，主播应说明电子产品的保修政策等售后服务内容，使消费者权益得到切实的保障。

（2）防止消费欺诈

直播合规要求主播在直播过程中遵守相关法律法规，保护消费者的知情权和选择权，杜绝虚假促销手段，维护消费者的合法权益。例如，不能虚构原价、折扣等信息来误导消费者。如果能够确保直播合规，主播或商家就不会出现类似"原价 1 000 元，现价 100 元"等虚假的价格对比，从而帮助消费者避免遭受不必要的经济损失。

直播合规要求避免诱导消费。合规的直播不允许采用强迫、诱导等不正当手段促使消费者购买商品。例如，不能以"最后几件，不买就没了"等话术诱导消费者购买商品。

2．维护市场秩序

直播合规能够确保直播内容符合社会主流价值观和法律法规的要求，有助于营造公平竞争的市场环境和执行税收等政策。

（1）营造公平竞争的市场环境

直播合规促使主播和商家在公平的规则下竞争，防止行业内部出现恶性竞争和违法行为。主播不能恶意诋毁竞争对手的商品。例如，在手机直播销售中，主播不能为了推销自己直播间的手机品牌而编造其他品牌手机存在严重质量问题等虚假信息。合理竞争有助于营造一个公平竞争的市场环境，推动整个行业的健康发展。

直播合规可以规范商业行为。直播合规要求防止不正当竞争行为，如串货、控价等违规操作。在直播销售中，各个主播和商家按照规则进行销售活动，有助于稳定市场价格体系和商品流通秩序。另外，直播合规还能避免低俗、暴力、色情等不良信息的传播，提升行业的整体形象和声誉。

（2）执行税收等政策

直播合规便于税收管理，主播和商家按照相关规定进行纳税，不会出现偷税漏税等情况。这对国家税收制度的正常运行至关重要，确保国家有足够的财政收入用于公共服务和社会建设等。

直播合规有助于执行其他相关商业政策。例如，对于一些受进出口管制的商品，直播合规能够确保其进出口手续完备，符合国家的外贸政策要求。

3．提升品牌形象与主播可信度

直播合规不仅有助于提升品牌形象，还有助于提升主播可信度，推动直播行业的健康发展。品牌方与主播应共同遵守合规要求，共同维护直播行业的良好秩序和健康发展。

（1）提升品牌形象

品牌方通过合规的直播销售能够树立良好的品牌形象。如果品牌方在直播过程中始终遵循合规要求，消费者就会对品牌产生信任，从而提升品牌的美誉度和消费者忠诚度。

品牌方可以借助合规直播更好地传达品牌价值观。例如，环保品牌在直播中通过合规的方式介绍商品的环保特性，能够让消费者更深入地了解品牌的环保理念，进而吸引更多的消费者。

（2）提升主播可信度

主播在直播销售中保持合规，会逐渐提高自己的信誉。当主播总是如实介绍商品、遵守平台规则时，消费者会认为这个主播是可靠的。

直播合规有助于主播的长期发展，一旦主播拥有良好的信誉，就能在直播销售领域持续发展，拥有更多的忠实消费者和商业合作机会。

4.4.2　主播合同风险与防范

主播在签订合同时应充分了解合同内容，明确自己的权益和责任，并采取相应的防范措施来降低合同风险。同时，主播也应提高自己的法律意识和风险意识，更好地保护自己的合法权益。

1．合同风险类型

主播在签订合同时面临多种风险，这些风险可能源自合同条款不明确，以及合同执行过程中的不确定性等。下面是几种比较常见的合同风险类型。

（1）条款不明确

在主播的合同风险中，条款不明确主要指报酬条款模糊、工作内容界定不清。

● 报酬条款模糊：合同中可能对主播的报酬计算方式、支付时间等规定不清晰。例如，只简单提及"根据业绩获得报酬"，但未明确业绩的具体衡量标准和报酬的具体计算方法，这可能导致在结算报酬时，主播与合作方产生争议。

● 工作内容界定不清：合同未详细说明主播的具体工作内容和职责范围。例如，对直播的时长、频率、主题等没有明确规定，可能使主播在后续工作中面临不合理的工作要求。

（2）违约风险

违约风险主要源于主播自身可能出现违约情况，以及合同另一方可能出现违约情况，如直播平台或经纪公司违约。

● 自身违约：主播可能由于各种原因未能履行合同约定的义务，如未能达到约定的直播时长、业绩指标等，从而面临违约赔偿责任。

● 合作方违约：合作方也可能出现违约，如未按时支付报酬、未提供约定的资源等。

（3）知识产权风险

在主播的合同风险中，知识产权风险主要表现在直播内容版权归属不清和肖像权、名誉权被侵犯两个方面。

● 直播内容版权归属不清：在直播过程中，主播创作的内容可能涉及版权问题，如果合同未明确直播内容的版权归属，可能在后续引发纠纷。例如，主播在直播中原创了一段音乐，但合同没有规定该音乐的版权归属，合作方可能在未经主播同意的情况下使用该音乐，侵犯主播的版权。

● 肖像权、名誉权被侵犯：合作方可能在未经主播同意的情况下，将主播的肖像用于其他商业途径或者在宣传推广中使用不当言辞，损害主播的名誉。例如，合作方将主播的照片用于与直播内容无关的广告宣传或在宣传文案中使用虚假、夸大的描述，给主播带来负面影响。

（4）法律适用与争议

在主播的合同风险中，法律适用不明确与争议解决方式不合理也是主播会面临的重要风险类型。

● 法律适用不明确：合同中如果没有明确约定适用的法律，在发生纠纷时，可能导致争议解决的不确定性增加。例如，主播与合作方分别位于不同国家或地区，合同未明确适用的法律，这可能导致双方在解决纠纷的过程中面临复杂的法律适用问题。

● 争议解决方式不合理：合同约定的争议解决方式可能不利于主播。例如，规定只能通过合作方所在地的仲裁机构进行仲裁，这可能增加主播的维权成本和难度。仲裁机构的选择、仲裁规则的使用等因素都可能对主播的权益维护产生影响。

2．风险防范措施

主播在签合同时面临的诸多风险不仅损害了主播的合法权益，还可能对整个直播销售行业的健康运行构成威胁。因此，深入探讨直播销售中主播合同风险的防范措施，对维护主播权益、促进市场公平竞争、保障直播销售行业的可持续发展具有重要意义。主播可以从以下 5 个方面进行风险防范。

（1）合同签订前的准备

主播在签订合同前应充分了解合作方，并寻求专业人士的帮助，做好前期各项准备工作，防范潜在风险，确保合作顺利进行。

● 充分了解合作方：在签订合同前，主播应尽可能了解合作方的信誉、实力和经营状况，可以通过查询合作方的企业信息、查看其他主播对该合作方的评价等方式，评估合作方的可靠性。例如，在网上搜索合作方的公司名称，查看其是否有不良信用记录或负面新闻。

- 咨询专业人士：主播可以咨询律师、行业专家等专业人士，对合同条款进行审查和分析。律师可以从法律角度指出合同中存在的风险点，并提出修改建议。行业专家则可以根据行业惯例和经验，为主播提供关于合同条款的合理性建议。

（2）合同条款的明确与细化

合同条款的明确与细化是防范风险、保障双方权益的关键所在。主要从以下几个方面入手细化合同条款。

- 报酬条款：明确报酬的计算方式、支付时间和支付方式。例如，规定报酬按照直播时长、观看人数、销售业绩等具体指标进行计算，并约定每月的固定支付日期。同时，明确支付方式是银行转账还是其他方式，确保报酬能够及时、安全地到达主播手中。

- 工作内容条款：详细描述主播的工作内容，直播时长、频率、主题等。例如，合同应明确规定主播每周直播的天数和具体时间段，以及直播内容必须符合的主题等，这样可以避免合作方在后续工作中提出不合理的要求。

- 权利义务平衡条款：确保合同中双方的权利义务相对平衡，主播在承担一定工作义务的同时，也应享有相应的权利。例如，主播有权在合理范围内调整直播时间、主题等，合作方则有义务进行必要的技术支持、宣传推广等工作。

（3）违约条款的设置

合理设置违约条款是维护合同严肃性、增强合同法律的权利保障和执行力的重要手段。违约条款的设置可以防范以下两个方面的风险。

- 自身违约：主播在签订合同前，应充分评估自己的能力和时间安排，确保能够履行合同约定的义务；同时，可以在合同中约定一些不可抗力条款，如身体原因、自然灾害等不可抗力因素导致无法履行合同义务，可以免除或减轻违约责任。

- 合作方违约：明确合作方的违约行为及相应的违约责任。例如，规定合作方未按时支付报酬、未提供约定的资源等行为属于违约，主播有权要求合作方支付违约金、赔偿损失等。同时，约定在合作方违约时，主播有权采取一定的应对措施，如暂停直播、解除合同等。

（4）知识产权保护

知识产权保护旨在帮助主播有效维护自身的创意成果，避免知识产权纠纷，保障直播销售活动的合法性与创新性。知识产权保护主要侧重于以下两个方面。

- 版权归属明确：在合同中明确直播内容的版权归属，主播可以根据自己的利益需求，与合作方协商确定版权的归属方式。例如，可以约定主播对直播内容享有独立的版权，合作方仅在特定范围内享有使用权，或者双方共同拥有版权，共同决定版权的使用和收益分配。

- 肖像权、名誉权保护：规定合作方在使用主播肖像进行宣传推广时，必须经过主播的同意，并不得损害主播的名誉。合同可以明确约定合同方违反肖像权、名誉权保护条款时的处理方法，保障主播的合法权益。

（5）法律适用与争议解决条款

法律适用与争议解决条款的设定对解决潜在纠纷、维护合同效力至关重要，它能为主播提供法律保障，确保合同争议能够得到公正、高效的处理。

- 明确适用的法律：在合同中明确约定适用的法律，主播可以选择自己熟悉或对自己有利的法律作为合同的适用法律。例如，"本合同及其执行过程中产生的任何争议，应适用中华人民共和国法律进行解释和裁决。双方同意，对于因本合同引起的或与本合同有关的任何争议，将提交至甲方（或乙方）所在地人民法院进行诉讼解决。"这样的条款明确了在合同履行过程中发生争议时，应适用的法律体系，即中华人民共和国法律，避免了适用法律不明确而导致的纠纷；也指定了争议解决的地点和方式，为双方提供了明确的法律保障。

● 合理选择争议解决方式：选择对主播较为有利的争议解决方式，可以考虑通过协商、调解、仲裁或诉讼等方式解决争议。例如，在发生争议时，首先尝试通过友好协商解决；如果协商不成，可以选择中立的第三方调解机构进行调解；如果调解仍无法解决问题，可以选择在双方都能接受的仲裁机构进行仲裁或向有管辖权的当地人民法院提起诉讼。

4.4.3　主播带货风险与防范

带货作为一种新兴的销售模式，虽然带来了巨大的商机，但同时也伴随着一系列风险。主播和商家应充分认识这些风险，并采取相应的防范措施确保直播的顺利进行。

1．主播带货风险类型

主播带货风险涉及多个方面，需要主播和商家在带货过程中时刻保持警惕。主播带货的主要风险类型有以下几种。

（1）产品质量风险

主播在带货过程中，可能对产品的质量了解不全面。如果主播推荐的产品存在质量问题，如假冒伪劣、以次充好、存在安全隐患等，会损害消费者的权益，同时也会影响主播的声誉。一旦消费者购买到质量不佳的产品，其可能会对主播进行投诉、给差评，甚至发起法律诉讼，导致主播面临赔偿责任和信任危机。

（2）虚假宣传风险

为了吸引消费者购买，主播可能会夸大产品的功效、性能或使用效果，进行虚假宣传。例如，过度吹嘘产品的美白、减肥、治疗疾病等功效，而实际上产品并不具备这些功效。虚假宣传不仅会误导消费者，还可能违反广告法等相关法律法规，使主播面临行政处罚。

（3）数据造假风险

部分主播为了提高自己的影响力和商业价值，可能会通过"刷"粉丝量、点赞数、评论数、销售额等数据来制造虚假繁荣的景象。数据造假一旦被曝光，会严重损害主播的信誉和形象，同时也会拉低消费者对主播的信任度。

（4）知识产权风险

在带货过程中，如果主播未经授权使用他人的作品、商标等，可能会引发知识产权纠纷。例如，使用他人的品牌名称、图片、视频等进行宣传推广。侵犯知识产权行为可能会导致主播面临法律诉讼和承担赔偿责任。

（5）合同违约风险

主播和商家通常会签订合作合同，约定双方的权利和义务。如果主播未能按照合同约定履行义务，如未能按时直播、未达到约定的销售额等，可能会构成合同违约。合同违约会使主播面临违约风险，需要承担赔偿损失、支付违约金等法律后果。

2．风险防范措施

主播带货的繁荣背后隐藏着诸多风险。为了保障消费者权益，维护主播和商家的信誉，以及促进直播行业的健康发展，主播可以从以下几个方面进行风险防范。

（1）严格选品

主播应建立严格的选品流程，对产品的质量、资质、口碑等进行全面审查，可以要求商家提供产品的检测报告、认证证书等相关资料，确保产品符合国家相关标准和法律法规；自己试用或体验产品，了解产品的实际效果和使用感受，以便为消费者提供真实、准确的推荐意见。

📝 知识链接

产品检测报告是一份由专业实验室根据国家标准、行业标准或企业标准，对产品进行质量评定后出具的证明文件。其主要目的是确保产品符合安全标准，保障消费者的权益，并为企业提供产品质量证明，有助于提升产品信誉和市场竞争力。

一份完整的产品检测报告通常包含以下内容：基本信息、客户信息、检测项目与方法、检测结果、批准与签名。

产品检测报告具有广泛的应用领域，包括但不限于以下应用领域。

（1）线上或线下销售：产品检测报告是产品在线上或线下销售时的重要凭证，有助于提升消费者对产品的信任度。

（2）电商平台入驻：许多电商平台要求商家提供产品检测报告，这是入驻条件之一。

（3）企业招投标：在招投标过程中，产品检测报告可以作为企业产品质量的重要证明。

（4）产品质量认证：产品检测报告是申请产品质量认证（如 ISO 认证、CE 认证）的重要依据。

在委托检测前，企业应了解并确认检测所依据的标准或规范，以确保检测结果符合相关要求。要确保选择的实验室具有相应的资质和认证，以保证检测结果的准确性和可靠性。产品检测报告通常具有一定的有效期，超过有效期后需要重新进行检测。

（2）真实宣传

主播在宣传产品时，应遵守广告法等相关法律法规，真实、准确地介绍产品的功效、性能、使用方法等信息，不得进行虚假宣传；避免使用绝对化、夸大性的语言，如"最好""第一""最佳"等，以免误导消费者。

（3）规范数据管理

主播应树立正确的价值观，拒绝数据造假行为，通过提升自身的内容质量和服务水平来吸引真实的消费者，提升自己的影响力和商业价值。平台也应加强对数据的监管，建立健全数据监测和审核机制，打击数据造假行为。

（4）尊重知识产权

主播在带货过程中应尊重他人的知识产权，不得未经授权使用他人的作品、商标等。在使用他人的品牌名称、图片、视频等进行宣传推广时，应事先获得授权，并注明出处。

（5）认真履行合同

主播在与商家签订合同前，应仔细阅读合同条款，明确双方的权利和义务。在合同履行过程中，应严格按照合同约定履行自己的义务，避免违约。如果出现不可抗力等特殊情况，应及时与商家沟通协商，寻求解决方案。

4.4.4　主播税务风险与防范

主播在直播销售中，由于收入来源的多样性和复杂性，往往面临诸多税务方面的挑战。从个人所得税的申报到收入性质的界定，再到与直播平台的税务关系，每一个环节都可能隐藏着风险。一旦处理不当，不仅可能导致税务违规，还可能被税务机关处罚，甚至损害主播的声誉并中断职业生涯。

1. 税务风险类型

主播在直播销售中收获高人气与高收入的同时也面临着一系列的税务风险。了解税务风险类型，对主播规范自身的纳税行为、确保合法合规经营至关重要。主播在直播销售中面临的主要税务风险类型有以下几种。

（1）少申报收入风险

部分主播可能故意隐瞒收入，不将全部直播带货收入进行申报纳税。例如，只申报部分平台的收入，而不申报其他渠道的收入，或者将个人收入混入经营成本中，以减少应纳税所得额。这种行为一旦被税务机关查处，主播将面临补缴税款、滞纳金和罚款的处罚，严重的还可能构成逃税罪，承担刑事责任。

（2）收入性质界定不清风险

主播的收入来源较为复杂，可能包括打赏收入、带货佣金、坑位费等。不同性质的收入适用的税收政策和税率可能不同。如果主播对自己的收入性质界定不清，可能会导致税务申报错误。例如，将劳务报酬所得错误地申报为经营所得，或者将经营所得错误地申报为工资、薪金所得，从而影响应纳税额的计算。

（3）税收优惠政策滥用风险

为了鼓励新兴行业的发展，国家可能会出台一些针对直播行业的税收优惠政策，但部分主播可能会滥用这些政策，以达到少纳税的目的。例如，不符合条件的主播申请享受小微企业税收优惠政策，或者虚构业务以享受税收减免等。这种行为一旦被发现，主播将面临税务调整和处罚。

（4）平台代扣代缴不到位风险

一些平台可能存在代扣代缴不到位的情况。平台可能由于管理不善、技术问题或故意不作为，未能准确代扣代缴主播的应纳税款。这会导致主播的纳税义务未能得到及时履行，增加主播的税务风险。同时，平台也可能因此承担相应的法律责任。

2. 风险防范措施

为确保主播能在合法合规的轨道上持续发展，采取有效的税务风险防范措施至关重要。下面几种风险防范措施可供参考。

（1）增强纳税意识

主播应充分认识到依法纳税的重要性，树立正确的纳税观念，了解税收法律法规和政策，明确自己的纳税义务和责任。主播可以通过参加税务培训课程或咨询专业税务顾问，提高自己的税务知识水平。

（2）准确申报收入

主播应对自己的收入进行准确记录和分类，确保将所有直播带货收入，包括打赏收入、带货佣金、坑位费等，全部纳入纳税申报范围；可以使用专业的财务管理软件，帮助自己进行收入核算和税务申报。

（3）明确收入性质

主播应根据自己的实际情况准确界定收入性质。如果主播对收入性质存在疑问，可以咨询税务机关或专业税务顾问。在申报纳税时，应按照正确的收入性质选择合适的税率，确保纳税申报的准确性。

（4）合理运用税收优惠政策

主播在享受税收优惠政策时，应确保自己符合政策规定的条件，仔细研究税收优惠政策的具体要求，如实申报相关信息，不得滥用政策。如果主播对税收优惠政策的适用范围存在疑问，可以向税务机关咨询和确认。

（5）关注平台代扣代缴情况

主播应关注平台的代扣代缴情况，及时核对平台代扣代缴的税款是否准确。如果发现平台存在代扣代缴不到位的情况，应及时与平台沟通协商，要求平台履行代扣代缴义务。同时，主播也可以定期向税务机关查询自己的纳税记录，确保纳税义务得到及时履行。

素养课堂

诚信是社会主义核心价值观的重要内容之一。在纳税领域，倡导诚信纳税。纳税人应诚实守信，不隐瞒收入、不虚报费用，如实申报纳税信息。这种诚信行为既有助于维护税收秩序，也体现了纳税人的道德品质和社会责任感。

4.4.5 数字人主播使用规范

在数字化时代的浪潮下，科技的飞速发展为各个领域带来了前所未有的变革。直播行业也不例外，数字人主播的出现犹如一颗璀璨的新星，照亮了新的发展之路。然而，新事物的诞生往往伴随着一系列的问题与挑战，为确保数字人主播能够在直播领域健康、有序地发展，制定明确的使用规范至关重要。

1．技术标准规范

技术标准规范是指对数字人主播的开发、设计、运营等方面所制定的一系列技术标准和操作规范。

（1）图像质量

数字人主播的形象应具有较高的清晰度和较强的真实感，避免出现模糊、失真等情况，以确保观众能够获得良好的视觉体验。

（2）动作流畅性

数字人主播的动作应自然流畅，避免出现卡顿、不协调等问题。动作的速度和幅度应适中，符合人类的视觉习惯。

（3）语音质量

数字人主播的语音应清晰、自然，避免出现杂音、失真等情况。数字人主播的语调、语速应符合语境，能够准确地传达信息。

2．内容创作规范

内容创作规范是确保数字人主播所传播内容具有真实性、合法性且符合道德规范的重要准则。

（1）真实性原则

数字人主播所传递的信息应真实、准确，不得虚假宣传或误导观众，在介绍产品、服务等内容时，应依据客观事实提供可靠的信息来源。

（2）合法性原则

数字人主播的内容创作应遵守国家法律法规，不得涉及违法、违规内容。例如，不得传播色情、暴力、恐怖等不良信息，不得侵犯他人的知识产权等。

在发布广告或推广内容时，应遵守相关法律法规和广告规范。广告内容应真实、合法、清晰，避免误导观众或进行虚假宣传。

（3）道德规范

数字人主播应遵循社会道德规范，传播积极、健康的价值观，避免使用侮辱、歧视或攻击性语言，不得发布低俗、庸俗、媚俗的内容，不得进行恶意攻击、诋毁他人等行为。

3．互动管理规范

互动管理规范是确保数字人主播与观众之间有序、健康、高效互动的重要准则。遵守互动管理规范有利于提升观众的参与度和满意度，同时维护良好的网络环境和社会秩序。

（1）及时回应观众

数字人主播应及时回应观众的提问、评论等，提高观众的参与度和满意度。回应的内容应准确、恰当，能够满足观众的需求。

（2）互动方式合理

数字人主播的互动方式应多样化、有趣味性，能够吸引观众参与互动，切记互动方式应合理、适度，不得过度干扰观众，以免影响观众的观看体验。

（3）保护隐私

数字人主播在互动过程中应尊重观众的隐私，不得泄露观众的个人信息。对涉及观众隐私的问题应妥善处理，确保观众的权益得到保护。

4．安全管理规范

安全管理规范是确保数字人主播安全、稳定、有序地进行直播活动的重要准则，它有助于保障观众的权益，同时也有利于维护良好的网络环境。

（1）数据安全

数字人主播的运营涉及大量的数据，包括用户信息、直播内容等，所以企业应建立健全数据安全管理制度，确保数据的安全存储、传输和使用。

（2）系统安全

数字人主播的运行依赖于复杂的技术系统，所以企业应加强系统的安全防护，防止黑客攻击、病毒感染等安全事件的发生。

（3）应急处理

企业应制定完善的应急预案，对可能出现的安全事件进行及时、有效的处理；在安全事件发生后，应迅速采取措施，减少损失，恢复系统的正常运行。

课堂实训：直播销售场景模拟与主播素质培养实训

1．实训背景

随着电商行业的飞速发展，直播平台已成为重要的购物渠道。然而，主播素质参差不齐，不少主播缺乏必要的心理素质、压力管理能力、人文素养及直播合规意识，导致直播内容低俗、违法违规现象时有发生，严重影响了网络生态的健康有序发展。本实训旨在通过模拟直播销售场景，提升学生的综合能力，为培养高素质、专业化的主播奠定基础。

2．实训要求

学生分组进行模拟直播。设置一些突发情况和特定的直播项目，考查学生的心理素质、压力管理能力、人文素养和直播合规意识。

3．实训思路

（1）分组进行

将学生分为若干小组，每组 4～5 人，模拟组建一个直播团队。每组内部需要明确主播、助理、内容策划等角色，确保实训过程中组员各司其职，协同合作。

（2）主题设定

每组围绕一个积极健康、富有创意的直播主题进行策划，如"传统文化探秘"等。

（3）模拟直播

每组进行 15 分钟的模拟直播展示，内容要充实、新颖、互动性强。学生可以在直播间质疑主播，或者人为制造一些突发情况，考验扮演主播的学生的心理素质和压力管理能力。教师可以指导学生在直播间说一些与传统文化相关的典故与故事，并表达自己的看法，考查学生的文化底蕴和知识涵养。

（4）现场点评

教师组成评审团，对每组的模拟直播进行点评，重点点评主播的心理素质、压力管理能力、人文素养及直播合规意识等方面的表现。

课后练习

1. 主播提高心理素质的方法有哪些？
2. 简述主播管理压力的方法。
3. 主播可以通过哪些方法培养文化底蕴与知识涵养？
4. 在直播平台层面，提高主播的社会服务意识需要从哪些方面入手？
5. 简述直播合规的重要性。

第5章 主播能力提升

☑ 本章概述

　　主播能力提升是一个全面且持续的过程，涉及语言、肢体、即兴发挥、危机公关、应变等多个维度，也是主播在媒介融合时代保持竞争力的关键。主播只有全面提升自己的能力，才能在竞争激烈的直播领域立足。本章将重点介绍主播语言沟通能力、肢体语言表达能力、即兴发挥能力、危机公关能力、应变能力的提升方法，以及数字人主播的训练方法。

☑ 学习目标

➢ 掌握主播语言沟通能力、肢体语言表达能力的提升方法。
➢ 掌握主播肢体语言训练、即兴表达思维训练的方法。
➢ 掌握主播进行危机公关的策略，以及提升应变能力的方法。
➢ 掌握数字人主播语音训练与动作训练的方法。

☑ 本章关键词

　　语言沟通　　肢体语言　　即兴发挥　　危机公关　　应变能力　　数字人主播

☑ 案例导入

及时回应，洁柔和主播快速解除网络质疑危机

　　2023 年 9 月 17 日，洁柔官方直播间因员工操作失误，将原价 56.9 元 1 箱的纸巾误设置为 10 元 6 箱，引发大量用户下单，最终成交订单数超过 4 万单，损失金额超千万元。

微课视频

　　洁柔及主播并未回避此次失误，而是积极应对。洁柔发布公告称，诚信和用户是洁柔的根本，洁柔将坚持"用户至上"的原则，承诺为所有拍下超低价订单的用户发货。

　　9 月 25 日，有网友发文称，洁柔写信感谢取消 10 元 6 箱订单的用户，并邀请其成为"荣誉洁柔人"，享受多种福利。这一举措既体现了洁柔的诚信和责任担当，也安抚了用户的情绪，避免了更大的舆论风波。

　　针对网络上出现的关于此次事件的质疑和猜测，洁柔及主播都积极进行了回应和澄清。他们明确表示此次价格错误是员工操作失误所致，并非营销手段或故意为之。主播通过专业的态度和真诚的语言，有效安抚了用户的情绪，减少了负面评论和投诉。

　　案例思考：以上案例体现了主播的什么能力？

5.1　主播语言沟通能力的提升

主播的语言沟通能力直接决定了产品信息的传递效率、观众的购买意愿，以及品牌的口碑打造。因此，主播语言沟通能力的提升不仅可以促进直播销售转化，还可以塑造品牌形象，提高观众的信任度。

5.1.1　主播发音吐字能力的提升

主播的发音吐字能力直接关系到信息的准确传递与观众的听觉体验。清晰、准确的发音吐字不仅能够帮助观众更好地理解内容，还能提升主播的个人魅力与专业形象。因此，提升主播的发音吐字能力是优化直播质量、吸引并留住观众的重要手段。

1．进行语音训练

良好的发音基础是提升发音吐字能力的关键。主播可以通过参加专业的语音训练课程，系统学习普通话发音规则、声调、语调等知识。在课程中，专业老师可以针对个人的发音问题进行纠正和指导，帮助主播快速提高发音水平。此外，主播还可以利用在线语音学习资源，如语音教程、发音练习软件等，进行自主学习和练习。通过反复练习，主播可以掌握汉语的准确发音，确保每个音节准确清晰，语言更具韵律感。

2．模仿优秀主播

主播可以选择一些发音吐字清晰、表现力强的优秀主播作为模仿对象，通过观看他们的直播，学习他们的发音方式、语速控制技巧、语调变化技巧等。在模仿过程中，要注意分析和总结，找出自己与优秀主播之间的差距，不断加以改进。

3．加强口腔训练

口腔是重要的发音器官，加强口腔训练可以提高发音的清晰度和力度。主播可以进行一些口腔练习，如绕口令练习、口部操等，通过张大嘴、缩小嘴等练习，优化发音效果。绕口令练习可以锻炼舌头的灵活性和发音的准确性，口部操则可以活动口腔肌肉，加大发音的力度和增强发音的节奏感。

> ✎ **知识链接**
>
> 口部操是指运用吐字器官不出声的活动，是提高吐字器官的灵活控制能力的一种方法。它用人工设计的各种动作来加强吐字器官的肌肉力量和精细控制能力。口部操一般包括上下颌开闭、唇的展撮、舌的伸缩转动等几项活动，其中以唇舌练习为多。口部操是提高发音能力的一种训练方法，也可作为发音前的准备活动。

4．注重语速控制

主播要根据直播内容和观众的接受程度合理控制语速，语速过快或过慢都会影响发音吐字的清晰度，一般来说，每分钟 150～200 字的语速较为合适。在直播过程中，主播要注意适当停顿，给观众充分理解和消化信息的时间。

5．多读多练

主播可以选择一些优秀的文学作品、新闻稿件等进行朗读练习，通过多读多练来提高发音吐字能力。在朗读过程中，主播要注意语调、停顿与情感表达，使发音更加自然流畅；也可以使用录音设备记录自己的发音，仔细倾听并识别问题，然后加以改进。此外，主播还可以参加一些朗诵比赛、演讲活动等，通过实战来提高自己的发音吐字能力。

6．坚持实践与反思

主播要根据自己在工作中的表现，定期回顾自己的发音表现，总结经验教训，持续优化发音策略，将所学技巧应用于日常直播中，不断地实践，以巩固实践效果。在练习过程中，主播可能会遇到一些困难和挫折，但不要灰心丧气，要相信自己通过努力一定能够取得进步，同时要积极接受观众的反馈和建议，不断调整和改进自己的直播表现。

5.1.2　主播语言表达逻辑的改善

主播的语言表达逻辑是影响观众体验与留存率的关键因素之一。一个拥有清晰的语言表达逻辑的主播能够有效地传递信息，增强与观众的互动，从而提升直播的吸引力和影响力。改善主播的语言表达逻辑的方法如下。

1．学习逻辑思维方法

主播可以学习一些常见的逻辑思维方法，如归纳法、演绎法、因果分析法等。逻辑思维是语言表达逻辑的基础，通过学习逻辑思维方法，主播能够更好地厘清自己的思路，使语言表达更加有条理。例如，在介绍一款产品时，主播可以先归纳出产品的几个主要特点，然后分别进行说明，最后分析产品的优势和适用场景，这样会使语言表达的逻辑更加清晰。

主播还可以通过参加辩论、写作等活动，锻炼自己的逻辑思维能力，学会从多个角度分析问题，形成条理清晰的观点，培养对信息的筛选和判断能力，保持表达的客观性和准确性，避免在直播中传播不实或片面的消息。

2．积累基础知识

主播可以通过阅读各类书籍、文章积累丰富的词汇和多样化的表达方式，为语言表达提供坚实的素材基础，同时深入了解直播领域的相关知识，确保在直播中能够准确、专业地解答观众的问题，增强语言表达的权威性。

3．构建内容框架

在直播前，主播应对直播内容进行充分的准备，构建一个清晰的内容框架。例如，提前准备好大纲，明确每个部分的主题和要点，确保表达有条理，不偏离主题。主播可以先确定直播的主题和目标，然后将内容分为几个部分，每个部分再细分为几个要点，在直播时要按照内容框架逐步展开，确保每个要点都得到充分的阐述，这样不仅可以避免内容的混乱和重复，还能让观众更好地理解直播的主题和要点。

4．运用连接词和过渡语

主播在直播中要善于运用连接词和过渡语，如"首先""其次""然后""最后""因此""所以"等，来连接不同的内容和观点，使语言表达更加流畅和连贯。过渡语可以起到承上启下的作用，引导观众的思维，增强直播的逻辑性。

5．多练习和反思

主播可以通过模拟直播、录制视频等方式进行练习，观看回放，不断调整和优化自己的表达方式，提高应变能力。主播还要积极收集并听取观众的反馈意见，了解自己在语言表达上的不足，并有针对性地进行改进。此外，主播还要多关注行业动态和优秀主播的直播内容，借鉴他们的语言表达逻辑和技巧，不断丰富自己的直播经验。

6．优化语言表达技巧

主播在直播中要避免使用冗长和晦涩的语句，尽量把复杂的概念简单化。简洁明了的语言表达能够更好地体现逻辑，让观众能够轻松地理解。主播可以删除一些不必要的修饰词，突出重点内容，同时注意语言的准确性，避免使用模糊不清或容易产生歧义的词语。

5.1.3 主播与观众沟通能力的提升

在直播行业中，主播与观众沟通的能力直接关系到直播的互动效果、观众黏性，以及主播个人魅力的展现。良好的沟通能力能够帮助主播更好地了解观众的需求，增强观众的参与感，进而提升直播的观看体验和商业价值。提升主播与观众沟通的能力主要有以下方法。

1．用心倾听观众的声音

主播要用心倾听观众的发言、提问和建议，展现出对观众意见的尊重和重视，不要打断或忽视观众的发言，而要耐心等待他们说完再做出回应，这样可以让主播更好地了解观众的需求和想法，为后续沟通提供依据。

2．积极回应观众

主播要积极回应观众的评论、点赞等互动行为，让观众感受到自己的存在和价值，及时有效的回应能够增强观众的参与感，营造良好的沟通氛围。主播的回应可以是简单的感谢、肯定，也可以是深入的交流和讨论。

3．运用恰当的语言

主播应确保语言清晰、准确，避免使用过于复杂的词汇或专业术语。主播还要注意自己的用词、语气和语速，避免使用生僻、晦涩的词语，同时要根据不同的观众和直播内容，调整语言风格，使其更具亲和力和感染力。例如，在与年轻观众互动时，可以使用一些流行的网络语言，增强趣味性。此外，主播可以通过分享个人经历、感受等方式，与观众建立情感联系，增强沟通的亲和力。

4．培养良好的情绪管理能力

在直播过程中，主播可能会遇到各种情况，如观众的质疑、批评等。主播要培养良好的情绪管理能力，保持冷静、理智，不要被情绪左右，以积极的心态面对观众的反馈，学会巧妙化解矛盾和冲突，维护良好的沟通环境。

5．不断学习和提升自己

主播要不断学习和提升自己，丰富知识储备，提高综合素质。例如，主播可以通过阅读书籍、参加培训、观看优秀直播等方式，了解直播行业的最新趋势和观众喜好，学习沟通技巧、人际交往知识等，以获取更多的直播素材和沟通方法。另外，主播每次直播后要进行总结和反思，找出自己的不足，不断改进和提升，以便为观众提供更好的观看体验。

6．营造良好的沟通氛围

主播在直播时适当运用幽默元素，可以营造轻松的直播氛围，提升观众观看直播的愉悦度。例如，主播可以通过问答、抽奖、做游戏等方式提高观众在互动环节的参与度，提升直播互动性，还可以邀请观众分享自己的故事、看法等，促进与观众之间的交流和互动。

5.2 主播肢体语言表达能力的提升

在直播中，肢体语言是一种非言语的沟通工具，能传达丰富的信息和情感，为直播增添魅力与活力，强化主播的表达效果，让主播与观众建立更加紧密的情感联系。

5.2.1　主播肢体语言的基本要求

主播的肢体语言不仅是传递商品信息、营造购物氛围的关键工具，还是与观众建立情感联系、提升销售转化率的重要因素。恰当的肢体语言能够增强信息的表达力，使商品介绍更加生动有趣，同时也有助于增强主播的个人魅力。

直播销售中主播肢体语言的基本要求有以下几点。

1．清晰明确

主播的肢体语言要能清晰地传达信息，动作要干脆利落，让观众一眼就能明白主播想要强调的重点。例如，用手指向正在介绍的商品，明确展示商品的位置和特点；通过大幅度的挥手动作，引导观众关注特定的优惠活动信息。

2．富有活力

直播销售需要充满活力的氛围来吸引观众，所以主播要展现出积极向上的活力，避免无精打采的肢体语言。在介绍商品时，主播可以通过轻快的步伐在直播间内移动，增强动态感，也可以适当摆动身体，表现出对商品的热情和信心，从而激发观众的购买欲望。

3．适度夸张

主播适度夸张的肢体语言可以增强直播的戏剧性和吸引力。例如，在展示商品的大小时，主播可以夸张地张开双臂来比画；在强调商品的优质时，主播可以做出惊叹的表情和动作，但要注意度，不能因过度夸张而显得浮夸，以免引起观众的反感。

4．真诚可信

直播销售时，主播的肢体语言要体现出真诚。例如，微笑要自然、温暖，眼神要专注且与观众有交流，避免眼神游离。主播向观众推荐商品时，可以轻轻触摸商品，表现出对商品的喜爱，让观众感受到主播的真诚。

5．符合场景

主播的肢体语言应与直播销售的场景相适应，在不同的场景要采用不同的肢体语言来营造氛围，以增强观众的代入感。例如，家具主播可以模拟在家中使用家具的场景，做出舒适、放松的动作；美妆主播可以对着镜子展示化妆的过程，用细腻的手部动作体现使用商品的效果。

5.2.2　主播肢体语言的训练

在直播销售中，恰当的肢体语言可以更好地传达主播的情感，强调商品的优势，进而吸引观众，提升销售转化率。主播可以从以下 5 个方面进行肢体语言训练。

1．自我观察与分析

主播可以录制自己的直播视频或进行模拟直播，观看回放视频，仔细观察自己的面部表情、手势动作、身体姿态等方面，找出存在的问题和不足之处。此外，主播还可以将自己的表现与优秀主播的进行对比，分析他们在肢体语言方面的优点和技巧，从而明确自己的改进方向。

2．模仿与学习

主播在观看优秀主播的直播时，要注意他们的肢体语言，包括面部表情、手势动作、身体姿态等，选择一些与自己风格相似或直播内容相近的主播进行模仿与学习。

此外，主播还可以通过观看电影、电视剧、演讲等视频，学习演员和演讲者的肢体语言表达技巧，注意他们如何运用眼神、表情、手势等来传达情感和信息，以及如何使肢体语言与语言完美配合，增强表达效果。

3．针对性练习

主播进行肢体语言训练时要注意做针对性练习，因为每一个面部表情、手势动作、身体姿态都有独特的表意功能和视觉影响。

（1）面部表情练习

主播可以对着镜子练习不同的面部表情，如微笑、惊讶、兴奋、严肃等，注意表情的自然度和感染力。主播在进行眼神训练时，要注意练习与镜头的眼神交流，保持眼神的专注和亲和力，还可以通过注视不同距离的物体、进行眼球转动练习等方式来提高眼神的灵活性。

（2）手势动作练习

主播可以通过观看教学视频或参加肢体语言培训课程来学习一些常见的手势动作，如图 5-1 所示。主播在进行手势动作的组合练习时，可以尝试将不同的手势动作与语言表达相结合，以增强表达的效果。例如，在介绍产品特点时，可以用手指向产品，同时用语言进行描述。

（3）身体姿态练习

主播可以通过靠墙站立、头顶书本行走（见图 5-2）等方式练习正确的站姿。主播在练习坐姿时可以使用靠背椅或带有腰部支撑的椅子来支撑背部和腰部，保持身体的挺直和稳定，以此来纠正不良的身体姿态。

图 5-1　手势动作　　　　　图 5-2　头顶书本行走

主播进行走姿练习时，可以进行基础步伐训练，包括直线行走、步伐节奏训练、手臂摆动等；还可以进行走姿练习，如转身与停顿、穿着不同的鞋子行走等。

4．实践与反馈

主播可以在直播中运用所学的肢体语言表达技巧，不断尝试和调整，逐渐形成自己的风格。同时，主播要注意关注观众的反馈，通过直播间的留言、弹幕等收集观众的意见，了解他们对自己肢体语言的感受和评价，并根据反馈进行改进和优化。

5．坚持锻炼，提升训练效果

主播要想提升肢体语言训练效果，就要制订合理的训练计划，并坚持反复练习。此外，专业老师或教练的指导也可以帮助主播快速提升肢体语言训练效果。

（1）制订训练计划

主播要明确训练的目标和内容，制订具体的训练计划。例如，主播可以将训练内容分解为不同的模块，如面部表情、手势动作、身体姿态等，分别进行有针对性的训练。

此外，主播可以将训练时间分散在不同的时间段，这样既可以合理安排训练时间，又能确保每天都有足够的时间进行练习，避免过度疲劳。

（2）坚持反复练习

主播的肢体语言训练需要长期坚持和反复练习，只有不断地重复和巩固，才能将所学的技巧转化为自己的习惯动作。例如，主播可以设置一些练习任务，每天进行一定时间的面部表情练习、手势动作练习等，通过完成任务来督促自己坚持训练。

（3）寻求专业指导

如果条件允许，主播可以寻求专业的肢体语言培训师或教练的指导。他们可以根据主播的具体情况，提供个性化的训练方案和建议，帮助主播更快速地提高肢体语言表达能力。此外，主播还可以参加肢体语言培训课程，这样不仅可以系统地学习肢体语言的理论知识和实践技巧，还能与其他学员进行交流和互动，共同提高肢体语言表达能力。

5.3　主播即兴发挥能力的提升

主播的即兴发挥能力不仅能够帮助主播更好地应对直播中的各种突发情况，还能增强直播的趣味性和互动性，从而提升和增强观众的参与度和购买意愿。

5.3.1　即兴发挥心态的锻炼

在直播销售中，主播不仅要掌握丰富的产品知识和销售技巧，还需要具备灵活应变、敢于即兴发挥的心态。一个能够自如应对各种突发情况，用幽默和智慧化解尴尬，甚至将失误转化为亮点的主播，无疑更能吸引观众，提升直播的趣味性和互动性。

主播可以从以下 5 个方面来锻炼即兴发挥心态。

1．正视压力与挑战

主播要认识到直播中出现各种情况是正常的，不要害怕压力和挑战，把每一次意外都看作提升自己即兴发挥能力的机会。例如，当在直播中突然遇到技术故障时，不要慌张，告诉自己这是一个展示自己应变能力的机会，可以为观众讲个笑话或故事，以缓解紧张的气氛。

2．模拟突发情况

在日常准备中，主播可以有意地模拟各种突发情况。例如，设置一个定时器，使其在直播过程中突然响起，模拟自己被意外打扰的情景，这时主播要迅速调整状态，继续流畅地进行直播。主播也可以找朋友在直播中突然提出一些棘手的问题，以锻炼自己的应对能力和心态。

3．进行积极自我暗示

在直播前和直播过程中，主播可以不断给自己积极的心理暗示，告诉自己"我可以应对任何情况""我的即兴发挥能力很强"等。这种积极的自我暗示能够增强自信心，让主播在面对突发情况时更加从容。例如，在直播开始前，主播可以对着镜子给自己一个微笑，重复说几遍积极的话语，为自己打气。

4．学会放松与调整

在直播过程中，主播如果感到紧张或者压力过大，要学会及时放松与调整，可以通过深呼吸、短暂的停顿或喝水等方式来缓解紧张情绪。同时，主播要保持乐观的心态，相信自己能够处理好各种情况。例如，当发现自己因为紧张而说话有点结巴时，主播可以停下来深呼吸几秒钟，然后以平稳的语速继续直播。

5．总结经验教训

每次直播结束后，主播要回顾直播过程中自己的即兴发挥表现，总结经验教训，分析自己在哪些情况下心态保持得好，在哪些情况下还需要改进，通过不断地反思和总结，逐步提升自己在即兴发挥时的心态稳定性。例如，主播如果发现自己在面对观众的负面评价时容易心态失衡，那么下次就可以提前做好心理准备，以更理性的态度对待负面评价。

5.3.2　即兴表达思维的训练

具备即兴表达思维的主播不仅能够迅速捕捉观众的兴趣，还能在瞬息万变的直播环境中灵活应变，为观众提供独一无二的互动体验。因此，加强主播即兴表达思维的训练不仅是提升直播效果、促进销售转化的有效途径，还是塑造个性化的品牌形象、深化与观众情感联系的必经之路。

主播可以从以下 5 个方面进行即兴表达思维的训练。

1．广泛阅读与积累

主播应养成广泛阅读的习惯，涉猎不同领域的书籍、文章和新闻，这可以丰富知识储备，为即兴表达提供素材。例如，阅读文学作品可以提升主播的语言美感和表达的感染力；了解科技动态能让主播在介绍电子产品时更有深度。此外，主播要善于积累好词好句、有趣的故事和案例，以便在直播时随时引用。

2．快速联想训练

主播可以进行快速联想训练，提高思维的敏捷性，即从一个关键词出发，在短时间内尽可能多地联想到与之相关的事物、概念或场景。这样在直播过程中提到某个产品时，主播就可以运用这种联想能力迅速拓展话题。例如，看到"手机"这个词，马上联想到不同品牌的手机特点、手机配件、手机使用场景等。

知识链接

主播可以借助联想类游戏来提升自己的即兴表达思维能力，包括文字联想类游戏（成语接龙、诗词接龙、词语联想接龙）、故事创作类游戏（故事接龙、命题故事创作）、情景联想类游戏（猜电影、你比画我猜）、创意联想类游戏（梦想改造家、跨界联想）等。

下面重点介绍创意联想类游戏。

（1）梦想改造家

给出一个特定的空间或物品，让主播想象并描述如何对其进行改造和创新。例如，给出一个普通的房间，主播可以联想到将其改造成一个充满科技感的智能家居空间，或者一个具有复古风格的温馨卧室等。通过这个游戏，主播能够激发自己的创意联想能力，学会从不同的角度来思考和改造事物，在直播中为观众带来更多独特的创意和想法，如对产品的创新使用方法、对生活场景的创意改造等，给观众带来新鲜感和启发。

（2）跨界联想

随机选取两个不同领域的事物，找出它们之间的联系并进行阐述。例如音乐和美食，主播可以联想到用音乐来营造美食餐厅的氛围，或者将美食的制作过程与音乐的节奏相结合等。这个游戏能够打破常规的思维模式，培养主播的跨界联想能力，使其在直播中能够将不同领域的知识和信息进行融合和关联，创造出更具新颖性和吸引力的内容，满足观众多样化的兴趣需求。

3．故事讲述练习

主播平时可以有意识地锻炼自己讲述故事的能力，即随机选择一个主题，在规定时间内构思并讲述一个故事。在直播销售中，主播适时地插入相关的故事，不仅可以增强产品的吸引力，还能和观众产生情感共鸣。例如，以"一次难忘的购物经历"为主题，主播要快速组织语言，回想自己真实的购物经历，描述当时购物的场景、遇到的问题，以及最终的收获等。

4．模拟场景演练

主播可以设置各种直播销售的模拟场景，如产品突然出现问题、观众提出尖锐问题等，进行即兴表达的演练。在这些场景中，主播要迅速做出反应，用恰当的语言解决问题。例如，当产品被质疑质量不好时，主播应马上列出该产品的优势和好评，化解观众的疑虑。

5．与他人互动交流

主播要多与不同的人进行互动交流，包括观众、同事、朋友等，在交流过程中倾听他人的观点和问题，并迅速做出回应。这种互动可以锻炼主播的反应能力和即兴表达思维。例如，主播直播结束后在交流群里积极回答观众的问题，与他们进行深入的讨论。

5.4　主播危机公关能力的提升

主播不仅是产品的推广者，还是品牌形象的直接代表。面对直播中可能出现的各种突发状况，如产品质量问题、观众负面评论等，主播的危机公关能力显得尤为重要。它不仅是化解矛盾、维护品牌声誉的关键，还是展现主播专业素养与品牌责任感的窗口。

5.4.1　主播危机公关能力的具体体现

主播站在聚光灯下，享受着流量带来的机遇，然而危机也如影随形，一个小小的失误、一次意外的事件，都可能引发观众的质疑与不满。在这样的关键时刻，主播的危机公关能力发挥至关重要。这不仅关系到主播的个人声誉，还影响着直播销售的成效。

主播危机公关能力的具体体现如下。

1．快速响应与冷静分析

在直播销售的实时互动环境中，任何一个小错误或误解都可能迅速发酵，引发观众的负面情绪。当危机出现时，主播的首要任务是快速响应，及时了解情况，评估影响，确认问题的本质，并采取有效的措施。如果反应迟缓，危机可能会迅速蔓延，造成不可挽回的损失。此外，主播需要学会在压力下保持理性，迅速分析问题，制定应对策略，保持冷静的头脑可以避免在情绪化的状态下做出不当回应，这也是化解危机的关键。

例如，当有观众在直播间提出产品质量问题时，主播应立即回应，表明态度，并承诺尽快解决问题，同时主播还可以通过与团队的紧密配合，迅速收集相关信息，为后续的公关行动提供依据。

2．有效沟通与真诚回应

危机公关的核心在于沟通，真诚是沟通中最有力的武器，直播中虚假的言辞和敷衍的态度会让观众更加反感，加剧危机，而真诚的沟通能够消除观众的疑虑，增强其对品牌的信任感。

当遭遇危机时，主播应避免使用模糊或回避的言辞，而应直接面对问题，展现品牌的责任感和担当，要以真诚的态度与观众沟通，承认错误、表达歉意，并积极采取措施解决问题。例如，当主播在直播中出现口误或不当行为时，应及时向观众道歉，解释原因，并保证以后不再犯类似的错误。通过真诚的沟通，主播可以赢得观众的理解和信任，缓解危机带来的压力。

3．情绪管理与自我调整

面对观众的指责和质疑，主播需要保持冷静和耐心，避免情绪失控，可以通过深呼吸、短暂停顿等方式调整自己的心态，以更加平和、专业的态度面对观众。此外，主播还应学会从危机中吸取教训，不断提升自己的应变能力和专业素养。

4．具备灵活应变的能力

直播销售的环境复杂多变，危机的形式也多种多样，主播需要具备灵活应变的能力，根据不同的危机情况采取不同的公关策略。例如，当面临产品质量危机时，主播可以邀请专业人士进行检测和解释，消除观众的疑虑。只有灵活应变，主播才能在危机中找到解决方案，化险为夷。

5．团队协作与资源调度

危机公关往往不是主播个人能够单独应对的，需要整个团队的协作和支持，团队协作与资源调度能力是主播危机公关能力的重要组成部分。主播要与品牌方、运营团队等保持紧密的沟通，共同制定应对策略。在危机发生时，主播应能够迅速调动资源，包括客服、法务等部门，以形成合力，共同应对危机。

6．持续学习与自我提升

直播行业日新月异，危机公关的策略和方法也在不断演变，主播要持续学习，关注行业动态和社会热点，了解最新的危机公关案例和策略，做好危机预警和防范工作。主播可以通过参加培训、阅读专业书籍、与同行交流等方式，不断积累经验，提高自己的危机应对水平。

5.4.2 主播进行危机公关的策略

在直播销售中，危机公关能力是主播不可或缺的重要素质。面对突如其来的负面事件或争议，主播要迅速、有效地进行危机公关，以保护自己的形象和声誉。主播进行危机公关的具体策略如下。

1．迅速响应，澄清事实

当遭遇谣言危机时，主播应第一时间发布权威信息，澄清事实，避免谣言的扩散，拖延只会让危机进一步发酵，失去控制。及时回应谣言，能够让主播掌握舆论的主动权，避免被恶意猜测和谣言所左右。

主播要用简洁、明确的语言否认不实信息，并说明立场。例如，"针对近日关于我的××谣言，我在此郑重声明，此为毫无根据的虚假信息，我将保留追究法律责任的权利。"此外，主播还要整理能拆穿和击破谣言的证据，如聊天记录、活动记录、官方文件等。如果被传直播数据造假，主播可以拿出平台的真实数据报告作为证据，并通过直播、短视频或图文形式来展示证据，确保信息的透明度，主播也可以边展示边讲解证据的来源和真实性。

如果涉及对产品质量或性能的争议，一份权威机构出具的产品检测报告就像一颗定心丸。它详细列出了产品各项指标的检测数据，证明产品是符合相关标准的，有力地回击产品质量不过关等虚假言论。通过展示这些证据，主播不仅能够证明自己的清白，还能在公众面前展现出自身诚信的品质，维护观众对产品的信任度。

2．积极应对，彰显专业

主播在直播时，如果遇到观众反映产品质量有问题，应立即暂停正在进行的直播流程，直面该问题，向观众表明重视的态度。同时，主播要在最短时间内通过直播或其他官方渠道发布简短声明，承诺会进行彻查，让观众知道主播和相关团队正在积极处理这一问题。

此外，主播要迅速收集产品质量合格的证明文件，如权威机构的检测报告、质量认证证书等，并在直播或后续发布的声明中进行展示。针对质疑点，主播应清晰地阐述质量管控的流程和细节，如生产标准、原料选取、质检环节等，让观众了解质量保障体系。

3．公开道歉，承担责任

如果直播中存在问题或错误，主播有义务及时公开道歉，向观众坦承自己的错误，并承担责任。公开道歉能够有效恢复观众对主播的信任，保护自身形象，同时主播也应积极采取措施，纠正错误，提升直播质量。

若产品确实存在质量问题，主播要在直播中向观众道歉，并解释已经在与供应商沟通，会尽快给出解决方案。主播在平时应建立好信息发布渠道和机制，确保在危机来临时能够迅速、准确地传递信息。

4．保持冷静，避免情绪化

在出现公关危机时，主播要保持冷静，不要过度情绪化，应理性地分析问题，用平和的态度和专业的知识来回应公众的质疑，客观地评估危机的性质、严重程度和影响范围。主播需要暂时抛开个人的情感因素，从多个角度来审视问题，包括观众的视角、合作方的立场，以及整个行业的大环境。通过理性的分析，主播可以更准确地找到危机的根源，为制定有效的应对策略提供依据。例如，主播可以在直播中向观众坦诚解释问题产生的原因，并承诺会加强对产品质量的把控。

5．积极回应，传递正面信息

面对负面评论，主播应采取积极的态度，耐心地解答问题，以诚恳的态度与观众交流，不回避问题，更不推卸责任。当问题处理有新进展时，主播要及时向观众说明，让观众了解主播正在积极、努力地解决问题，避免造成严重的声誉损害；还可以主动与媒体沟通，提供真实的信息，协助媒体进行报道。

通过媒体的传播，主播可以更有效地展现自己的诚意和积极的态度，从而减小危机的影响。主播可以通过直播定期向观众说明情况，详细说明产品质量问题的调查情况，以及采取的改进措施，通过真诚沟通，积极回应观众，恢复观众对主播的信任，为危机的解决奠定基础。

6．回顾总结，持续改进

主播进行危机公关不只要解决当前的问题，还要从中吸取教训，持续改进。危机发生后，主播应进行回顾和总结，分析危机产生的原因，找出问题所在并及时改进。例如，严格选品、提高直播内容的质量、加强与观众的沟通等。通过完善直播流程，主播可以降低类似危机再次发生的可能性，这不仅有助于提高主播的危机应对能力和公信力，还能提高主播的直播质量，为主播的长期发展打下坚实的基础。

7．转移焦点，缓解危机压力

如果危机难以在短时间内完全解决，主播可以尝试转移焦点，引导观众关注其他积极的方面。例如，可以推出一些优惠活动、分享一些有趣的内容或邀请嘉宾进行互动，以分散观众的注意力，缓解危机带来的压力。但要注意，转移焦点不是逃避问题，而是在积极解决问题的同时为观众提供一些积极的信息与体验。

8．借助外力，保持良好口碑

主播可以借助外力来增强危机公关的效果，例如，与品牌方、供应商合作，共同解决问题；邀请行业专家为自己发声，增强公信力；与媒体进行沟通，争取正面的报道。通过借助外力，主播可以更好地应对危机，重塑自己的形象。

另外，在日常直播中，主播应保持良好口碑，通过真实的产品体验、贴心的服务和诚挚的态度，赢得观众的信任和好评，为危机公关处理打下坚实的基础。

📔 **案例在线**

完美日记危机公关，雕琢品牌新形象

完美日记品牌产品线丰富多样，涵盖口红、眼影、粉底等多品类彩妆。自 2018 年开始，完美日记就在淘宝、抖音等各大平台开展直播销售活动，借助"国潮"势头获得年轻人的喜爱，短短几年时间就成为一个引人瞩目的国货品牌。

在一次直播中，主播正在展示品牌的各类美妆产品，与线上观众积极互动。此时，有观众在评论区质疑，称完美日记的某款口红与某国外大牌口红颜色极为相似，言语间暗示可能存在抄袭嫌疑。这一评论犹如一颗投入平静湖面的石子，瞬间在直播间激起了一阵涟漪，众多观众的目光聚焦于此，气氛也变得微妙起来。

主播凭借丰富的直播经验和敏锐的应变能力，第一时间捕捉到了这条评论。她自信地面向镜头，用温柔且坚定的语气说："朋友们，在彩妆界流行的颜色就那么几种，很多品牌都会推出类似色调的产品。"然后，主播将完美日记的口红和被提及的国外大牌口红进行详细比较。她指出，完美日记的这款口红在质地、显色度、持久度及添加的滋养成分等方面都有自己的特色。主播还现场在手臂上试色，一边涂抹一边讲解完美日记口红独特的配方优势，例如，它更适合亚洲人的肤色，能够更好地修饰唇纹等。同时，主播还强调了完美日记的品牌理念是为亚洲女性提供高性价比、走在时尚前沿的彩妆产品。

面对抄袭竞品的尖锐质疑，完美日记的主播没有回避，而是以一种客观公正的态度进行回应，通过专业的产品对比和优势阐述，突出了完美日记的产品特点和品牌定位，巧妙地化解了抄袭的质疑，展现了主播在面对危机公关时的随机应变能力。

📚 **素养课堂**

危机公关可以展现出主播及其团队强烈的责任感和担当精神。在面对危机事件时，主播和团队要积极寻求解决方案，并承担起相应的责任。这种责任感和担当精神不仅有助于化解危机，还能提升主播和团队的形象和声誉。

5.5 主播应变能力的提升

主播的应变能力是指主播在面对各种突发情况或不可预见的事件时，能够迅速、灵活且有效地做出反应，从而确保直播的顺利进行和销售目标的达成的能力。

5.5.1 强化应变意识

在直播销售中，应变意识是指主播在面对直播过程中可能出现的各种突发情况、变化或挑战，所展现出的快速反应、灵活调整和有效应对的意识。这种意识要求主播不仅

要具备高度的敏感性和警觉性，能够及时发现并识别问题，还要求主播拥有迅速思考、果断决策和有效执行的能力，以便在复杂多变的直播环境中保持销售的顺畅和观众体验的愉悦。

主播可以从以下 4 个方面来强化应变意识。

1. 做好充分准备

主播只有做好深入了解产品、熟悉直播流程、了解观众需求这些准备工作，才能在直播中从容应对各种突发情况，为成功的直播销售奠定基础。

（1）深入了解产品

主播只有对销售的每一款产品都有全面、深入的了解，包括产品特点、优势、使用方法、适用人群等，当观众提出关于产品的问题时，主播才能够迅速、准确地回答问题，避免因知识储备不足而陷入被动。

（2）熟悉直播流程

在直播前，主播应多次演练直播流程，明确各个环节的时间安排、互动环节的设置，以及可能出现的问题。对于常见的问题，主播应提前准备好应对方案，以便在直播中能够快速做出反应。

（3）了解观众需求

主播可以通过分析以往直播的数据、观众的留言和反馈等，了解观众的需求。这样主播可以更有针对性地介绍产品，满足观众的期望，同时也能更好地应对观众提出的各种问题。

2. 保持积极态度

主播在面对突发情况时，要以积极态度快速地进行自我调节，不让负面情绪影响直播效果，这也是每一位主播都需要掌握的技能，只有保持积极态度，才能为观众带来更好的购物体验。

（1）培养乐观的态度

主播在直播中不可避免地会遇到各种挑战和困难，这时要保持乐观的态度，相信自己能够应对这些问题。乐观的态度能够帮助主播在面对突发情况时保持冷静，迅速找到解决问题的方法。

（2）学会自我调节

当遇到压力或挫折时，主播要学会自我调节，避免因情绪波动过大而影响直播效果。主播可以通过深呼吸、转移注意力等方式来放松自己，调整状态，并重新投入直播中。

3. 提高反应速度

在直播销售的快节奏环境中，反应速度往往决定了主播能否成功应对突发情况。主播平时可以通过反应训练和时刻关注直播动态的方式提高反应速度，以应对各种突发情况。

（1）进行反应训练

主播可以通过一些反应训练游戏，如快速问答、即兴演讲等，提升自己的反应速度和思维敏捷性，这可以让主播在直播中遇到突发情况时能够迅速做出反应，给出恰当的回应。

（2）关注直播动态

在直播过程中，主播要时刻关注直播的动态，包括观众的留言、点赞数、观看人数等，及时发现问题并采取措施，避免问题扩大化。同时，主播要注意观察直播画面和声音，确保直播质量。

4. 积累经验

经验是主播成长的重要养分，主播可以通过总结直播经验和学习他人经验的方式不断提高自己的应变能力，让自己在未来的直播中更加从容、自信。

（1）总结直播经验

每次直播结束后，主播要及时总结直播中的经验，分析自己的不足之处，并针对这些不足之处制定改进措施，不断提高自己的应变能力。

（2）学习他人经验

主播可以通过关注其他优秀主播的直播，学习他们在应对突发情况时的方法和技巧，还可以通过观看回放视频、参加直播培训等方式，不断丰富自己的经验，强化应变意识。

5.5.2 增强心理素质

面对镜头，主播不仅要传递产品信息，还要实时应对观众的提问、反馈乃至质疑。一个心理素质过硬的主播能够从容不迫地处理各种突发情况，保持直播氛围的积极与和谐，从而有效提升直播销售转化率。

主播可以通过以下方法来增强心理素质。

1．做好心理建设

在直播前，主播可以通过回顾成功的直播经历和与朋友或家人交流的方式进行心理建设，以汲取能量，增强自信心。

（1）回顾成功的直播经历

主播可以回顾自己成功的直播经历，这有助于增强自信心和勇气。每一次成功的直播、每一位观众的夸赞、每一次销售额的突破，都能成为主播前行的动力。当主播回忆起这些成功瞬间时，其内心的自信便会油然而生，主播会意识到自己的能力和价值，从而在面对挑战时更加从容不迫。

（2）与朋友或家人交流

朋友或家人是主播的坚实后盾，他们的理解、鼓励和支持能让主播放松心态。主播在与朋友或家人分享直播中的喜怒哀乐时，也可以听取他们的建议和意见，从而帮助自己更好地调整心态，以更加饱满的热情投入直播工作中。

2．明确压力来源

主播承受着诸多压力，有外部压力，也有内部压力。只有通过清晰地剖析压力来源，主播才能采取合适的措施，铸就强大的内心。

（1）外部压力

主播面临的工作压力、家庭压力、环境压力等外部压力会让其深感疲惫，影响其心理状态。主播只有在弄清楚压力源后，才能有针对性地进行应对。

（2）内部压力

主播往往对自己有较高的要求，希望能够在直播中表现出色，获得更多的认可和支持。这种自我要求可能会转化为压力，影响主播的心态和表现。主播只有认识到自我否定、过度追求完美等内部压力产生的因素，才能更好地应对内部压力，增强自身心理素质。

（3）压力自我诊断

为了更好地应对压力，主播需要进行压力自我诊断，必要时可以借助一些测试题目来判断自己的精神压力程度，如从生理反应、情绪层面及行为方面设置相关测试题。

例如，"直播过程中或结束后，心跳是否经常莫名加速？""是否经常出现失眠或睡眠很浅的情况？"这些问题能够反映主播的身体在压力下的应激表现。"主播在看到直播数据不佳时，是否会产生极度沮丧感且长时间无法缓解？"通过对情绪反应的观察，了解压力对心理的影响。如果大部分问题的回答为"是"，则表明压力程度较高；如果回答为"偶尔是"，则表明压力程度处于中等水平；如果回答几乎都是"否"，则表明压力程度相对较低。

主播可以依据此结果采取必要的应对措施。例如，对于外部压力，可以通过不断学习增强竞争力；对于内部压力，可以调整心态，合理设定目标，不断增强心理素质。

3. 保持积极心态

保持积极心态是增强主播心理素质的重要方法。主播在工作中应减少抱怨，积极地进行自我暗示，将精力用于解决问题，以宽容的态度处理人和事，这有利于主播增强心理素质。

（1）减少抱怨

主播在直播中遇到问题时，应避免在直播间抱怨。抱怨只会让负面情绪不断蔓延，消耗主播的精力和热情，这种负能量还会传染给观众，不仅解决不了任何问题，还会让观众觉得主播没有积极的态度，甚至导致观众流失。

当遇到困难和挫折时，主播应学会正视问题，积极寻找解决方案。例如，在直播时遇到技术故障，主播与其抱怨平台或设备，不如迅速与技术人员沟通，争取尽快恢复直播。

（2）积极暗示

主播可以对自己进行积极的暗示。例如，直播时如果观众过少，主播可以对自己说"加油，我能行""我是最棒的"等话语。这种积极暗示能够增强主播的自信心，让主播以更好的状态进行直播。

（3）学会宽容

在直播中，主播可能会遇到不同性格的观众，他们的评价和行为有时不尽如人意。主播要学会宽容，不被负面评价所影响，以平和的心态对待每一位观众。宽容有助于主播保持良好的心态，也能让主播的内心更加平静和强大。

4. 提升自我认知

提升自我认知能让主播保持自信，以饱满的热情面对观众，也能使其正视自己，不断成长与进步。

（1）保持自信

主播要明确自己的优势和特长，了解自己在产品知识、沟通能力、表现力等方面的优势，并将其充分发挥出来。同时，主播也要相信自己推广的产品或服务能够满足观众的需求，相信自己能为观众提供有价值的产品或服务，这样才能在面对各种情况时以乐观的心态去解决问题。

（2）正视自己

主播要客观地评估自己的表现，找出存在的问题和不足之处。例如，主播可以通过观看自己的直播回放视频、听取观众的反馈等方式，发现自己在语言表达、产品展示、互动环节等方面的问题。针对这些问题，主播可以制订切实可行的改进计划，不断提升自己的能力。此外，主播要正视自己的优点和缺点，学会接受自己的不完美，不要因为一次失误或负面评价而失去信心。

5. 培养职业素养

主播要明确自己的职业定位和职责，以专业的态度对待每一次直播，提前做好充分的准备，包括熟悉产品知识、制订直播计划等。同时，主播要注重自身形象和言行举止，树立良好的职业形象，时刻保持专注和热情，积极与观众进行互动，为观众提供优质的服务。

主播要意识到自己的职业要求和责任，这样可以提醒自己以更专业的态度对待直播工作，在心理上做好应对各种突发情况的准备。

6．规律生活

主播要保持良好的生活习惯，合理安排作息时间，保证充足的睡眠。保持规律的生活作息有助于主播在直播时保持良好的精神状态和心理状态，以充沛的精力和敏捷的思维保证工作效率，从而更好地应对直播中的各种挑战。另外，主播还要注意饮食健康，适当进行体育锻炼，增强体质，这也有利于缓解直播过程中产生的压力。

✏ 知识链接

主播要保持合理的生活作息，可以参照以下方法。

（1）睡眠时间规律

每天尽量在相同的时间上床睡觉和起床。例如，晚上 10 点半左右准备入睡，早上 6 点半左右自然醒来。这种规律的睡眠时间有助于调整人体的生物钟，使身体和大脑适应规律的休息节奏。生物钟就像身体内部的一个时钟，它会控制身体的各种生理机能，如激素分泌、新陈代谢等。规律的睡眠能让生物钟稳定运行，从而让身体在相应的时间进入睡眠和觉醒状态，提高睡眠质量。

（2）保证充足的睡眠

不同年龄段的人对睡眠时间的需求有所不同。一般来说，成年人需要 7～9 小时的睡眠。合理的作息能保证充足的睡眠，让身体和大脑得到充分的休息。充足的睡眠有助于巩固记忆。在睡眠过程中，大脑中的神经元会进行一系列的活动，将白天学习和经历的信息进行整理和存储。如果睡眠不足，大脑的这些功能就会受到影响，导致记忆力下降、注意力不集中等问题。

（3）适当娱乐

合理的作息指不让工作或学习占据全部时间，会安排适当的娱乐活动。例如，每天晚上留出 1～2 个小时进行自己喜欢的活动，如阅读、运动、看电影等。适当娱乐可以帮助人们放松身心，缓解压力，是保持心理健康的重要途径。例如，一定强度的运动可以促进身体分泌内啡肽，这种物质能够让人产生愉悦感，减轻疲劳和焦虑情绪。

（4）睡前放松

养成良好的睡前习惯，如睡前半小时不使用电子设备，避免蓝光对眼睛和大脑的刺激，可以选择泡个热水澡、喝一杯温牛奶或者进行简单的冥想。这些活动可以帮助身体和大脑放松，为进入睡眠状态做好准备。例如，泡热水澡可以使身体的血液循环加快，缓解肌肉紧张，让身体感到舒适和放松，从而更容易入睡。

7．掌握心理卫生知识

主播要了解一些基本的心理卫生知识，如情绪管理、压力应对、自我调节等。了解心理卫生知识能够让主播更好地认识自己的心理状况，及时调整心态，不断增强自己的心理素质。例如，知道如何应对焦虑、紧张等情绪，采取放松训练、积极思考等正确的调节方法。

5.5.3　控制情绪

直播销售中充满了各种不确定性和挑战，观众的反馈可能千差万别，销售压力也会不期而至。在这样的环境下，主播的情绪控制能力就显得尤为重要。良好的情绪控制力能够增强主播的心理素质，提升直播的质量和效果。

主播可以通过以下几种方法控制自己的情绪。

1．进行充分准备与心理建设

直播销售前，主播面临着各种未知的情况和挑战，而充分准备直播内容和进行心理建设能够使主播内心安定且自信。

（1）充分准备直播内容

主播要对销售的产品进行深入的了解，准备好详细的内容介绍、可能被问到的问题的答案，这样在直播中遇到各种情况都能从容应对，减少因知识不足或突发状况带来的紧张和焦虑。

（2）进行心理建设

在直播前，主播可以通过"我可以的""我是专业的"等积极的话语增强自信心，想象直播顺利进行的场景，给自己积极的心理预期。

2．深呼吸与放松肌肉

主播可以通过深呼吸调整呼吸节奏，运用放松肌肉的技巧来缓解身体的紧张，获得内心的平静，以更好的状态进行直播。

（1）深呼吸

主播在出现紧张、愤怒或焦虑等情绪时，可以停下来进行深呼吸，慢慢地吸气，让空气充满腹部，然后缓缓地呼气，感受身体的放松，重复几次，这样有助于平复情绪。

（2）放松肌肉

主播可以从头部开始，依次放松身体的各个部位，先紧绷肌肉几秒钟，然后放松，感受肌肉的松弛，通过这种方法缓解身体紧张，进而减小压力。

3．转移注意力

转移注意力可以让主播摆脱情绪的泥沼，以更积极的态度控制情绪，完成直播任务。

（1）关注产品和直播任务

当主播的情绪受观众的负面评价等因素影响时，主播应迅速将注意力转移到产品上，专注于介绍产品的特点和优势，以及完成直播任务。

（2）寻找积极因素

主播可以在直播间寻找积极互动的观众、有趣的留言，或者关注良好的销售数据，将注意力从负面情绪的源头转移开，用积极的事物来鼓舞自己。

4．暂停直播与调整

当情绪即将失控时，主播可以暂停直播，进行自我对话。

（1）暂停直播

如果情绪即将失控，主播可以找个合适的理由暂停直播，如去喝水、调整设备等，在这个短暂的时间里让自己冷静下来，重新调整情绪，为后续直播积蓄力量。

（2）自我对话

主播在直播暂停期间，通过自我对话分析情绪产生的原因，提醒自己保持专业和冷静，告诉自己不要被情绪左右，以更好的状态继续直播。

5．合理宣泄与求助

主播可以通过合理的方式宣泄情绪，也可以求助他人，让自己在直播的道路上更加坚强。

（1）合理宣泄

直播结束后，主播可以通过适当的方式宣泄情绪，例如和朋友倾诉、写日记、参加运动等，但要注意方法得当，不然可能会影响主播的精神状态，进而影响下一次直播的质量。

（2）寻求支持

主播可以向团队成员、家人或专业人士寻求帮助和支持，他们可以提供不同视角的建议，帮助主播更好地处理情绪问题。

6．持续学习与成长

每一次学习和总结都是一次自我提升的机会，只有不断学习和成长，主播才能更好地控制情绪，从而帮助自己在直播销售中取得成功。

（1）参加情绪管理课程

主播在参加情绪管理课程时，要注意保持积极主动的学习态度，深入学习理论知识，掌握情绪管理机制和技巧。此外，主播还可以结合自身案例，模拟演练直播场景，通过建立学习支持系统，与讲师保持沟通，及时解除疑惑，并和其他学员互助学习，分享经验教训，将课程内容与直播实际相结合，以更好地提升情绪管理能力。

（2）总结经验教训

每次直播后，主播都要回顾自己在情绪控制方面的表现，总结成功的经验和不足之处，以便在下次直播中做得更好。

> **素养课堂**
>
> 情绪控制的第一步是自我觉察，情绪控制力强的人能够时刻保持对自我情绪的清醒认识，不被情绪所主导，而是主动管理情绪，确保情绪在可控范围内波动，避免过度激动或沮丧影响判断和决策。我们要有意识地强化自己的情绪控制力，在面对情绪波动时保持理性思考，在情绪高涨时冷静分析，在情绪低落时寻找积极因素，确保情绪稳定。

5.6　数字人主播的训练

数字人主播作为一种新兴的销售角色，正逐渐崭露头角。数字人主播不仅具备逼真、自然的形象，还能通过 AI 技术实现与观众的实时互动，为直播销售带来全新的体验。数字人主播的创建并非易事，涉及多种技术的集成、多个环节的关联，通过持续训练数字人主播的语音和动作，才能让数字人主播在直播销售中发挥更大的效能。

5.6.1　数字人主播语音训练

数字人主播语音训练是一个复杂而精细的过程，涉及数据采集、语音合成、语音识别等多个技术环节。为确保能够准确模拟主播的语音特征，实现与观众的流畅对话，数字人主播需要进行科学的训练优化。

数字人主播语音训练可以采用以下方法。

1．数据采集与分析

商家需要收集大量优质的语音样本，并进行深入分析，标注语音特征，分析目标观众喜好，让数字人主播在学习时拥有更多素材可供选择，精准把握语音的各种特征，为后续的语音训练提供有力支撑。

（1）收集大量优质的语音样本

商家可以从专业配音演员、播音员、演员等不同类型的声音提供者那里采集丰富多样的语音数据，这些样本应涵盖各种语言风格等，为数字人主播提供广泛的学习素材。

（2）标注语音特征

商家对采集到的语音样本要进行详细标注，包括音色、声调、韵律等特征，这有助于数字人主播在学习过程中准确把握语音的各种要素，提高语音合成的质量。

（3）分析目标受众喜好

商家通过市场调研和数据分析，可以了解直播销售的目标观众对语音的偏好，根据目标观众喜好来调整数字人主播的语音特点。例如，年轻人可能更喜欢时尚、活泼的语言风格，而中老年人可能倾向于稳重、清晰的发音。

2．语音合成技术优化

选择合适的语音合成模型，调整语音参数，并融入情感元素，让数字人主播在直播销售中更有吸引力。

（1）选择合适的语音合成模型

目前市场上有多种语音合成模型，如基于深度学习的神经网络模型等，商家应根据目标观众的需求和数字人主播的特点，选择性能优越、合成效果自然的模型。

（2）调整语音参数

商家需要通过不断调整语音合成模型的参数，如音色、音调、语速、音量等，使数字人主播的语音更加符合直播销售的场景和氛围。例如，在促销活动中，可以使用较高的音量和较快的语速来营造紧张、热烈的氛围。

（3）融入情感元素

利用情感分析技术，将不同的情感状态（如兴奋、喜悦、悲伤等）融入数字人主播的语音中，增强语音的感染力，更好地吸引观众的注意力。

3．语音识别与交互训练

通过大量数据训练，优化交互逻辑以及模拟真实对话场景，数字人主播能够准确理解观众的需求并迅速做出回应，为观众带来流畅的互动体验。

（1）大量数据训练

商家可以使用大量的与直播销售相关的语音数据对数字人主播的语音识别系统进行训练，提高其对观众提问、指令等识别的准确率，包括识别各种口音、方言、语速的语音数据，以确保数字人主播能够满足不同观众的需求。

（2）优化交互逻辑

商家可以通过设计合理的交互流程和回答策略，使数字人主播能够根据观众的问题快速、准确地给出回应。例如，对于常见的产品咨询问题，可以提前准备好标准答案；对于复杂的问题，可以引导观众进一步明确问题，以便给出更有针对性的回答。

（3）模拟真实对话场景

商家通过模拟各种真实的直播销售对话场景，如观众的质疑、讨价还价等，训练数字人主播的应对能力，这样可以使数字人主播在直播时更有效地与观众进行互动，提高直播的质量和效果。

4．持续评估与改进①

通过收集观众反馈、进行性能评估及持续优化训练，数字人主播的语音能够紧跟时代潮流和观众需求，保持卓越的品质。

（1）收集观众反馈

在直播过程中，商家要积极收集观众对数字人主播语音方面的反馈意见，如清晰度、自然度、情感表达等方面是否恰当，是否达到了预期的效果。商家还可以通过在线

---

① 数字人主播动作训练中也有此方法，内容与此处相似，故在 5.6.2 节中不再进行重复介绍。

调查、查看评论区留言等方式获取观众的反馈。

（2）进行性能评估

商家需要定期对数字人主播的语音合成和识别性能进行评估，使用客观的指标，如准确率、响应时间等进行衡量，然后根据评估结果找出存在的问题和不足之处，及时进行调整和改进。

（3）持续优化训练

随着直播销售的不断发展和观众需求的变化，商家要持续优化数字人主播的语音训练策略，不断更新语音样本库，调整模型参数，改进交互逻辑等，以确保数字人主播的语音始终保持较高的质量和较强的吸引力。

5.6.2　数字人主播动作训练

数字人主播的动作不仅是简单的肢体摆动，还是与观众沟通交流的重要方式。一个恰到好处的手势、一个自然流畅的转身，都能传递出丰富的信息和情感。通过精心的动作训练，数字人主播可以在虚拟的直播空间中展现出如同真实人类般的活力与魅力。

商家可以采用以下方法来进行数字人主播动作训练。

1．动作捕捉与数据采集

数字人主播的动作训练开始于动作捕捉与数据采集，指利用专业动作捕捉设备采集多样化的动作数据，标注动作特征，为数字人主播后续的精彩演绎打下坚实的基础。

（1）利用专业动作捕捉设备

商家可以利用专业的动作捕捉设备，记录演员的各种动作。这些演员可以是专业的舞者、模特或具有丰富表演经验的人士，他们的动作将作为数字人主播的学习样本。

（2）采集多样化的动作数据

数字人主播的动作涵盖不同的动作类型，包括站立、行走、手势等。采集动作数据时，应采集不同风格和情感状态下的动作，如欢快的舞蹈动作、严肃的讲解动作、热情的互动动作等，为数字人主播提供丰富的动作素材。

（3）标注动作特征

商家要对采集到的动作数据进行详细标注，包括动作的起始点、关键点、运动轨迹、速度等特征，这有助于数字人主播在学习过程中准确地理解，并精准地模仿各种动作。

2．动作合成与优化

当拥有了丰富的动作数据后，商家就需要选择合适的动作合成算法，调整动作合成算法的参数，融入情感元素，让数字人主播的动作更自然、更流畅。

（1）选择合适的动作合成算法

商家要根据数字人主播的需求和特点，选择性能优越的动作合成算法，这些算法可以将采集到的动作数据进行融合和优化，生成自然、流畅的数字人主播动作。

（2）调整动作合成算法的参数

商家通过调整动作合成算法的参数，如动作的幅度、速度、节奏等，使数字人主播的动作更符合直播销售的场景和氛围。例如，在介绍产品时，可以采用较为缓慢、稳定的动作；而在促销活动中，可以采用更加夸张、富有活力的动作。

（3）融入情感元素

利用情感分析技术，商家可以将不同的情感元素融入数字人主播的动作中。例如，在表达兴奋时，可以增大和加快数字人主播动作的幅度和速度；在表达温和时，可以使数字人主播的动作更加轻柔、舒缓。

3．动作与语音同步训练

关联动作与语音，调整同步参数，进行多模态训练，让数字人主播的表现更加生动、富有感染力。

（1）关联动作与语音

商家可以将数字人主播的动作与语音进行同步训练，使动作与语音的节奏、情感相匹配。例如，数字人主播在介绍产品的特点时，可以配合相应的手势动作；在回答观众问题时，数字人主播可以通过点头或微笑等动作来增强互动效果。

（2）调整同步参数

商家通过不断调整动作与语音的同步参数，如动作的延迟时间、速度变化等，使数字人主播的动作与语音更加协调，也可以使用专业的音频编辑软件和动作编辑软件进行调整。

（3）进行多模态训练

商家需要结合语音、动作、表情等多种模态对数字人主播进行综合训练，提升数字人主播的表现力和感染力。例如，数字人主播在表达喜悦时，可以同时使用发出欢快的笑声、展示灿烂的笑容并做出活泼的动作。

课堂实训：直播场景模拟与主播能力考验实训

1．实训背景

随着电商行业的飞速发展，直播带货成为一种新兴的商业模式，极大地促进了商品流通并提高了消费市场的活跃度。直播销售也为社会提供了灵活多样的就业渠道。然而，成为一名优秀的主播并非易事，这要求主播具备扎实的专业知识，还要掌握一定的语言沟通技巧、具有一定的即兴发挥能力等。

2．实训要求

学生分组进行模拟直播，每一组的主播介绍不同领域的产品，考查学生的语言沟通能力、肢体语言表达能力、即兴发挥能力、危机公关能力和应变能力。

3．实训思路

（1）分组与角色分配

学生分为若干小组，每组 4～5 人，分别担任主播、助播、观众（包含潜在买家和挑剔型观众）等角色。

（2）撰写直播脚本

各小组选定一款商品，撰写直播脚本，包括开场白、商品介绍、互动环节、优惠信息等，并设计可能遇到的突发情况应对方案。

（3）模拟直播

每组进行 15 分钟的直播展示，直播内容要有趣、新颖、互动性强，主播的讲解要清晰、生动，有较强的语言表达逻辑，还要配合合适的肢体动作。扮演观众的学生要看情况对主播表达对商品某些方面的不满，主播需即兴发挥，对观众进行安抚，展示商品质量合格的证书等。

（4）总结阶段

根据课堂所学知识，分析主播在不同情境下的表现，学生可先在组内进行自我评价，再由教师和其他小组提出建设性意见。根据反馈，各小组进行针对性练习，然后进行系统性总结，形成报告。

课后练习

1. 提升主播与观众的沟通能力的方法有哪些？
2. 简述主播即兴表达思维训练的基本方法。
3. 主播危机公关能力的具体体现有哪些？
4. 简述主播增强心理素质的具体方法。
5. 数字人主播动作训练要使用哪些方法？

第6章　直播话术设计

本章概述

直播话术是主播与观众建立情感联系和信息沟通的工具，承载着引导、互动和说服的使命。从产品特点的生动描述到价格优势的巧妙展现，从激发购买欲望到消除观众顾虑，每一个环节都需要精准设计的话术来推动。本章重点介绍了直播话术的作用、设计原则和使用规范、直播常用话术、直播销售话术要点，以及 AI 写作直播话术等。

学习目标

➤ 了解直播话术的作用、设计原则和使用规范。
➤ 掌握直播常用话术。
➤ 掌握不同领域的直播销售话术要点。
➤ 掌握 AI 写作直播话术的技巧。

本章关键词

直播话术　使用规范　常用话术　AI 写作

案例导入

"蜀中桃子姐"直播话术探秘——农产品销量背后的话语力量

"蜀中桃子姐"是抖音平台的"三农"类美食账号。桃子姐于 2018 年拍摄生活短视频，因分享一家人幸福而又淳朴的农村生活而逐渐"走红"，2020 年创立"蜀中桃子姐"品牌，主要售卖自有品牌商品：钵钵鸡、麻辣兔头、麻辣萝卜干等。

微课视频

除了通过日常的视频带货，桃子姐也会通过直播的形式销售其自有品牌商品，这些由产自农村的天然食材制成的农产品非常受粉丝的支持与欢迎，曾有数据统计，3 个月里桃子姐直播 100 多场，累计成交额达到了 2 000 多万元。

桃子姐在视频中展现了乡村美食文化和真实的乡村生活，以乡村自建房为美食制作场所，食材多来自田间地头，传递出了乡村生活的淳朴和悠闲惬意，获得了众多粉丝的关注和喜爱。

每次直播时，桃子姐总能用简短的话语勾起观众的购买欲。例如，在介绍钵钵鸡时，桃子姐说："家人们，来看我手上的钵钵鸡！这可不是一般的钵钵鸡，这里面的每一种食材都是我们自己精心准备的。你们看这鸡肉，源自咱村里散养的土鸡，肉质紧实又鲜嫩，吃起来可有嚼劲啦！还有这些配菜，像笋、土豆，都产自咱自家地里，新鲜得很，就像刚从土里冒出来就进了这钵钵里。这味道是我们四川农村特有的，麻麻辣辣，特别过瘾，你们在城里可吃不到这么正宗的味道。咱这钵钵鸡的调料也是我自己调配的，用的都是天然的香料，没有那些乱七八糟的添加剂，家里老人小孩都能放心吃。今天在直播间，价格也实惠得很，大家不要犹豫了，赶紧下单尝尝这地道的乡村美味。"

桃子姐这一番话，看似简单，却巧妙地运用了直播话术的精髓。她先是强调了食材的来源，将乡村土鸡和自家种植的新鲜蔬菜作为卖点，让观众对产品的品质有了直观的认识，勾起了观众对天然、健康食品的向往。接着，她突出了味道的独特性，将钵钵鸡与四川农村的特色风味联系起来，勾起了观众对美食口味的期待，并且利用地域特色来增强产品的吸引力。而且，她特别提到了调料的天然，打消了观众对食品安全的顾虑。最后，她公布实惠的价格，直接呼吁观众下单，简洁有力地推动着观众做出购买决策。

在整个直播过程中，桃子姐这种朴实而生动的直播话术，就像是一座连接乡村美食和城市消费者的桥梁。她把乡村生活的淳朴、食物的本真通过语言传递给每一位观众，让观众在观看直播时，不仅是在挑选产品，更是在感受乡村生活的美好，增强了他们对产品的认同感和购买欲，这也正是她直播销售额屡创新高的重要原因之一。

案例思考：通过分析"蜀中桃子姐"直播销售农产品的案例，你认为农产品营销应怎样设计直播话术？

6.1　直播话术概述

直播话术是指主播在直播销售过程中使用的特定语言表达技巧和策略。在直播销售中，它是主播与观众沟通交流的主要工具，能够有效地传递产品信息、激发观众的购买欲望，与观众建立起良好的互动关系。

6.1.1　直播话术的作用

直播话术作为主播与观众沟通的桥梁，承载着传递产品信息、激发购买欲望、与观众建立良好的互动关系等多重任务。它不仅是主播专业素养的体现，还直接关系到产品的推广效果和销售转化率，更是影响直播效果的关键因素。

直播话术在直播销售中的几个关键作用如下。

1．传递产品信息

直播话术能够帮助主播有效传递产品信息。通过清晰、简洁、准确且生动的表达，主播可以将产品的特点、功能、优势及使用方法等详细地传达给观众，确保观众能够迅速了解产品的核心价值。

例如，"家人们，这款羽绒服填充材料都是精选的白鸭绒，轻盈又蓬松，每一朵就像是充满能量的小太阳，整件衣服犹如'温暖的移动城堡'，把刺骨的寒风牢牢地挡在外面。"主播用形象的比喻来描述产品的性能，让观众更容易理解产品的价值所在，这样可以帮助观众快速了解产品，为他们的购买决策提供依据。

2．激发购买欲望

主播运用富有感染力的语言，如强调产品的独特之处、分享观众的好评和成功案例等，可以唤起观众的情感共鸣。主播以充满激情的语气和夸张的手法突出产品的效果，强调产品的独特卖点，可以让观众产生"我也需要这个产品"的想法。

例如，"家人们，这件风衣原价 200 元，现在下单只要 150 元，直接省去 50 元，而且满 200 元再减 50 元，买两件更优惠，下单还可以赠送精美丝巾哦！"主播利用促销话术，如优惠促销、满减活动、赠品等，促使观众下单；或者通过讲述产品如何改善生活、提升生活品质或解决特定问题等，激发观众的购买欲望。

3．与观众建立良好的互动关系

直播话术有助于主播与观众建立良好的互动关系，促使主播与观众建立信任关系，让观众觉得主播是可以信赖的。主播可以通过提问、投票、抽奖、引导观众留言和点赞等方式，与观众进行积极的互动，鼓励观众参与直播互动。这种互动不仅增强了观众的参与感和黏性，还提高了直播间的活跃度，让观众感受到主播对自己的关注和重视，从而更加信任主播及其推荐的产品。

此外，主播还可以通过分享个人经验、使用感受或专业知识及时回应观众的疑问和反馈，展示自己对产品的了解，增强观众对产品的信心。

4．吸引观众的注意力

巧妙运用直播话术可以有效地吸引观众的注意力，提升直播的效果。一句恰到好处的话语，可能引发观众的强烈共鸣；一个生动形象的描述，或许能让观众对产品充满好奇与渴望。通过精心雕琢的直播话术，主播可以迅速吸引观众的注意力，与他们建立紧密联系，为直播的成功奠定坚实基础。

例如，"今天的直播将为大家带来一款神秘好物，它的功效绝对会让你惊叹！究竟是什么呢？别着急，我们马上揭晓。"主播通过制造悬念，激发观众的好奇心，让他们想要观看下去。

5．塑造品牌形象

直播话术既是销售工具，也是塑造品牌形象的重要工具。在直播中，主播可以用生动的语言阐述品牌的核心价值观，让观众了解品牌的理念和追求。

例如，"我们的品牌一直致力于环保事业，从产品的原材料选择到生产过程，都严格遵循环保标准。我们相信，只有爱护地球，才能拥有美好的未来。"主播通过强调品牌价值观，引起观众的共鸣，树立品牌的正面形象。

此外，主播还可以通过讲述品牌故事、展示品牌专业性、强调品牌服务和引导观众进行口碑传播等方式，提升观众对品牌的认同感和忠诚度。

6．促进转化与复购

直播话术不是简单的语言堆砌，它能在瞬间点燃观众的购买热情，引导他们从观望走向行动。一段富有感染力的讲解，能让观众对品牌产生深厚的认同感，从而促成二次乃至多次购买。从强调产品的独特优势到营造购买氛围，从专业的知识讲解到与客户温暖的互动，在不断提升顾客满意度和忠诚度的同时，每一个环节都有可能促进复购和口碑传播。

6.1.2　直播话术设计原则

优秀的直播话术要求主播在有限的时间内，用精练的语言吸引观众的注意力，激发他们的兴趣，同时传递产品或服务的核心价值。

直播话术的设计原则主要有以下 5 点。

1．真实性原则

主播要确保所使用的直播话术真实、可靠，不能夸大产品的功效或虚假宣传。观众在观看直播时希望得到准确的信息，如果他们发现主播在说谎或夸大其词，就会对主播和产品失去信任。例如，在介绍一款护肤品时，主播不能声称可以瞬间让皮肤变得完美无瑕，而应该诚实地说明产品的主要功效和适用人群。

2．简洁性原则

直播话术要简洁明了，避免使用冗长、复杂的句子和专业术语。观众在直播中通常会快速浏览信息，如果主播的话术过于复杂，他们可能会失去耐心。主播要尽量用简单易懂的语言来介绍产品，突出重点信息。例如，主播在介绍一款手机时，可以直接说"这款手机拍照清晰，运行速度快，价格实惠"，而不是对手机的技术参数长篇大论。

3．互动性原则

直播是一种互动性很强的形式，主播要通过直播话术与观众进行互动，增加观众的参与感。主播可以提出问题、邀请观众留言、进行抽奖等，让观众积极参与直播互动。例如，"大家觉得这款产品怎么样？欢迎在评论区留言告诉我。""我们现在进行抽奖活动，只要关注主播并留言，就有机会获得这款产品。"

4．个性化原则

在直播中，主播要有自己的风格和个性，让观众记住自己，可以通过幽默风趣的话语或个人的故事来吸引观众。例如，有的主播会用幽默的语言来介绍产品，让观众在轻松、愉快的氛围中了解产品；有的主播会分享自己的使用体验，以增强观众的信任感。

5．针对性原则

对不同的产品和观众需要使用不同的直播话术，主播要了解产品的特点和观众的需求，设计有针对性的话术。例如，针对年轻人的产品，可以使用流行语言；针对老年人的产品，则要在话术中体现产品的实用性和安全性。

6.1.3 直播话术使用规范

在直播销售过程中，直播话术使用规范不仅决定了信息传递的准确性，还影响着观众的购买决策和对品牌的印象。遵循直播话术使用规范，有助于提升直播效果，增强观众的互动性，促进销售。

1．语言规范

规范的语言有助于提升主播的形象和专业性，让观众更容易理解内容，还可以避免产生误解，尤其对新观众来说，规范的语言更具吸引力。

（1）准确传达信息

主播必须确保所陈述的产品的信息真实、准确，这包括产品的功能、特性、成分、尺寸、价格、售后服务等细节。例如，主播在介绍一款智能手环的续航能力时，要精确地说明"在正常使用情况下，续航时间可达 7 天"，而不能模糊地说"续航时间挺长的"。

（2）避免出现语病

在直播过程中，主播需要准确地表达产品信息、活动规则等内容，不能出现句子成分残缺或搭配不当的情况，否则会让观众对主播的专业性产生怀疑。

（3）表达要简明易懂

复杂、冗长的句子会让观众难以理解。主播应尽量使用简单的主谓宾结构的句子。例如："这款衣服很好看，它的颜色很鲜艳，款式很时尚"就比"这款衣服由于其颜色之鲜艳与款式之时尚而具备良好的观赏性"更容易被观众接受。

2．合法性规范

合法性规范有助于主播避免法律风险，维护公平竞争的市场环境，观众也能根据真实、准确的信息做出合理的购买决策。

（1）遵守法律法规

直播话术中不能包含任何违法内容，如涉及侵权、虚假广告、不正当竞争、侵犯消费者权益等。在介绍产品时，主播不能抄袭其他品牌的宣传文案，也不能贬低其他品牌。

（2）符合平台规定

不同的直播平台有自己的规定，主播需要熟悉并遵守这些规定。例如，有些平台禁止使用带有诱导性的抽奖话术，如"不中奖就退钱"等不合理的表述。

3．文明性规范

主播作为直播内容的传播者，代表着品牌形象。文明的话术能够塑造良好的主播形象和品牌形象，有利于营造健康、积极的直播环境。

主播在直播过程中要使用文明、礼貌、积极向上的语言，避免使用低俗、侮辱性、攻击性的词汇。无论是介绍产品还是与观众互动，主播都要保持文明用语。例如，不能因为观众质疑就恶语相向，而应当耐心地解释。

主播应经常使用"请""谢谢""对不起"等礼貌用语。例如，"请大家关注一下我的直播间！""谢谢大家的点赞和支持！""对不起，刚才的信息我说错了！"这些礼貌用语可以营造良好的互动氛围，提升观众的好感度。

素养课堂

在直播中，应以文明的语言进行交流，尊重每一位观众，倡导文明直播，拒绝低俗、暴力内容，共同营造健康向上的网络氛围，用文明的话术传递真善美，让直播成为传递正能量、弘扬社会主义核心价值观的阵地。

4．逻辑性规范

逻辑清晰的话术不仅有助于观众理解产品信息，还能让观众感受到主播的专业、可靠，提高直播信息的可信度。

（1）条理清晰地介绍

主播在介绍产品或服务时，要有清晰的逻辑，通常可以依次介绍产品的外观、性能、优势、适用场景、使用方法、购买建议等方面。例如，在介绍一款笔记本电脑时，可以先展示其外观，然后介绍处理器性能、屏幕显示效果等方面的优势，接着说明其适合用于办公、学习、娱乐等，最后讲解如何使用产品以及购买时的优惠活动等。

（2）问答逻辑合理

主播在回答观众提问时，要准确理解问题，有针对性地回答。如果一个问题涉及多个方面，主播要逐一进行解答。例如，观众问："这款衣服的材质是什么？会缩水吗？怎么洗涤？"主播要分别回答衣服的材质，说明是否会缩水及正确的洗涤方式。

5．互动性规范

主播及时回复观众的问题可以让观众感受到被关注，增强他们对主播的好感，还能提升直播间的活跃度，扩大直播间的影响力。

（1）积极引导互动

主播要积极主动地引导观众参与互动，如点赞、关注、评论、分享等，注意引导方式要自然、合理，不能给观众造成压力。主播可以说："如果您喜欢我们的产品，记得点赞和关注哦，这样您就能第一时间了解我们的新品和优惠活动。"

（2）及时回应观众

主播对于观众的评论和提问，要及时回应，如果不能马上回答，要向观众说明情况并尽快回复。主播保持与观众的良好沟通是增强观众黏性的重要方式。

6.2　直播常用话术

直播常用话术不仅能够帮助主播快速吸引观众的注意力，调动直播间氛围，还能引导话题走向，甚至巧妙化解尴尬与冷场。掌握并运用好直播常用话术，不仅能够提升直播间的观赏性和参与度，还能为主播的个人品牌增添光彩。

6.2.1　开场介绍话术

直播销售的开场介绍是吸引观众的注意力、奠定直播基调的关键环节。一个优秀的开场能够迅速吸引观众，为后续的产品介绍和销售打下良好的基础。

直播开场介绍话术主要有以下几种类型。

1．热情欢迎型

热情欢迎型开场介绍话术的主要目的是让观众感受到主播的热情和亲和力，营造一个友好、活跃的直播氛围。例如，"亲爱的家人们！欢迎大家来到我的直播间！我已经迫不及待要和你们见面啦！今天我有超多的好东西、好故事要和你们分享。感谢大家在百忙之中抽出时间来我的直播间，希望你们今天都能有个好心情，让我们一起"嗨"起来吧！"

2．简单直接型

简单直接型开场介绍话术简洁明了，直接切入主题，适用于观众已经对直播主题有一定预期，或者时间比较紧张的直播场景。例如，"大家好，欢迎观看今天的直播。我们今天主要讲解数学难题的解题思路，有很多干货要给大家分享，现在我们就开始吧！"

3．制造悬念型

制造悬念型开场介绍话术通过设置悬念来引起观众的好奇心，吸引他们留在直播间，以了解后续的内容。例如，"欢迎各位小伙伴来到直播间！今天我要给大家透露一个行业内的秘密。这个秘密涉及大家经常接触，但从未真正了解的东西。你们想知道是什么吗？先别着急，我先简单说一下直播间的规则，再揭露这个秘密。"

4．互动提问型

互动提问型开场介绍话术通过提问的方式与观众互动，调动观众的积极性，让他们参与到直播中来。例如，"亲爱的观众朋友们，欢迎来到我的直播间！我想先问大家一个问题，你们有没有特别想吃甜食，但又怕长胖的时候？如果有，在弹幕里发送'1'。今天我就来给大家分享一些低热量又美味的甜食，让你们可以放心吃，不会有负罪感。"

5．热点引入型

热点引入型开场介绍话术是指借助当下的热点话题来开场，使直播内容与观众的兴趣点相结合，提升观众的认同感和参与度。例如，"家人们，欢迎来到直播间！最近大家肯定都在关注[某部热门电影]吧？今天我就来和大家聊一聊这部电影里那些让人印象深刻的细节，我还会给大家推荐一些和这部电影风格类似的小众佳作。让我们一边回忆电影的精彩瞬间，一边发现新的宝藏吧！"

6．自我介绍型

对新主播来说，自我介绍型开场介绍话术可以让观众更好地了解主播，对主播初步产生信任感。例如，"大家好，欢迎来到我的直播间。我是[主播名字]，我从事[行业或领域]已经有×年的时间了。在这个过程中，我积累了很多宝贵的经验和知识。今天我想把这些都分享给大家，希望能对你们有所帮助。接下来，我会先简单介绍一下我自己，再进入今天的主题。"

7．故事引入型

故事能够引起观众的情感共鸣。主播分享个人经历，可以让观众更容易代入情境。例如，在旅行用品直播中，主播用讲述自己的经历的方式开场："亲爱的朋友们，在开始今天的直播之前，我想先和大家分享一个故事。有一次我出门旅行，遇到了一个大麻烦，但是一个神奇的小物件帮我轻松解决了……今天，我要把这个改变我旅行体验的好物分享给大家。"

8．福利诱惑型

福利是吸引观众的重要因素。提到抽奖、折扣、满减活动等，观众会觉得在直播间有机会获得实惠，从而提高他们的参与度和延长停留时长，提高购买商品的可能性。

例如，在美妆直播中，主播开场就强调福利："亲爱的观众们，欢迎来到我的直播间。今天是福利大放送的一天，从现在开始，每隔一会儿就会有一轮抽奖，奖品丰厚得让我都眼馋。而且今天所有商品都有折扣，还有神秘的满减活动，千万别走开哦！"

6.2.2 互动与引导关注话术

当主播与观众积极互动时，直播间不再是单向的推销场所，而是从静态的展示空间转化为充满活力的交流场所。观众不再是被动的接收者，而是积极的参与者，能够分享自己的见解和感受。这种互动不仅拉近了主播与观众的距离，还能让观众更深入地了解产品。主播可以巧妙地使用互动与引导关注话术，促使观众成为忠实粉丝，持续关注直播，为后续的销售奠定基础。

1．互动话术

有效的互动不仅能够增强观众的参与感，还能加深他们对产品的了解和兴趣。常用的互动话术有以下几种。

（1）开场互动话术

开场通过简单的询问和引导新老观众回应，能够快速活跃气氛。例如，在一场综合产品直播中，主播开场时这样说："亲爱的家人们！新进来的朋友在弹幕里发送'1'，让我看到你们哦！老朋友们，最近过得怎么样？有没有想我呀？"新观众在弹幕里发送"1"，可以让主播了解观众的流入情况，同时对新老观众不同的问候，能够拉近与观众的距离，为后续直播营造良好氛围。

（2）引导分享话术

在引导观众分享时，主播可以明确告知观众分享直播间的好处，用抽奖的方式激励观众，这样能够有效增加直播间的观众量和扩大传播范围。

例如，在美食直播中，主播引导观众分享时说："家人们，如果觉得我们的直播间不错，一定要点一下关注哦！关注主播不迷路，而且把直播间分享出去，就有机会参与我们的抽奖，奖品是价值199元的零食大礼包。"

（3）产品介绍互动话术

主播在介绍产品功能时进行互动，可以采取提问的方式，让观众参与到产品特点的讨论中。主播可以根据观众的反馈重点介绍观众关心的功能，使产品介绍更有针对性。

例如，在智能手环直播销售中，主播这样介绍产品："大家看，这是我们今天的主打产品——智能手环。它有很多实用功能，如睡眠监测、运动记录。我想问问大家，平时你们最关注智能手环的哪个功能呢？是睡眠监测还是其他功能？可以在弹幕里告诉我。"

（4）促单互动话术

在促单环节，主播通过强调优惠力度和赠品，激发观众的购买欲望，并且让观众在弹幕里发送"下单"，一方面可以营造观众热烈购买的氛围，另一方面可以大致了解潜在购买者的数量，及时调整促单策略。

例如，在服装直播中，主播进行促单时说："家人们，这款产品今天的优惠力度很大，原价899元，现在直播间专享价只要599元，而且对于前50名下单的朋友，我们再送一份精美的礼品。大家准备好下单了吗？如果准备好了，就在弹幕里发送'下单'，我看看有多少朋友抓住了这个机会！"

（5）互动游戏话术

互动游戏能够极大地提高观众的参与度和兴趣。互动游戏与产品相关联，不仅可以活跃直播间气氛，还能在游戏过程中巧妙地将产品信息传递给观众。

例如，在生鲜水果直播中，主播通过开展猜谜游戏增强与观众的互动："接下来我们玩个小游戏，我来描述一个产品的特点，大家来猜是什么产品。猜对的朋友有机会获得我们的优惠券哦！它是一种水果，外皮是黄色的，弯弯的像月亮，吃起来软软甜甜的。大家猜猜是什么？"

2．引导关注话术

主播通过巧妙的引导关注话术，不仅能够传达直播间的价值，还能够激发观众的好奇心，吸引观众的注意力，让他们愿意主动关注直播间，成为主播忠实的支持者。

引导关注话术通常分为以下几种类型。

（1）基础引导话术

基础引导话术一般简洁明了，直接告诉观众关注直播间的好处。对新观众来说，这是一种基础但非常有效的引导方式，尤其是当他们对直播内容有好感时，他们很容易响应主播的引导。

例如，在日用品直播中，主播在直播过程中简单、直接地向观众发出关注请求："亲爱的观众朋友们，如果您喜欢我们的直播，觉得我们的产品不错，麻烦点一下关注，关注主播不迷路，这样您就能方便地找到我们了。"

（2）特色引导话术

特色引导话术是指主播通过突出直播间的特色，如专业选品和真实评测，让观众了解到关注直播间能够获得独特的价值的话术。

例如，在数码产品直播中，主播强调直播间的选品和评测特色："家人们，我们的直播间可不一般哦！我们有专业的选品团队，每一款产品都是经过精挑细选的，品质有保障。而且，我会给大家带来详细、真实的产品评测。在这里您能获取靠谱的购物信息，所以一定要关注我们哦！"

（3）活动引导话术

活动引导话术一般是主播利用活动，特别是抽奖活动来引导观众关注直播间的话术。观众对获得免费奖品有较浓的兴趣，抽奖活动能够有效提高他们关注直播间的积极性，同时也能提高观众的参与度和留存率。

例如，在零食直播中，主播以抽奖活动吸引观众关注："大家注意啦！我们直播间正在进行一个有趣的关注抽奖活动。只要您关注我们的直播间，就有机会参与抽奖，奖品是价值500元的购物卡哦！而且，我们每周都会有不同的抽奖活动，福利多多，赶紧关注我们的直播间吧！"

（4）高级引导话术

高级引导话术从更高层次引导观众关注直播间，旨在将直播间打造成一个购物社区，强调社交互动、专属活动等高级功能。对追求购物体验的观众来说，这种话术极具吸引力，让他们觉得关注直播间能获得附加值。

例如，在时尚服饰直播中，主播描绘出关注直播间后的高级体验："亲爱的朋友们，关注我们的直播间，您将进入一个专属的购物社区。在这里您不仅能第一时间获取优惠信息和新品信息，还能和志同道合的购物达人交流购物心得。我们还会定期举办会员专属活动，只有关注我们的朋友才有资格参加哦！这是一个充满乐趣和惊喜的购物大家庭，快来加入我们吧！"

6.2.3　回答问题与处理突发情况话术

主播回答问题与处理突发情况的能力，直接决定着直播的质量和效果，而回答问题的话术和处理突发情况的话术正是对主播回答问题和处理突发情况能力的反映。

1．回答问题的话术

直播销售中观众可能问到的主要的问题类型有与产品、价格、物流和售后相关的问题。

（1）与产品相关的问题

观众提出与产品相关的问题，主播可运用以下话术技巧来巧妙回应。

- 突出优势对比法：通过与竞品或者常见同类产品对比，凸显自家产品的独特卖点，强化产品优势。例如，"朋友，你问到咱们这款智能手表的续航时间，那可太有说头啦！市面上的普通智能手表的续航时间一般为一两天，而我们这款智能手表搭载了自研的低功耗芯片，配合深度优化的系统算法，轻度使用续航时间长达 7 天，重度使用续航时间也不少于 3 天，出门在外，完全不用一直惦记着充电，是不是很省心？"

- 场景融入法：把产品特点融入日常生活、工作、娱乐等场景，让观众直观感知产品的实用性与便利性。例如，"朋友，你看我们这一款便携榨汁杯，是不是很小巧轻便？想象一下，你早上着急上班，从冰箱拿出水果，切块，往榨汁杯一放，按下开关，等待几十秒后一杯新鲜果蔬汁就制作完成了，然后随手将榨汁杯塞包里带去公司，路上就能补充维生素 C。榨汁杯清洗也方便，在水龙头下一冲就能清洗干净，是不是完美契合快节奏生活？"

（2）与价格相关的问题

当观众对产品价格有疑问时，主播可以强调产品的优惠力度。例如，"这位朋友问优惠力度有多大，今天在我们直播间，这款产品的优惠力度可以说很大！平常它要 399 元，现在直降 150 元，只要 249 元。而且下单送价值 50 元的精美赠品，把赠品和产品搭配起来使用，体验感很棒，非常划算！"主播先强调优惠力度可以说很大，吸引观众的注意力，然后说出原价和降价金额，让观众直观感受到降价幅度，随后又提及赠品及其价值，进一步提升了商品的性价比，让观众觉得物超所值。

主播在回答观众产品价格方面的问题时，还可以这样说："家人们，我们这款智能手表在专卖店要卖 999 元，在电商平台其他店铺最低也要 899 元，但在我们直播间，只需 699 元。我们直接和品牌方合作，没有中间环节，所以才能给出这个价格，你在别处可找不到这么低的价格了。"主播通过列出专卖店和电商平台其他店铺的价格，与直播间价格形成鲜明对比。解释低价的原因是和品牌方直接合作，让观众明白价格优势的来源，提高观众对直播间价格优惠的可信度，促使观众下单。

（3）与物流相关的问题

与物流相关的问题包括发货时间、物流费用等。

当观众问到发货时间时，主播要明确给出不同下单时间对应的发货时间，让观众心中有数，同时强调发货团队的专业性和效率，使观众对能够快速收到产品充满信心，减少等待的焦虑，增强购买意愿。例如，"有家人问什么时候发货，大家放心，我们的发货速度是很快的！只要你在今天下午 5 点前下单，我们会在下单后的 24 小时内就为你安排发货。我们有专门的发货团队，会以最快的速度把产品送到你手上，让你能尽快收到心仪的宝贝。如果在今天下午 5 点之后下单，我们也会尽快处理订单并安排发货。"

当观众问到物流费用时，主播可直接告知观众包邮这一利好消息，消除观众对物流成本的顾虑，并提及和多家物流公司合作，暗示物流服务有保障，提升观众对购物体验的期待值，促进下单。例如，"这位朋友关心物流费用的问题，今天在我们直播间下单，是包邮的哦！无论你在哪个城市，都不用花一分钱的物流费。我们和多家优质物流公司合作，就是为了给大家提供这样的福利，让大家购物没有后顾之忧。"

（4）与售后相关的问题

当观众对产品的售后服务有顾虑时，主播要重点提及保修和退换货政策。

主播可以强调产品有全国联保和官方指定维修网点，让观众知道维修渠道广泛且正规，明确免费维修的期限和条件，使观众对维修保障有清晰认识。同时，主播可以强调售后客服团队能随时提供帮助，进一步增强观众对售后维修服务的信心。

例如，"咱们这款电子产品的售后维修服务可完善啦！我们有全国联保，在全国各地都有官方指定的维修网点。如果产品出现非人为的质量问题，自购买日起一年内都可以免费维修，而且我们还有专业的售后客服团队，你要是遇到问题，可以随时联系他们，他们会指导你怎么处理，或者帮你安排维修事宜，特别方便。"

当观众对商家的退换货政策不清楚时，主播要详细说明退换货的条件和时间，让观众清楚地了解退换货政策，并说明商家会承担部分或全部物流费用，降低观众退换货的成本。对有质量问题的产品提供包退换政策，可以凸显对产品质量的自信，使观众购物更安心，从而提高观众购买的可能性。

例如，"有家人问退换货问题，对于这一问题，如果你对产品不满意，只要保持产品完好、不影响二次销售，在签收后的 7 天内都可以申请无理由退换货。而且退货的物流费用我们也会为你承担一部分，这样做是为了让大家购物没有后顾之忧。如是产品有质量问题，不管是在签收后的 7 天内还是 7 天后，我们都包退换，并且来回的物流费用都由我们承担。"

2. 处理突发情况的话术

直播中可能出现的突发情况一般有技术故障问题、产品问题、观众问题，每种情况都要求主播巧妙运用语言的艺术稳定观众的情绪，提出解决方案并保持直播间的良好氛围。

（1）技术故障问题

技术故障问题主要有网络卡顿或中断、设备故障等。

如果直播中出现网络卡顿或中断，主播首先要安抚观众的情绪，然后针对网络卡顿或中断的问题提出切实可行的解决方法，如切换网络、重新进入直播间等，同时告知观众主播在积极处理该问题，让观众感受到主播对该问题的重视，降低观众因网络问题离开直播间的可能性。

例如，"朋友们，如果你们遇到网络卡顿的情况，先别着急。可能是您当前的网络环境不太稳定。您可以尝试切换一下网络，比如从 Wi-Fi 切换到移动网络。如果网络还是卡顿，您可以退出直播间再重新进入，一般这样就能解决问题。我们这边也在检查和优化网络设置，争取给大家一个流畅的观看体验。"

如果主播突然遇到设备故障，要先诚恳道歉，让观众感受到尊重，并告知观众正在处理问题，缓解观众的焦虑情绪，同时利用这个间隙继续介绍产品，避免冷场，保持观众的注意力。例如，"家人们，不好意思，刚刚画面闪了一下，是我们的直播设备出了点小状况，不过别担心，我们的技术人员正在紧急处理，马上就好。趁这个时间，我再和大家说说咱们这款产品的一个小亮点（继续介绍产品相关内容）。"

✎ **知识链接**

当主播在直播过程中遇到技术故障，如网络卡顿或中断时，可以采取以下技术措施。

（1）网络卡顿情况的处理措施

首先，主播可以尝试调整设备的网络连接。如果使用的是 Wi-Fi，可以靠近路由器，提高信号强度。同时，检查设备的 Wi-Fi 连接是否稳定，或者切换到移动网络（如果移动网络信号良好且流量充足）。例如，在室内直播时，主播发现Wi-Fi信号变弱导致卡顿，走到离路由器更近的位置后，网络状况可能会得到改善。

对于一些直播软件，可以通过适当降低视频画质和帧率来解决网络卡顿问题。因为高质量的视频传输需要高带宽，降低画质和帧率可以减少数据传输量，缓解网络压力。在直播软件的设置中，一般能找到画质调整的功能，如将高清模式切换为标清模式。

（2）网络中断情况的处理措施

当网络中断时，主播要迅速检查网络设备，如重启路由器或调制解调器。这个过程要尽量快，以减少直播中断的时间。同时，检查直播设备是否出现故障，如网线是否插好、Wi-Fi 模块是否正常工作等。如果是设备硬件问题导致的网络中断，需要及时更换设备或采取相应的维修措施。

（2）产品问题

主播在直播中突然遇到的产品问题包括产品缺货、观众反映产品质量问题等。

当主播遇到产品缺货时，要先对缺货情况表示歉意，强调产品受欢迎，缓解观众没买到产品的失落感，并告知观众正在补货；然后引导观众关注直播间和设置提醒，留住潜在购买者；最后提及补货后的额外优惠，进一步增强观众等待补货的意愿。

例如，"亲爱的朋友们，现在这款产品已经没有库存了，真的很抱歉，这款产品太受欢迎了。不过大家别担心，我们已经在紧急补货了。大家可以先关注直播间和开启订阅提醒，一旦补货上架，系统会第一时间通知大家。为了感谢大家的耐心等待，我们还会争取一些额外的优惠。"

当观众反映产品质量有问题时，主播要对出现质量问题表达歉意，安抚观众情绪，清晰地告知观众处理流程，强调客服的快速响应和多种解决方式，如指导解决、退换货、维修等，让观众放心，并表示会调查质量问题，体现对产品质量的重视和对观众负责的态度，维护品牌形象。

例如，"家人们，对于你们遇到的产品质量问题，真的很对不起，给大家带来了不好的体验。大家可以联系我们的售后客服，我们的客服团队会在第一时间为您处理。如果是小问题，我们会指导您解决；如果是严重问题，我们会按照售后政策，为您提供退换货或者维修等服务，一定给大家一个满意的解决方案。同时，我们也会立刻对该质量问题进行调查，保证类似问题不再发生。"

（3）观众问题

观众问题一般包括观众对主播提出批评或负面评价、观众在弹幕中争吵等。

当观众提出批评或负面评价时，主播要以积极的态度回应，先感谢观众提出意见，表现出对观众的尊重，然后向观众传达改进的决心，缓解观众的不满情绪，避免负面评价进一步扩散，影响其他观众的购买决策。例如，"这位朋友，很感谢您提出不同的看法。我们很重视您的反馈，可能我们在某些方面没能让您满意，但我们会努力改进。希望您能继续关注我们，看看我们后续的变化。"

当观众在弹幕发生争吵时，主播应及时出面调解，语气温和地安抚观众情绪，强调直播间应保持和谐氛围，通过这种方式将观众的注意力从争吵转移到友好沟通上，维护直播间良好的氛围，确保直播顺利进行，不被争吵干扰，也避免其他观众因负面氛围而离开直播间。例如，"亲爱的观众朋友们，大家先别激动哦。咱们都是因为对产品感兴趣才聚在一起的，有不同的看法很正常，但希望大家不要争吵。咱们保持一个和谐友好的氛围，这样大家看直播也会更愉快。如果有什么问题，我们可以好好沟通。"

6.2.4　成单与促单话术

成单话术是主播在直播销售中用于推动观众做出购买决定的关键性话术，需要主播通过直接、简洁的语言，富有感染力地表达出来，以吸引观众。促单话术则侧重于推动观众下单。

1. 成单话术

成单话术需要主播结合产品的独特卖点、观众需求和主播的个人魅力，激发观众的购买欲望。

（1）强调性价比

主播将产品的直播价格与市场价格进行对比，可以突出产品的性价比。观众在购买产品时往往会关注其价值与价格的关系，当他们听到能以较低的价格获得高价值的产品时，会觉得物超所值，从而提高购买的可能性。例如，"这款高品质的智能手表功能强大，平时在市面上要卖1 000多元，但在我们直播间购买可以享有优惠价，只要599元！你没听错，不到600元就能把它带回家，性价比很高，买到就是赚到！"

（2）突出产品特点

主播通过突出产品特点，与观众需求相关联，引起观众情感共鸣。例如，"家人们，你们有没有这种烦恼，打扫房间的时候，那些边边角角的灰尘怎么都扫不干净，沙发缝、床底下清理起来特别费劲？今天给大家带来的这款无线吸尘器就能解决这个问题！它独特的扁嘴吸头设计，可以轻松深入各种狭窄缝隙，将灰尘、毛发一扫而光，而且它的吸力很强，高达20 000Pa，普通吸尘器根本比不了。有了它，你再也不用为清洁发愁，轻轻松松就能让家里一尘不染。我自己也在用，真的特别好用，相信我，买它！"

首先，主播通过描述观众在清洁过程中遇到的常见困扰，精准地抓住了观众想要彻底清洁这一需求；其次，突出吸尘器扁嘴吸头和强吸力这两个卖点，让观众看到产品的价值；最后，主播分享自己的使用体验，利用自身的影响力和可信度，增强观众对产品的信任，激发其购买欲望。

（3）场景描述

主播通过描绘生动的使用场景，让观众能够在脑海中形成具体的画面，感受到产品在生活中的价值。例如，"想象一下，当你结束了一天的工作，回到家，穿上这款超柔软的家居服，窝在沙发里，感觉像被云朵包围一样。而且它的设计时尚，即使有朋友突然来访，你也不会尴尬，多实用啊！快来下单吧！"这种场景描述使观众更容易将自己代入其中，从而增强对产品的需求，使其产生购买行为。

（4）售后保障

针对观众在购买产品时可能存在的售后担忧，主播主动提出解决方案，消除观众的顾虑，让观众在购买时更加放心，减少购买决策中的阻碍因素。例如，"有些朋友可能担心售后问题，这一点大家完全可以放心。我们提供365天的超长质保，在这期间如果产品出现任何质量问题，包退包换。我们还有专业的售后团队为您服务，让您没有后顾之忧。"

（5）观众需求

主播通过强调产品的品质，满足观众对生活品质的需求，或者表明自己对品质的追求，让观众愿意相信主播的推荐，进而下单。

例如，"家人们，我手上这款真丝睡衣，是精致生活的必备品。咱们现在生活节奏这么快，回到家就应该好好享受，穿上这款睡衣，就像被云朵温柔地包裹着。它使用的是100%的桑蚕丝材质，由这种材质制成的睡衣摸上去非常细腻和顺滑，贴身穿特别舒服，而且透气性极佳，睡一整晚都不会觉得闷热。我给家人选睡衣，就只选这种品质好的，你们也值得拥有。别犹豫了，下单吧，让自己每晚都能穿上高品质的睡衣睡个好觉。"

2．促单话术

主播通常会利用一些促销手段，结合促单话术，激发观众的购买欲望。

（1）优惠促销

主播通过大幅降价、赠送福利来吸引观众的注意力，直接降价是最直观的优惠促销方式。例如，"亲爱的观众朋友们，今天是我们直播间的超级福利日！这款原本售价399元的高端护肤套装，现在直降200元，只需199元！而且对前100名下单的朋友，我们再额外赠送价值100元的同品牌保湿面膜。相当于花199元，就能带走价值近500元的护肤好物，千万不要错过这个机会啊！"

"直降200元"这个信息让观众清晰地看到价格的优惠力度。同时，主播设置了前100名下单有额外赠品的条件，这进一步增强了优惠的吸引力。

（2）客户见证

客户见证话术利用了观众的从众心理和对他人经验的信任。观众在购买产品时，往往会参考他人的使用效果，主播列出成功案例就成为他们下单的有力推动因素，减少了他们对产品效果的疑虑。例如，"让我给大家念几条刚刚收到的客户反馈：'音质清晰，佩戴舒适，跑步时也不会掉''性价比高，比实体店便宜多了'……看到这么多好评，你是不是已经心动了呢？"

6.2.5 直播结束话术

一场直播结束时，恰到好处的结束话术不仅能够巩固观众对直播的良好印象，还能为下一次直播做好铺垫。直播结束话术一般与感谢观众、预告下次直播内容、总结本次直播内容等有关，分别对应感谢支持型、预告下次直播型、总结回顾型3类直播结束话术。

1．感谢支持型

感谢支持型直播结束话术常用于主播表达对观众点赞、关注、评论及转发等互动行为的感谢，让观众感受到主播对他们的重视，从而赢得更多观众的好感。在直播结束时，主播一句简单的话就可以拉近与观众的距离。例如，"非常感谢大家今天的陪伴和支持，你们的每一个点赞、每一条评论对我来说都无比珍贵。"这种表达感谢的语句使观众觉得自己的参与是有价值的，从而和主播建立起深厚的情感联系。

当观众听到主播感谢自己的支持时，会有一种被认可的满足感。例如，主播说："感谢大家一直以来对我的支持，正因为有你们，我的直播才能顺利进行，希望你们今天在直播间也收获满满。"这种表达能够提升观众对直播的满意度，他们会觉得自己的付出得到了回报，进而对主播和直播内容产生积极的评价。观众满意度的提升还可能促使他们向身边的人推荐该直播间，为该直播间吸引更多的潜在观众。

对已经是粉丝的观众来说，感谢支持型直播结束话术是一种巩固关系的工具。主播经常在直播结束时感谢粉丝，例如，"特别感谢我的老粉丝们，每次直播都能看到你们的身影，是你们让我的直播间越来越好。"这种表达会让粉丝更加坚定地支持主播，降低粉丝流失的可能性。

2. 预告下次直播型

预告下次直播型直播结束话术主要是将下次直播的某些信息提前告知观众，提前为下一次直播积攒热度。这类话术常包含下次直播要售卖的产品、福利优惠及重要嘉宾等信息，有利于保持观众的期待感，提高观众的活跃度，增强销售的连续性。

例如，主播在结束直播时说："下次直播我们会有神秘的嘉宾到场，和我一起为大家带来更多有趣的产品。"这种带有悬念的预告会让观众好奇这位嘉宾是谁，以及会推荐什么样的产品，从而对下一次直播充满期待，就像电视剧结尾的预告一样，吸引观众持续关注。

当观众对下次直播有了期待，他们就更有可能记住直播时间并准时观看。例如，主播说："下周三晚上八点，我们直播间会有一场年度折扣活动，各种热门产品都会以低价出售。"明确的时间和诱人的预告内容，会让观众提前安排好自己的时间，等待下一次直播的到来。

观众可能会因为对下次直播的期待而在社交媒体或者与朋友之间分享直播信息，这样能够吸引更多的潜在观众，增加直播间的人气，提高直播间的观众的活跃度。

利用这类话术有利于抓住销售机会，如果在本次直播中有观众没有下定决心购买产品，当他们听到"下次直播我们会推出这些产品的升级版，而且购买套餐会更优惠"这样的话术时，他们可能会考虑在下次直播时购买，从而为后续的销售提供了可能。

对于已经购买了产品的观众，预告也能让他们产生再次购买的欲望。例如，"下次直播我们会推出和今天销售的产品相配套的周边，让你的使用体验更加丰富。"

3. 总结回顾型

总结回顾型直播结束话术概括性较强，主要用于回顾整场产品直播，为观众梳理重点，介绍主推产品，推荐热卖产品，反复强调产品的优惠力度，帮助观众更好地理解优惠信息，并通过产品销量和售卖速度等，吸引新观众赶紧下单，提醒已经下单的观众尽快付款。

总结回顾型直播结束话术可以帮助观众梳理重点，让观众对直播内容有更清晰的记忆。例如，在一场美妆直播结束时，主播说："今天我们介绍了4款口红，有自然的裸色01号，它适合在素颜或者化淡妆时使用；有正红色的03号，它是非常经典的显气场的颜色，出席重要场合涂它准没错；还有滋润型的唇釉和哑光质地的唇膏。大家可以根据自己的喜好来选择。"这样的总结能够让观众快速回忆起主播展示的口红种类和特点，强化观众对产品的记忆。

对于一些复杂的产品信息或者优惠活动，总结回顾有助于观众更好地理解。例如，在一场电子产品直播中，主播介绍了一款新手机的多个特点，包括芯片性能、摄像头参数、电池续航能力等，同时提到了配套的优惠套餐。直播结束时，主播可以这样总结："我们来回顾一下这款手机的亮点，它搭载了最新的高性能芯片，在运行各种大型游戏和处理多任务时都毫无压力。它的摄像头有超高像素和多种拍摄模式，无论是风景还是人像都能拍出大片感。它的电池续航能力也很出色，正常使用一天完全没问题。而且现在购买还有配套的优惠套餐，包括手机壳、耳机和半年的延保服务。"通过总结，观众可以更深入地理解产品的价值和优惠。

当主播系统地回顾直播内容时，会给观众一种专业、负责的感觉。这有助于增强观众对主播和产品的信任。例如，在一场家居用品直播结束时，主播总结道："今天我们详细了解了这些家居用品的材质、尺寸、使用方法和售后服务。我们对每一个产品都进行了严格的质量检测，确保大家收到的都是高品质的产品。我们推荐的产品都是我自己或者团队试用过的，我们真心希望能为大家提供舒适、实用的家居好物。"这种认真总结的态度可以让观众觉得主播不是在随意推销，而是真正为他们着想，从而增强观众的信任感。

总结回顾型直播结束话术可以再次强调产品的优势和优惠，引导观众做出购买决策。例如，在一场服装直播结束后，主播说："今天我们展示的这些服装都是当季流行的款式。连衣裙的设计很修身，能凸显身材曲线；T 恤的面料柔软舒适，透气性佳。而且现在直播间还有折扣和满减活动，大家如果喜欢就赶紧下单吧。错过今天，可能就要等很久才能有这样的优惠了。"回顾产品特点和优惠，能够刺激观众的购买欲望，促使他们尽快下单。

6.3　直播销售话术要点

直播销售话术不仅仅是简单的产品介绍或价格宣传，它需要精准把握观众的心理需求，巧妙运用语言的力量，激发观众的购买欲望。因此，主播不仅要深入了解产品的特点和优势，还要洞悉目标受众的喜好与痛点，通过富有感染力、创意性和针对性的语言表达，营造独特的销售场景，引导观众做出购买决策。按照垂直领域来了解直播销售话术的要点，不仅可以提升销售业绩，还能深化与观众的情感联系，构建可持续发展的品牌形象。

6.3.1　服饰销售话术要点

服饰类主播在直播时使用的销售话术主要阐述服装的款式、面料、颜色、风格、尺码等方面。优秀的销售话术能够有效地突出服饰产品的特色，让观众在瞬间被吸引并产生强烈的购买欲望。

在直播销售中，服饰销售话术要点如下。

1．开场话术要点

开场阶段，主播利用引起观众兴趣的话术能够快速聚集直播间的人气，调动观众的积极性。同时，与观众建立联系能够唤起观众的情感共鸣，让主播快速找到与观众的共同兴趣点。

（1）引起观众兴趣

在直播开场，主播可以通过提出一些有趣的问题或制造悬念来引起观众的兴趣，也可以通过提出一个与服饰相关的谜题或神秘元素来引起观众的好奇心。例如，"今天直播间有一件衣服，它的设计灵感来源于一个古老的传说，请看一下这个图案，你们能猜到是哪个传说吗？"

主播还可以结合当下的时尚热点、名人穿搭或社会事件来介绍服饰。例如，"最近××的机场穿搭火遍全网，今天我要给大家展示的这件衣服和他的穿搭风格非常相似，绝对是潮流之选。"对于即将推出的新服饰，主播可以通过预告来激发观众的好奇心。例如："我们即将推出一款服饰，它融合了时尚界前沿的两种元素，你们能猜到是什么吗？"

（2）与观众建立联系

主播可以将服饰与情感联系起来，触动观众的内心。例如，"每一件衣服都是一个记忆的容器，这件连衣裙就像初恋，温柔又美好，穿上它仿佛能找回那份纯真的情感。"主播还可以通过描述服饰适合穿着的生活场景，让观众产生代入感。例如，"在周末的清晨穿着这套休闲装漫步在公园的小路上，感受着阳光和微风，是多么惬意！"

2．产品介绍话术要点

主播在进行产品介绍时，要结合产品的外观设计、面料材质和颜色搭配等因素综合分析产品的优势。

（1）外观设计

主播要用生动形象的语言描绘服饰的款式和风格，让观众对其外观有清晰的了解。例如，"这件风衣散发着浓郁的复古气息，它就像是从老电影里走出来的一样，有着经典的双排扣和大翻领设计，穿上它仿佛能让你瞬间穿越回20世纪的巴黎街头。"又如，"这件风衣是经典的双排扣设计，带有浓郁的英伦风格，大翻领显得大气又优雅，能够彰显你的气质。"

如果服饰有独特的图案或元素，主播要着重强调。例如，"这件T恤上的印花是由知名艺术家精心设计的抽象图案，每一笔都蕴含着艺术的韵味，不但独特而且极具个性。"同时，主播还可以提及服饰的剪裁和工艺。例如，"这条牛仔裤的剪裁堪称完美，它采用了立体剪裁技术，能够很好地修饰腿形，让你的双腿看起来更加修长笔直，而且每一个缝线处都体现了精湛的工艺。"

主播可以对服饰的细节，如领口、袖口、纽扣、拉链、图案、刺绣等进行详细介绍。例如，"大家看这个领口的设计，是精致的荷叶边，不仅增添了女性的柔美感，还能修饰颈部线条。袖口的纽扣，是特别定制的珍珠纽扣，每一颗都散发着光泽。"

（2）面料材质

主播要清楚地告知观众服饰的面料材质及其特性。例如，"这件T恤是由100%的纯棉面料制成的，大家都知道纯棉的优点，它柔软透气，吸汗性强，贴身穿特别舒服，就像被轻柔的云朵包裹着一样。"

主播还可以将该面料与其他类似面料进行比较，突出品质优势。例如，"和市场上普通的混纺面料相比，纯棉面料含棉量高，这意味着它更加细腻、平滑，而且经过了特殊的处理，不容易变形和缩水。"

（3）颜色搭配

主播描述服饰颜色的特点时，要介绍产品是流行色、经典色或有独特的配色方案。例如，"这件连衣裙的颜色是今年流行的莫兰迪蓝，它比普通的蓝色更加柔和，给人一种宁静而优雅的感觉。"

主播也可以针对服饰的颜色，介绍其在时尚潮流中的地位或魅力。例如，"今年的流行色系是这种柔和的莫兰迪色系，这件上衣的颜色就是其中的代表，它既有时尚感又不会过于张扬，是当下热门的选择。当然，这件上衣也有经典的黑色和白色，这两种颜色是衣橱里的基础色。"

主播可推荐与该服饰颜色搭配的其他单品。例如，"这件蓝色的连衣裙搭配一件白色的小外套，会显得清新淡雅；如果搭配一条浅棕色的腰带和同色系的凉鞋，则能营造出一种复古的氛围。"

如果服饰有多种颜色可供选择，主播也要给出搭配建议。例如，"这条裙子有红色和蓝色两种颜色，红色热情奔放，搭配一件白色的衬衫会显得清新亮丽；蓝色则宁静深邃，和黑色的针织衫搭配，会显得人优雅知性。"

3．穿搭展示话术要点

主播在进行服装穿搭展示时，要注重单品搭配示范和整体造型塑造，以便满足观众的多元审美需求，增强观众对产品的实用性认知，以及塑造服装产品的完整视觉形象。

（1）单品搭配示范

主播可以展示服饰单品与其他不同风格的单品的搭配效果。例如，"这条牛仔裤真是万能搭配单品，搭配简约的白色T恤和运动鞋，就是休闲风的代表，适合日常穿着出门逛街；如果搭配黑色的西装外套和高跟鞋，就变成了职场精英风格，让你在办公室也能光彩照人。"

主播还可以根据不同的场景，如职场、约会、聚会、旅行等，展示合适的穿搭。例如，"当你要去参加一个重要的商务会议时，这套西装套装就是你的最佳伙伴，里面搭配一件浅蓝色的衬衫，系上一条深色的领带，再配上一双黑色的皮鞋，会给人严谨又专业的感觉。而当你要去参加朋友的户外聚会时，把西装换成一件宽松的牛仔外套，把衬衫换成一件亮色的休闲T恤，再穿上一双舒适的帆布鞋，会显得人随性又自在。"

（2）整体造型塑造

主播可以为整体穿搭设定一个主题，增强故事性和吸引力。例如，"我们今天打造的造型的主题是'森林精灵'，所以选择了这件绿色的连衣裙，它的裙摆就像森林里的树叶，搭配一双棕色的绑带凉鞋，再加上一些木质的配饰，仿佛能感受到森林的气息。"

主播还可以引导观众根据自己的喜好和个性对穿搭风格进行调整。例如，"如果你觉得这个造型过于甜美，你可以把木质配饰换成金属质感的配饰，这样就会增加一些酷感。"

同时，主播要分析服饰适合的人群风格。例如，"这种复古风格的服饰适合那些对传统文化热爱，并且喜欢在穿着中体现个性和品位的朋友。如果你是一个追求与众不同，对时尚有自己独特理解的人，那么这条复古连衣裙一定能满足你的需求。"

知识链接

服装搭配示范主要有以下几种。

（1）基础搭配示范

从简单的搭配开始，先选择一件上衣和一件下装进行搭配示范。例如，将一件白色基础款T恤搭配蓝色直筒牛仔裤，穿上后向观众展示整体效果。在搭配过程中，注意展示穿搭的细节，如将T恤塞进牛仔裤里，营造出高腰的效果，同时展示如何调整衣角，让整体造型更加自然。

（2）增加外套和配饰示范

在基础搭配的基础上，添加外套和配饰来丰富造型。例如，在刚才的T恤和牛仔裤的基础上，穿上一件黑色牛仔外套，戴上一顶棒球帽，再挎上一个斜挎包。可以展示不同的外套和配饰搭配方式，如更换不同风格的外套（风衣、皮衣等），或者改变配饰的组合（更换项链、耳环等），向观众展示每种搭配带来的不同效果。

（3）多种场合搭配示范

根据单品的风格，展示适合不同场合的搭配。对于每种场合的搭配，要详细说明选择这些单品的原因，以及如何根据场合调整搭配细节，如晚宴场合的妆容和发型要更加精致，日常上班时的发型要更干练。

4．互动话术要点

营销不是单向的信息传递。互动话术可以增强观众的参与感，精准获取观众的需求信息并及时解决观众的疑虑。

（1）提问与解答

主播可以提出与服饰相关的问题，引导观众参与互动。例如，"大家觉得这件衣服搭配什么样的包会更好看呢？是小巧的手提包还是大容量的双肩包呢？"

同时，主播要对观众提出的问题进行及时、准确的解答，展现自己的专业性和热情的态度。例如，"刚刚有观众问这件衣服的尺码范围，我们这件衣服有 S～XL 4 个尺码，可以满足大多数朋友的需求。"

（2）引导反馈

主播要鼓励观众在评论区分享他们的看法、穿搭经验或对服饰的喜爱之情。"看到这么漂亮的衣服，大家一定有很多想法吧，快来评论区分享你们的穿搭创意吧，说不定还能给其他朋友带来灵感呢！"

同时，主播还要收集观众对服饰或直播的意见和建议，以便改进。"我们很重视大家的意见，如果你们对我们的服饰款式、颜色或者直播内容有什么建议，都可以随时告诉我们。"

5．促成交易话术要点

主播在准备促成交易话术时，要结合产品的优惠活动、售后保障承诺与客户见证，以提升产品价值，激发观众的购买欲望，消除其购买顾虑。

（1）优惠活动宣传

在促成交易阶段，主播要明确地说出服饰的优惠折扣，让观众感受到实惠。例如，"这件外套原价 899 元，现在直播间专属折扣价只要 599 元，直接省了 300 元，简直太划算了！"

主播还可以介绍购买服饰可获得的赠品和福利，增强产品的吸引力。例如，"下单这条连衣裙，我们还会赠送一条精美的丝巾，这条丝巾价值 50 元，相当于你花一份钱买了两件东西。"

（2）售后保障承诺与客户见证

主播要清晰地说明售后退换货政策，消除观众的后顾之忧。例如，"我们有七天无理由退换货政策，如果你收到衣服后发现有任何问题，或者只是觉得不喜欢，都可以随时联系我们申请退换货，我们会第一时间为你处理。"

强调服饰的质量时，主播可以这样说："我们对这件衣服的质量非常有信心，它经过了严格的质量检测，每一道工序都精益求精，大家可以放心购买。"

主播还可以分享其他客户的好评和反馈，增强观众的信任感。例如，"大家看，这是我们之前的客户给我们的评价，都说这件衣服质量好，穿着漂亮，而且服务也很周到，你还在犹豫什么呢？"

6.3.2　食品销售话术要点

无论是传统美食的传承与创新，还是新兴食品的流行，都离不开精准而富有感染力的销售话术。

主播在直播间推荐食品时，要从以下几个方面来进行销售话术设计。

1．安全性

食品的安全性主要指无毒、无害且符合营养要求。主播在直播间讲解商品时可以列出数据、国家食品安全标准等来获得观众的信任。

例如，主播拿起一包坚果进行介绍："家人们，这款坚果是非常健康的零食。每 100 克坚果中含有蛋白质 20 克、膳食纤维 10 克，还有丰富的不饱和脂肪酸。我们严格遵守国家食品安全标准 GB/T22165—2022，在生产过程中对原料筛选、加工、包装等环节都有严格把控，确保每一颗坚果都符合安全标准，没有农药残留超标的情况，大家可以放心食用。"

主播还可以围绕商品原材料的选取、清洗、切割、烹饪、包装、运输、储存等一系列流程来介绍食品的安全性。例如，主播拿起一块新鲜的牛排展示给观众，说道："家人们，我们牛排的原材料来自严格筛选的牧场。这些牧场的牛都是谷饲喂养的，饲料是由专业营养师搭配的，不含任何激素和抗生素。每头牛在进入屠宰环节前都要经过严格的检验检疫，只有完全健康的牛才能进入下一个流程。我们和这些牧场都有长期的合作协议，他们必须遵守我们严格的原材料供应标准。"该话术表明在原材料选取环节，食品的安全性可以得到保障。

在展示食品原材料（黄桃）的清洗、筛选过程时，镜头切换到工厂的清洗车间，主播说："在这里，黄桃首先会经过大型的清洗设备，用循环的清水冲洗掉黄桃表面的灰尘和杂质。然后会经人工检查一遍，去除有瑕疵的部分。接着，黄桃会被切割成合适的块状，切割刀具都是食品级不锈钢材质，并且在使用前和使用后都会进行严格的消毒。切割好的黄桃块会再次清洗，确保没有残留的杂质。"

向观众介绍包装、运输、储存环节时，主播说："我们的包装材料是符合食品安全标准的塑料盒和保鲜膜，密封性好，能防止水饺在运输和储存过程中受到污染。在运输过程中，全程冷链配送，确保温度在-18℃左右。大家收到后，如果不马上吃，放在冰箱冷冻室就可以了，保质期是 18 个月，让您随时都能品尝到安全又美味的饺子。"

2．口感风味

不同的人对食品的口感风味要求存在差异，主播在销售一些地方特色美食（如广西柳州螺蛳粉、天津狗不理包子等）时，要找准目标受众，强调商品特色，以及与同类商品的差异，以获得观众的青睐。

主播可以从烹饪手法、秘制酱料等方面讲解商品。例如，主播在介绍比萨时说："家人们，今天给大家推荐一款美味的比萨。这款比萨采用了传统的意大利窑烤工艺。这种工艺可以让比萨更加酥脆，同时也能让配料更好地融合在一起。在烤制的过程中，高温能够迅速锁住配料的水分和营养，让比萨的口感更加丰富。再来说说我们的秘制酱料。比萨酱是由新鲜的番茄、洋葱、大蒜等食材熬制而成的，味道浓郁，酸甜可口。而且我们还在酱料中加入了一些特殊的香料，让比萨酱更加独特。咬上一口比萨，你会感受到面饼的酥脆、配料的丰富和酱料的醇厚，三种口感完美结合，能使你体会到一场味觉的盛宴。无论是孩子还是大人，都会爱上这款美味的比萨。"

主播还可以通过生动形象的描述和突出对比的方式来展现食品的独特口感。例如，主播在介绍一款饼干时说："家人们，这款饼干咬下去十分酥脆，'咔滋'一声，仿佛是听到饼干在嘴里欢快地跳舞。就像踩在秋天的落叶上，那种清脆的声音和感觉让人欲罢不能。"

或者与同类商品进行对比，突出口感上的优势。例如，"和其他品牌的巧克力相比，这款巧克力的口感更加醇厚丝滑。别的巧克力可能会过于甜腻或者苦涩，而这款巧克力将甜度和苦涩度完美平衡，能让你品尝到纯正的巧克力风味。"

此外，主播还可以通过回忆童年，引发观众的情感共鸣，吸引观众下单。例如，"这个冰棍的味道简直和小时候的一模一样！一口下去，那种清凉的感觉和熟悉的甜味，瞬间把我带回到了那个炎热的夏天，和小伙伴们一起吃冰棍的美好时光。"

3．营养价值

主播在介绍食品时，可以根据大众对此类商品的需求，从强调商品主要营养成分、突出特殊营养功效、结合不同人群需求，以及引用科学研究和专家建议等多个角度说明其对人体的好处，刺激观众的购买欲望。

主播在介绍一款全麦面包时，可强调其含有膳食纤维，有利于身体健康。例如，"家人们，这款全麦面包富含大量的膳食纤维。膳食纤维对我们的肠道健康非常重要，它可以促进肠道蠕动，预防便秘。而且这款全麦面包的膳食纤维含量比普通面包高出好几倍，吃起来饱腹感强，不会让你摄入过多的热量。对正在减肥或注重健康饮食的朋友们来说，绝对是不二之选。"

在介绍橄榄油时，主播强调了其特殊营养价值。例如，"家人们，今天给大家推荐的这款橄榄油，富含单不饱和脂肪酸，有助于降低胆固醇。食用橄榄油可以降低患心血管疾病的风险，对我们的身体健康非常有益。无论是用来炒菜还是凉拌，橄榄油都是一种健康的选择。"

不同人群对食品的营养需求也不同，主播在介绍食品的营养价值时，要瞄准受众的需求来展开介绍。例如，主播在介绍维生素片时说："想象一下，每天在高楼大厦间穿梭，面对计算机屏幕的你，是不是偶尔会觉得疲惫不堪，免疫力下降，皮肤也不再像从前那样光彩照人？这一切都可能是因为身体在悄悄告诉你：它缺维生素了！这款维生素片精心调配了多种人体必需的维生素，如维生素 C、维生素 E、B 族维生素等，特别适合那些工作压力大、饮食不规律、经常加班的都市白领，以及希望通过自然方式改善身体状况、提升生活品质的朋友们。每天只需一小片，轻松补充全天所需维生素，为你的健康加分！"

主播还可以通过引用专家建议，来获得观众的好感。例如，"亲爱的家人们，燕麦是一种非常适合用来控制血糖的食物。专家建议，糖尿病患者和减肥人群可以吃燕麦。这款燕麦片富含膳食纤维，且低糖低脂肪，是你们的理想选择。快来试试吧！"

4．价格优势

食品大多属于日常消耗品，不但消耗量大，而且可替代性强，因此性价比高、客单价低的商品更容易成为爆款。

价格优势主要指主播在直播间推荐的商品比其他同类商品价格更低。主播可以从与竞品对比、强调性价比、突出优惠活动、计算平均价格 4 个方面进行讲解，以突出商品的价格优势。

主播可以通过与竞品对比突出商品价格低，但品质不逊色。例如，主播在介绍牛肉干时说："家人们，看看这款牛肉干。市面上很多牛肉干的价格都很高，而这款牛肉干不但选用的是优质牛肉，而且价格非常实惠。我们直接和厂家合作，没有中间环节，把最大的实惠让给大家。大家花更少的钱，就能品尝到这么美味的牛肉干，真的太划算了！"

主播可以通过强调性价比来满足观众的不同需求。例如，"亲爱的家人们，这款水果罐头，满满一大罐，里面都是新鲜的水果。价格实惠，性价比高。无论是自己吃还是送人，都非常合适。而且我们现在还有优惠活动，买得多省得多，大家千万不要错过哦！"

主播可以利用优惠活动吸引更多观众下单。例如，"家人们，今天下单这款饮料，买一箱送一箱，相当于每瓶的价格只有平时的一半。这么优惠的价格，你还在犹豫什么呢？这样的好机会可不多哦！"

主播可以通过计算平均价格让观众觉得现在购买很实惠。例如，"亲爱的家人们，这款坚果礼盒有多种坚果，营养丰富。虽然看起来价格有点高，但我们来算一下，这里面一共有××袋坚果，平均每袋的价格只要××元。而且我们的坚果品质非常好，这个价格真的很划算。无论是自己吃还是送人，都是非常不错的选择。"

此外，主播在直播过程中还可以通过试吃、展示商品包装、分享用户好评等方式，进一步增强营销效果，让观众更直观地了解商品的优点，从而提高购买转化率。

6.3.3　知识讲解类商品销售话术要点

知识讲解类主播按照直播内容可以分为学科教育主播、技能培训主播、生活知识主播3类，下面主要介绍学科教育主播的销售话术要点。

学科教育主播通常专注于某一学科或领域的知识讲解，如数学、物理、化学、生物、历史、地理等。他们通常具有深厚的学科背景和丰富的教学经验，能够为观众提供系统的学科知识，其直播以销售教育类商品为主。

1．建立信任关系

主播需要通过简洁、通俗易懂的方式向观众讲解产品，引起观众的好奇心，增强其对知识产品的信任感。

（1）真诚态度

主播应以真诚的态度对待观众，通过亲切的话语和热情的互动，迅速拉近与观众的距离。例如，"各位同学，大家晚上好，大家能听到我的声音吗？已经进直播间的同学请在评论区回复'1'，让我看到你们。"

如果直播间有熟悉的人进入，主播可以用"热情问候+互动提问+点名互动"这种话术打招呼，主要目的是吸引观众的注意力，让观众感受到主播对他们的关注。例如，"大家晚上好，欢迎来到直播间，我是主播××，能听到我说话的同学请在公屏上发送'666'，让我看看有哪些同学。我看到××了，欢迎你！"

直播时，主播要善于站在观众的角度，以拉近与观众的心理距离。例如，"今天我们来讲阅读理解，如果你觉得精读很难，让我来教你怎么读，保证事半功倍。"当学生有畏难情绪时，主播要及时表达对学生学习压力的理解，给予鼓励和支持。例如，"我知道同学们现在的学习压力很大，作业多、考试多。但是不要害怕，我们一起努力，一步一个脚印，一定可以取得进步。"

（2）专业展示

主播要展示自己的专业知识和能力，如学历背景、专业认证等，增强观众对主播的信任感。例如，"根据最新教育研究，这种学习方法对提高英语阅读能力非常有效。这本权威的英语教学书中也提到了类似的方法。"在讲解知识点时，主播适当引用权威教材、学术研究等资料，可增强说服力。

主播需要用通俗易懂的语言把复杂的学科知识讲解清楚，让学生理解。例如，"同学们，这个物理公式看起来复杂，但我们把它拆分开来，一步一步地分析。首先看这个部分，它代表的是……这样是不是就容易理解了呢？"

此外，主播也可以分享过往的进步案例和成绩提升情况，证明教学方法的有效性。例如，"上一期跟我学习的同学们，很多在期末考试中取得了很大的进步。比如李×同学，他的数学成绩从原来的70分提高到了90分。只要你们按照我的方法认真学习，也一定可以有所进步。"

2．了解需求

主播可以通过细致询问和精准定位的方式了解观众需求，并设计合适的话术要点。

（1）细致询问

在直播过程中，主播应主动询问观众的需求和兴趣点。例如，"首先，我想问问大家，你们在日常生活中，最常遇到的问题是什么呢？是学习上的困惑，如记不住知识点，还是工作中的难题，如时间管理不当？大家可以把自己的情况告诉我，让我更好地了解你们。"

针对学习方法提问时，主播说："大家在平时的学习中，有没有什么特别有效的学习方法可以分享呢？或者你觉得哪种学习方法不太适合你呢？"

（2）精准定位

根据观众的需求和兴趣点，主播要进行精准定位，为观众讲解内容，并推荐商品或服务。例如，"根据大家的反馈，我发现很多朋友提到了时间管理的问题。那么今天，我就专门为大家带来一些关于时间管理的知识和实用技巧。如果你觉得自己总是忙忙碌碌却效率低下，或者总是拖延，那么今天的内容绝对不容错过。"

主播可以针对重点需求进行知识讲解，例如，如果观众普遍反映数学应用题不会做，主播可以这样说："大家都觉得数学应用题很难，其实只要掌握了正确的解题方法，就会变得很容易。今天我就来给大家分享一些数学应用题的解题技巧……"

在讲解完知识后，主播可以适时地推荐相关的学习类商品。例如，"如果你想更好地掌握数学应用题的解题方法，可以试试我们的×××（课程名称），这里面有大量的例题和练习题，还有详细的解题思路和方法……"

3．互动答疑

主播可以通过及时回应和引导讨论的方式进行互动答疑。

（1）及时回应

对于观众的提问和疑虑，主播应及时回应并耐心解答，让观众感受到自己的问题被重视，这样可以增强直播的互动性并获得观众的信任感。例如，"这位同学问得非常好，你提到的这个问题很有代表性。其实这个知识点是这样的……（详细解答问题）。""这位同学提出的问题非常好，很多同学都可能会遇到这样的问题。下面我来给大家分享一下我的解决方法。"

（2）引导讨论

主播可以通过提问引导观众参与讨论和互动，提高直播间的活跃度和留存率。例如，"对于刚才那个问题，我给出了一种解答方法，大家觉得还有没有其他的思路呢？欢迎大家在弹幕里发表自己的看法，我们一起讨论出更多、更好的解决方案。"

4．情感共鸣

主播要深入了解目标受众的年龄、学习阶段、学习痛点和情感需求，通过分享故事、情感引导等方式，使观众产生强烈的情感共鸣。

（1）分享故事

主播分享自己在学生时代遇到的困难和挑战，以及如何克服这些问题取得成功的故事。例如，"同学们，我当年也和你们一样，数学成绩一直不好，每次考试都很焦虑。但我没有放弃，通过不断地努力和尝试不同的学习方法，最终找到了适合自己的学习方式，成绩也有了很大的提高。我相信你们也可以做到！"

主播还可以通过分享真实的教育故事和案例，引发观众的情感共鸣。例如，"让我们来听听这位学员的成功故事。他在学习了我们的课程后，不仅提升了自己的专业水平，还成功地找到了一份理想的工作。他的经历告诉我们，只有努力学习，才能实现自己的梦想。"

（2）情感引导

主播要在直播中表现出对观众情感的理解和关注，让观众感受到自己被尊重和重视。例如，"我知道你们现在学习很辛苦，压力很大，但是请相信，你们并不孤单。我们一起努力，一定能够克服困难。"

主播可以通过一些激励性的语言和故事，激发观众的学习热情和动力。例如，"同学们，学习是一场马拉松，不是百米冲刺。只有坚持不懈，掌握学习节奏，方法得当，才能够到达终点。相信自己，你们是最棒的！"

5．产品推荐

主播在进行产品推荐时，要突出商品优势，并提供证明，强调优惠政策和承诺提供售后服务，综合说明产品的优越性，以此获得观众的信任。

（1）突出优势

主播要强调所推荐产品的优势和特点，如果是在线课程，可以介绍课程的内容、教学方法、师资力量等方面的优势。例如，"我们的课程由一线名师授课，采用互动式教学方法，让你在轻松、愉快的氛围中学习知识。课程内容涵盖了考试的重点和难点，可以帮助你快速提高成绩。""我们的课程采用互动式教学方法，让你在学习中不再感到枯燥。老师会通过提问、讨论、案例分析等方式，引导你积极参与课堂互动，提升学习效果。同时，我们还提供在线答疑服务，随时为你解决学习中遇到的问题。"

如果是学习资料，主播可以介绍资料的实用性、权威性、针对性等。例如，"我们的学习资料是由专业的教研团队编写的，内容紧扣考试大纲，涵盖了各种题型和解题方法。资料中的例题和习题都是经过精心挑选的，具有很强的针对性和实用性。"

如果是强调学习资源的丰富性，主播可以这样说："我们为学员提供了丰富的学习资源，包括课程视频、课件、练习题、参考书等。你可以根据自己的学习进度和需求，随时随地进行学习。同时，我们还会定期更新学习资源，让你始终掌握最新的知识和技能。"

在介绍产品亮点，突出教育产品的核心优势时，主播可以说："这门课程由知名教育专家团队打造，内容权威、实用。"在强调产品对孩子的教育意义和价值时，主播可以说："通过学习这门课程，孩子将掌握××技能，为未来的学习打下坚实的基础。"

（2）提供证明

主播可以出示产品销量截图、官方资质等证明产品可靠性的证据，或者展示学员的好评截图、视频或者留言，提高产品的可信度。例如，"大家可以看看这些学员的好评，他们对我们的课程和资料都非常满意。这也充分证明了我们的课程质量和教学效果。"

主播也可以提及教师团队的专业背景和教学经验，如名校毕业、多年教学经验等。例如，"我们的教师都是来自重点院校的优秀教师，他们教学经验丰富，对考试动态了如指掌，能够为学生提供专业的指导。"

主播还可以通过分享成功案例，提高产品的可信度和吸引力。例如，"大家可以看看这些学员的学习成果。他们通过学习我们的课程，扎实掌握了知识和技能，在考试、竞赛中取得了优异的成绩。这些成果充分证明了我们课程的有效性和实用性。"

此外，主播也可以强调品牌的历史、实力和荣誉，增强观众对产品的信任感，或者通过分享其他学员的真实评价，展示产品的口碑和效果。

（3）强调优惠政策

主播还可以结合折扣、赠品、免费体验等优惠政策，促使观众下单。例如，"现在购买我们的在线课程，即可享受 8 折优惠，还赠送价值 599 元的学习资料。同时，我们还为大家提供免费的试听课程，先体验后购买。"

（4）承诺提供售后服务

主播可以通过承诺提供售后服务，增强观众的信任感。例如，"我们不仅提供优质的课程，还为学员提供完善的售后服务。如果你在学习过程中遇到任何问题，我们的客服团队将随时为你提供帮助。同时，我们还会定期回访学员，了解学员的学习情况，为学员提供个性化的学习建议。"

6.3.4　农产品销售话术要点

农产品销售话术不仅是传递农产品信息、塑造品牌形象的工具，还是激发观众购买欲望、建立情感联系的关键。成功的农产品销售话术，能精准捕捉目标市场的需求与偏好，通过讲述农产品的故事，强调其绿色健康的品质、地道风味及文化特色，触动观众的内心。它要求主播既要深谙农产品本身的独特卖点，又要善于运用引起情感共鸣的策略，让每一份农产品都成为传递自然之味、乡村情怀的使者。因此，掌握并运用好农产品销售话术，对提升农产品市场竞争力、促进农业可持续发展具有不可估量的价值。

农产品销售话术的要点主要从以下 3 个阶段分别进行阐述。

1．开场阶段

农产品主播在直播开始时可以用轻松、自然的语气描述场景，带领观众领略田园风光式的乡村生活。

（1）场景描绘

主播通过场景描绘让观众在脑海中构建出美丽的田园画面。例如，"大家好！我现在仿佛站在一个世外桃源般的田园里，阳光洒在肥沃的土地上，到处都弥漫着泥土的芬芳和植物的清香。这里有清澈见底的潺潺溪流，鱼儿在水中欢快地游弋。田边的果树上挂满了沉甸甸的果实，仿佛在向我们展示着大自然的慷慨馈赠。而今天，我将把这片田园的美好与丰收的喜悦带给你们。"

又如，"亲爱的朋友们，欢迎来到我的直播间！此刻，想象一下，你们正置身于一片广袤无垠的绿色田野之中。微风轻轻拂过，麦浪此起彼伏，仿佛在向我们诉说着大自然的故事。远处青山连绵起伏，与蓝天白云相映成趣，构成了一幅如诗如画的田园画卷。而就在这片充满生机的土地上，孕育着我们今天要为大家带来的优质农产品。"

主播还可以用声音增强田园的真实感。例如，"在这宁静的田园里，除了大自然的声音，还有农民伯伯们辛勤劳作的声音。他们日出而作，日落而息，用汗水和智慧浇灌着这片土地。这些声音交织成了一首田园交响曲，而我们的农产品，就是这首交响曲中最动人的音符。现在，就让我带领大家一起聆听这首田园之歌，感受农产品背后的那份质朴与纯真。"

又如，"朋友们，闭上眼睛听！你能听到鸟儿在枝头欢快地歌唱吗？它们的歌声仿佛是大自然为我们演奏的美妙乐章。还有风吹过庄稼地的沙沙声，就像大自然在轻声细语，告诉我们这些农产品是在怎样一个宁静、和谐的环境中茁壮成长的。现在，让我们一起走进这个充满田园气息的世界，去探索那些美味又健康的农产品吧！"主播通过对生活场景的描述，让观众对田园生活感同身受，仿佛自己进入了主播描述的场景之中。

（2）营造氛围

当观众对主播所描述的生活感兴趣、对主播所在的生活环境充满向往时，他们才会对主播介绍的产品产生好奇心、信赖感，进而产生购买欲。例如，主播在推荐农家土猪肉时，可以说："小时候过年，家里会杀年猪，妈妈会用大铁锅炖上一大锅猪肉，家里的孩子都在旁边围着，一直问妈妈什么时候可以吃猪肉，仿佛一刻也等不了似的。随着锅里飘出来的香味儿越来越浓，孩子肚子里的馋虫也在身体里乱窜，那种感觉现在再也体会不到了。"

如果主播推荐的商品是蘑菇，那么可以在直播开始时重点渲染蘑菇产地的环境，群山叠嶂、森林茂密、老树横生，这样的环境适合蘑菇的生长。例如"这片土地简直就是蘑菇的天堂！群山叠嶂、森林茂密，空气清新得就像被大自然过滤了无数遍一样，阳光透过树叶的缝隙，温柔地洒在它们的身上，给予了它们恰到好处的光照。夜晚宁静的氛围和适宜的温度，又让蘑菇能够安心地积蓄能量，变得饱满。"

2. 中间阶段

农产品直播重在对资源的开发与利用，资源不仅包括农产品本身，还包括农产品背后的乡土文化。这些对镜头前的观众来说是新奇的、有趣的，更是充满神秘色彩的。

（1）产地优势

主播在介绍农产品时，可以放大产地优势，让观众看到差异。例如，葡萄的生长需要大量水分的滋养，但又不能沾到雨水，主播在介绍葡萄的产地优势时可以这样说："这片土地真的是盛产葡萄的风水宝地，虽然常年降雨量稀少，但是雪山顶上的雪水融化之后，就会渗透到土壤里，所以这里并不缺水，非常适合种植葡萄。"

主播可以阐述气候条件、土壤特质、水源优势，强调这些因素对农产品生长的积极影响，展示农产品独特的品质。例如，主播这样介绍哈密瓜生长环境的独特性："家人们，今天的哈密瓜可不能错过！它们来自新疆哈密，那是个天赐的瓜果胜地。地处盆地，日照时间超长，每天太阳都尽情地亲吻着瓜田，让哈密瓜充分吸收阳光的能量。还有，那里昼夜温差极大，夜晚的低温像天然的保鲜库，让哈密瓜积累了超多的糖分。雪山融水灌溉，水质纯净甘甜，赋予了哈密瓜清爽的口感。独特的地理环境孕育的哈密瓜，瓜肉厚实、香甜多汁，咬一口，就像把新疆的阳光和甜蜜吃进嘴里！快来下单吧！"

主播还可以通过提及悠久的历史，强调荣誉认证，讲述名人推荐或媒体报道，突出产地的知名度和农产品的高品质，增强观众对农产品的信任和购买欲望。

例如，"河龙贡米是福建省宁化县河龙乡的特产，因产自宁化县河龙乡而闻名，于景德元年被列为贡米。宁化县属于中亚热带季风气候，四季分明，光照充足，特别适合河龙贡谷的生长。此外，成土母质中富含硅、钙、磷、钾、铁、硒、铜、锌等植物营养元素，使植株体内的有机养分不断积累转化，稻株表现为穗大粒多，籽粒饱满，谷粒发育充分完整。河龙贡米的特点是粒细体长、形状似梭、色泽洁白、透明润泽用河龙贡米做出来的饭软而不黏，凉饭不返生并有清香味，营养丰富。"

（2）种植方式

在介绍农产品种植方式时，主播可以介绍传统种植方式、绿色生态种植方式和有机种植方式。一般传统种植方式强调遵循自然规律、手工操作和对传统的尊重；绿色生态种植方式突出环保理念、生物防治和对环境友好；有机种植方式注重有机认证、杜绝化学物质和对健康环保的追求。

例如，"我们一直坚持采用传统与现代相结合的种植方式，传承了老一辈农民的智慧和经验，同时引入了先进的科学技术和管理理念。我们不使用任何化学农药和化肥，而是采用有机肥料和生物防治病虫害的方法，确保农产品绿色、健康、安全。我们用心呵护每一株农作物，就像呵护自己的孩子一样，只为给您带来纯正的田园味道。"

📎 知识链接

有机认证是一种确认产品生产过程符合有机农业标准的程序。有机农业是一种在生产中遵循自然规律和生态学原理，采用一系列可持续发展的农业技术，在生产过程中不使用化肥、农药、生长调节剂等化学合成物质，同时注重生态平衡、土壤肥力保持和动物福利的农业生产方式。而有机认证就是由经过授权的认证机构，按照有机产品的标准和要求，对农产品、食品或其他相关产品及其生产、加工、销售等环节进行检查、评估和认证的过程。

有机认证的流程如下。一、生产者或加工者向认证机构提交有机认证申请，包括填写申请表，提供企业或农场的基本信息、生产计划、产品描述等资料，同时需要缴纳一定的认证费用。二、认证机构会派检查员到生产现场进行实地检查，检查土地、生产设施、投入品使用记录、生产过程记录等，确保生产过程符合有机标准；对于加工企业还会检查加工流程、原料来源、包装材料等，认证机构会对检查结果进行审核，评估其是否符合有机认证标准。三、如果审核通过，认证机构会颁发有机认证证书，允许生产者在产品上使用有机认证标志，认证证书有一定的有效期，通常为一年，到期后需要重新认证。

有机认证标志为消费者提供了一个可靠的选择依据，让消费者能够更容易地识别真正的有机产品，确保他们购买到的产品是在健康、环保的生产方式下生产出来的，满足其对食品安全和健康生活方式的追求。

（3）产品品质

主播销售农产品时要重点强调产品品质和安全性。随着人们生活水平的不断提升，人们对食品的品质要求越来越高。主播在销售农产品时要抓住观众的这种心理，尽可能从多个角度展现农产品的安全性和高品质。

例如，主播在介绍黄豆时说："我们这个大豆是原生态的本地品种，蛋白质含量很高，品质很有保证，用来做豆浆、豆腐，那是再好不过的。不过，这种大豆的产量比较低，价格要比其他大豆贵一点儿。"

稀缺性会增强产品的吸引力，而稀缺的农产品在消费者眼中往往与高品质相关联。主播可以从以下3个方面阐述农产品的稀缺性。

一是产量有限，例如，"大家看了《舌尖上的中国》吗？里面有一集是讲松茸的，我看了后就去尝了一下，那味道鲜美至极，难以用语言来形容！为了让大家也品尝一下人间美味，我找了一些渠道，可以让大家买来尝尝。因为松茸产量本来就不高，数量有限，所以想要的朋友赶紧下单，先到先得。"

二是季节限定，例如，"现在正是延津胡萝卜成熟的季节，过了这个月，你想买也买不到了，大家想要的话，赶紧下单吧！"

三是突出农产品的独特品种，例如，"有人评选出了世界上最好吃的几种水果，如红毛丹、嘉宝果、阿奇果、刺角瓜、神秘果、古布阿苏和丑橘。前面几种水果估计大部分人都没吃过，很可能听都没有听过。而丑橘很常见，它是葡萄柚和红橘的杂交品种，集中了这两种水果的优点，还没有它们的缺点。这种外表丑陋、内心美好的水果，你不想尝尝吗？"

（4）新鲜度

在介绍农产品新鲜度时，主播可以结合采摘、运输、储存、时间把控等环节综合描述为保证农产品新鲜度所采取的措施，让观众感受到农产品的新鲜度在各个方面都是有严格保障的。例如，"为了让大家品尝到新鲜的农产品，我们每天清晨采摘，然后立即包装和发货。从田间到您的餐桌，我们尽可能缩短时间，确保每一份农产品都能保持它鲜嫩的口感和丰富的营养。"

介绍农产品的储存标准时，主播可以说："我们对农产品的储存有着严格的标准和规范。在仓库中，我们根据不同农产品的特性，分类存放，并进行定期的检查和维护。对于一些易腐坏的农产品，我们会采取特殊的保鲜措施来延长它们的保鲜期，如气调包装。我们用心守护每一份农产品的新鲜度，就是为了让您在收到货后，能够感受到农产品如同刚采摘下来的新鲜品质。"

（5）品质检测

在品质检测上，主播可以强调检测的专业性和权威性、检测项目和标准、检测过程和频率等方面，向观众全方位地展示农产品品质检测的严格性和可靠性，以增强观众的购买信心。例如，"我们对农产品的品质有着严格的把控标准。每一批农产品在上市之前，都要经过专业的检测，包括农药残留、重金属含量、营养成分等方面的检测。只有通过了层层检测，确保品质合格，农产品才会被送到您的手中。我们用心为您的健康保驾护航，让您吃得放心，吃得安心。"

（6）引导话题讨论

主播可以通过抛出与农产品相关的话题，引导观众分享经历，结合热点话题或季节特点，提高观众的参与度和互动性，从而促进农产品销售。例如，"五常大米为什么比一般大米要好吃，并且贵很多？""我相信很多朋友都有过在农村生活的经历吧！那你们在农村的时候，有没有参与过农产品的种植或者采摘呢？有没有什么有趣的故事或者难忘的回忆呢？可以在弹幕里和我们说一说哦！让我们一起回忆那些美好的田园时光。"

3．最后阶段

在农产品直播销售的最后阶段，主播不仅要为本次直播画上圆满的句号，还要为下一次直播做好铺垫，增强观众的黏性。

（1）总结本次直播

主播在最后阶段总结本次直播，可以再次强调农产品的关键特性。例如，"亲爱的朋友们，今天的直播接近尾声啦！在这期间，我们一起了解了好多优质的农产品，比如今天的土猪肉，肉质鲜嫩多汁，纹理清晰。它由农户采用传统方式养殖，吃的是天然饲料，所以猪肉的味道更加醇厚，香气扑鼻。无论是红烧还是清蒸，我们都能品尝到纯正的肉香。我们的牛肉是内蒙古科尔沁牛肉，肉质紧实，富有弹性。煎牛排的时候，嗞嗞作响，那诱人的香气会让人垂涎欲滴。这些肉类都是高品质肉类，可以让您和家人吃得美味又安心。"

强调售后服务时，主播可以说："我们非常重视大家的购物体验，所以在这里要再次强调一下我们的售后服务。如果您在收到农产品后有任何问题，比如质量问题、有损坏等，请随时联系我们的客服团队。我们会第一时间为您解决，确保您满意。我们希望您不仅能买到优质的农产品，还能享受到贴心的服务。大家放心购买，我们会为您保驾护航。"

主播要感谢观众支持，可以这样说："非常感谢大家今天来到直播间，陪伴我度过了这么愉快的时光。你们的热情参与、积极互动和下单购买，是我最大的动力。每一个点赞、每一条评论、每一笔订单，都让我感受到了大家对我们农产品的认可和喜爱。因为有你们，我们的直播才会如此精彩，我们的农产品才能找到它们的归宿。真的非常感谢大家！"

（2）引导关注与互动

主播引导观众关注直播间，能够将一次性的观众转化为长期的粉丝。主播要充分说明关注直播间可以获得的利益，例如，"如果您还没有关注我们的直播间，那就赶紧关注吧！这样您就不会错过我们下一次的直播。我们会定期为大家带来新鲜、优质的农产品，分享有趣的农业知识和美食烹饪方法。关注我们，就是关注健康生活，关注美味源头。让我们一起在这个直播间里发现更多美好的事物。"

互动环节可以让主播及时收集观众对农产品的反馈，以此作为主播和供应商优化农产品的重要依据，互动主要是观众留言、评论。例如，"在结束之前，大家可以在弹幕里告诉我们，今天您最喜欢的农产品是哪一个，或者对我们的直播有什么建议和想法。我们会认真阅读每一条留言，不断改进和完善我们的直播内容和服务。期待与大家的下一次互动！"

（3）下次直播预告

主播要在预告下次直播时制造一些悬念，勾起观众的好奇心，提高观众的黏性和忠诚度。

主播还可以适当地在直播中预告下次直播的产品亮点，增强观众对下一次直播的好奇和期待。例如，"明天我给大家带来水果中的'维生素 C 之王'，但不是大家想象中的那个'维生素 C 之王'，它是一种罕见的南方水果。它营养很丰富，但我估计大部分人都没见过，更没吃过。如果你也想见识一下，明天晚上 7 点一定记得来我直播间，到时候我给大家揭秘。"

最后，主播不要忘记提醒观众下次直播的具体时间。例如，"好了，朋友们，今天的直播就到此结束啦！再次感谢大家的陪伴和支持。我们下次直播在本周四晚上 8 点整，准时与大家见面！"

6.3.5 文旅产品销售话术要点

随着数字化时代的到来，文旅产业突破了时间与空间的束缚，将世界各地的壮丽风景、丰富多元的文化及精彩纷呈的旅游体验，以一种生动鲜活、实时互动的方式呈现在大众眼前。

文旅产品直播不仅为旅行者们提供了探索世界的新视角，还为文旅行业的发展注入了强大的动力。文旅产品直播按照直播内容可以划分为 3 种：旅游资源展示，如自然景观、人文景观及旅游活动体验；文化产品与体验，如传统手工艺、民俗文化活动及文化课程与讲座；旅游服务与配套，如住宿服务、交通服务及餐饮服务。

下面主要介绍旅游资源展示类主播的销售话术要点。旅游资源展示，即主播通过高清镜头向观众展示美丽的自然风光，如山脉、森林、湖泊、海滩等；或者向观众展示历史建筑、古迹遗址、民俗村落等，让观众了解到人文景观背后的历史故事和民俗文化；也可以通过各种旅游活动，如滑雪、冲浪、登山、民俗节庆等，让观众感受到浓厚的活动氛围。

1．热情问候与自我介绍

主播在直播开场时的热情问候能够迅速消除观众的陌生感，自我介绍则是向观众递出的一张名片。

（1）热情问候

直播开场时，主播要以充满激情和活力的语言向观众打招呼，迅速拉近与观众的距离。例如，"亲爱的朋友们，大家好！欢迎来到今天的直播间，我是你们的主播小新，今天我要带大家开启一场奇妙的视觉之旅！"

（2）自我介绍

主播跟观众打完招呼以后，可以简要进行自我介绍，提及自己在旅游领域的经验或成就，提高观众对自己的信任度。例如，"我在旅游业已经闯荡多年，走过了世界上许多大大小小的角落，今天我要分享给大家的，是精彩的旅游宝藏。"

2．引起观众兴趣

文旅产品具有很强的体验性和情感性，主播可以通过引起观众的兴趣，吸引观众停留，让观众进一步了解和购买产品。

（1）提出引人好奇的问题

主播通过提出能激发观众好奇心的问题，让他们想要继续听下去。例如，"你有没有想过，有一个地方的瀑布是彩色的？是不是感觉不可思议？今天我就来给大家揭开这个神秘之地的面纱。"

（2）制造悬念

主播可以通过一些神秘、刺激的描述来制造悬念。例如，"在一个遥远的国度，有一座被时间遗忘的古城，那里隐藏着无数不为人知的秘密，据说只有有缘人才能发现，你们想不想成为有缘人？请跟随我的镜头一探究竟吧。"

3．引入主题

主播在引入主题时，可以结合当下的热点话题或旅游资源的亮点来吸引观众。

（1）巧妙关联热点

如果有当下的旅游热点话题，主播可以结合热点来讲述，以引起观众的兴趣。例如，"最近大家都在讨论海岛旅游，今天我要给大家介绍的这个海岛，比那些热门海岛的还要美，而且有独特的玩法。"主播也可以结合大多数观众比较感兴趣的亲子游、情侣游等引入话题，"情侣们注意啦，今天我要展示的地方，堪称情侣的浪漫天堂，几乎每一个角落都洋溢着浪漫气息。"

（2）简述旅游资源亮点

主播可以简单透露一点即将展示的旅游资源的亮点。例如，"这次要给大家看的是一处拥有千年历史的古迹，那里的建筑工艺精湛得让人惊叹，每一块石头都像在诉说着古老的故事，非常震撼。"

又如，主播用生动、形象的语言描述旅游目的地的景色。例如，"当你踏上这片土地，就仿佛置身于一幅色彩斑斓的画卷中。湛蓝如宝石般的天空下，是一望无际的金色沙滩，那沙滩细腻得如同婴儿的肌肤，每一粒沙子都在阳光下闪烁着光芒，与那波光粼粼、蓝得醉人的大海相映成趣。"

4．深入描述旅游资源细节

旅游资源最直观的吸引力就是景观特色，其能够引发人们对美的向往，而文化内涵则是旅游资源的灵魂，它能让人们深入体验当地的精神内涵，进一步激发人们出行的欲望。

（1）景观特色

主播要详细描绘旅游地的景观特色，如果是介绍山脉，可以这样说："大家看，这些山脉连绵起伏，就像一条巨龙盘踞在大地之上。山峰的形状各异，有的如利剑直插云霄，在阳光的照耀下，岩石的纹理清晰可见，折射出迷人的光泽；有的似圆润的驼峰，被郁郁葱葱的植被覆盖，那绿色浓郁得仿佛要流淌下来，当云雾缭绕其间时，则如梦如幻，恰似仙境一般。"该话术从视觉角度丰富了画面，用"云雾缭绕""如梦如幻"来营造神秘的氛围，能够有效激发观众对这一美景的向往。

如果是湖泊，则可以这样说："这湖泊的水清澈见底，湖面在微风的吹拂下波光粼粼，宛如无数颗钻石在水面上跳动。湖底的石头五彩斑斓，还有成群的鱼儿在其中穿梭，它们的鳞片在水下闪烁，像是水中的精灵。"主播通过运用生动的语言与营造想象空间的方式为观众勾勒出一幅美丽的湖泊画卷，使湖泊的形象更加立体，更具吸引力。

（2）文化内涵

如果是介绍古老的人文景观，主播可以结合当地的文化内涵来介绍，例如，"这个地方有着深厚的历史文化，从这些古老的建筑中就能看出。比如这座庙宇，它的建筑风格融合了多种文化元素，雕梁画栋的图案有着特殊的寓意。每一幅画都像是一本史书，讲述着古代人们的信仰、生活和艺术追求。这里曾经举行过盛大的祭祀活动，承载着世代人的情感与记忆。"主播通过描述使盛大的祭祀活动与古老人文景观产生联系，激发了观众对古代文化的好奇，增强了观众对人文景观的兴趣和文化认同感。

文旅经济将传统文化与现代生活相结合，通过举办文化节庆活动、文化展览等，让游客在参与中感受传统文化的魅力。这些活动不仅促进了文化的交流与传播，还激发了游客对传统文化的热爱与尊重，培养了他们的文化自信和文化自觉，为推动中华优秀传统文化的传承与发展奠定了坚实的基础。

5．分享亲身经历与趣味故事

主播以亲身经历为证，会让观众觉得信息真实、可靠，恰到好处的趣味故事会让观众产生情感共鸣，仿佛自己也能感受到那种乐趣。

（1）亲身经历

主播可以讲述自己在该地的亲身经历："我在这里旅游时，遇到了一场当地的传统婚礼，那种热闹非凡的场景真的很难忘。新娘穿着华丽的传统服饰，上面的刺绣精美绝伦，每一针都蕴含着祝福。新郎带着迎亲队伍，一路吹吹打打，周围的人们都洋溢着幸福的笑容，我也被那种氛围深深感染，仿佛自己也成了其中的一员。"

主播可以强调该地独有的体验活动："在这里，你可以体验和海豚一起游泳的奇妙感觉，它们会在你身边穿梭、嬉戏，那种亲密接触是在别处无法获得的。""在这个古老的小镇，你能参加一场传统的民俗庆典，和当地人一起载歌载舞，感受原汁原味的地方文化。"

主播也可以讲述在该地旅游的真实故事和感受："我上次去的时候，遇到了一位特别友善的当地老人，他给我讲了很多古老的传说，那种人与人之间的温暖让我对这个地方有了更深的感情。"

（2）趣味故事

主播可以和观众分享一些与旅游资源相关的趣味故事。例如，"传说在这个森林里有一只神奇的白鹿。有一次，一位迷路的旅人在森林中徘徊时，白鹿出现并引领他找到了出路。虽然这只是个传说，但这个故事为这片森林增添了神秘的色彩，也让每一个来到这里的人都对它充满了遐想。"

6．强调对比优势与独特价值

主播可以通过将该地的旅游资源和其他地区的旅游资源做对比，以突出该地旅游资源的独特价值。

（1）对比优势

主播强调旅游地的优势时，可以和其他类似的旅游地进行比较。例如，"和其他海滨城市不同的是，这里不仅有美丽的海滩，还有独特的火山地质景观。你可以在享受阳光沙滩的同时，去探索那些因火山喷发形成的奇形怪状的岩石，这种体验是在别处无法获得的。"

（2）独特价值

主播要突出该地的独特价值，并体现出对该地的了解。例如，"走进九寨沟，就像踏入了一个五彩斑斓的童话世界。五花海的水蓝得深邃，绿得清澈，色彩斑斓，如同调色盘上的颜料，而这样的自然景观是独一无二的。在这里，每一处都是摄影爱好者的绝佳素材，每一帧画面都能定格成永恒。"

7．引导互动

主播可以通过向观众提问的方式来了解观众的需求，提升直播间的活跃度，这也有助于主播根据观众的反馈及时调整直播方向。例如，"你们有没有见过这样独特的建筑风格呢？在你们的旅行中有没有类似的文化体验？"

又如，主播在询问观众对展示内容的看法或需求时可以说："大家是想让我继续介绍这里的美食呢，还是更想了解当地的传统手工艺？"由此，主播可以根据观众的反馈调整展示方向，增强观众黏性。

8. 总结回顾亮点

总结回顾直播亮点，有助于强化观众的记忆，构建完整的产品印象，增强观众对产品的好感和购买意愿。

（1）全面概括

直播结束时，主播要简洁且全面地回顾本次展示的旅游资源的主要亮点。例如，"这次旅行从您出发开始就充满惊喜。出发时，我们有专业的旅行助手在机场迎接您，确保您的出行无忧。抵达目的地后，第一天是城市精华游，不仅能观看著名景点，还能享受当地特色午餐。接下来几天，既有宁静的海滨度假时光，体验水上活动的乐趣，又有深入乡村的民俗体验之旅。返程时，我们还为您准备了伴手礼。整个行程亮点满满，每个环节都精心设计。"主播按照行程的先后顺序介绍亮点，可以使观众在脑海中想象出整个旅程，全面了解旅行过程中的各个精彩瞬间，充分感受到行程的连贯性和丰富性。

（2）重点强调

主播还要对最突出的特色进行再次强调，通过突出独特的核心卖点，让观众能迅速抓住产品最具吸引力的部分，提升对产品的认可度。例如，"其中，那片神秘的原始森林绝对是一大亮点，里面丰富的动植物资源、独特的生态系统，就像一个大自然的宝藏，等待着大家去探索。"

9. 激发行动欲望

主播可以通过描述美好愿景来激发观众的行动欲望，这些愿景可以体现在观众的个人体验升级、社交价值的提升等方面。

（1）个人体验升级

如果想要突出观众的个人体验升级，主播可以这样说："想象一下，当你踏上这片神奇的土地时，呼吸着清新的空气，欣赏着美景，所有的烦恼都会抛诸脑后。你可以在古老的街道上漫步，感受历史的沉淀；可以在海边享受阳光沙滩，度过悠闲惬意的时光；还可以品尝到各种美食，在满足味蕾的同时也丰富了旅行的记忆。"这样不仅能抓住观众追求个人体验升级的心理，还能激发观众对丰富体验的期待，强化他们对产品价值的感知。

（2）社交价值的提升

如果想要突出社交价值的提升，主播可以说："和家人、朋友一起在这个地方留下美好的回忆，那些一起欢笑、一起探索的瞬间，将成为你们彼此珍贵的财富。你可以把这里的美景分享到社交平台上，让朋友们心生羡慕。"主播通过描述极具吸引力和话题性的场景，满足观众在社交平台展示精彩生活、获得关注的心理，以此强调产品能为观众带来社交价值，促使他们购买产品。

10. 提供便捷预订途径和售后保障

便捷预订能极大地提高观众的购买转化率，而售后保障则是给观众吃下一颗"定心丸"，让观众没有后顾之忧。

（1）便捷预订

向观众详细介绍预订的方式时，主播可以说："大家可以点击屏幕下方的链接，或者扫描二维码，就能预订我们的旅游套餐。整个预订过程既简单又快捷，我们的客服人员也会随时为大家提供帮助。"主播要突出预订的便捷性，消除观众对复杂预订流程的担忧。

（2）售后保障

主播可以通过介绍完善的售后保障体系，让观众放心购买。例如，"我们有完善的售后保障体系，如果在旅行前你有任何问题，可以随时联系我们修改行程。在旅行过程中，若遇到突发情况，我们有专业的应急团队来保障大家的安全和权益。"

主播可以通过对比价格和所包含的内容，提升观众对产品的满意度。例如，"这个旅游套餐包含了往返机票、五星级酒店住宿、景点门票和全程的导游服务，而且价格比你单独预订要便宜很多，真的很划算。"

主播还可以提供一些额外赠送的服务或礼品，激发观众下单的欲望。例如，"如果现在下单，我们还会赠送当地特色的精美手工艺品，以及一次免费的 SPA 体验。"

6.4　AI 写作直播话术

随着 AI 的飞速发展，AI 正在以前所未有的速度改变着人们的创作方式，同时也在悄无声息地改变着直播行业的面貌。AI 不仅能够帮助主播高效生成个性化、吸引人的直播脚本，还能实时分析观众情绪，调整话术风格，实现更精准、高效的互动。这一创新应用不仅极大地丰富了直播内容的表现形式，还让主播得以从烦琐的文案创作中解放出来，专注于提升直播质量与观众体验。

6.4.1　AI 写作直播话术的优势

AI 写作在直播领域的应用，为直播话术带来了革命性的变化。在紧张的直播节奏中，主播无须再为如何巧妙开场、流畅介绍产品、热情互动和完美收尾而绞尽脑汁。AI 不仅能在短时间内生成高质量的内容，还能精准地适应不同直播场景和目标受众。

AI 写作直播话术具备以下优势。

1. 高效性

主播要想吸引观众的注意力，清晰地传达信息，巧妙地引导互动并完成销售转化，需要耗费大量的精力和时间。例如，关于一个新的直播主题，人工撰写直播话术可能需要花费很长时间，然而 AI 能够在短时间内生成大量的直播话术，甚至可以在几分钟内生成完整的话术。无论是开场欢迎语、产品介绍、互动环节的提问，还是结尾的总结和引导关注，AI 都可以迅速完成，为主播节省大量撰写和构思话术的时间，以便让主播更专注于直播的其他方面，如与观众互动、展示产品等。

在直播过程中，如果主播需要临时应对一些突发情况或观众的特殊需求，AI 可以快速生成相关的回应话术。例如，观众询问一个复杂的产品问题，AI 可以根据产品信息快速生成准确、详细的回答话术，帮助主播及时解答观众的疑问，保持直播的流畅性。

2. 多样性

AI 可以根据主播的需求和直播的主题、目标受众生成不同风格的直播话术，如幽默风趣、严肃专业、亲切自然等。主播可以根据不同的直播场景和氛围选择合适的话术风格，更好地吸引观众的注意力。例如，对于一场面向年轻群体的时尚直播，AI 可以生成充满活力的话术；而对于一场专业的科技产品直播，AI 则可以生成严谨、准确的技术讲解话术。

AI 具备强大的数据分析和学习能力，能够整合大量的信息，不断挖掘新的直播话题和创意点，为直播话术提供丰富的素材和内容，使直播内容更加新颖、有趣。它可以引用相关的数据、案例、故事等，使直播话术更具说服力和吸引力。

例如，在介绍一款健康食品时，AI 可以提供该食品的营养成分、功效、科学研究等方面的信息，为主播的介绍提供有力的支持。此外，AI 还能为主播提供多样化的表达方式，使直播话术更加丰富多彩，以满足观众多样化的审美需求。

3．准确性

AI 经过大量的数据训练，能够生成语法正确、逻辑清晰的直播话术。这可以避免主播在直播时出现语法错误、用词不当、逻辑混乱等问题，提高直播的质量，特别是对于那些对语言表达要求较高的直播，如教育类、学术类直播，AI 的优势更为明显。

通过分析观众的偏好、行为模式和情绪反馈，AI 可以生成更精准、更符合观众需求的直播话术，从而提升观众的参与感和忠诚度。此外，AI 还能为主播提供定制化的直播脚本，使直播内容更加贴合主播的个人风格和品牌形象。

AI 可以根据直播平台的规则和要求生成符合规范的直播话术，避免主播因不了解平台规范而使用不当的语言或内容被平台警告或处罚。

4．辅助创意启发

有时主播可能会陷入思维定式，难以创作出新颖的直播话术。AI 可以作为一个创意的启发者，为主播提供一些新的思路和角度，它可以生成一些独特的表达方式、有趣的互动方式等，帮助主播打破常规，提升直播的趣味性和吸引力。

AI 生成的直播话术可以供主播参考和借鉴，激发主播的创作灵感。主播可以对 AI 生成的直播话术进行修改和完善，融入自己的想法和创意，形成更具个性和特色的直播话术。

6.4.2　AI 写作直播话术的技巧

AI 凭借其强大的数据处理和学习能力，能够精准捕捉观众的情绪，理解直播氛围，并据此生成富有创意与吸引力的话术。掌握 AI 写作直播话术的技巧，意味着主播能够在瞬息万变的直播环境中灵活应对各种挑战，以更加自然、流畅的方式引起观众的情感共鸣。这要求主播不仅掌握一定的 AI 技术，还要在实践中不断探索、总结与创新。

主播在使用 AI 写作直播话术时，可以使用以下技巧。

1．明确直播目的和主题

当直播的目的和主题明确后，AI 才能够围绕核心内容生成话术，减少无关信息。

（1）精准定位

在使用 AI 生成话术前，主播必须清晰界定直播的目的，是为了产品销售、品牌推广、知识分享，还是娱乐互动。如果是一场电商直播带货活动，直播目的就是促进观众购买产品，那么话术就应围绕产品的优势、性价比和优惠来展开。同时，直播主题也需要明确。例如，直播主题是"夏季时尚女装新品发布"，AI 就能根据这个主题生成相关话术，包括新品的款式、面料等特点。

（2）关键词设定

主播要根据直播目的和主题确定关键词，这些关键词将引导 AI 生成更贴合需求的话术。以手机直播为例，若直播主题是某品牌手机的新品发布，关键词可包括"高性能芯片""高清摄像头""创新外观设计""长续航"等，将这些关键词输入AI 工具，AI 就会在生成的话术中重点体现手机在这几个方面的优势。

2．设定话术风格和语气

不同的受众对话术风格和语气有不同的偏好，通过设定话术风格和语气，AI 能够精准地迎合目标受众的喜好，从而与观众建立起紧密联系。

（1）话术风格多样化

不同的直播类型需要不同的话术风格。如果是专业知识类直播，如金融理财讲座，话术风格应是严谨、专业的；而如果是美妆直播，轻松、活泼、时尚的话术风格更能吸引观众。利用 AI 写作时，可以通过指令设定话术风格，如"请以轻松幽默的风格生成一段介绍口红颜色的话术"，AI 就会按照要求生成相应风格的内容。例如，"朋友们，今天这款口红颜色就像夏日里的草莓冰淇淋，甜美的同时又有个性。"

（2）语气贴合受众

话术的语气要与目标受众相匹配。AI 可以根据指令要求生成符合目标受众的话术。如果直播面向年轻群体，可以通过指令设定话术的语气，如"我要面向年轻女性开一场美妆直播，请为我撰写一则产品介绍话术，要求语气亲切，使用流行的网络用语。"AI 生成的话术为："这个产品的质地轻薄如丝，一抹即化！你的肌肤瞬间就像喝饱了水一样，水润光滑，吹弹可破！"

3．结合直播流程和节奏

直播的节奏把握很重要，结合流程和节奏写作的话术能抓住观众的注意力，让观众更好地理解直播内容。

（1）开场话术

直播开场时，主播要迅速抓住观众的注意力，可以设置悬念、谈论热点话题或引入有趣的数据。使用 AI 生成一场旅游直播的开场话术时，可以这样设定指令："以一个引人入胜的旅游热点话题为开头，生成一段旅游直播开场话术。"AI 可能会生成："朋友们，你们知道最近很有名的那个小众旅游地吗？今天我就带大家揭开它的神秘面纱……"开场话术要简洁有力，一般控制在 1～2 分钟。

（2）中场话术

中场是直播的核心部分，需要详细介绍产品、内容或进行深度互动。中场话术节奏要适中，根据内容的重要性合理分配时间。

如果是直播销售电子产品，可以这样设定指令："我要开一场直播，主题是销售电子产品，请为我生成直播中场话术，先介绍产品外观，再讲解产品功能，然后引导观众互动。"

AI 生成的话术为："现在，咱们来到了直播的中场高潮部分，我要给大家揭晓的可是一款集外观与才华于一身的电子产品，保证让你眼前一亮，心动不已！首先，咱们来聊聊它的外观……但别被它的外表迷惑了哦，它可不仅仅是个'花瓶'。接下来，咱们来深入了解一下它的功能……除此之外，它还配备了大容量的电池，续航能力强，让你告别电量焦虑，尽情享受科技带来的乐趣！说了这么多，是不是已经迫不及待想要了解更多了呢？别急，现在就是互动时间啦！"

（3）结尾话术

结尾要促使观众行动，如下单或关注直播间。对于直播带货结尾话术，可以这样设定指令："我开了一场以促销活动为主题的直播，在即将结束直播时，我打算促单，让观众购买我的产品，并引导大家关注我的直播间，请为我生成相关的话术。讲解时长要在 1分钟以内。"

AI 生成的话术为："亲爱的小伙伴们，我们的直播接近尾声啦！感谢大家今晚的热情陪伴，你们的每一条评论、每一个点赞，都是对我最大的支持和鼓励！看看屏幕上的这些产品，它们可是今晚的热销产品，我知道你们已经心动很久了，现在就是把它们带回家的最佳时机！别忘了关注直播间，这样你就能第一时间了解到我们未来的促销活动，不错过任何一个获得优惠的机会！点击关注只需一秒，就能和我们的精彩直播永不失联！好了，小伙伴们，让我们用最后的冲刺，为今晚的直播画上完美的句号吧！感谢大家的支持，我们下次直播，不见不散！"

4. 数据驱动

数据具有客观、精确的特点，将其融入直播话术能为所传达的信息提供有力的支撑，使其更容易被观众理解和接受。

在话术中加入准确的数据能增强说服力。例如，在健身器材直播中，通过 AI 生成包含数据的话术，可以这样设定指令："我在直播中要介绍一款健身器材，请你为我生成一段介绍哑铃最大承受重量的话术，要使用准确的数据。"

AI 生成的话术为："这款哑铃最大的亮点之一就是它的可调节性和惊人的承重能力。它不仅可以根据你的训练需求自由调节重量，更重要的是，它的最大承受重量达到了惊人的 40 千克！没错，你没听错，就是 40 千克！这意味着无论你是健身初学者，还是资深力量举爱好者，这款哑铃都能完美地匹配你的训练计划，陪伴你从初级到高级，一步步突破自我，挑战极限！想象一下，当你能够轻松驾驭这对 40 千克的哑铃（共计 80 千克），完成每一次深蹲、硬拉、卧推时，那不仅是对你肌肉力量的极致考验，更是你健身意志的辉煌见证！所以，小伙伴们，准备好迎接挑战，用这款专业级可调节哑铃，开启你的健身新篇章吧！"

5. 互动话术优化

优秀的互动话术能够巧妙地提出问题、引发讨论，激发观众的表达欲望，促进主播与观众的深度双向交流。

（1）提问

有效的互动能够提升观众的参与度。主播可以借助 AI 生成提问话术。例如，美食主播可以这样为AI设置指令："我是一个美食主播，我在直播中要主动引导观众参与互动，请你为我拟定几个与美食有关的问题，让我在直播时向观众提问，以活跃直播间氛围。"

AI 生成的提问话术有："大家好呀，今天我们的主题是'记忆中的家乡味'，你们能分享一下最让你们怀念的家乡美食是什么吗？在评论区告诉我，说不定我能找到同款哦！""大家平时喜欢在家做饭，还是外出就餐？如果在家做饭，你最拿手的菜是什么？有没有什么独门秘籍可以分享给大家呢？"

（2）回应观众的反馈和评论

主播要及时回应观众的反馈和评论，利用 AI 快速生成针对不同评论的回应话术。例如，观众提出产品价格高，AI 可能生成话术："虽然价格看起来有点高，但我们的产品质量和配套服务都是优质的，性价比很高哦！"主播可以通过不断优化互动话术，提高观众的黏性。

案例在线

利用豆包写作直播话术

微课视频

豆包是一款基于云雀模型开发的AI工具。无论是进行聊天对话，还是进行写作，豆包都能提供帮助。

利用豆包写作直播话术的具体操作方法如下。

（1）打开豆包网站主页，如图 6-1 所示。

图 6-1　豆包网站主页

（2）在对话框中输入："请你设计 3 条食品直播销售的开场话术，品牌主营商品包括大枣、黄小米、面粉。"单击"发送"按钮，生成 3 条直播销售的开场话术，如图 6-2 所示。

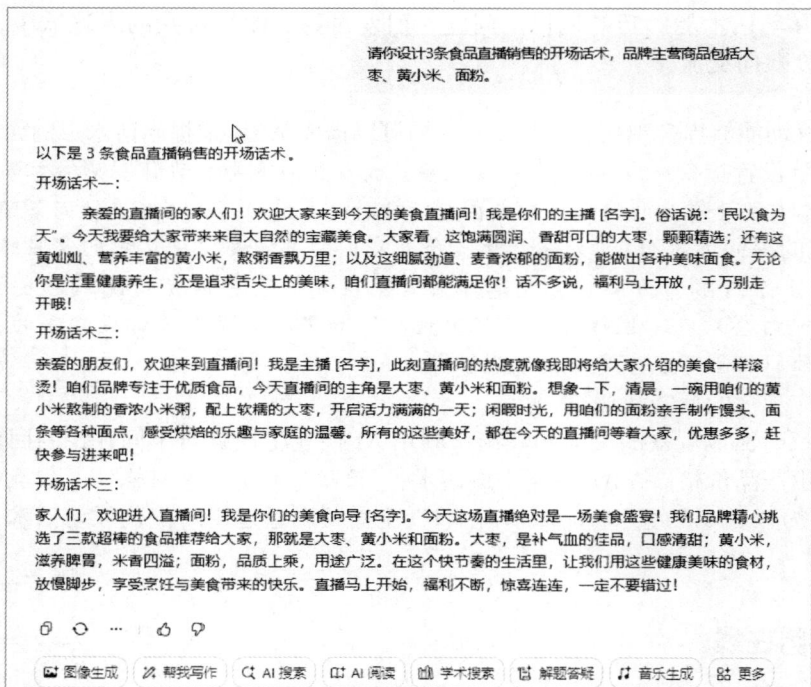

图 6-2　利用豆包生成直播开场话术

（3）在对话框中输入："请你设计 3 条食品直播销售的引导关注话术，品牌主营商品包括大枣、黄小米、面粉。"单击"发送"按钮，生成 3 条引导关注话术，如图 6-3 所示。

图 6-3　利用豆包生成引导关注话术

（4）在对话框中输入："结合折扣、满减、抽奖等营销活动，设计 3 条延长观众停留时间的话术。"单击"发送"按钮，生成 3 条延长观众停留时间的话术，如图 6-4 所示。

图 6-4　利用豆包生成延长观众停留时间的话术

（5）在对话框中输入："设计 3 条用于引导用户下单、促进商品成交的话术。"单击"发送"按钮，生成 3 条促单话术，如图 6-5 所示。

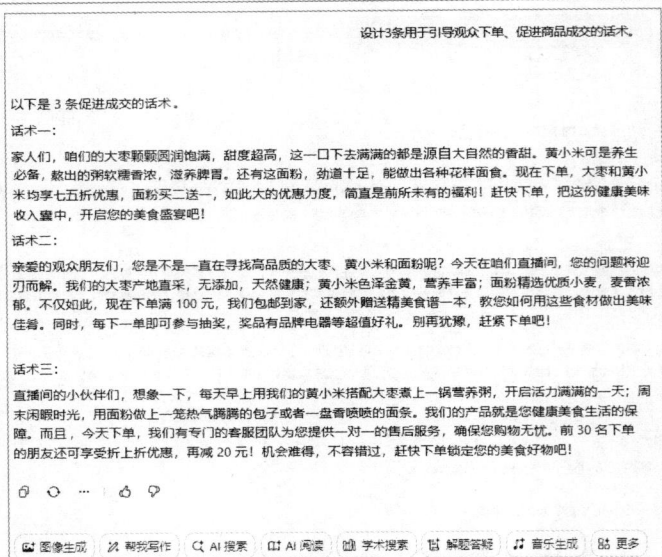

图 6-5　利用豆包生成促单话术

（6）在对话框中输入："请你为这场直播撰写 3 条结尾话术，要重新强调产品的优势，并感谢观众的支持，然后预告下次直播内容，明确下次直播的具体时间。"单击"发送"按钮，生成 3 条结尾话术，如图 6-6 所示。

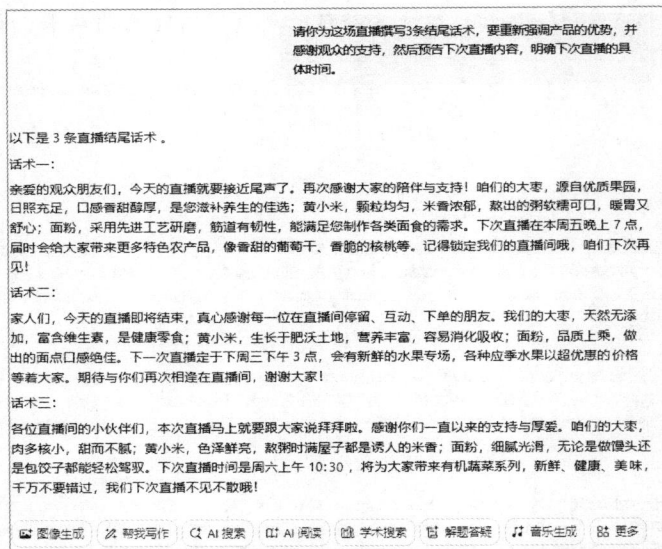

图 6-6　利用豆包生成结尾话术

课堂实训：CC 童装品牌"双十一"直播话术实训

1. 实训背景

CC 童装品牌计划在"双十一"大促期间，由本公司的直播团队在公司直播间进行

3 场抖音直播带货，直播时间为 11 月 9 日—11 日晚 19:30～22:30。此次直播的主题是"双十一童装热卖：超值优惠风暴，宝贝焕新秘籍"，主要目的是促进冬装新品销售，同时发放福利回馈用户（福利一：直播间全场 5 折。福利二：CC 童装品牌热销儿童套装 99 元，共 300 套。福利三：满 200 元送 50 元优惠券，满 500 元送 120 元优惠券）。为了保证此次直播活动顺利开展，实现预期目标，公司领导希望主播小赵提前设计好直播话术。

2．实训要求

请同学们帮助小赵设计一份直播话术，要求结合直播话术设计原则，并符合直播话术使用规范，内容涵盖开场、产品介绍、福利讲解、互动环节、促单环节和结尾的完整直播话术。

3．实训思路

（1）知识准备与资料收集

熟悉 CC 童装冬装新品的各项信息，包括设计理念、款式特点、面料材质、制作工艺、尺码表等（或者了解其他品牌的冬装信息），并提供相关的文字和图片资料。同时，对本次直播的三项福利进行深入解读，明确优惠规则和限制条件。

收集童装市场的流行趋势信息，了解当前消费者对冬季童装的需求和偏好。分析其他同类童装品牌在直播带货中的话术特点、优惠策略和互动方式，找出可借鉴之处和差异化竞争点。

（2）话术初稿设计

根据直播流程和要求，搭建直播话术的基本框架，确定开场、产品介绍、福利讲解、互动环节、促单环节和结尾的大致内容和顺序，并在基本框架的基础上逐步填充各个环节的具体话术。

（3）话术优化与审核

设计好的初稿要反复阅读和修改，检查话术是否通顺、逻辑是否清晰、福利信息是否准确、语言是否具有感染力等。对一些表达不够生动和复杂的部分进行优化和简化，增强话术的吸引力。完成话术优化之后，学生再将话术交给老师或评审团队成员进行审核。

（4）模拟直播与调整

在模拟直播环境中进行演练，按照正式直播的时间和流程完整地呈现话术内容。同时，邀请其他同学或老师扮演观众观看模拟直播，收集他们的反馈意见，根据反馈意见对直播话术进行有针对性的调整和改进，确保在正式直播中达到最佳效果。

课后练习

1. 简述直播话术的设计原则。
2. 简述引导关注话术的类型。
3. 处理突发情况的话术包括哪些？
4. 食品销售话术包括哪些？
5. 简述 AI 写作直播话术的优势。

第 7 章　直播商品运营

本章概述

在直播销售活动中，商品是影响直播间转化率的关键因素之一，做好直播选品、商品规划和商品定价等工作是非常关键的。本章主要介绍直播选品的原则、依据、工具和货源，直播商品分类规划、上架顺序规划、陈列设计，以及直播商品定价策略。

学习目标

➢ 掌握直播选品的原则与依据。
➢ 掌握直播商品分类规划、上架顺序规划方法。
➢ 掌握直播商品陈列设计的方法。
➢ 掌握直播商品的定价方法。

本章关键词

直播选品　　商品规划　　商品定价

案例导入

LINHUANYING，通过灵活选品打造新中式雅韵直播

LINHUANYING 成立于 2020 年，是国内的一个新中式服饰品牌。在小红书平台，LINHUANYING 通过店铺直播收获了不俗的成绩。该品牌的店铺直播具有以下亮点。

微课视频

（1）从用户需求出发选择直播商品

商家在分析直播间用户属性和喜好的基础上选择直播商品。在直播前，商家会通过分析用户对笔记中曝光的商品的反馈来判断用户对商品的需求。例如，在春季上新活动期间，通过分析笔记，商家发现用户对枫林晚真丝重缎印花外套和蝶舞竹林双面穿外套有着较强的购买意向，因此，商家就在直播间上架了这两款外套。

（2）建立固定新品发售机制

商家在每周五的 19:00 进行新品分享直播，每次都会在直播中上架 5～7 款新品。在直播中，主播会从设计元素、面料、工艺等多个维度对新品进行全面的讲解。每周五固定进行新品分享直播的模式既培养了用户的观看习惯，又能激发用户对新品的好奇心，吸引用户预约直播并准点观看，从而为直播间带来更多的初始流量。

（3）灵活调整直播商品

商家会根据穿着场景、季节等设计不同的直播主题，并在直播中推荐不同的商品。例如，考虑到用户的通勤需求，商家会在直播间推荐简单、舒适、适合商务场景穿着的服装，为用户提供更加日常化、更具实穿性的新中式穿搭思路；在春季，商家开展春季主题的直播活动，会推出适合春季穿着的服装。

（4）直播氛围与商品风格相符

LINHUANYING 的直播间营造出一种典雅、舒适的氛围，直播间布景将中式古典元素与现代简约风格巧妙地融合在一起（见图7-1），直播中会播放节奏舒缓的音乐，主播不疾不徐地介绍着新中式服饰的独特魅力，整场直播就像在古韵雅室里进行亲切会友，用户仿佛不是在观看一场商业直播，而是在与老友于中式庭院中惬意地品茶论衣，在放松、自在的情绪里，不知不觉被新中式服饰所蕴含的文化底蕴与时尚美感深深吸引。

图 7-1　LINHUANYING 直播场景

案例思考：在进行直播选品时，直播团队应考虑商品的哪些因素？

7.1　直播选品

直播选品是指在进行直播销售活动之前，直播团队从众多商品中挑选出在直播间销售的商品的过程。从直播运营的角度来讲，直播选品是直播销售供应链管理中的关键环节，涉及对各种商品的评估与筛选；从营销的角度来讲，直播选品是为了更好地将商品与目标受众的消费需求和期望匹配，从而提高直播间的转化率。

7.1.1　直播选品的原则

直播选品的好坏直接影响直播的销售效果。直播团队在进行直播选品时，需要遵循一定的原则，确保选择的商品质量优、价格合理，符合直播间目标受众的需求。

1. 品质原则

品质是商品的核心，直播团队要确保所挑选的商品符合国家相关质量标准。例如，选择食品，要检查其是否有合格的生产资质、是否通过食品安全检测等，确保食品的安全性。质量差的商品容易引发大量的售后问题，这样不仅会损害用户的利益，还会对主播的声誉产生负面影响。

2．品相原则

直播销售具有直观性，品相好的商品更易于激发用户的购买欲望。商品的品相好包括商品的外观、质地、包装及使用效果等都表现出良好的状态。在直播时，品相好的商品能对用户产生视觉冲击力，进而刺激他们下单。

3．品牌原则

直播团队应优先选择具有一定知名度的品牌的商品。这些品牌通常在产品研发、生产工艺和质量控制方面有着严格的标准。品牌背书对商品的销售具有积极的推动作用。选择有一定知名度的品牌的商品，不仅可以降低出现售后问题的风险，还有利于提高直播间的转化率。因为品牌商品往往代表着有质量保障和好口碑，这些都能增强用户对商品的信心。

4．刚需原则

用户对商品功能的需求往往大于对商品外观的追求，所以商品功能是选品的关键指标。在选择直播商品时，直播团队应优先考虑那些能够满足用户基本需求或者能够解决他们痛点的商品，这类商品往往具有更大的市场需求和更高的复购率。

直播团队可以通过查看电商平台的销售数据、行业报告等了解热门商品品类，选择符合当下市场流行趋势和用户普遍需求的商品。

7.1.2　直播选品的依据

直播团队在选择直播商品时，既要考虑商品本身，又要考虑目标受众的消费水平及偏好。只有正确地选品，才能实现直播团队与用户的双赢，做到既能让商品畅销，又能让用户感到物有所值。根据商家自播和达人直播两种不同的直播模式，直播选品的依据也会有所差异。

1．商家自播选品

商家自播的选品逻辑较为简单，店铺内的商品通常是固定的，直播团队会按照商品分类选择商品。商家自播的直播选品一般分 3 种情形，即店铺新品、直播专供商品和商品组合套装。

（1）店铺新品

店铺新品是指店铺发布的新品，通常会同步在各个渠道销售。直播间的用户大多为店铺粉丝，商家可以利用新品引流。为了销售此类商品还会进行新品专场直播，在直播间以新品发布会或新品特惠的形式销售。

（2）直播专供商品

直播专供商品是指仅在直播间售卖的商品，一般来讲就是更换店铺内的商品的规格或外包装，使其性价比更高，更能吸引用户的注意力。

（3）商品组合套装

打造商品组合套装有两种方法：一种是关联导向，另一种是节日导向。关联导向是指梳理店铺现有商品，选择彼此存在一定关系的商品作为组合进行销售。例如，选择将风衣和围巾、手机屏幕保护膜和手机壳作为组合进行销售。这样既有利于提高客单价，又有利于增强商品的吸引力。

节日导向是指根据传统节日、电商平台活动日、店铺周年庆等时间节点进行商品组合。节日导向的商品之间不需要具有关联性。

2．达人直播选品

对与商家合作的达人来说，直播选品更加自由。一般直播团队可以根据直播间用户画像、主播人设定位及账号内容垂直度进行选品。

（1）根据直播间用户画像选品

直播团队可以分析直播间的用户画像，了解用户的性别、年龄、地域分布，以及兴趣、购物偏好等特征，然后在选品时根据用户的特征挑选符合用户需求的商品。例如，直播间的用户以追求时尚、喜欢美食的女性为主，那么达人可以推荐美妆、服饰、鞋包、美食类商品。直播团队可以通过直播平台的管理后台或借助直播数据分析工具（如灰豚数据、飞瓜数据、蝉妈妈等）分析直播间的用户画像。

（2）根据主播人设定位选品

一般来说，知名度较高、影响力较大的主播，销售的商品品类较为丰富。因为影响达人直播销售效果的除了商品因素外，主播的人设魅力也是重要因素，用户往往会基于对主播的喜爱、信任和认可而在其直播间购物。

根据主播的人设定位选品的范围十分宽泛，在这种情形下，直播团队可以从两个方向来缩小选品范围：一是根据直播行业风向选品，即借助直播数据分析工具查看各直播平台中商品与行业的信息，掌握销售情况较好的商品和近期热销商品的数据信息，从中选择适合自身销售的商品；二是根据客单价来选品，即根据主播的人设定位选择与之相符的客单价的商品，例如，专家学者主播带货，可以采用以高客单价为主、中客单价为辅的选品策略。

（3）根据账号内容垂直度选品

经营垂直内容（坚持输出某一个细分领域的内容）的主播，虽然在选品上会受到一定程度的限制，但根据内容垂直度选品，其目标用户会更加精准。根据直播账号的内容垂直度选品强化了账号内容的影响，弱化了主播人设的影响，此时选品只能依据内容。如果选品和账号内容不匹配，不仅会影响商品销售，还可能导致用户流失。

7.1.3　直播选品的工具

直播选品工具是指能够帮助直播团队在众多商品中筛选出适合直播销售的商品的各类工具。这些工具可以从不同角度为选品提供数据支持，从而提高直播团队选品的效率和准确性。

1．电商数据分析平台

电商数据分析平台主要有淘宝生意参谋、京东商智、多多情报通等。

（1）淘宝生意参谋

淘宝生意参谋是淘宝官方提供的数据分析工具，它能为直播团队提供全面的市场信息，包括行业整体的销售趋势、热门搜索词、各品类的流量和转化情况等。例如，在服装品类中，直播团队可以查看不同款式、材质的服装在过去一段时间内的销售热度，以及不同价格区间的商品的销售占比。这有助于直播团队发现当下市场需求旺盛的商品品类，并根据市场行情为商品制定合理的价格。

（2）京东商智

京东商智是京东平台的专属数据分析工具，它可以帮助直播团队分析商品的流量来源、访客行为路径、商品关联购买情况等。例如，在 3C 类商品中，直播团队发现购买某款笔记本电脑的用户大多会同时购买笔记本电脑包和鼠标，那么在实施直播选品时，直播团队可以将笔记本电脑、笔记本电脑包和鼠标这三种商品组合成一个套餐进行销售。

（3）多多情报通

多多情报通主要用于拼多多平台的数据收集与分析，它能提供店铺数据、商品数据、行业数据等多种信息。例如，直播团队可以通过多多情报通查看拼多多平台上某些低价畅销款商品的销售动态，包括商品销量增长速度、评价情况等，以便直播团队挑选出适合拼多多直播间的高性价比商品。

2．第三方数据平台

市场上有一些专门为用户提供数据分析服务的第三方数据工具，这些工具通常会提供直播相关的数据监测、数据分析服务，直播团队可以使用这些工具辅助选品。

（1）艾瑞咨询

艾瑞咨询能为用户提供丰富的行业研究报告。在直播选品时，直播团队通过艾瑞咨询的报告可以了解不同行业的市场规模、增长趋势、消费者画像等宏观信息。

（2）微播易

微播易主要用于分析微博、微信等社交媒体平台上的营销数据，它能帮助直播团队了解品牌和商品在社交媒体上的热度，如某个商品相关话题的阅读量、讨论热度，以及不同品牌的口碑情况等。

（3）千瓜数据

千瓜数据专注于小红书平台的数据监测，它可以提供小红书上热门商品的"种草"情况，包括商品笔记的点赞数、收藏数、评论数，以及品牌在小红书上的推广策略和效果。例如，某品牌的精华液在小红书上有大量的"种草"笔记，且互动量很高，直播团队就可以考虑将其作为直播选品，并参考这些笔记来设计直播中的商品介绍话术。

（4）蝉妈妈

蝉妈妈专注于抖音平台，能够提供抖音平台上的达人分析、直播分析、商品分析、视频分析、小店分析、品牌分析等，图 7-2 所示为蝉妈妈首页。直播团队可以使用蝉妈妈分析其他达人的选品策略，也可以查看抖音平台上各个品牌、抖音小店的商品销售情况，寻找销售情况好的商品。

图 7-2　蝉妈妈首页

（5）飞瓜数据

飞瓜数据是短视频、直播领域的数据分析平台，能够为用户提供抖音、快手、哔哩哔哩等平台的数据分析服务。图 7-3 所示为飞瓜抖音工作台首页。

图 7-3　飞瓜抖音工作台首页

（6）快选品

快选品是一个助力电商选品决策的数据分析平台，它通过大数据分析各热门渠道的潜力爆品及商家推广策略，助力商家快速选品。快选品能够帮助商家进行竞争对手推广策略分析，帮助商家追踪竞争对手的销售数据，了解行业竞品动态和竞争对手的推广和销售动态，为选品提供数据支持。

7.1.4　直播货源的选择

直播团队在实施直播选品时，一定要选择可靠的货源。直播销售常见的货源有电商平台、线下渠道、供应商及自营品牌等。

1．电商平台

一些大型电商平台（如 1688、拼多多批发等）有丰富的品牌和商品，可以作为直播团队的货源。

1688 是全球知名的批发平台，上面汇聚了海量的供应商，涵盖各种品类的商品，从服装、美妆、家居用品到电子产品等应有尽有。直播团队在 1688 上选择货源时，首先要查看供应商的信誉等级，还要关注商品的评价和交易记录，通过其他买家的反馈来判断商品质量和供应商的服务水平。

拼多多批发平台的价格优势比较明显，直播团队在拼多多批发选品时，可以利用平台的搜索和筛选功能，根据价格区间、销量、品牌等条件来筛选商品。图 7-4 所示为拼多多批发平台首页。

2．线下渠道

直播团队也可以将线下专业市场作为货源，如五爱市场、十三行等服装批发市场，这些市场通常有丰富的商品种类和供应商。如果条件允许，直播团队还可以考虑从家乡的土特产或周边地区的特色商品中寻找货源，这样既可以降低成本，又能增强商品的独特性和吸引力。

图 7-4　拼多多批发平台首页

3．供应商

直播团队可以与品牌商、批发商、零售商等商品供应商合作，获得质量有保障的商品。供应商合作形式一般有两种情况：一种是供应商通过私信或商务联系的方式主动寻求与直播团队合作，另一种是直播团队通过对外招商与供应商达成合作。与供应商合作时，主播应严选商品，确保商品的品质，从而提高直播间的转化率。

4．自营品牌

自营品牌，即主播自创品牌。自营品牌的商品选择由主播掌控，但自营品牌成本较高，需要主播建立成熟的供应链。

素养课堂

在直播选品时，可以选择一些具有地方特色或传统文化元素的商品，如剪纸、刺绣、传统手工艺品、民族服饰等，将这些商品与现代时尚元素相结合，通过直播进行推广，以进一步弘扬中华优秀传统文化。

7.2　直播商品规划

直播商品规划涉及直播商品分类规划、直播商品上架与讲解规划和直播间商品陈列设计，合理的直播商品规划有利于营造直播间的氛围，促使用户采取购买行为。

7.2.1　直播商品分类规划

直播团队可以将直播间中的商品分为主推款、印象款、引流款、利润款、活动款、品质款等不同的类型，通过不同商品之间的组合来吸引用户观看，提高直播间的转化率。

1．主推款

主推款是直播间中主要推荐的商品，主要起承接流量、提高直播间的销量的作用。

主推款应当是中客单价、应季的热卖商品。直播团队可以通过分析近期直播平台的热卖商品来选择主推款商品。

2．印象款

印象款是指促成用户在直播间第一次下单的商品。印象款商品的购买体验影响着用户对直播间的第一印象，优质的印象款商品可以提高用户的复购率。印象款商品应具有较强的实用性，覆盖的用户范围要广。

例如，在服饰类商品直播中，直播团队可以选择打底衫作为印象款商品，因为打底衫的实用性较强；在美妆类商品直播中，直播团队可以选择卸妆水作为印象款商品，因为卸妆水覆盖的用户范围较广。

3．引流款

引流款是指在直播间中起到为直播间引流、吸引用户停留的作用的商品。直播团队可以将高性价比、低客单价的常规商品作为引流款商品，高性价比、低客单价的商品比较容易引起用户的兴趣，也能增加直播间的流量。

另外，直播团队还可以选择将具有独特卖点的商品作为引流款商品，通过突出这些商品与同类商品的差异来提升直播间的人气。直播团队可以将引流款商品放在直播刚开始的时候，同时在直播间推出福利活动，快速炒热直播间的氛围，为直播间吸引一波流量。直播团队也可以在直播间人气达到顶峰时再推出引流款商品，这样能够延长用户在直播间的停留时间。

4．利润款

利润款是指为直播间带来利润的商品。款式好、口碑好、性价比高的商品适宜作为利润款商品。用引流款商品让直播间人气达到一定程度后，直播团队便可以推出利润款商品。

5．活动款

活动款就是用于活动的商品。活动款商品一般是面向直播间用户发放的福利，即直播间的用户只有在关注主播或加入主播的粉丝团以后，才有机会购买活动款商品，所以活动款商品也被称作"宠粉款"商品，用于增强粉丝黏性。直播团队既可以将活动款商品作为活动奖品赠送给粉丝，也可以将某款商品设置为低价款，以此来激发粉丝的购买热情。活动款商品一般安排在利润款商品之后，以回馈粉丝。

6．品质款

品质款又称战略款、形象款，承担着提供信任背书、提升品牌形象的作用。品质款的意义在于吸引用户驻足观看，同时让用户觉得商品的价格和价值略高于预期，所以主播要选择一些高品质、高格调、高客单价的小众商品作为品质款。

品质款可以是设计师设计的商品，也可以是孤品、断码商品，其真正作用并不在于提高销量，而是提高直播间的定价标准，甚至拉高直播间的平均售价。

7.2.2　直播商品上架与讲解规划

直播团队做好选品并将商品划分好类别后，还要合理规划商品的上架与讲解，以更好地调动直播间的氛围，延长用户在直播间的停留时长。

1．单品循环

单品循环就是主播在整场直播中循环讲解主推款商品，同时上架其他商品链接，但主播对这些商品不进行重点讲解，只是在用户提问或者讲解主推款商品的优惠机制时对这些商品进行简单介绍。上架的其他商品最好能与主推款商品搭配，例如，主推款商品是拖把，可以上架地板清洁剂、水桶等。

2. 组合循环

组合循环是指在直播过程中，主播根据商品类型、功能、价格等因素，将商品划分为不同的组合，并按照特定的顺序和节奏进行上架与讲解。这种方式能够充分利用不同类型商品的特性，形成互补效应，提升直播间的整体销售效果。

商品组合的方式包括关联组合、互补组合、主题组合。关联组合是基于商品之间的关联性来安排上架与讲解，把在使用场景、功能用途、目标用户等方面具有密切联系的商品组合在一起。互补组合是将能够相互补充、增强彼此效果的商品组合在一起。主题组合是围绕一个特定的主题来组合商品。

组合循环可以分为组合小循环和组合大循环。

组合小循环是在一定时间范围内（如1~2小时），先将一组商品进行完整展示和讲解，包括介绍每个商品以及组合购买的优惠等信息，再对这组商品进行简短回顾，引导用户购买。例如，在一场家居用品直播中，主播先介绍一组厨房清洁用品（洗洁精、清洁刷、抹布），详细讲解它们的特点和优势，过一段时间，主播再次提及这个组合，强调其性价比高和使用方便。

组合大循环是指在整个直播过程中，安排多个不同的商品按照一定的顺序循环出现并讲解。例如，一场长达6~8小时的直播中将不同主题的商品组合，如家居清洁组合、家居装饰组合、家居小电器组合等，在不同的时间段依次展示并讲解。每组商品展示完后，经过一段时间（可能是几小时）再次讲解每组商品。

7.2.3 直播间商品陈列设计

直播间内商品的陈列影响着直播销售的效果，直播团队应做好直播间商品陈列设计。直播间商品陈列主要有3种形式，即主题式、品类式与组合式。

1. 主题式

主题式商品陈列的主要特征是统一，即商品陈列与直播间的主题保持一致。一般直播间的主题有节日主题（如春节、中秋节等）、季节主题（如春日特惠、夏日防晒专场等）、品类主题（如母婴专场、零食专场等）。例如，销售儿童服装鞋帽的直播专场如图7-5所示。

图7-5 儿童服装鞋帽直播专场

2．品类式

品类式商品陈列主要通过多品类的组合，为用户营造商品琳琅满目的购物氛围。图 7-6 所示为一个多品类商品直播间，主播所卖的商品品类繁多，有厨房用具、个人清洁工具等，如同一个百货店，应有尽有，给用户提供很多选择。

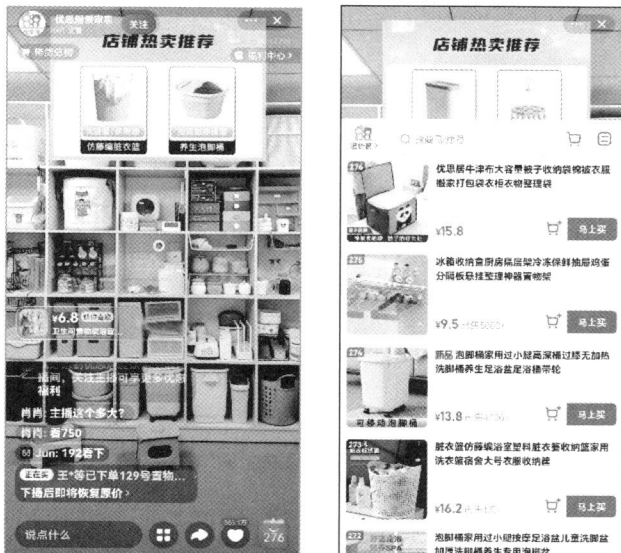

图 7-6　多品类商品直播间

3．组合式

组合式商品陈列主要通过强调商品与商品之间的联系和搭配，引导用户购买商品组合。服饰类主播可以引导用户购买套装，如给中意的衬衫搭配一条裙子或一件外套。美食类主播可以把美食和制作美食的设备组合起来销售，如将面包和面包机组合销售等。销售餐具时，主播可以把盘、碗、勺、筷等组合起来销售，如图 7-7 所示。

图 7-7　销售组合式商品直播间

韩束直播——主题场景巧陈列，"红蛮腰"系列魅力绽放

韩束是我国知名的护肤品牌，其秉持自然、健康、高效的护肤理念，强调产品的温和性与安全性，商品价格适中，但品质和效果俱佳，能够满足不同肤质、不同年龄段女性的护肤需求。

2024 年"双 12"期间，直播团队打造"双12年终盛典"主题式直播销售活动，直播间整体风格为时尚潮流、科技感。采用大面积的红色与白色为主色调，搭配明亮的灯光效果，营造出高端的氛围，与主推商品韩束"红蛮腰"系列风格相契合，如图 7-8 所示。直播屏幕上方显示直播主题，中间是主播与商品展示台，下方是弹幕互动区域，直播间仿佛将用户带入一个科技感十足的美妆世界。

主推商品"红蛮腰"系列采用组合式商品陈列，包括"红蛮腰"水、乳液、面霜、精华液及赠品身体乳等，主播依次将商品摆放在展示台上，营造出一种高端、超值的购物氛围，增强了商品的吸引力，让用户更容易产生购买欲望。

图 7-8　韩束直播间"红蛮腰"系列商品陈列

7.3　直播商品定价

商品价格是影响直播商品转化率的重要因素。合理的商品定价配合巧妙的直播话术，能够有效地刺激用户下单，促进直播间商品销售。

7.3.1　单款商品的定价

单款商品的定价就是为直播间中一款特定商品定价。以品牌自播为例，为单款商品进行定价的常见方法有以下 5 种。

1．成本导向定价法

成本导向定价法是一种基于成本的比较简单的定价方法，它包括成本加成定价法和目标利润定价法。运用此方法定价的重点是成本的核算，除了商品成本，还涉及人工成本、运营成本等。成本加成定价法的计算公式为：商品价格 = 单位成本 + 单位成本 × 成本利润率。目标利润定价法的计算公式为：商品价格 = 成本 + 期望的利润额。

2．竞争导向定价法

竞争导向定价法包括随行就市定价法与竞争对抗定价法两种。

（1）随行就市定价法

随行就市定价法是指直播团队密切关注市场上竞争对手的商品价格，使自己的商品价格与竞争对手的保持一致或接近。例如，直播团队发现其他直播间运动手环的价格为150～180 元，那么直播团队也可以将运动手环的价格定在这个区间。

（2）竞争对抗定价法

竞争对抗定价法是指当直播团队认为自己的商品具有明显优势（如质量更好、功能更全、品牌知名度更高等）时，会采用高于竞争对手的商品价格来体现其商品价值；相反，如果想快速占领市场份额，直播团队也可以采用低于竞争对手的商品价格。

3．心理导向定价法

心理导向定价法是一种依据用户的心理特点和价格感知来制定商品价格的方法。它充分考虑了用户在购买过程中对价格的认知、情感及行为反应等心理因素，目的是通过巧妙的定价策略激发用户的购买欲望，提升商品的销售效果。心理导向定价法包括尾数定价法、整数定价法和声望定价法等。

（1）尾数定价法

尾数定价法是利用用户对价格数字的心理感知，将商品价格制定成带有尾数的形式，如9.9元、19.9元等。在直播中，主播可以强调价格的实惠性，例如，"这款商品只要9.9元，不到 10 元，非常划算"。

（2）整数定价法

对于一些高端商品或用户不太关注价格的商品，采用整数定价法可以给人一种商品品质高、档次高的感觉。例如，一款高端的单反相机定价为 5 000 元，主播在直播时可以强调商品的高端性能、品牌形象等。

（3）声望定价法

声望定价法是指借助品牌的声誉、商品的形象或用户的信任来定价。一些知名品牌或奢侈品品牌的商品，其价格本身就是品牌价值的体现。在直播中销售这类商品时，主播要着重强调品牌的历史、文化、品质等。

📎 知识链接

用户在购买知名品牌的商品或奢侈品时，认为购买高价格的声望商品能够体现自己的社会地位、经济实力和独特品位。声望定价法利用了用户对品牌形象和社会认同的追求。高价格在一定程度上成了一种身份象征，用户愿意为心理满足感支付更高的费用。而且用户通常会认为价格高的商品的质量和性能也更好，这种观念也促使他们接受采用声望定价法定价的商品。

4．商品价值定价法

直播团队可以根据用户对商品所能提供的价值的感知来定价。例如，在非雨季，用户对雨伞的需求较小，他们对雨伞的感知价值相对较低，直播团队在此阶段销售雨伞，可以为雨伞定较低的价格；雨季来临时，用户对雨伞的感知价值随之提升，此时直播团队可以为雨伞定较高的价格。采用这种定价方法时，直播团队需要了解用户对商品功能、质量、品牌、服务等方面的价值评估。

另外，直播团队还可以通过创新商品的功能、服务或体验，为用户创造新的价值，并根据新价值为商品定价。例如，一款智能灯具，除了具有基本的照明功能，还能让用户通过手机App控制灯的颜色和亮度，并且具有播放音乐等功能。直播团队可以根据这款灯具的这些创新功能为用户带来的新价值确定一个相对较高的价格，在直播时重点展示商品的创新功能为用户带来的便利和乐趣。

5．人设定价法

直播团队还可以根据主播人设为直播商品定价。根据主播的人设类型，其所在直播间的商品价格区间可以分为以下 3 种类型。

- 专业人设主播在为商品定价时，通常以高客单价为主，中客单价为辅。
- 达人人设主播在为商品定价时，要以中客单价为主，低客单价为辅。
- 亲民人设主播或励志人设主播为商品定价时，要以低客单价为主，中客单价为辅。

7.3.2　商品组合的定价

商品组合定价策略是基于用户"有买有赠"的心理需求来设置商品价格的策略，一般将高客单价商品与低客单价商品（作为赠品）以套装的形式搭配，尤其是在主推高客单价的商品时，可以搭配中、低客单价的商品，以满足用户"有买有赠"的心理需求。

商品组合定价策略主要有以下 3 种。

1. 捆绑定价策略

捆绑定价策略是指将相关的商品捆绑在一起销售，并给予一定幅度的折扣优惠，让用户感觉购买商品组合比单独购买各个商品更划算，以刺激用户购买商品组合。折扣的幅度可以根据商品的利润率、库存情况及市场竞争等因素来灵活确定。

例如，在直播间销售一组家居清洁用品，包含一瓶洗洁精（原价 15 元）、一瓶油污净（原价 10 元）、一包清洁海绵（原价 5 元），各单品总价为 30 元，现在将它们捆绑销售，给予 30% 的折扣优惠，那么商品组合的定价就是 21 元。用户看到这样的折扣会觉得很实惠，尤其是原本就有购买这些清洁用品需求的用户，他们更愿意购买这种商品组合。

2. 套餐定价策略

根据商品组合内包含的商品的种类、数量、品质等因素，设计不同层次的套餐，并分别制定不同的价格，以满足不同消费层次、具有不同消费偏好的用户的购买需求。通常，低层次套餐价格较低，高层次套餐价格相对较高，但高层次套餐中商品的价值、功能或数量等方面应更具优势。

例如，在直播间销售电子产品组合时，基础套餐包含一个鼠标（价值 40 元）和一个键盘（价值 80 元），定价 96 元，升级套餐就是基础套餐加一个无线耳机（价值 80 元），定价 150 元。主播可以重点介绍套餐内包含的商品及其优势，用户就能根据自己的实际需求和预算来选择合适的套餐。

3. 满减定价策略

满减定价策略就是直播团队设定一个购买金额门槛，当用户购买商品组合达到此金额时，就可以减去一定的金额，实际上相当于为用户提供一定的折扣优惠。这种策略可以鼓励用户增加购买量，购买更多的商品组合或者搭配其他单品，以达到满减的条件。

例如，直播间销售男士服装，用户购买任意商品组合满 500 元减 50 元。某款西装套装定价 380 元，一件大衣 198 元，如果分开买需付 578 元，在直播间购买商品组合只需付 528 元。这样可以促使用户为了享受优惠而多选购商品，进而提升直播间客单价，这种定价策略适用于品类丰富、用户有多样化需求的销售场景。

在采用商品组合定价策略时，直播团队需要注意以下几点。

（1）商品组合的关联度高

直播团队要在直播前做好商品的搭配，而且要保证搭配商品与主推商品具有较高的关联度。例如，主推运动鞋、服饰时，搭配袜子、帽子、围巾、领带等；主推童装时，搭配玩具或文具；主推香水时，搭配口红、护手霜、防晒霜等。关联度高的商品组合不仅可以带给用户超值的感觉，使其获得"有买有赠"的心理满足，还能帮助用户节省自己搭配的时间和精力。

（2）搭配商品要实用

要让用户觉得自己会用到这些商品，如推广厨房用具时可以搭配洗涤用品，推广卸妆水时可以搭配卸妆棉等。

（3）保证商品品质

无论是主推商品还是搭配商品，直播团队都要保证商品具有良好的品质，如果商品品质对主播形象和直播间的信誉造成消极的影响，用户可能失去对品牌和直播间的信任。

课堂实训：小米有品直播商品规划

1．实训背景

小米有品依托小米生态链，汇聚了众多高品质、外观高端大气且具有科技感的生活家居用品。在智能家居市场蓬勃发展及电商直播竞争激烈的态势下，小米有品希望借助直播销售渠道提升商品销量与知名度。

2．实训要求

观看小米有品系列直播，分析直播团队是如何规划直播商品的，直播间是如何通过巧妙的商品陈列展示各类家居用品的科技功能与便捷性的。

3．实训思路

（1）请同学们自由分组，4 人一组，观看小米有品的直播。

（2）通过观看直播，找到直播中的引流款、利润款、活动款等商品，了解直播商品分类规划。

（3）通过观看不同的功能区，如客厅、卧室、厨房等场景下的直播，掌握直播间商品陈列的特点。

（4）预估小米有品直播销售业绩的好坏并说明依据，积累直播商品规划的经验并提出直播优化建议。

课后练习

1．简述直播选品的原则。
2．简述直播销售常见的货源。
3．简述直播商品常见类型。
4．简述规划直播商品上架顺序的方法。
5．简述直播间单款商品的定价方法。

第8章 直播销售活动管理

本章概述

直播销售活动管理是直播成功的关键，有利于及时解决问题，优化直播表现，促进销售，塑造品牌形象。本章将重点介绍直播测试与准备、直播商品的讲解、直播中活动管理、直播间用户管理、直播流量管理，以及直播应急事件处理等知识。

学习目标

➤ 掌握直播商品的讲解方法、直播中活动管理的方法。
➤ 掌握直播间用户画像分析、用户分层管理及促进用户转化的方法。
➤ 掌握直播引流信息设计的方法和直播引流策略。
➤ 掌握直播应急事件处理的方法。

本章关键词

直播账号　直播商品　活动管理　用户管理　流量管理　应急事件处理

案例导入

鸿星尔克直播困局，化解流量冲击有妙招

2021年，鸿星尔克官方微博发布声明，宣布向河南捐赠 5 000 万元物资，随后引发了广大消费者的"野性消费"热潮，鸿星尔克直播间流量呈爆发式增长，给直播运营带来了巨大的挑战，如图8-1所示。

微课视频

一次直播过程中，鸿星尔克官方直播间短时间内涌入大量观众，导致直播平台服务器不堪重负。直播画面卡顿严重，观众无法正常查看商品，购物车加载缓慢，甚至无法添加商品，严重影响了观众的购买体验。同时，直播间互动功能也出现异常，观众的留言和提问不能及时显示，极大地破坏了直播的流畅性和互动性。

鸿星尔克主播团队迅速意识到问题的严重性，立即通过内部通信设备与后台技术人员、运营团队取得联系，建立起紧急沟通渠道，确保信息能够及时传递和共享。技术人员接到通知后，第一时间对服务器负载情况进行全面检测和分析，确定问题的根源。主播面对突发情况，始终保持冷静且亲和的态度，面对镜头向观众诚挚地道歉，解释当前直播卡顿和购物车问题是流量过大导致服务器暂时出现故障，并告知观众技术团队正在全力抢修，让观众耐心等待。

为了缓解观众等待的焦虑情绪，主播充分利用品牌自身的优势和故事性，开始讲述鸿星尔克多年来在体育事业和社会公益方面的坚持与付出，通过分享品牌故事，进一步提升了观众对鸿星尔克品牌形象的认知度和好感度，使观众在等待过程中依然保持对品牌的关注。

经过技术团队的努力，其直播系统逐渐恢复正常。为了感谢观众的耐心等待，主播团队推出一系列补偿措施，如专属优惠券、品牌定制小礼品及部分商品额外折扣。

通过以上一系列应急处理措施，鸿星尔克成功地化解了直播中的重大危机。虽然直播过程中出现了技术故障，但观众对品牌的好感度并未降低，反而因为品牌在应急处理过程中的真诚态度、主播的专业表现以及后续的补偿措施而进一步提升。

图 8-1　鸿星尔克遭遇"野性消费"

此次直播事件充分展示了鸿星尔克在直播应急事件处理方面的有效性和品牌强大的市场号召力。

案例思考：鸿星尔克采取了哪些应急事件处理策略？

8.1　直播测试与准备

在正式直播之前，直播测试是至关重要的环节，可这一环节却常常被忽视。直播测试相当于在直播前依据直播策划开展彩排。在彩排过程中，商家可能会发现诸多问题，如直播场地布局不合理、直播设备不能正常工作等，这些问题可能直接导致直播的失败。而直播账号开通则是完成直播测试后的关键步骤。在直播账号开通时，商家要明确直播的内容方向，精心规划直播时间等要素。

8.1.1　直播测试

直播测试涵盖多个方面，包括直播场地测试、直播设备测试，以及直播画面效果测试等，这些测试对直播能否顺利开展至关重要。只有做好直播测试，减少直播过程中可能出现的各类问题，才能为观众呈现高质量的直播内容。

1．直播场地测试

商家对直播场地进行测试时，应结合空间布局、光线条件和声学环境进行测试。

（1）空间布局测试

商家首先要考虑场地的大小和布局是否符合直播需求。例如，服装直播需要足够的空间来展示服装的全貌。商家可以在场地内模拟直播场景，让模特或工作人员在场地中走动、展示商品，检查是否有空间局促的情况。

此外，商家还要测试场地的背景。直播背景应该简洁，与商品风格相匹配。在测试时，商家要从不同角度观察背景是否会分散观众的注意力，或者是否会与商品产生不协调的视觉冲突。

（2）光线条件测试

场地的光线对直播画面质量至关重要。自然光和人造光的结合需要精心调试。商家可以在不同时间段测试自然光的效果。例如，在早晨、中午和傍晚，分别观察光线的强度、方向和色温对商品展示的影响。

对于人造光，要测试灯光的亮度、角度和色彩还原度。商家使用专业的灯光设备时，要注意调整灯光的角度，确保商品没有阴影或者反光过强的区域。

（3）声学环境测试

测试场地的声学环境是指检查是否有回声、噪声干扰等问题。商家可以在场地内播放一些背景音乐或者说话的声音，然后在不同位置进行录制和回放，检查是否有回声。如果场地靠近嘈杂的街道或者有机器设备的运转声，商家可以采取隔音措施，如安装隔音窗帘或者使用吸音板，良好的声学环境可以确保主播的讲解和商品的音效清晰地传达给观众。

2．直播设备测试

直播设备测试主要指对摄像设备、音频设备和网络设备进行测试。

（1）摄像设备测试

商家要测试摄像设备的分辨率、帧率和对焦能力。商家以高分辨率和合适的帧率（如30帧/秒或60帧/秒）拍摄商品，检查画面是否清晰、流畅。在测试对焦能力时，将商品放置在不同的距离和位置，观察摄像设备是否能够快速、准确地对焦。

商家还要测试摄像设备的不同拍摄模式和功能，如特写模式、全景模式等。在销售美妆产品时，特写模式可以让观众清晰地看到化妆品的质地和细节；而全景模式则适用于展示整个化妆台或一系列的产品。

（2）音频设备测试

音频设备测试的重点是声音的清晰度和音量。商家可以让主播在不同的距离用不同的音量说话，测试话筒的拾音效果，确保没有杂音、失真或音量过小的情况。同时，商家还要测试音频的输入和输出是否同步。如果音频和视频画面不同步，会给观众带来非常差的观看体验。商家可以通过播放一段带有音频的视频进行测试，检查声音和画面是否同步。

（3）网络设备测试

稳定的网络是直播销售的保障。网络设备测试主要是指测试直播场地的网络速度，包括上传和下载速度。商家可以使用网络测速工具，确保上传速度能够满足直播的要求，一般来说，上传速度需要保持在 5M～10Mbit/s，以保证高清直播画面能够流畅地传输到服务器。同时，商家还要进行长时间的网络压力测试，模拟直播过程中的数据传输情况，观察是否会出现网络中断或者卡顿的现象。如果网络不稳定，商家可以连接有线网络或者升级网络设备。

3．直播画面效果测试

直播画面效果测试是指测试色彩准确性、画面稳定性，以及画面清晰度和分辨率。

（1）色彩准确性测试

商家可以使用专业的色彩校准工具或者参考标准色卡，测试直播画面的色彩准确性。不同的摄像设备和显示设备可能会导致色彩出现偏差，这会影响观众对商品的真实感知。

例如，在销售服装时，服装的颜色必须准确地呈现在观众眼前。如果红色的衣服在直播画面中看起来偏橙色，可能会导致观众对商品产生误解。商家可以通过调整摄像设备的色彩设置，确保画面色彩与商品实际颜色一致。

（2）画面稳定性测试

画面稳定性测试，即检查画面是否会出现抖动或者晃动的情况。即使是轻微的抖动也可能会让观众感到不适，尤其是在展示细节或者进行特写拍摄时。商家可以使用三脚架或者稳定器来固定摄像设备，然后模拟直播过程中的各种动作，如平移、旋转等，观察画面的稳定性。

对于手持拍摄的情况，商家要测试手持设备的防抖功能。主播做走动、转身等动作，查看画面是否能够保持相对稳定。如果画面稳定性差，商家可以考虑使用更高级的防抖设备或者改进拍摄手法。

（3）画面清晰度和分辨率测试

除了在摄像设备测试中关注清晰度和分辨率，在画面效果测试阶段，商家要从观众的角度来评估画面的清晰度和分辨率。商家要在不同的观看设备（如手机、计算机、平板电脑）上查看直播画面的清晰度和分辨率是否符合要求。商家还可以邀请一些内部人员或者潜在客户提前观看测试直播，收集他们对画面清晰度和分辨率的反馈。商家根据反馈调整摄像设备的设置或者选择更合适的直播分辨率，以确保在不同网络条件和观看设备下，观众都能看到清晰的商品展示画面。

8.1.2 直播账号的开通

开通直播账号是开启直播的关键环节。无论是企业渴望拓展销售渠道，还是个人创作者希望展示才艺、分享知识，都需要先拥有一个属于自己的直播账号。

1. 直播账号的组成

不同的直播平台的账号设置存在一定的差别，但账号基本由账号名称、账号简介、账号头像和账号头图等组成，如图 8-2 所示。

图 8-2　直播账号组成

（1）账号名称

直播账号的名称应简洁明了，让观众一眼就能看出直播内容，而且要与主播人设定位或品牌定位相匹配，体现个人风格或品牌特色，便于观众理解、记忆和传播。例如，品牌账号可以直接使用品牌名称或网店名称，如"小米汽车""小米官方旗舰店"；有一定知名度的主播也可以使用自己的真实名字。

（2）账号简介

账号简介一般用简短的内容告诉观众该账号的专注领域，并展示账号特色，吸引目标观众。

（3）账号头像和账号头图

品牌账号头像一般使用品牌标志或品牌的商标图案，个人主播可以使用自己的高清照片，让观众看清楚主播的面容。账号头图是账号头像上方的背景图片，可以使用真人照片，也可以使用场景图，用于展示有代表性的产品、联系方式等信息。账号头像和账号头图应与账号定位保持统一风格，且避免图片模糊不清。

2．直播账号的开通流程

大部分直播平台会将默认开设的平台账号当作直播账号。不过，若要进行直播销售，需要先开通直播权限，同时完成实名认证，这是保障直播环境安全和规范的必要步骤。此外，部分直播平台还要求开通带货权限，毕竟直播销售涉及商品交易环节。

下面以抖音直播为例，介绍直播账号的开通流程。

（1）开通抖音直播

打开抖音账号主页，点击下方的◙按钮，找到"开直播"，然后点击"开始视频直播"按钮（如图8-3所示），打开实名认证界面，输入主播或账号负责人的真实姓名和身份证号，点击"确认并授权"按钮完成实名认证，如图8-4所示。

图 8-3　开始视频直播

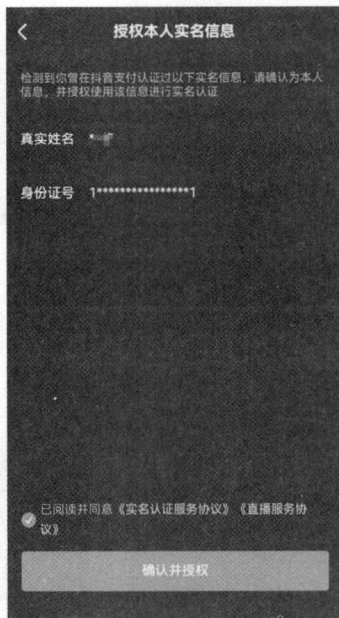

图 8-4　确认并授权

（2）开通电商带货

返回"视频"界面，点击"商品"按钮，即可查看带货权限，如图 8-5 所示，点击"立即加入抖音电商"按钮，阅读授权协议并选中"阅读并同意……"单选按钮，即可完成抖音账号授权，如图8-6所示。在符合开通条件后，商家即可开通抖音电商带货权限，抖音个人主页会显示"商品橱窗"按钮，此时商家可以添加直播商品，随后开启直播。

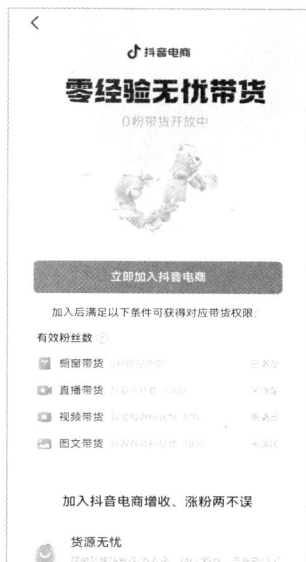

图 8-5　查看带货权限　　　　　图 8-6　抖音账号授权

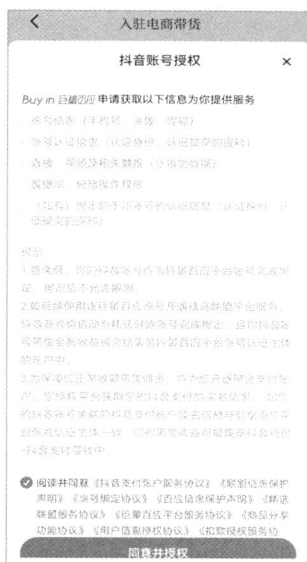

8.1.3　直播商品的添加

一般添加直播商品的方式有两种：一是直播前添加商品，二是直播期间添加商品。

1．直播前添加商品

在发布直播预告时，先添加直播商品，并标明商品卖点等，直播时商品会自动出现在购物车中，具体操作方法如下。

（1）在抖音 App 个人主页点击"全部功能"按钮，然后点击"电商带货"按钮，如图 8-7 所示。

（2）在打开的界面中点击"选品广场"按钮，如图 8-8 所示。

（3）进入选品界面，在界面上方的搜索框中输入要搜索的商品，然后点击"搜索"按钮，如搜索"直播支架"，在搜索结果中可以看到相关商品，如图 8-9 所示。

图 8-7　点击"电商带货"按钮　　图 8-8　点击"选品广场"按钮　　图 8-9　搜索商品

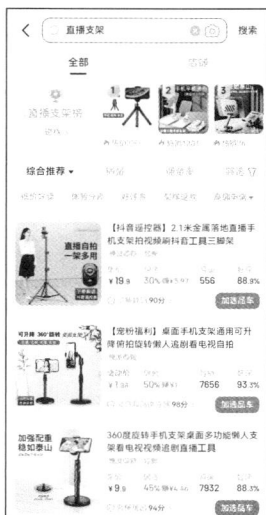

（4）点击搜索结果中商品右侧的"加选品车"按钮，将商品添加到选品车，显示"已加选品车"，如图 8-10 所示。

（5）返回选品界面，在下方点击"选品车"按钮，如图 8-11 所示。

（6）打开"选品车"界面，可以看到添加的商品，点击右上方的更多按钮┅，在弹出的界面中选择"去直播中控"选项，如图 8-12 所示。

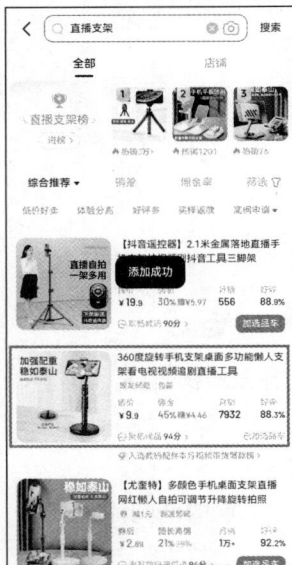

图 8-10　将商品添加到选品车　　图 8-11　点击"选品车"按钮　图 8-12　选择"去直播中控"选项

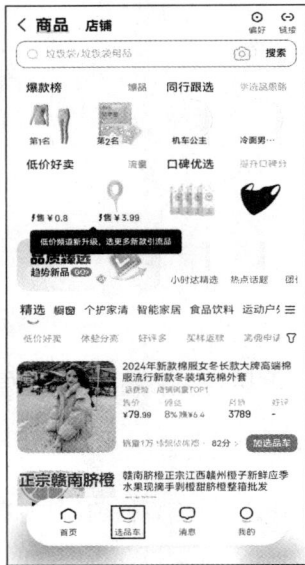

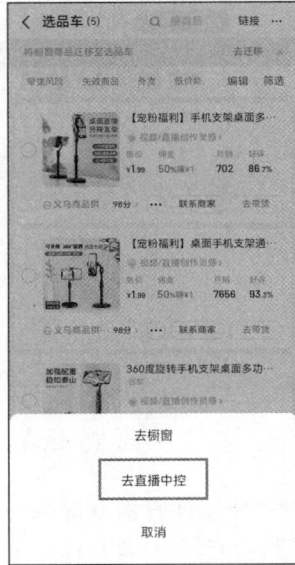

（7）进入"进行下场直播的准备"的界面，点击"添加商品"按钮，如图 8-13 所示。

（8）弹出"添加商品"界面，点击"选品车"选项卡，选中需要带货的商品，然后点击"添加"按钮，即可完成直播商品添加，如图 8-14 所示。

图 8-13　点击"添加商品"按钮　　　　图 8-14　完成直播商品添加

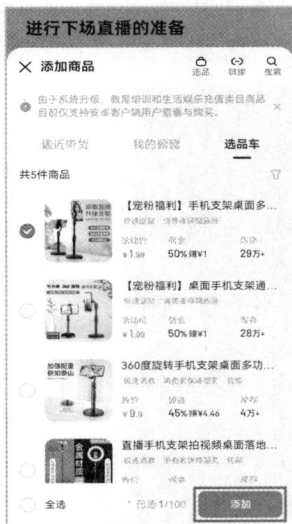

2．直播过程中添加商品

在抖音直播间中点击"电商"按钮，然后选择要添加的商品，即可将其添加到直播商品列表中，具体操作方法如下。

（1）开始直播后，在抖音直播界面下方点击"电商"按钮，如图 8-15 所示。

（2）在弹出的"直播商品"界面中点击"添加直播商品"按钮，如图 8-16 所示。

图 8-15　点击"电商"按钮　　　　图 8-16　点击"添加直播商品"按钮

（3）打开"添加商品"界面，选择需要添加的商品，点击"添加"按钮，如图 8-17 所示。

（4）返回"直播商品"界面，可以查看添加的直播商品。点击商品右下方的"讲解"按钮，即可开始商品讲解，如图8-18所示。此时，在直播间中会显示正在讲解的商品信息卡片，并自动录制商品讲解视频。

（5）在"直播商品"界面上方点击"管理"按钮，在打开的界面中可以对商品进行置顶、删除、添加等操作，如图 8-19 所示。

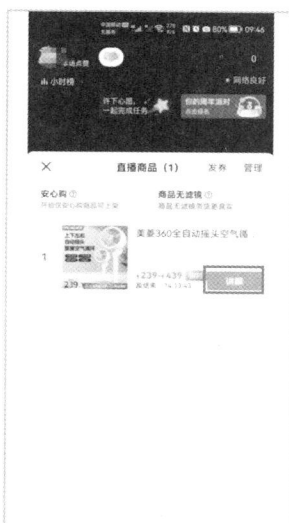

图 8-17　添加商品　　　　图 8-18　点击"讲解"按钮　　　　图 8-19　管理直播商品

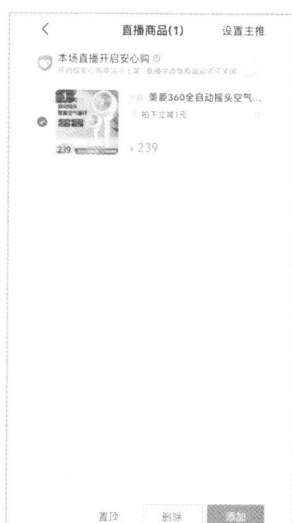

8.2 直播商品的讲解

通过听直播商品讲解，观众能深入了解商品的特点、质量和使用方法等。它不是简单罗列商品信息，而是要生动、准确地呈现商品价值，将抽象的参数转化为实际的体验，把复杂的使用步骤变得清晰易懂，还要融入优惠信息、赠品信息，增强商品的吸引力。

8.2.1 直接讲解法

直接讲解法能够迅速传达商品的基本信息，主播简洁明了地介绍商品，让观众在短时间内对商品有全面的认识，从而判断商品是否符合自己的需求。直接讲解法的要点如下。

1. 清晰的开场介绍

主播在开始讲解时，要直截了当地说出商品的品牌和名称。例如，"今天给大家带来的是知名品牌××的一款智能手环。"这样能让观众立刻知道讲解的主题，吸引对该品牌或商品类型感兴趣的观众。

如果商品有特别突出的卖点，主播也可以在开场简单提及，以此引起观众的好奇心。例如，"这款智能手环的最大亮点是它精准的健康监测功能。"

2. 按照重要程度讲解商品属性

对于功能型商品，主播首先要讲解关键功能。例如，主播介绍智能手环时，先介绍健康监测功能："这个手环能够24小时不间断地监测你的心率、血压。它的心率监测非常精准，采用了先进的光学传感器，误差范围极小，能让你随时掌握自己的健康动态。"然后描述商品的外观和材质："手环的表带是柔软的硅胶材质，亲肤舒适，而且有多种时尚的颜色可以选择，如经典黑、活力橙、清新蓝等。表身是金属质感的铝合金，不仅坚固耐用，还很有质感，戴在手上非常漂亮。"最后讲解一些其他细节，如手环的防水性能、续航能力等："它具有很强的防水功能，你戴着它洗手、淋雨都完全没问题。而且续航能力很强，充电一次后使用时间长达10天，不用频繁充电，非常方便。"

3. 结合实际使用场景讲解

主播可以把商品放在日常的生活场景中讲解，让观众更容易理解。例如，"当你晚上睡觉时，它会自动监测你的睡眠质量，区分浅睡、深睡和快速眼动睡眠期，第二天早上你可以在手环上或者手机App里查看详细的睡眠报告。如果你的睡眠质量不好，它还能给你提供一些改善的建议，就像你身边有一个小小的睡眠管家。"

如果商品有适合的特殊场景，主播可以说："假如你喜欢运动，这个手环更是你的好帮手。它可以记录你跑步、骑行、登山等各种运动的数据，包括运动距离、速度、消耗的热量等。你还能通过它和运动伙伴进行数据共享，互相鼓励、互相比较，增加运动的乐趣。"

4. 直白地说明价格和优惠

主播在直播时明确说出商品的价格，不要让观众去猜测价格，避免模糊不清的表述。例如，"这款智能手环的价格是299元。"如果有优惠活动，主播要直接且详细地说明。例如，"今天在我们直播间有一个特别的优惠活动。你可以领取一张100元的优惠券，到手价只要199元。我们还会赠送你一条备用的表带，有不同的颜色可以选择，让你可以根据自己的心情或者穿着来更换。"

5. 总结商品价值

在细致地讲解完某款商品的特色后，主播可以简单回顾商品的主要价值，引导观众下单。例如，"总的来说，这款智能手环功能强大，外观时尚，价格实惠，还有优惠活动和赠品。它能进行健康监测和运动记录，同时也是一个不错的时尚配饰。"

8.2.2 间接讲解法

间接讲解法能巧妙地引导观众发现商品的价值。主播可以通过分享用户故事、对比和类比、描述商品使用场景等方式来激发观众的购买欲。

1. 分享用户故事

主播可以从自己或身边人的真实经历入手。例如，在讲解一款护肤品时说："我有一个朋友的皮肤比较敏感，之前试过很多护肤品，皮肤都会过敏。但是，她在用了这款护肤品之后，皮肤状况得到了很大的改善。她跟我说，现在她的皮肤不仅不容易过敏了，还变得更加水润、有光泽。"这种真实的用户故事让观众能够在情感上产生共鸣，仿佛看到了自己使用后的效果。

主播还可以引用用户的评价来提升可信度。例如，在介绍一款健身器材时，主播可以念出一些用户的好评："我们收到了很多顾客的反馈，他们说这款健身器材非常容易安装，而且质量很好。有一位顾客说，他使用这款器材一个月后，感觉自己的肌肉力量明显增强了，整个人的精神状态也变好了。"这样的用户评价可以让观众更加直观地了解商品的优势，同时增强对商品的信心。

2. 对比和类比

在讲解一款商品时，主播可以将其与其他品牌的同类型商品进行对比，突出所讲解商品的优点。例如，在介绍一款平板电脑时说："和其他品牌的平板电脑相比，我们这款平板电脑的屏幕分辨率更高。大家可以看一下（同时展示对比画面），这款平板电脑的屏幕显示的图像更清晰、更细腻，色彩也更鲜艳。而且，在续航方面这款平板电脑能连续使用 10 个小时，而其他一些品牌的平板电脑只能使用 7～8 个小时。"

对于一些比较抽象的商品或者功能，主播可以采用类比的方法，帮助观众更好地理解商品的性能。例如，在讲解一款空气净化器的净化效率时说："这款空气净化器就像一个清洁小卫士。如果把房间里的空气比作一个浑浊的小池塘，那么这款净化器就可以快速地把池塘里的脏东西都清理干净，让空气像山间清泉一样清新。它的净化速度非常快，每小时可以净化 50 立方米的空气，相当于在短时间内把一个小房间的空气完全更新一遍。"

3. 描述商品使用场景

主播可以为观众描述商品的使用场景，让观众想象自己在这些场景中使用商品的情形，从而激发观众的购买欲望。例如，在讲解一款野餐篮时说："想象一下，在一个阳光明媚的周末，你和家人一起去公园野餐。带上这款野餐篮，它里面有足够的空间可以装下美食、饮料和餐具。它很轻便，你可以轻松地提着它在公园里找到一个舒适的角落，享受美好的户外时光。"

8.2.3 逻辑讲解法

逻辑讲解法能让商品信息清晰、有条理地呈现给观众，帮助主播避免讲解的混乱和无序。主播可以通过问题引导、功能分解和层层递进等方式提升直播讲解效果，促进销售。

1. 问题引导

主播首先要抛出与商品相关的问题，这些问题应该是观众在购买该类商品时普遍关心的，能够迅速抓住观众的注意力。例如，在讲解一款电动牙刷时，可以这样说："大家在挑选电动牙刷的时候，是不是非常关心它的清洁效果、刷头质量和使用的舒适度呢？"

接着，主播就可以按照提出问题的顺序来逐一介绍商品的特点。对于清洁效果，可以说："这款电动牙刷采用了高频振动技术，每分钟能振动 30 000 次，能够有效地清除牙齿表面和牙缝的污垢。而且它还有定时提醒功能，每 30 秒会短暂停顿一下，提醒你更换刷牙区域，确保口腔的每个角落都能得到充分的清洁。"

然后讲解刷头质量："它的刷头采用柔软的杜邦刷毛，这种刷毛非常纤细，能够深入牙缝，但又不会伤害牙龈。刷头的形状是根据人体口腔设计的，能够很好地贴合牙齿，让刷牙更加舒适。"

最后讲解牙刷的舒适度："电动牙刷的握柄部分采用了防滑设计，即使手上有泡沫或者水，也能稳稳地握住。而且它的振动模式有多种强度可以选择，你可以根据自己的喜好和口腔敏感度来调整，整个刷牙过程就像是在给牙齿做一场舒适的按摩。"

2. 功能分解

对于复杂的商品，主播可以将其功能进行分解，形成一个清晰的讲解框架。以一款多功能电饭煲为例，可以把它的功能分解为煮饭功能、煲汤功能、煮粥功能等，逐一讲解功能细节。

先讲解煮饭功能："这个电饭煲的煮饭功能非常出色，它的智能芯片可以根据不同的米种和口感需求来自动调整煮饭的时间和火候。比如煮五常大米，它能煮出颗粒饱满、口感软糯的米饭。而且它还有一个'柴火饭'模式，模拟传统柴火煮饭的过程，让米饭有一股独特的香味。"

接着讲解煲汤功能："在煲汤方面，它的内胆采用了优质的陶瓷材质，能够均匀地传递热量，让汤的味道更加浓郁。它还有一个'老火汤'模式，长时间的小火慢炖，能够把食材的营养充分释放出来。你可以把排骨、玉米、胡萝卜等食材放进去，几个小时后就能享受到一锅美味又营养的好汤。"

再讲解煮粥功能等其他功能，让观众对电饭煲的所有功能都有详细的了解。

3. 层层递进

层层递进是指主播从基础信息开始，逐步深入介绍商品优势。以一款智能手机为例，主播可以先从外观设计开始讲解："这款手机的外观非常吸引人，它采用双面玻璃机身，搭配金属中框，不仅握感舒适，看起来还很有质感。屏幕是 6.5 英寸的高清显示屏，屏占比为 90% 以上，能给你带来非常震撼的视觉体验。"

然后，深入讲解性能："在性能上，它搭载了最新的处理器，运行速度非常快。无论是打开多个应用程序，还是玩大型游戏，都不会出现卡顿的现象。它还配备了大容量的电池，续航能力很强，让你不用担心手机电量不足的问题。而且它支持快充技术，一个小时左右就能把手机电量充满。"

最后，主播介绍商品的高级功能："这款手机还有一些非常厉害的高级功能，比如它的拍照功能。它配备了后置四摄系统，能够满足你在各种场景下的拍摄需求。无论是风景、人物，还是夜景，都能拍出高质量的照片。还有它的 AI 智能助手，可以根据你的使用习惯来提供个性化的服务，比如提醒你重要的事项、帮助你快速查找信息等。"

📓 案例在线

高端农产品直播——以情绘味，追溯产地历史铸口碑

某主播在直播间卖伊比利亚火腿，这是一种来自西班牙的高端食材，国内很少有人了解，多数观众平时没有购买此商品的习惯。

为了将其更好地推介给观众，主播首先说道："伊比利亚火腿在西班牙的地位和金华火腿在国内的地位是一样的，都是"一腿难求"，堪称当地美食文化的"瑰宝"。在西

班牙的顶级餐厅与奢华宴会上，伊比利亚火腿总是作为开场的经典佳肴，以其独特的风味与珍贵的品质带领人们开启一场味蕾的奢华之旅，就如同金华火腿在中式高端宴席中常常占据重要一席，是传统美食工艺的杰出代表。"主播通过这样生动的类比，让观众对商品有了初步且深刻的认识。

"但是，伊比利亚火腿在制作方法上和国内的火腿有很大的不同。它对原材料的选择极为苛刻，只有用西班牙本地一种特产猪的腿做成的火腿，才有资格叫伊比利亚火腿，其他的都不行。这种特产猪生长在特定的自然环境中，以橡果为食，历经漫长的自然风干与精细的手工腌制过程，每一道工序都饱含着数百年传承的匠心与技艺，从而造就了伊比利亚火腿独一无二的高端品质与卓越口感，使其在全球美食界都享有盛誉，成为高端食材中的璀璨明珠。"主播借助对商品特殊之处的深入阐释，进一步强化商品的高端定位与独特魅力。

在展示商品实物的时刻，主播拿起一片切好的火腿说道："大家看这火腿片，简直如同艺术品一般，晶莹剔透，纹理细腻且分布均匀，那色泽就好像将汉白玉的温润与红宝石的艳丽有机地结合到了一起，每一丝纹理都仿佛在诉说着它的不凡身世与精湛工艺，实在是令人赏心悦目，光是摆在盘中就已让人垂涎欲滴。"主播通过细致入微地描述产品的外形并展示商品，给观众带来了极大的视觉冲击，让观众对商品产生强烈的好感。

接着，主播拿起一片火腿放入口中，细细品味后说道："你们知道吗？这个火腿从养殖源头到加工制作，全程都有着严格的质量管控与安全检测体系，保证安全，保证美味。它的口感太好了，在入口的瞬间，首先感受到的是那细腻柔滑的质感，仿佛丝绸在舌尖上轻轻滑过，随后是浓郁醇厚的香味在口腔中散开，既有橡果的清新果香，又有腌制后独特的咸香风味，最后还能品出一丝淡淡的甘甜，这种丰富而有层次的口感，与金华火腿有很大的不同。当然，它们都很好吃，但伊比利亚火腿有一种独特的风味，是一种融合了西班牙风情与传统工艺的极致味觉体验，只有尝了才知道其中的美妙与神奇。"主播通过绘声绘色地描述伊比利亚火腿的味道，巧妙地勾起观众的食欲和强烈的好奇心，促使他们产生购买的欲望。

8.3　直播中活动管理

在直播过程中，有效的活动管理能够大幅提升直播效果。直播中的活动形式多样，如红包、抽奖、游戏、促销等，这些活动的顺利开展都需要精心管理。活动的节奏把控也很关键，要适时推出活动，避免过于频繁或过于稀少，让观众在整个直播过程中都能保持较高的参与度和期待值，从而提升直播的吸引力和影响力。

8.3.1　红包活动管理

在直播中，红包活动是吸引观众、增加互动的重要手段。有效的红包活动能让直播更具活力，提升观众参与热情。

1. 红包活动策划阶段

在红包活动策划阶段，商家应明确发放红包的目的和预算、设定红包类型和领取规则，以及选择平台的红包发放功能或第三方工具。

（1）明确发放红包的目的和预算

商家应明确发放红包的目的，如果是为了吸引新观众，那么红包可以作为新人注册或首次进入直播间的奖励；如果是为了增进观众互动，可以在直播过程中的特定互动环节发放。例如，在一场电商直播中，为了吸引新观众关注店铺，商家可以设置新观众关注直播间即可领取红包的活动。

商家可以根据直播规模、预期参与人数和活动重要性来确定红包预算，预算的多少直接影响红包的金额、数量和发放频率。

（2）设定红包类型和领取规则

直播间发放的红包类型一般有普通红包、拼手速红包和运气红包。

* 普通红包的金额固定，符合领取条件的观众均有机会领取。
* 拼手速红包先到先得，考验观众的反应速度。这种红包发放后会在短时间内被领完，能够快速提升直播间的热度。
* 运气红包根据随机算法分配金额，观众获得的金额各不相同。

商家要设定明确的领取条件，如关注直播间、分享直播链接、评论达到一定次数等。例如，观众需要关注直播间并且评论与直播主题相关的内容后，才有资格领取红包。同时，商家要规定红包的发放时间和有效期。发放时间可以是直播开始时、直播中途放松时或者直播结束时；设置的有效期则要确保观众有足够的时间领取，但也不能过长，以免影响活动效果。

（3）选择平台的红包发放功能或第三方工具

商家可以使用平台自带的功能发放红包，也可以使用第三方工具。

许多直播平台都有自己的红包发放系统，这些系统通常与平台的用户数据和直播流程紧密结合，方便管理。例如，在抖音直播中，商家可以通过直播中控台设置红包类型、金额、发放时间等参数，并且能够直接看到红包的领取情况和数据分析。

如果直播平台的红包发放功能有限，商家也可以选择第三方工具。这些工具可以提供更丰富的玩法，如多层红包（完成一个任务领取一层红包）、红包雨（在一定时间内大量红包连续发放）等，但在使用第三方工具时，要确保其与直播平台兼容且具有安全性。

2. 红包活动执行阶段

在红包活动执行阶段，商家可以提前宣传红包活动，进行红包发放过程管理，积极引导观众参与红包活动。

（1）提前宣传红包活动

商家要在直播前通过多种渠道宣传红包活动，可以在社交媒体平台（如微博、微信公众号等）发布直播预告信息，重点提及红包活动的亮点，如红包金额、发放时间和领取方式等。例如，在微博上发布直播预告："明天晚上8点直播，开场就有拼手速红包，最高100元，关注直播间就能领！"

商家还可以利用直播间的标题、封面和公告栏提前告知观众红包活动。标题可以包含"红包雨来袭"等吸引观众注意力的字样，封面可以设计为带有红包元素的图片，在公告栏详细说明红包活动的规则。

（2）进行红包发放过程管理

红包发放过程中，主播要监控红包领取情况，即实时查看红包的领取人数、领取速度和剩余金额等数据。如果发现红包领取速度过慢，可能需要提醒观众及时领取；如果领取速度过快，导致部分观众没有领到，要考虑是否适当增加红包数量或调整发放策略。例如，在发放拼手速红包后，发现只有少数观众领到，而直播人气较高，主播可以在后续环节适当增加拼手速红包的发放数量。

若遇到网络问题、红包系统故障等异常情况，主播可以暂停发放红包，向观众说明情况并尽快解决问题。如果是小问题，主播可以通过重新发放红包或延长红包有效期等方式进行补救。

（3）积极引导观众参与红包活动

主播在直播过程中要积极引导观众参与红包活动，可以通过语言提示，如"大家赶紧关注直播间领红包啦""现在评论区留言，下一波红包马上就发"等；还可以将互动游戏与红包活动相结合，提高观众的参与度，例如，开展猜谜语、抽奖等互动游戏，获胜者可以获得额外的红包。

3．红包活动复盘阶段

红包活动结束后，商家要及时收集红包活动的数据，总结经验教训，并不断优化红包发放规则，以提高直播间的人气。

（1）数据分析

商家要收集红包活动相关的数据，包括红包发放数量、金额、领取人数、领取率、观众留存率等，通过分析这些数据了解红包活动的效果。例如，如果红包发放了100个，总金额为1 000元，领取人数为80人，领取率为80%，可以初步判断活动的吸引力；同时结合观众留存率，分析在红包发放后观众是否继续留在直播间，以评估红包对观众留存率的影响。

此外，商家还可以通过对比不同类型红包的数据，分析哪种类型的红包更受观众欢迎，哪种规则下观众的参与度更高。

（2）总结经验教训

商家要根据数据分析结果，总结红包活动的成功经验和不足之处。如果红包活动成功提升了观众参与度和留存率，要分析是红包类型、发放时间还是互动引导起到了关键作用；如果活动效果不佳，要找出问题所在，如红包金额吸引力不够、规则过于复杂或者宣传不到位等。

（3）反馈与优化

商家要将红包活动的总结和改进措施反馈给直播团队，包括主播、运营人员和技术人员等，大家共同讨论如何优化红包活动，如调整红包预算、改变红包类型组合等，通过不断反馈与优化，提升红包活动的质量和效果。

8.3.2　抽奖活动管理

在直播活动管理中，抽奖活动是吸引观众、增加互动和提升直播效果的有效手段。

1．抽奖活动策划阶段

在抽奖活动策划阶段，商家要明确抽奖目的和目标观众，设置合理的抽奖规则和奖品，同时要确保抽奖活动符合相关法律法规。

（1）明确抽奖目的和目标观众

商家首先要明确抽奖是为了增加新观众、提高观众留存率、促进产品销售，还是为了答谢老观众等。同时，商家要确定抽奖活动主要面向的人群，是新观众、老观众还是所有观众。例如，为了吸引新观众关注直播间，可以设置只有新关注直播间的观众才能参与抽奖。

（2）设置合理的抽奖规则和奖品

商家要明确观众如何参与抽奖，如点赞、评论、分享直播链接、购买产品等。例如，观众需要在评论区发送指定的关键词，并且点赞数达到一定值才有资格参与抽奖。

其次，商家还要确定抽奖的具体时间点或时间段，可以是直播过程中的固定时间，如每隔30分钟抽奖一次；也可以是在直播结束后统一抽奖。然后选择合适的抽奖方式，如随机抽取、按照评论顺序抽取、根据观众互动热度（点赞数、评论数、分享数）抽取等。

此外，商家要根据抽奖目的和预算选择合适的奖品，包括电子产品、美妆护肤品、食品等实物产品，或者优惠券、会员权益、线上课程等虚拟奖品。商家要合理安排奖品的价值和数量，价值要有吸引力且低于成本预算，数量要能吸引观众参与，避免因数量过多使成本过高或因数量太少而降低吸引力。

（3）确保活动符合相关法律法规

商家要确保抽奖活动符合相关法律法规，如《中华人民共和国反不正当竞争法》和《中华人民共和国消费者权益保护法》等。例如，在抽奖活动中要明确告知观众抽奖规则、奖品详情、中奖概率等信息，避免虚假宣传和不正当竞争行为。

2．抽奖活动准备阶段

在抽奖活动准备阶段，商家要选择合适的抽奖工具和记录工具，做好奖品准备和库存管理以及人员安排和培训。

（1）选择合适的抽奖工具和记录工具

商家首先要熟悉直播平台自带的抽奖工具，了解其功能和操作方法。如果平台抽奖工具有限，可以考虑使用第三方抽奖软件，但要确保其安全性和兼容性。例如，一些直播平台可以设置按评论内容、点赞数量等条件进行抽奖，商家需要提前设置好相应参数。然后，商家还要准备好记录抽奖活动相关数据的工具，做好数据记录，如电子表格或专门的数据记录软件，用于记录参与观众的信息、抽奖时间、中奖名单等数据。

（2）奖品准备和库存管理

商家可以根据奖品设置提前准备好奖品。对于实物奖品，要确保奖品的质量和数量符合要求；对于虚拟奖品，要设置好相应的权益和使用规则。例如，采购实物奖品时，要检查实物奖品是否完好无损；准备虚拟奖品时，设置虚拟奖品的使用有效期和使用范围。同时，商家要实时监控奖品库存，尤其是在直播过程中有多个抽奖环节或奖品数量有限的情况下，如果奖品库存不足，要及时调整抽奖规则或暂停抽奖活动，避免出现无法兑现奖品的情况。

（3）人员安排和培训

主播要熟悉抽奖规则和流程，能够在直播过程中清晰、准确地引导观众参与抽奖。主播要适时提醒观众抽奖时间、参与方式和奖品信息等内容。商家还要安排专人负责抽奖操作和数据记录。抽奖操作人员要严格按照抽奖规则进行抽奖，确保公平公正；记录人员要及时、准确地记录中奖名单和相关数据。

3．抽奖活动执行阶段

在抽奖活动执行阶段，商家应进行预热，然后严格按照抽奖规则进行抽奖，抽奖结束后及时预告下一次抽奖时间。

（1）抽奖活动预热

主播要在直播前和直播过程中提前宣传抽奖活动，可以在直播标题、封面、简介中提及抽奖信息，吸引观众进入直播间。在直播过程中，主播要不断提醒观众抽奖活动的时间、规则和奖品，提高观众的参与度。例如，主播可以说："还有10分钟就要进行第一轮抽奖啦，大家赶紧点赞、评论，就有机会赢得我们的精美奖品！"

（2）抽奖过程管理

抽奖操作人员要严格按照预先设定的抽奖规则进行抽奖。抽奖后，主播要及时、准确地公布中奖名单，让观众能够第一时间得知中奖结果，同时要告知中奖观众如何领取奖品。抽奖过程可能有争议和问题，如观众质疑抽奖的公正性、中奖名单有问题等，主播要及时、耐心地处理，向观众解释抽奖规则和过程，以保障抽奖活动顺利进行。

（3）引导观众互动和留存

在抽奖活动结束后，主播要引导观众继续关注直播间，参与后续的直播活动。主播可以通过预告下一轮抽奖或其他精彩环节，鼓励观众留在直播间。例如，主播可以这样说："恭喜刚刚的中奖观众！没中奖的朋友也不要灰心，我们下一轮抽奖将在30分钟后开始，还有更多丰厚奖品等着大家！"

4．抽奖活动复盘阶段

抽奖结束后，商家还要做好数据分析，总结经验教训，以便在后续直播中优化抽奖活动。

（1）数据分析

抽奖结束后，商家要及时收集并分析抽奖活动数据，如参与人数、参与率、中奖率、观众留存率等，据此了解抽奖活动的效果。如果参与人数多但留存率低，就需要调整抽奖策略，使其与直播内容结合。同时，商家还要对比不同抽奖方式和奖品设置的数据，评估奖品的受欢迎程度，如电子产品类奖品吸引大量观众参与，而设置优惠券为奖品的活动参与率低，下次抽奖可以适当调整奖品结构。

（2）总结经验教训

商家可以依据数据分析结果总结抽奖活动的优劣，针对不足提出改进办法。如果活动吸引观众、增加了互动与销量，就要分析抽奖规则、奖品、主持人引导等关键因素；如果活动效果不好，则需要找出抽奖时间、参与条件、奖品吸引力等方面的问题。

8.3.3　游戏互动管理

游戏互动不仅可以让观众更积极地参与直播，还能巧妙地将产品信息传递给他们，进而有效提升观众的参与度和购买欲。然而，要做好游戏互动并非易事，需要精心策划、充分准备、有效执行和认真复盘，每个环节都影响着互动效果。

1．游戏互动策划阶段

商家只有在游戏互动策划阶段做好充分的规划和安排，才能在游戏互动过程中应对自如，为观众带来流畅且精彩的体验，同时实现开展游戏互动的目标。

（1）明确游戏互动的目的

商家应明确进行游戏互动的目的，如果是为了促进产品销售，可以将游戏与产品特点或促销活动相结合，引导观众购买产品；如果商家的目的是收集观众信息，可以把游戏作为一种收集观众信息的方式；如果商家的目的是提高观众留存率，可以通过有趣的游戏让观众留在直播间，避免他们因为直播内容单调而离开。

（2）设计游戏内容

设计游戏内容时，商家要结合产品特性，这样不仅能让观众熟悉产品的使用方法，还能增强互动性。游戏难度要适中，要让大多数观众能够参与进来。同时，游戏要有足够的趣味性，避免单调。商家可以准备多种类型的游戏，如互动问答、竞赛、角色扮演等。

（3）告知游戏规则和奖品

游戏互动前，主播要用简洁明了的语言向观众说明游戏怎么玩，包括开始时间、参与方式、结束时间、胜负判定标准等。奖品要能够吸引观众参与游戏，可以是实物奖品，如产品样品、周边产品等，也可以是虚拟奖品，如优惠券、积分、会员权益等。奖励的价值要根据游戏的难度和重要性进行合理设置。

2．游戏互动准备阶段

在游戏互动准备阶段，商家要提前准备好技术设备和工具、奖品和游戏道具，并做好人员培训和分工。

（1）准备技术设备和工具

直播前，商家要确保直播平台的互动功能（如评论功能、投票功能、连麦功能等）能够正常使用。如果需要使用第三方游戏工具，要提前进行测试，保证其兼容性和稳定性。同时，考虑到可能出现的技术故障，如网络延迟、软件崩溃等，要准备好备用的互动方案。

（2）准备奖品和游戏道具

商家要提前准备好足够数量的奖品，特别是对于热门游戏和高参与度的游戏，要确保奖品不会出现短缺的情况。同时，要对奖品进行分类和标记，以便在游戏结束后及时发放。如果游戏需要使用道具，要提前制作或采购。道具要符合游戏的主题和风格，并且质量要过关。

（3）人员培训和分工

主播要熟悉游戏的规则、流程和奖励机制，能够清晰、生动地向观众介绍游戏，并且在游戏过程中能够灵活应对各种情况，如观众的提问、争议等。此外，商家要安排工作人员负责后台数据管理，如记录参与游戏的观众的信息（用于抽奖、后续营销等）、统计游戏结果等。

3．游戏互动执行阶段

在游戏互动执行阶段，主播要引导观众参与，把控节奏，维护秩序，并根据实际情况实时调整。

（1）引导观众参与

开始游戏时，主播要热情地向观众介绍游戏的玩法和乐趣，激发他们的参与欲望；要及时回答观众的提问，特别是关于游戏规则和参与方式的问题，客服或助理可以通过弹幕回复或者专门安排一个小窗口来展示常见问题的解答。

（2）把控节奏

主播可以根据游戏的类型和观众的反应来控制游戏的节奏。例如，在紧张刺激的竞赛游戏中，要适当加快节奏，保持观众的紧张感。

（3）维护秩序

主播要随时监控弹幕和评论，防止出现恶意刷屏、人身攻击等不良行为。如果发现有观众违反规则或者存在不文明行为，要及时采取措施，如禁言或者将其移出直播间。同时，主播要确保游戏的公平性，避免出现作弊行为。

（4）实时调整

主播可以根据观众的参与度和反馈及时调整游戏策略，如果发现在某个游戏环节观众参与热情不高，可以考虑跳过该环节或者修改规则。

4．游戏互动复盘阶段

商家要及时公布结果和发放奖品，这是对承诺的兑现和对参与观众的尊重，还要收集反馈，整理数据，为后续直播中的游戏互动优化提供有力支持。

（1）公布结果和发放奖品

在游戏结束后，主播可以通过直播屏幕展示获奖名单，让观众清楚地知道谁是获胜者，还要明确告知观众奖品的发放方式和时间。

（2）收集反馈

主播可以通过与观众互动，询问他们对游戏的感受和建议，也可以在直播结束后的评论区收集反馈，或者在直播中直接问："大家觉得这个游戏怎么样？有什么改进的建议吗？"根据观众的反馈来总结游戏的优点和不足，为下一次游戏互动提供经验。

（3）整理数据

商家在直播结束后要及时整理在游戏过程中收集到的数据，如参与游戏的观众人数、观众的信息、观众对游戏环节的参与程度等。如果游戏目的是收集观众信息，这些数据可以用于后续的精准营销；如果是为了提高观众留存率，分析数据可以帮助商家了解什么样的游戏更能吸引观众，从而优化直播内容。

8.3.4 促销活动管理

促销活动管理是提升销售额、吸引观众和打造品牌影响力的关键环节。它涉及活动前的筹备、活动中的执行以及活动后的总结。只有妥善处理好这些环节，才能让促销活动在直播中发挥最大的价值，实现商家与观众的双赢。

1．促销活动前的筹备管理

在促销活动前的筹备阶段，商家要明确目标，设计促销方案，做好库存盘点，安排直播设备、场地及人员培训，这里的每一个环节都至关重要。

（1）明确目标

商家如果是为了提升新品知名度，重点就应该放在对产品特点和优势的展示上，促销策略可以侧重于赠送试用装或者提供组合购买优惠。例如，商家在直播间销售一款新推出的洗发水，为了让更多人了解它的独特配方，可以推出购买一瓶正装送多包试用装的活动，鼓励观众试用后分享感受。

（2）设计促销方案

商家要根据产品特性和目标观众来设计促销方案。对于日用品，如卫生纸、洗洁精等，满减或折扣的促销方式可能更吸引观众。例如，设置满一定金额减若干元，或者直接给出一个有吸引力的折扣，让观众觉得购买多件更划算。

（3）做好库存盘点

商家要确保促销产品的数量能够满足预期的销售需求，避免出现观众下单后无货可发的情况，而且要对促销产品进行深入的了解，如产品的功能、质量、使用方法等。例如，对于电子产品促销，主播需要清楚产品的各项参数、性能以及和同类产品相比的优势，这样才能在直播中将产品详细、准确地介绍给观众。

（4）安排直播设备、场地及人员培训

商家要提前安排好直播设备和场地，保证直播过程中画面清晰、声音流畅，并且对参与直播的工作人员，特别是对主播进行全面的培训。主播要熟悉促销活动的每一个细节，包括优惠规则、产品信息等，能够流畅、热情地将这些内容传递给观众。

2．促销活动中的执行管理

在促销活动的执行过程中，主播讲解、监控数据和维护秩序是确保促销活动顺利进行的保障。

（1）主播讲解

主播要以清晰、富有吸引力的方式介绍促销活动，在介绍优惠规则时要简单明了，避免观众产生误解。例如，在进行组合促销时，主播可以这样说："今天我们直播间有组合优惠，一起购买这款洗面奶和爽肤水，原价 200 元，现在只需 150 元，还会赠送一个精美的化妆包。"同时，主播要及时回答观众的各种提问，如产品的适用肤质、赠品的规格等。

（2）监控数据

商家要实时监控促销数据，包括观看人数、下单数量、销售额等，通过数据分析来调整促销策略。直播团队如果发现某款产品的下单量远超预期，而库存可能不足，可以让主播及时调整促销话术。如果某个促销活动的参与度不高，可能是因为宣传不到位或者优惠吸引力不够，就需要及时加大宣传力度或者调整优惠方式。

（3）维护秩序

主播还要注意维护直播间的秩序，保证促销活动的公平公正。在抽奖等环节，要严格遵守预先设定的规则，要使用专业的抽奖工具，确保每位观众都有公平的参与机会，避免出现作弊行为，影响观众的信任和参与热情。

📚 素养课堂

公平公正是促销活动的基石。在进行直播间促销活动时，必须坚持公平公正的原则，确保活动的公平性和透明度，让每位观众都能感受到公平公正。

3. 促销活动后的总结管理

商家在促销活动后评估促销效果，收集反馈，总结表现并进行培训，是优化后续直播促销活动的重要方法。

（1）评估促销效果

商家通过对比预期的销售目标和实际销售数据，分析哪些产品的促销效果好，哪些需要改进。例如，预期某款服装能销售100件，实际销售了150件，就要分析销量超出预期是因为价格优惠、款式新颖还是主播的推荐方式有效。对于没有达到销售目标的产品，要找出原因，是产品本身不受欢迎、促销力度不够大，还是其他问题。

（2）收集反馈

商家可以通过查看直播评论、私信、售后反馈等，了解观众对促销活动的满意度。观众可能会提出对促销规则的意见，如获取优惠的流程过于复杂，也可能会对产品质量提出疑问。对于这些反馈，商家要认真对待，采纳合理的建议，以改进下一次促销活动。

（3）总结表现并进行培训

商家要分析主播在促销活动中的表现，评估其是否有介绍不清晰的地方、是否能够有效地引导观众下单等。对于后台工作人员，要总结订单处理、数据监控等环节是否存在问题。商家可以根据总结的结果，对团队成员进行有针对性的培训，提升团队整体的促销活动管理能力。

8.3.5　弹幕管理

弹幕就像是直播现场观众的声音集合，它能反映观众的情绪、想法和需求。有效的弹幕管理可以让直播更有序、更精彩，促进主播与观众之间的良好互动。

1. 直播前的准备

在直播开始前，商家就要为弹幕管理做好准备工作，包括设置平台弹幕功能、准备屏蔽词和问题预案。

（1）设置平台弹幕功能

直播前，商家应先了解如何设置弹幕的显示方式。例如，弹幕的字体大小、颜色、滚动速度等，确保观众发送的弹幕能够清晰地展示在屏幕上。

（2）准备屏蔽词

商家还要掌握屏蔽词设置的方法，提前列出可能出现的敏感词、广告词、恶意攻击词汇等，将它们添加到屏蔽列表中，如图8-20所示。例如，对于美妆直播，可能需要屏蔽一些与该品牌相关的恶意攻击词汇或其他无关的广告词。

（3）准备问题预案

商家要预测观众可能会问到的关于产品、活动、直播流程等方面的问题，并准备好简洁明了的答案。例如，在电子产品直播中，观众可能会问产品的续航时间、保修政策等问题，提前准备好答案有利于在直播中快速、准确地回复，从而提升观众的满意度。

2．直播过程中的管理

当直播开始后，商家要实时回复弹幕，筛选和引导弹幕内容，监控弹幕发送频率。

（1）实时回复弹幕

图 8-20　准备屏蔽词

对于观众在弹幕中提出的与产品信息、促销活动规则等相关的合理问题，主播要尽快给予答复。例如，观众在弹幕中问："这件衣服有其他颜色吗？"主播可以及时回复："有的，还有黑色和白色两种颜色。"这种快速回复能够增强观众的参与感和对主播的信任。

（2）筛选和引导弹幕内容

筛选和引导弹幕内容也很重要。对于发积极向上、与直播主题相关的弹幕的观众，主播可以通过点赞或者口头表扬等方式进行鼓励。例如，观众发送"这个产品的功能好棒"的弹幕，主播可以说："感谢这位朋友的夸奖，这个产品的功能确实很实用。"

而对于无关或者带有负面情绪的弹幕，尽量不要让其影响直播氛围。如果是无关弹幕，可以适当忽略；如果是带有负面情绪的弹幕，要以平和的心态去回应。例如，观众抱怨产品价格高，主播可以说："我们的产品价格是考虑了质量、品牌等多种因素的，而且现在也有很多优惠活动哦。"

（3）监控弹幕发送频率

商家要注意监控弹幕的发送频率，如果弹幕过多，导致屏幕中信息过于杂乱，影响观众的观看体验，可以适当加快弹幕的滚动速度或者限制弹幕的显示数量。但是，不要过多地限制弹幕的显示数量，以免打击观众的互动积极性。

3．直播后的总结

直播结束后，商家要及时回顾直播过程中的弹幕内容，统计观众提问最多的问题，分析这些问题是否在直播中有更好的解答方式。商家还要总结弹幕中的反馈信息，包括观众对产品的评价、对直播活动的建议等。如果观众在弹幕中提出了产品的改进意见，如产品的包装设计可以更精致一些，商家可以将这些信息反馈给产品部门，以进行产品优化。

8.4　直播间用户管理

随着直播用户的不断扩大，用户的类型和行为愈发多样化，这对直播间的管理提出了更高的要求。通过对用户数据的分析和分类，商家可以更精准地了解用户需求，为他们推荐合适的产品和内容，让用户在直播间找到真正有价值的信息，从而提升用户的忠诚度和活跃度。

8.4.1 直播间用户画像分析

通过直播间用户画像分析，商家能够清晰地了解用户的身份、喜好、行为习惯及消费偏好。做好用户画像分析，是直播顺利运营、精准满足用户需求、提高用户满意度和忠诚度的有力保障。

1. 明确用户画像分析的目的

商家在开始做直播间用户画像分析之前，要先明确目的。如果是为了促进产品销售，就要重点关注用户的消费习惯和偏好；如果是为了优化直播内容，就要着重分析用户的兴趣点和观看行为。例如，一个美妆直播间要想推出新的口红系列，就需要通过用户画像了解用户对口红品牌、颜色、质地等方面的喜好，从而进行精准营销。

2. 收集相关数据

收集相关数据是用户画像分析的关键步骤，全面、准确的数据是描绘清晰的直播间用户画像的前提。

（1）收集基础数据

基础数据是指用户注册信息，如年龄、性别、所在地等，如图8-21所示。例如，通过分析年龄和性别信息，商家能够初步判断不同用户对不同美妆产品的潜在需求，年轻女性可能更关注时尚彩妆，中年女性或许更倾向于选购抗衰护肤品。商家还可以了解用户使用的设备类型（如手机、平板电脑）、操作系统等，这有助于推测用户的消费能力和使用场景。

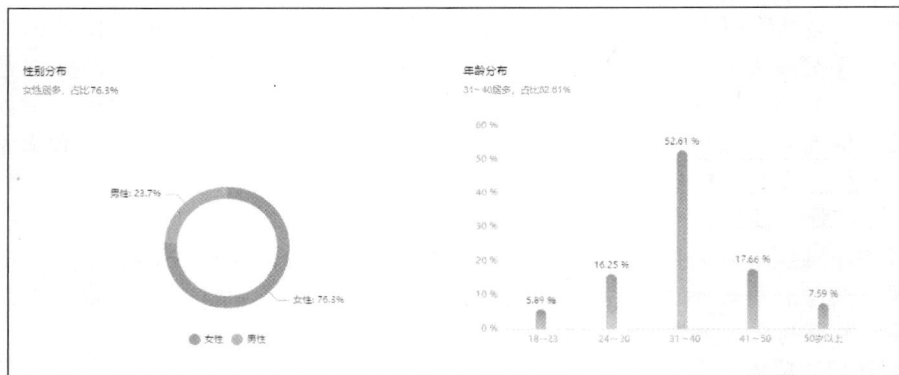

图 8-21　直播间用户画像

（2）收集行为数据

商家可以通过在线流量分析来收集一部分用户的行为数据，如图8-22所示。在线人数是指某一时刻在直播间观看直播的用户人数，进场人数是指在某一时刻进入直播间的用户人数，离场人数是指在某一时刻退出直播间的用户人数。在线人数=进场人数-离场人数。在直播结束之前，用户进入直播间看到直播即将结束，会很快退出直播间，形成在线人数为0的情况。

长时间观看直播的用户可能是忠实粉丝，可以分析他们偏好的直播内容和主播风格。用户的互动行为，即关注、点赞、评论、分享、参与抽奖等行为，能够直接反映用户的想法和需求。

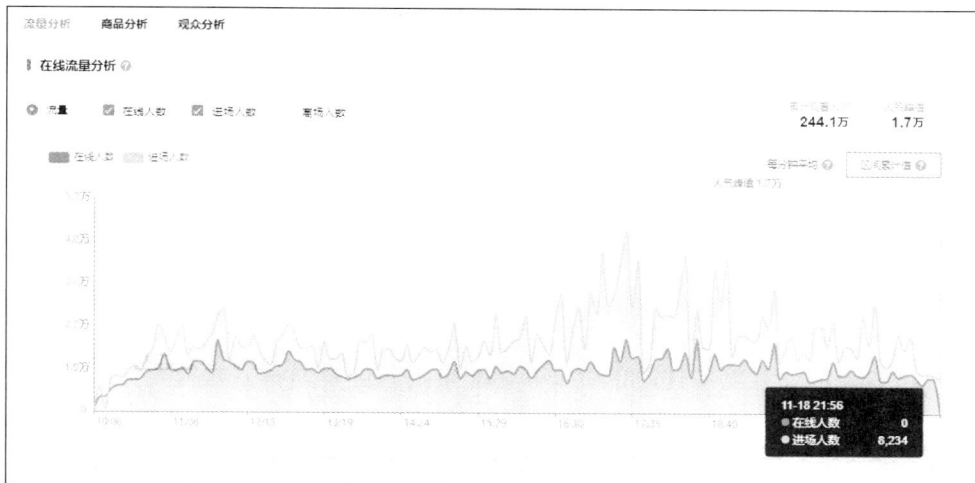

图 8-22　在线流量分析

此外，用户的购买行为也是商家的关注重点，通过收集用户购买的产品名称、价格、购买时间、购买频率等数据，商家能够清晰地了解用户的消费层次和偏好。例如，经常购买高端护肤品的用户，其消费层次较高，并且对护肤品的品质有较高的要求。

3．数据清洗与数据整理

数据清洗是确保数据质量的关键过程，通过去除数据中的杂质，提升数据的准确性、一致性和完整性。而数据整理则是将有价值的数据有序排列，为后续的分析做好准备，让数据成为可用于构建精准用户画像的可靠素材。

（1）数据清洗

商家要对收集到的数据进行筛选，去除无效、重复或错误的数据，如用户随意填写的年龄、不符合逻辑的购买记录等。商家可以通过设定数据验证规则来清洗数据，确保数据的准确性和可用性。

（2）数据整理

商家可以根据数据特征为用户打上标签，如"高消费力用户""美妆爱好者""直播互动达人"等，这些标签能更直观地描述用户类型。同时，商家还可以建立用户群组，将具有相似标签的用户划分为一组。例如，把20～30岁的时尚爱好者且经常购买服装产品的用户归为一组，方便后续的分析和营销。

4．构建用户画像模型

用户画像模型是用户在直播间的生动缩影，能够让商家清晰地看到用户的特征，为精准营销和直播优化提供明确的指引。

（1）基本画像构建

商家应综合考虑用户的基础数据和行为数据，构建一个包含用户基本信息、行为习惯、消费偏好等多维度的画像。例如，一个典型的"运动健身爱好者"画像可能是：男性，年龄在25～35岁，职业大部分是白领，经常在晚上观看健身直播，喜欢在直播中互动，购买过多种健身器材和运动补剂。

（2）画像丰富

商家可以通过深入挖掘数据之间的关系，进一步丰富用户画像。例如，通过分析购买的健身器材类型和品牌，了解用户对不同品牌和产品功能的偏好；结合评论内容，了解用户对健身直播内容的具体期望，如更希望看到专业的健身指导或健身达人的经验分享。

5．画像验证与更新

商家通过画像验证可以检查画像能否精准反映用户特点和有效指导直播运营。定期更新画像能够让其贴合用户实际情况，使直播间按需调整，维持对用户的吸引力。

（1）验证画像准确性

商家可以通过小范围的营销活动或内容推送来验证画像的准确性。例如，根据"运动健身爱好者"画像，向这部分用户推送新的健身课程优惠信息，观察用户的响应率和购买率，以此来判断画像是否准确地反映了用户需求。

（2）定期更新画像

用户的喜好和行为是变化的，商家应定期更新用户画像，以适应这些变化。例如，一个用户原本经常观看美食直播，后来开始频繁购买健身器材，就需要更新其画像，将其纳入健身相关的用户群组，并调整营销和推荐策略。

8.4.2　直播间用户分层

直播间用户分层是开展精准营销和运营的关键。通过用户分层，商家可以依据基本信息了解用户概况，依据行为数据洞察用户的消费习惯，依据价值贡献区分不同层次的用户。这有利于商家为各类用户量身定制内容、服务和营销活动，有效提升用户体验和忠诚度。

直播间用户分层的方法有以下 4 种。

1．基于消费行为分层

通过分析用户购买频率、消费金额、购买产品种类等维度，商家能够清晰地看到用户在消费层面的差异，准确划分不同层次的用户，以便有针对性地进行营销和运营。

（1）按购买频率分层

按购买频率分层是指根据用户购买产品的次数来划分用户层次。例如，将购买次数在 1~3 次的用户划分为"低频购买用户"，这部分用户可能是新用户或者对产品需求不高；将购买次数在 4~10 次的用户划分为"中频购买用户"，他们有一定的购买习惯，但忠诚度还有待提高；将购买次数在 10 次以上的用户划分为"高频购买用户"，这些是直播间的核心消费群体，对产品有较高的认可度。

（2）按消费金额分层

按消费金额分层是指按照用户在直播间累计消费的金额划分用户层次。商家可以针对不同消费层次的用户推荐不同价格区间的产品，如果发现低消费层次的用户占比较大，就可以适当增加价格较低的产品系列；反之，如果高消费层次的用户是主要消费群体，就可以拓展高端产品线。

（3）按购买产品种类分层

商家通过分析用户购买的产品类别进行用户分层，有助于根据用户的偏好精准推送相关产品。在该维度下，分层标准包括基于单一产品类别偏好和基于多产品类别组合购买偏好。

基于单一产品类别偏好的用户包括核心产品用户和辅助产品用户。核心产品用户是指主要购买商家的核心产品的用户，这些用户对该类产品忠诚度较高，可能是品牌的忠实粉丝或者对该产品有较高需求的专业人士，如购买核心运动产品的专业运动员或运动爱好者。辅助产品用户是指购买商家的辅助产品的用户，以运动产品为例，辅助产品用户一般是偶尔参加运动或者为他人购买运动产品的用户。

基于多产品类别组合购买偏好的用户包括综合型用户和特定组合用户。综合型用户一般购买多种不同类别的产品，而且购买频率和金额相对较高，往往是商家重点关注的高价值用户。特定组合用户会固定购买某几种产品。例如，有些用户总是同时购买婴儿奶粉和婴儿纸尿裤。这种购买行为模式可能表明他们的家庭中有婴儿，而且在产品选择上有一定的偏好和忠诚度，商家可以针对这种组合推出优惠套餐等营销策略。

2．基于用户活跃度分层

商家基于用户活跃度分层时，可以依据用户在直播间的观看时长和频率、互动行为。

（1）按观看时长和频率分层

商家可以以用户观看直播的总时长和频率为依据进行用户分层。例如，低活跃度用户是指观看直播的总时长较短，且观看频率较低的用户，如每次观看直播的时长不到 5 分钟，每周观看直播的次数只有一次。中活跃度用户是指观看直播的时长适中，观看频率也相对稳定的用户，如每次观看直播的时长在 10～30 分钟，每周观看直播 3 次。高活跃度用户是指观看直播的总时长较长，且观看频率非常高的用户，如每次观看直播的时长超过 30 分钟，每周观看直播 5 次。针对不同活跃度用户的在线数量，商家可以调整直播内容的节奏和深度，当高活跃度用户在线人数较多时，商家可以提供更深入的产品知识讲解。

（2）按互动行为分层

商家根据用户的点赞、评论、分享、参与抽奖等互动行为来进行用户分层。很少参与互动的用户为沉默用户，偶尔参与互动的为轻度互动用户，频繁参与互动的则是重度互动用户。对于重度互动用户，商家可以邀请他们参与直播策划或者作为嘉宾参与互动环节。

3．基于用户生命周期分层

用户生命周期主要分为 5 个阶段，分别是引入期、成长期、成熟期、休眠期和流失期。商家可以针对每一个阶段的用户特点制定相应的应对策略，如表 8-1 所示。

表 8-1　用户生命周期及应对策略

阶段	用户行为特征	用户类型	应对策略
引入期	刚关注直播间，对直播间和产品还处于了解阶段；偶然观看直播	注册用户	重点展示直播间热门产品和特色服务； 提供新手福利，吸引用户进一步了解和参与
成长期	近60天有购买行为，购买次数=1，购买金额>0；对直播间有一定信任和兴趣	新手用户	推荐进阶产品；增加会员权益介绍，提升忠诚度
成熟期	近60天有购买行为，购买次数≥2，购买金额>0；购买频率高、互动积极	活跃用户	提供专属服务，如私人定制产品推荐、优先提供客服服务
休眠期	近60天无购买行为，购买金额=0；近期观看次数减少，购买行为减少	沉默用户	分析原因，通过回访调查、发放优惠券等方式重新激活用户
流失期	用户长时间没有进入直播间观看直播，购买金额=0，且未回应主播的激活措施	流失用户	根据流失用户的定义和行为特征，设定预警机制，及时应对未流失用户的流失征兆

4．基于用户标签分层

商家可以先通过用户画像分析，给用户贴上各种标签，如"年轻时尚群体""中年实用主义者""高学历用户"等，然后根据这些标签对用户进行分层。例如，针对"年轻时尚群体"推荐潮流产品和新颖的互动游戏，针对"中年实用主义者"重点介绍产品的性价比和实用性。这种分层方法可以使直播间的内容和服务更加贴合用户的特点和需求。

8.4.3　直播间用户的转化

直播间用户的转化涉及多个层面，从用户初次进入直播间，到被内容吸引、产生信任，再到最终下单，每一步都需要精心策划。

促进直播间用户转化的方法主要有以下4种。

1．打造吸引人的直播内容

优质内容能够牢牢抓住用户的注意力，为用户转化奠定坚实的基础。要想打造吸引人的直播内容，主播要从以下两个方面来考虑。

（1）内容价值

主播要确保直播内容有价值，即对用户有实质帮助。例如，在知识型直播间（如语言学习直播间），主播要提供实用的学习方法，让用户觉得观看直播可以提升自己的语言表达能力。同时，直播间的内容要与目标用户的需求紧密结合。

（2）内容趣味

主播可以通过讲笑话、分享有趣的个人经历，或者使用形象的比喻来使直播内容更具吸引力。同时，主播还可以设置问答环节，让用户参与回答，答对的用户可以获得小礼品或优惠券；或者开展抽奖活动、进行用户投票，以各种形式增强直播间的趣味性。

2．获取用户信任

主播的专业性和良好的用户评价能够最大限度地减少直播间用户的疑虑，从而有效促进销售。

（1）展现主播的专业性

主播需要展现出专业的知识和能力，而且介绍的产品信息要真实、透明，无论是产品的成分、性能还是优缺点，都要如实告知用户。例如，在护肤品直播间，主播应详细介绍产品的成分，包括可能引起过敏的成分，以及产品的功效和适用肤质等。

（2）妥善处理用户评价

主播可以在直播间展示用户的好评，可以是用户在评论区的文字赞美、在社交媒体上分享的使用体验截图，或者是用户自愿发送的使用产品后的效果视频等。同时，主播也要妥善处理负面评价，当出现负面评价时，要及时、诚恳地进行回应。如果是产品质量问题，主播要尽快提供解决方案，如退换货、补偿或道歉等，让其他用户看到主播对问题的重视和积极解决问题的态度。

3．制定精准营销策略

精准营销就是在合适的时间向用户推荐合适的产品，激发用户的购买欲望，让销售转化水到渠成。

（1）用户分层与针对性营销

商家可以通过用户画像和分层，深入了解用户，并针对不同层次的用户制定不同的营销策略。例如，对于忠实用户，商家可以提供独家折扣、会员特权或优先购买新品的权利；对于新用户，发放优惠券、试用装或新手礼包，吸引他们进行首次购买。

（2）个性化推荐服务

商家可以利用用户数据，如观看历史、购买历史和收藏记录等，为用户个性化推荐产品。同时，要精准把握推荐时机，通过分析用户的行为习惯，在合适的时间推送推荐信息。例如，当用户在直播间询问某一产品后，及时推送该产品的详细介绍和优惠信息。

4．优化购买体验

便捷的购买流程、完善的售后保障可以促进直播间用户的转化，为整个转化过程画上圆满的句号。

（1）购买流程简化

商家要简化购买步骤，在直播间内设置明显的购买按钮，并且购买流程要简单明了，如开启一键下单、自动填充收货信息等功能。同时，商家还要提供多种支付方式，包括常见的微信支付、支付宝支付、银行卡支付等，以适应不同用户的支付习惯。

（2）购买保障与售后支持

主播在直播时要明确产品的售后政策，包括退换货条件、保修期限和售后服务方式等。对于用户在购买过程中可能遇到的疑问，如产品的尺寸、功能、适用场景等，主播要及时提供专业的解答，帮助用户做出正确的购买决策。

8.5　直播流量管理

直播流量管理是指在直播活动中，对各种流量进行规划、监控、调整与优化的一系列操作，以保障直播的顺畅进行和销售目标的达成。直播流量管理涉及流量的获取、分配、监控和优化等多个环节。只有在保证直播顺利进行的同时最大化流量价值，才能保证直播行业持续、健康发展。

8.5.1　直播流量的类型

直播流量一般有 4 种类型，分别为自然流量、付费流量、私域流量和站外流量。

1．自然流量

自然流量是通过平台自身的推荐算法，将直播间推送给可能感兴趣的用户而获得的流量。这类流量不但免费，而且其精准度和质量都较高。以抖音为例，自然流量主要来自直接访问、推荐页、关注页和直播页。

（1）直接访问

直接访问指用户在抖音搜索框中直接搜索商品名称或者与直播相关的关键词（如直播主题、主播名字等）而进入直播间的行为。例如，在搜索框输入"家居直播"，如图 8-23 所示，带有相关标签的家居直播间就有机会被用户搜索到。这部分流量是因为用户主动搜索产生的，具有较强的针对性。

（2）推荐页

平台会根据直播间的标签、主播的个人信息、用户的浏览历史和兴趣偏好等因素进行直播推荐。例如，一个经常观看健身视频的用户，就有可能被平台推荐健身类直播。这部分流量是免费且可持续的，只要直播间的内容能够持续符合平台推荐规则并且有吸引力。

（3）关注页

对于已经关注主播的用户，当主播开启直播时，直播间会出现在其关注页的顶部，如图 8-24 所示。这部分流量的忠诚度相对较高，他们对直播间的内容比较感兴趣，更有可能进入直播间并停留较长时间。

（4）直播页

直播页（见图 8-25）主要推送抖音直播内容，分为精选、同城、交友、唱歌、聊天等板块。

图 8-23　抖音搜索框　　　图 8-24　抖音关注页　　　图 8-25　直播页

2．付费流量

付费流量是指主播或商家可以通过付费的方式，让自己的直播间在更短的时间内获得更多曝光。付费流量能够快速提升直播间的人气，尤其是在直播初期或者有重要活动时，可以帮助直播间吸引更多用户。

以抖音为例，其付费流量主要来自 DOU+直播推广、巨量千川和品牌广告投放等。

（1）DOU+直播推广

DOU+是抖音常用的付费推广工具。主播可以根据自己的目标用户特征，如年龄、性别、地域、兴趣等设置投放参数。例如，一个美妆品牌进行新品发布直播，可以使用DOU+将直播间推荐给 18～35 岁、对美妆感兴趣的女性用户。DOU+会将直播间推送到这些目标用户的推荐页、信息流等位置，从而快速增加直播间的曝光量和流量。

（2）巨量千川

巨量千川是抖音电商一体化智能营销平台，它为商家提供了多种推广方式来获取直播间付费流量，它支持短视频带货和直播带货的推广。直播间可以通过巨量千川的"极速推广"（见图 8-26）和"专业推广"模式来引流。

图 8-26　巨量千川"极速推广"界面

"极速推广"操作简单，能够快速为直播间带来流量；"专业推广"则可以根据更精细的营销目标（如直播间下单、商品点击等）来精准投放，吸引对商品有购买意向的用户进入直播间，提升流量的转化率。

（3）品牌广告投放

品牌可以与抖音合作进行开屏广告投放。当用户打开抖音时，首先看到的就是开屏广告，其中包含直播间的入口信息。这种广告形式能够获得极高的曝光度，吸引大量的用户。另外，品牌还可以进行信息流广告投放，将直播间的广告融入用户正常浏览的信息流中，让广告看起来更像是普通的视频内容，减少用户的抵触情绪，引导用户进入直播间。

3．私域流量

私域流量主要是主播或商家自己积累的、能够直接触达的流量。例如，主播自己的微信公众号粉丝、微博粉丝、抖音粉丝群成员等。这些用户已经对主播或商家有一定的认知和忠诚度，通过在私域渠道进行直播预告、推送直播链接等方式，主播可以将这些用户引导到直播间。私域流量的转化率相对较高，因为用户对主播或商家的信任度较高。

4．站外流量

站外流量就是通过站外的其他渠道来到直播间的流量。例如，在电商平台的店铺中放置直播预告和链接，当用户从电商平台点击链接进入直播间时，就形成了站外流量。另外，和线下活动相结合，通过线下宣传物料（如海报、宣传单页等）上的直播二维码，引导线下顾客进入线上直播间，这也属于站外流量。

8.5.2 直播流量的来源

按照流量的所有权以及主播对流量的可掌控程度，直播流量可分为公域流量和私域流量。公域流量来自平台推荐、平台搜索结果、平台活动以及社交媒体平台内容等，能够带来大量的新用户；私域流量则源于粉丝群、自媒体账号、老顾客和会员等，是稳定且忠诚度较高的流量。

1．公域流量来源

公域流量也叫平台流量，是直播平台上的所有商家共同拥有、均可获取的流量，也是可共用的流量。

（1）平台推荐

直播平台拥有复杂的算法推荐系统，会根据用户的浏览历史、点赞、评论、关注等行为数据来分析用户的兴趣偏好。例如，用户经常浏览与健身相关的视频，平台就可能把健身直播推荐给该用户。平台还会考虑直播间的综合质量，如内容是否有吸引力、主播的互动能力等。对于新开播的直播间，平台可能会给予一定的初始流量，根据其数据表现来决定后续是否继续推荐。

（2）平台搜索结果

用户通过在直播平台的搜索框中输入关键词，如直播主题、主播名字、产品类型等，找到直播间。标题、标签和描述设置得好的直播间，在搜索结果中会更靠前，更容易被用户发现。例如，用户在直播平台中搜索"电子产品直播"，那些带有关键词并经过优化的直播间就会获得搜索流量。这种流量比较精准，因为用户是主动寻找相关内容的。

（3）平台活动

直播平台会定期举办各种活动，如主题直播活动、节日促销直播等。参与这些活动的直播间能够获得平台分配的活动流量。例如，在平台举办的"双十一"购物节直播活动中，符合活动主题和要求的直播间会被平台展示给更多用户，吸引大量的流量。这些活动流量通常比较庞大，能够为直播间带来很多新的用户。

（4）社交媒体平台内容

许多直播平台与社交媒体平台相互关联。主播可以在微博、抖音等社交媒体平台上发布直播预告、精彩片段等内容，吸引社交媒体平台上用户的关注。这些用户通过点击预告中的链接或扫描二维码等方式进入直播间，从而形成公域流量。例如，一个主播在微博上发布了一条带有直播链接的短视频预告，微博上的粉丝和其他看到这条微博的用户点击链接后就可以进入直播间。

2．私域流量来源

私域流量是指主播或商家可以随时、不限次数地触达的用户资源，如粉丝群、自媒体账号、老顾客和会员等。

（1）粉丝群

主播或商家建立自己的粉丝群，通过在群里发布直播预告、互动消息和专属福利等，吸引粉丝进入直播间。这些粉丝对主播或商家的忠诚度较高，是比较稳定的流量来源。主播或商家可以通过多种方式建立粉丝群，如通过微信、QQ 或直播平台自带的群聊功能建立粉丝群。

（2）自媒体账号

如果主播或商家拥有自己的自媒体账号，如微信公众号、微博账号、小红书账号等，可以通过这些渠道发布直播相关内容，吸引粉丝关注直播。这些账号的粉丝也是私域流量的重要组成部分，他们已经对主播或商家有了一定的认知，更有可能进入直播间。例如，一个美妆品牌在自己的微信公众号上发布直播预告，介绍直播中会出现的新品和优惠活动，微信公众号的粉丝看到后就很可能进入直播间。

（3）老顾客和会员

对商家直播间来说，老顾客和会员是重要的私域流量。商家可以通过短信、微信消息等方式通知老顾客和会员有关直播的信息，这些老顾客和会员基于对商家的信任和对福利的期待，就会进入直播间。例如，一家服装品牌会给老顾客和会员发送微信消息或者在服务号上推送消息，告知他们即将举办老顾客和会员专享的直播特卖会，老顾客和会员收到消息后就会在特定的时间进入直播间观看直播。

8.5.3　直播引流信息的设计

在竞争激烈的直播环境中，每个直播间都在争夺用户的注意力。直播平台上有众多直播间同时开播，如果没有精心设计的引流信息，直播间很容易被用户忽略。精心设计的引流信息能精准定位目标用户，提高用户的参与度和留存率。

设计直播间引流信息的方法主要有以下 4 种。

1．直播标题设计

直播标题是吸引用户的关键要素，在直播标题中突出亮点、包含关键词和制造悬念，可以激发用户的兴趣，促使其进入直播间观看直播。

（1）突出亮点

标题要简洁，突出直播的亮点，快速吸引用户。例如，美妆直播的标题可以是"美妆新品来袭！教你画出迷人眼妆"，"美妆新品"突出了直播的亮点，即用户可以在直播间购买新的美妆产品，同时用感叹号增强标题的吸引力。

（2）包含关键词

为了便于用户搜索，标题里要包含与直播内容相关的热门关键词。例如，健身课程直播的标题中要有"健身""塑形"等关键词，这样在用户搜索相关内容时，直播间更容易被发现。

（3）制造悬念

主播可以通过制造悬念来引起用户的好奇心。例如，"神秘嘉宾降临直播间，猜猜他是谁？"这种标题会吸引用户进入直播间寻找答案。

2．直播封面设计

优质的直播封面能在瞬间吸引用户的目光，引导他们进一步了解直播内容。清晰醒目的关键信息能让用户快速了解直播亮点，封面清晰度和适配性是让直播封面发挥引流作用的基础。

（1）选择吸引人的封面

封面是用户对直播的第一印象。对于带货直播，主播要选择最具代表性的产品图片或主播手持主推产品的照片作为直播封面。

（2）添加关键信息

主播可以在封面上用醒目的字体添加直播的关键信息，如"新品首发""优惠大"等字样，让用户一眼就能看到重要内容，同时确保字体和画面风格相协调，不会显得突兀。

（3）保证清晰度和适配性

封面图片要高清，并且要考虑在不同设备上的显示效果，确保在手机、计算机等各种设备的屏幕上都能完整、清晰地展示，不会出现变形或遮挡关键内容的情况。

3．直播预告文案设计

直播预告文案可以吸引用户的关注，增加用户对直播的期待值，引导用户提前关注直播间，从而提升直播间的流量和人气。

直播预告文案可以从以下几个方面进行设计。

（1）简洁明了的介绍内容

直播预告文案要简单、直接地告诉用户直播的主要内容。例如，"今晚在直播间，我们将为大家展示春季新款服装，还会分享穿搭小技巧。"

（2）强调价值和福利

直播预告文案要强调直播的价值和将为用户提供的福利，让用户知道他们能从直播中得到什么，如产品折扣、免费赠品、专业知识等。例如，"直播期间，所有产品8折优惠，并且每10分钟抽取一位幸运用户赠送小礼品。"

（3）突出时效性

直播预告文案可以通过使用优惠时效性等词汇来促使用户尽快进入直播间。例如，"仅限今天！前100名用户有额外惊喜福利。"

4．直播中的引流信息设计

在直播中，主播要善于引导用户分享直播间，提升直播间人气。引导用户分享直播间的方法有以下几种。

（1）强调价值

主播要让用户知道，分享直播间能够为他人带去益处，从而激发他们的分享动力。例如，知识科普主播可以说："今天这些知识点都是考试重点，也是职场晋升必备知识点，动动手指分享出去，帮你的同学、同事少走弯路。"

（2）提供福利

主播可以为用户提供实实在在的福利，作为用户分享直播间的奖励。例如，主播可以这样说："家人们，接下来每15分钟抽一次奖，奖品超丰厚。只要你现在把直播间分享到朋友圈、3个微信群，截图发给客服，就能额外获得一次抽奖机会，提升中奖率！"

（3）营造社交氛围

主播可以利用用户的社交心理，营造热烈的分享氛围。例如，主播热情呼吁："咱们直播间的家人们都非常热情、友善，要是觉得这场直播有意思，别藏着掖着，顺手分享给同城的朋友，约他们一起来直播间聊天、拿福利，人多更热闹！"主播也可以发起互动话题："大家聊一聊家乡过年的习俗，分享直播间，邀请老乡进来一起畅聊，看看各地的习俗有哪里不一样。"

8.5.4　直播引流的策略

直播行业的竞争日益激烈，如何吸引更多用户成为无数商家和主播关注的焦点，此时，直播引流策略就显得至关重要。成功的引流能为直播间注入源源不断的活力，将分散在网络各处的潜在用户汇聚起来。直播引流的策略主要有以下5种，如表8-2所示。

表8-2　直播引流策略

直播引流策略		具体措施	举例
社交媒体平台引流	多平台发布预告	在微博、微信、抖音、小红书等社交媒体平台上发布直播预告，预告内容包括直播时间、主题、亮点和福利等信息	在微博发布带有直播主题标签的图文预告，详细介绍直播中的嘉宾或产品优惠信息，吸引用户关注
	短视频引流	制作短视频片段，展示部分直播内容；在短视频中添加直播链接，在短视频结尾引导用户关注直播	美妆主播可以制作一个15秒的短视频，展示一款热门美妆产品的试用效果
	社交互动引流	在社交媒体平台上与用户互动，回答关于直播的问题	举办抽奖活动，告知用户只有关注直播账号并分享直播预告才能参与抽奖
搜索引擎优化引流	关键词优化	研究目标用户可能使用的搜索词汇（即关键词）；在直播标题、描述和标签中使用关键词，并将其自然融入直播内容	电子产品直播中，将"电子产品测评直播""最新电子产品推荐直播"等设为关键词
	提升内容相关性	保证直播内容与直播的标题和关键词高度相关	直播标题中提到了"健身直播"，直播内容主要是健身方法、运动技巧、饮食建议等
合作引流	与其他主播合作	与自己直播领域相关或者目标用户有重合的主播进行合作	美食主播和旅游主播合作，双方在自己的直播间互相推荐，实现粉丝共享，拓展流量来源
	与品牌合作	与品牌合作举办促销直播活动，吸引品牌的粉丝关注直播间	某品牌在官方微博中宣传直播活动，为主播引流
线下引流	实体店铺宣传	在店铺内张贴直播海报，放置二维码展示牌，店员引导顾客扫描二维码关注直播	在服装店铺的试衣间、收银台等位置放置直播预告信息，告知顾客直播中的服装新品和优惠活动
	线下活动推广	举办或参加线下活动，如展会、讲座、培训等，在活动现场宣传直播	发放带有直播信息的宣传册、小礼品，或者在活动背景板上展示直播二维码，引导现场顾客关注直播
粉丝群引流	建立和维护粉丝群	通过微信、QQ等工具建立自己的粉丝群	在群里预告直播内容，发布直播福利信息，如专属优惠券、抽奖机会等，吸引粉丝关注直播
	与粉丝互动与举办活动	在粉丝群中积极与粉丝互动，回答粉丝问题，听取粉丝建议；举办粉丝专属活动，增强粉丝的归属感和忠诚度	举办粉丝节直播、粉丝生日直播等，让粉丝主动为直播引流

8.6　直播应急事件处理

主播在直播过程中可能会遇到各种突发状况，如网络突然中断、用户反映商品质量问题等。这些问题一旦处理不当，可能会导致用户大量流失、品牌形象受损。有效的应急事件处理不仅能够迅速化解危机，还能将负面事件转化为增强用户黏性和信任度的契机。因此，直播应急事件处理能力对每一个直播从业者来说都至关重要。

8.6.1　技术原因导致的应急事件的处理

技术原因导致的应急事件，如网络卡顿、设备故障等，可能会让直播中断。这些突发情况要求主播或商家必须有快速且有效地应对，最大限度地减少直播中断时间，减小对用户体验的负面影响。

1．网络中断

在直播过程中，如果Wi-Fi出现故障，主播应马上启用移动网络；如果使用的是有线网络，应立即检查网线是否松动，尝试重新插拔网线或者更换网线接口。同时，后台技术人员需要检查网络设备，如路由器的设置是否正确、是否有其他设备干扰网络信号等。

2．网络卡顿

现在很多直播平台都有自动调节画质的功能，主播或技术人员可以在直播软件中手动设置画质，通过减少数据传输量缓解网络压力，改善卡顿情况。主播也可以尝试暂停使用一些非关键的直播元素，如高分辨率的背景画面、动画特效等，改善网络卡顿情况。

3．摄像头故障

摄像头出现故障时，主播要先检查摄像头的连接。如果是 USB 接口的摄像头，主播可以检查 USB 接口，看是否是接触不良导致的问题。如果不能改善，主播要快速切换到备用摄像头，或者使用手机摄像头作为临时摄像头，借助投屏助手类软件将手机摄像头拍摄的画面投屏到计算机上。

若出现画面模糊的情况，主播可以调整摄像头的焦距和光圈，通过旋转镜头上的调节环来改善画面质量，同时检查摄像头是否有灰尘或污渍。

4．话筒故障

当话筒没有声音时，主播可以检查话筒的线路连接状况，如接口是否插紧、连接线是否损坏等，如果是无线话筒，则要检查电池电量和信号接收情况。

如果话筒出现杂音，主播可以降低话筒的增益，在直播软件的音频设置中，找到话筒增益选项，适当调低数值，减少杂音的输入。同时，主播还要检查周围环境是否有干扰源，如电子设备、电机等发出的电磁干扰，尽量将干扰源远离话筒。

5．计算机或其他直播设备死机或软件崩溃

如果遇到软件崩溃，主播可以尝试重新启动直播软件。如果是设备死机，长按电源键强制重启设备可能会导致部分数据丢失，因此在直播前应该确保重要数据有备份或者开启自动保存功能。如果之前有将直播软件的设置、场景布局等信息备份到云端，在设备重启后可以快速恢复这些设置，减少重新配置的时间，尽快恢复直播。

8.6.2　用户原因导致的应急事件的处理

用户作为直播的重要参与者，其行为可能引发多种突发状况。例如，弹幕攻击或恶意刷屏等会破坏直播氛围；若对用户投诉处理不当则会损害主播声誉；大量用户涌入导

致服务器过载则会严重破坏观看体验。这些问题都需要主播和商家有相应的处理策略，以维护良好的直播环境和直播秩序。

1．弹幕攻击或恶意刷屏

针对弹幕攻击或恶意刷屏，主播可以通过设置弹幕屏蔽规则、引导用户发送积极的弹幕等方式营造积极、健康的直播环境。

（1）设置弹幕屏蔽规则

直播平台通常有弹幕屏蔽功能，主播可以根据关键词、用户名称、发送频率等设置屏蔽规则。例如，当出现大量包含侮辱性词汇的弹幕时，迅速将这些关键词设为屏蔽词，阻止其显示在屏幕上，减少对其他用户的干扰。直播间屏蔽词管理如图 8-27 所示。对于频繁发送弹幕的恶意用户，可以限制其在一定时间内的弹幕发送数量，甚至暂时禁言。

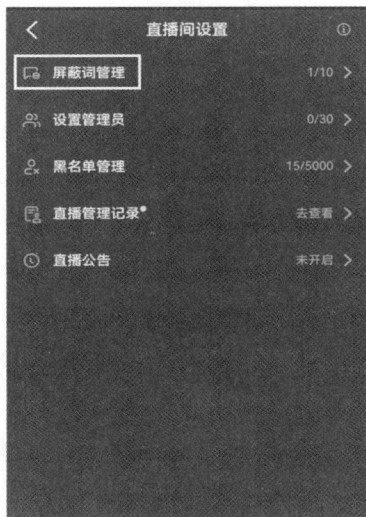

图 8-27　直播间屏蔽词管理

（2）引导用户发送积极向上的弹幕

主播可以通过语言引导用户发送积极向上的弹幕。例如，"大家不要被那些不好的弹幕影响，我们来聊一些有趣的话题，希望大家多发一些正能量的弹幕。"主播也可以开展一些互动环节，如问答、抽奖等，将用户的注意力从恶意弹幕上转移开，同时提升正常用户的参与度。

2．用户投诉

面对用户投诉时，无论是信息不准确还是内容违规，主播都要及时回应与沟通，并对内容进行调整与解释，以维护直播间的可信度和良好形象。

（1）及时回应与沟通

当有用户在直播间或通过其他渠道投诉时，主播要尽快回应。如果是在直播间评论区投诉，主播或客服应在短时间内回复，表明已经关注到问题，并会妥善处理。

如果不能在短时间内处理完用户投诉，客服可以与投诉用户进行私下沟通，了解具体情况和他们的诉求，如通过直播平台的私信功能或者其他指定的沟通渠道进行沟通。

（2）对内容进行调整与解释

如果被投诉的内容确实存在问题，如部分信息不准确或容易引起误解，主播要及时在直播中进行澄清和解释。例如，主播用诚恳的态度向用户说明情况："刚才提到的某个点可能让大家产生了误解，实际上是这样的……"

对于一些违反平台规定或道德规范的内容，主播要立即停止展示，并向用户道歉，同时调整后续直播内容，避免类似争议再次出现。

8.6.3 商品原因导致的应急事件的处理

在直播中，与商品相关的应急事件包括商品信息错误、商品质量问题曝光、商品库存不足等。这些问题如果处理不当，不仅会损害消费者权益，还会削弱直播的公信力。因此，了解商品原因导致的应急事件的处理方法尤为重要。

1. 商品信息错误

商品信息出现错误，容易误导用户。主播需及时更正信息，必要时提供补偿，维护直播间的正常秩序。

（1）及时更正信息

一旦发现商品信息有误，如价格、规格、功能等方面的错误，主播应立即停止对错误信息的传播，可以在直播画面中以显著的方式，如弹出字幕或用醒目的标识，告知用户正确的信息。例如，"刚刚给大家介绍的商品价格有误，正确价格是××元，非常抱歉给大家带来误导。"

对于已经产生误解的用户，主播可以安排客服人员在评论区或通过私信进行解释和沟通，确保用户了解真实情况。

（2）提供补偿

如果商品信息错误对用户造成了实质性的影响，如用户因为错误的商品信息下单，商家可以考虑提供一定的补偿，可以是优惠券、赠品或者在合理范围内的价格调整，以安抚用户情绪。

2. 商品质量问题曝光

当出现商品质量问题时，暂停销售问题商品是首要任务，同时主播要向用户展示积极解决问题的态度和行动，以保障用户的消费权益。

（1）暂停销售问题商品

当有用户在直播过程中反馈商品质量问题，或者主播自己发现商品可能存在质量隐患时，主播应第一时间暂停该商品的销售，避免更多用户购买到可能有质量问题的商品，减少潜在的损失和纠纷。例如，主播向用户诚恳地说明暂停销售的原因："我们刚刚收到反馈，这款商品可能存在质量问题，为了大家的权益，我们先暂停销售，马上进行调查。"

（2）展示积极解决问题的态度和行动

主播要向用户承诺会对质量问题进行调查和处理，可以现场联系供应商或质量检测部门，让用户看到主播在积极解决问题。主播还应向用户介绍售后流程，如退换货政策、确认存在质量问题后的补偿措施等，让用户放心。

3. 商品库存不足

当商品库存不足时，主播或商家要实时更新库存信息，并提供替代方案，以保障销售的连续性。

（1）实时更新库存信息

主播要密切关注商品库存情况，一旦发现库存不足，应立即在直播界面更新库存数据，让用户清楚地看到商品的可购买数量，并及时告知用户库存紧张的情况。例如，"这款商品目前库存已经不多了，大家如果想要购买，要抓紧时间哦！"

（2）提供替代方案

如果商品很快售罄，主播可以为用户提供替代商品，可以是同类型但不同品牌的商品，以满足观众的购物需求。

8.6.4 主播原因导致的应急事件的处理

主播作为直播销售的核心人物，可能会因言论不当、突发身体不适或操作失误而影响直播效果和观看体验。因此，在出现这种问题时，主播及其直播团队要进行有效应对，及时处理相关的问题，恢复直播秩序并保证直播活动的顺利开展。

1．主播言论不当

主播言论不当可能会对用户造成伤害，破坏直播氛围，此时主播要从以下两个方面进行纠正，挽回口碑。

（1）立即停止不当言论并道歉

当主播意识到自己说了不当的话，要马上停止，不能让错误言论继续传播。然后，主播要在直播中诚恳地向用户道歉。例如，"很抱歉，我刚才的话不合适，伤害到了大家的感情，我向大家诚恳地道歉。"

在道歉之后，主播可以适当停顿，给用户留出时间来接受道歉，同时稳定直播氛围，避免情绪激动而导致情况恶化。

（2）引导话题方向

主播要迅速调整话题，将话题朝着积极、健康的方向引导，可以结合当前直播主题，引入一些正面的案例或观点，转移用户的注意力。例如，如果在美妆直播中出现不当言论，之后可以着重介绍一款受欢迎的美妆产品的优点和使用产品后产生的良好效果。

2．主播突发身体不适

如果主播突发身体不适，直播团队应及时安排备用主播上场，或者暂停直播，并关心主播健康情况。

（1）安排备用主播上场或暂停直播

如果有备用主播在场，直播团队应立即安排其接替直播。备用主播要简单向用户说明情况，保证直播的连贯性。例如，"主播现在身体有点不舒服，我来继续为大家介绍产品。"

如果没有备用主播，主播要向用户诚恳道歉并暂停直播，及时告知用户自己的身体状况，承诺在身体恢复后继续直播。

（2）关心主播健康状况

在暂停直播或工作交接后，直播团队要确保主播得到适当的休息和医疗照顾。同时，商家可以在直播平台发布公告，向用户说明主播的健康情况，加强与用户的情感沟通。

3．主播操作失误

主播操作出现失误会极大地影响用户的观看体验，此时主播应及时向用户承认错误并解释情况，尽快采取补救措施。

（1）承认错误并解释情况

主播出现操作失误，要诚实地向用户承认错误，并简单地向用户解释失误的原因，让用户了解情况。例如，"我刚才在看大家发来的消息时，不小心误删了一个商品的展示文件，实在不好意思，我们会尽快解决。"在解释过程中，主播要保持冷静，不要慌张，避免让用户产生过度的担忧。

（2）尽快采取补救措施

如果是误删资料，主播可以尝试从回收站恢复，或者安排后台工作人员重新准备资料；如果是直播参数设置错误，就要及时调整参数。在补救过程中，主播可以与用户保持一定的互动，如询问用户是否受到影响等，以缓解紧张的气氛。

课堂实训：服装类商品抖音直播销售实战

1．实训背景

目前，抖音平台已成为众多服装类销售主播展示商品、吸引用户和进行销售的重要渠道。通过抖音直播，主播能够实时与用户互动，直观地展示服装的款式、材质、穿着效果，有效强化用户的购买意愿。然而，要成功开通并运营一个服装类商品抖音直播账号，涉及多个环节，包括账号注册与设置、直播权限开通、商品上架等。学生要全面掌握相关知识与技能，以便在实际直播场景中顺利开展工作。

2．实训要求

在抖音平台开设服装类商品直播账号，账号名称、账号头像及账号简介可自拟，然后利用该账号进行一场至少30分钟的试播活动。

3．实训思路

（1）抖音直播账号设置

熟悉抖音直播账号注册流程及相关设置，如账号名称、头像、简介等的设置，以提升账号的辨识度与吸引力。

（2）开通抖音直播权限

掌握抖音直播权限开通的条件与方法，如实名认证等。

（3）在直播间上架商品

学习服装类商品在抖音直播间的上架流程。

（4）在直播间进行商品讲解

在直播间进行商品讲解，可使用的方法包括直接讲解法、间接讲解法和逻辑讲解法。

（5）直播活动管理和应急事件处理

在直播过程中引导用户参与互动，部分学生扮演在直播中提出疑问的用户，考验主播的应急事件处理能力。

（6）自我总结与反思

试播结束后，主播及其直播团队进行自我总结与反思，分析开通直播账号及试播过程中存在的问题及原因，并提出改进措施与建议。

课后练习

1．简述直播商品讲解的方法。
2．直播活动管理中，如何进行促销活动管理？
3．基于消费行为进行直播间用户分层的方法有哪些？
4．直播引流的策略有哪些？
5．直播中，商品原因导致的应急事件有哪些？如何进行处理？

第9章 售后服务与复盘

本章概述

售后服务是维持用户对直播间的信任的手段，售后服务中的每一个环节都直接影响着用户的体验和用户对直播间的评价。直播销售复盘是对整个直播过程的梳理，直播团队可以从中找出直播的优点和不足，总结经验教训，从而对后续的直播策略进行优化，提升直播销售的效果。本章将重点介绍直播销售活动的售后服务策略、智能客服工具的价值与配置、直播销售活动复盘的步骤和要点，以及直播销售活动数据分析的步骤等。

学习目标

➤ 掌握做好售后服务的策略。
➤ 掌握配置智能客服工具的要点。
➤ 掌握直播销售活动复盘的步骤和要点。
➤ 掌握直播销售活动数据分析的步骤。

本章关键词

售后服务　智能客服　活动复盘　数据分析

案例导入

支吾家居——多维策略助力直播破圈

微课视频

支吾家居是国内的原创设计家居品牌，自 2021 年创立至今，支吾家居完成了线上线下布局，通过品牌自播，品牌影响力不断提升，成为了成交额破千万元的家居品牌。2024 年 5 月 22 日，支吾家居进行了一场"6·18 提前购"专场直播，并收获了不俗的销售成绩，其直播策略主要表现为以下几点。

（1）多方式预热

在直播前 2 周，商家持续在小红书平台发布多篇直播预约笔记，通过笔记为直播预热。商家在数据表现较好的笔记中添加直播时间，在笔记的评论区置顶直播时间，吸引浏览笔记的用户观看直播。预约笔记为直播间带来了大量精准的初始流量。

此外，商家在群聊中推送直播信息，强调 5 月 22 日的直播福利，加深群聊中用户对直播的记忆，调动群聊内用户预约直播的积极性。

（2）加深沉浸感

在直播中，主播使用 KT 板（活动宣传板）展示一些直播福利信息，主播也会通过口播的形式时不时地强调直播福利，既吸引了进入直播间用户的注意力，也营造了直播大促的活动氛围。此外，直播间的布景温馨、自在，灯光光线柔和，用户仿佛身处家中，加深了直播间的沉浸感。

（3）灵活调整直播商品

在直播过程中，副播会实时监控直播流量，根据实时直播数据灵活调整直播商品的讲解顺序，以更好地满足用户的观看需求。

（4）强调用户关心的问题

在讲解商品时，主播会主动多次介绍用户关心的问题，例如，商品质保问题、商品配送问题等。同时，客服时刻保持在线，为用户解答相关问题。

（5）直播后客服促进转化

直播结束后，客服会与加购用户、未付款用户、咨询但未下单的用户进行一对一的私聊，引导用户下单。

此外，商家在 5 月 23 日照常进行日常店播，在直播间中继续解答用户提出的关于 5 月 22 日直播的一些问题，提升用户的购物体验，降低退货率。

案例思考：客服与加购用户、未付款用户、咨询但未下单的用户进行一对一私聊，引导其下单时，可以采取哪些策略？

9.1 售后服务

对用户来说，购买商品只是消费过程的开始，商品到手后的使用体验、出现问题后能否得到妥善解决等售后环节，才是真正决定他们是否会再次购买，以及对品牌评价高低的关键因素。做好售后服务，对提升用户购物体验、加深用户对直播间的信任有着重要影响。

9.1.1 售后服务的重要性

直播销售结束后，用户在使用商品的过程中可能遭遇一些问题。优质的售后能够帮助用户解决问题，提高用户对直播间的信任度，促使用户再次购买。具体来说，对直播销售而言，售后服务的重要性主要体现在以下 4 个方面。

1．获得用户信任

在直播销售过程中，用户主要通过主播的介绍和展示来了解商品，但由于直播时间有限，主播可能无法全面展示商品的细节、性能等信息，而完善的售后服务则可以在一定程度上缩小信息差。当用户收到商品后，发现商品的某些功能与自己的预期不符，用户可以提出售后服务申请，售后客服应及时解答用户的疑问，从而让用户对商品有更准确的认知，提高他们对直播间的信任度。

此外，用户在购买商品时，尤其是在直播间这种相对虚拟的购物环境下，往往会担心商品质量、售后保障等问题。优质的售后服务承诺，如无理由退换货、质量保修等政策，能够有效减少用户的顾虑，增强他们购买商品的信心。

2．提升用户满意度

在购物过程中用户可能会遭遇各种问题，如商品质量问题、物流问题、商品功能使用问题等，直播团队通过售后服务及时、有效地为用户解决这些问题，能够有效避免用户产生不满情绪。此外，直播团队可以通过售后服务为用户提供一些额外关怀，以提升用户的满意度。例如，在为用户解决退换货问题时，直播团队可以附上一封道歉信或者一份小礼品，表达对用户的歉意。这个举动能够让用户感受到直播团队的诚意，从而增强对直播间的好感。

3．维护直播间的形象和声誉

一旦用户提出的问题得不到妥善解决，他们很可能会在社交媒体、购物平台等渠道发表负面评价。这些负面评价会对直播间的形象造成严重损害，影响其他潜在用户的购买决策。良好的售后服务则能够有效减少负面评价的产生。

良好的售后服务有助于塑造正面的直播间形象。当直播间能够为用户提供周到、贴心的售后服务时，其会在用户心中树立起负责任、有担当的良好形象。这种形象有助于直播间在竞争激烈的市场中脱颖而出，吸引更多的用户。例如，一些高端品牌的直播间会为用户提供专属的售后客服，帮助用户高效地处理各种问题，这体现了品牌的高端定位和对用户的高度重视，有利于品牌形象的巩固和提升。

4．帮助直播间进行口碑传播

良好的售后服务可以让用户在初次购买后有一个满意的体验，当他们有再次购买同类型商品的需求时，就会倾向于选择之前提供过良好售后服务的直播间。用户长时间的追随使其成为直播间的忠诚用户，其后期不仅会持续在直播间中购买商品，还会为直播间宣传，帮助直播间进行口碑传播。

9.1.2　做好售后服务的策略

要想通过售后服务优化用户购物体验，增强用户对直播间的黏性，直播团队可以采用以下策略。

1．建立高效的沟通渠道

直播团队应为用户提供多种沟通渠道，如客服电话、在线客服、电子邮件等，以适应不同用户的沟通习惯，确保他们在遇到问题时能够方便地联系到售后团队。

此外，直播团队要制定明确的响应时间标准。例如，确保客服团队在收到用户咨询或投诉后的 24 小时内给用户回复。及时回复能够让用户感觉自己受到了重视，减少他们的焦虑情绪。对于一些简单的问题，直播团队可以安排智能客服进行即时答复，提高沟通效率。

2．制定退换货政策

退换货政策是影响用户购买决策的重要因素，退换货本身也是售后服务的组成部分。直播团队要制定简单易懂、公平合理的退换货政策，并简化操作流程、降低操作难度。主播可以在直播中清晰地阐述退换货条件和流程，如具体的时间范围、商品状态要求等，避免用户因为不了解规则而产生误解。

3．提供优质的商品维修和保养服务

对于需要维修的商品，直播团队可以建立专业的维修团队或者与专业的维修机构合作。同时，直播团队要确保维修人员具备与商品相关的专业知识和技能，能够快速且准确地诊断并修复问题。

此外，直播团队还应为用户提供商品保养指导。例如，直播团队可以通过发送电子邮件、在商品包装内附上保养手册，或者在官方网站上设置保养指南专区等方式，向用户传授商品保养知识。对于一些高价值或操作方法复杂的商品，如高端家具、大型家用电器等，直播团队可以为用户提供定期上门保养服务。

4．加强售后服务人员培训

直播团队应确保售后服务人员对所售商品的特点、功能、使用方法等有深入的了解。只有这样，在面对用户的咨询时，售后服务人员才能够准确地提供解答。例如，对于美容仪器，售后服务人员要清楚不同模式的作用、适合的肤质，以及正确的使用步骤。

售后服务人员还要掌握一定的沟通技巧，包括如何耐心倾听用户的诉求、如何用温和的语气回应用户的不满情绪等。良好的沟通能够有效缓解用户的紧张和愤怒情绪，提高问题解决的成功率。

5．收集和利用用户反馈

直播团队可以通过在线调查问卷、客服评价系统、用户社区等多种渠道广泛收集用户对售后服务的意见和建议，以便及时发现问题并加以改进。

直播团队要定期对收集到的反馈进行分析，找出用户关注的重点问题和普遍不满意的地方，根据分析结果制定针对性的改进措施。例如，如果发现很多用户对退换货的物流速度不满意，直播团队可以考虑更换物流公司或者优化物流流程。

9.1.3　智能客服工具的价值与配置

随着人工智能技术的发展，智能客服工具在直播行业中得到了广泛的应用，它不仅能为用户带来更优质的客服体验，增强用户对直播间的黏性，还能帮助直播团队节约运营成本，提高直播间的转化率。

1．智能客服工具在直播销售中的价值

智能客服工具能够让客服实现智能化和自动化运作。在直播销售活动中，智能客服工具的价值主要表现在以下几个方面。

（1）提高客服接待效率

智能客服工具能够独立接待用户，引导用户通过自助查询快速获得相关信息。此外，智能客服工具能够解决一些答案标准且重复率高的问题，让人工客服专注于解决一些更复杂、个性化程度更高的问题，从而有效提高客服接待效率。

（2）为用户提供全时段客服支持

人工客服有固定的工作时间，他们通常只能在工作时间段为用户提供服务。而智能客服工具能够保证一直在线，在任何时间段都能为用户提供服务，用户可以随时向智能客服工具提出服务申请。

（3）节约人力成本

客服岗位的离职率较高，人工客服的离职会间接增加直播团队招聘、培训新人的成本，而智能客服工具具有较高的稳定性，能够帮助直播团队减小对人工客服的需求，这在一定程度上能够帮助直播团队节约招聘和培训人工客服的成本。

（4）提高访客转化率

智能客服工具有利于提高直播间的访客转化率，原因有以下3个。

① 全程服务

用户在浏览商品的过程中，智能客服工具能够全程为用户提供服务，回答用户提出的一些问题，避免用户因为自己提出的疑问没有得到及时回复而退出浏览界面的情况。

② 个性化服务

智能客服工具能够帮助人工客服解决一些常规化的问题，让人工客服为用户提供个性化、高附加值的服务，解决更多与用户转化相关的问题，从而提高直播间的转化率。

③ 精准推荐

随着人工智能技术的不断发展，智能客服工具的功能不断完善。智能客服工具能够抓取用户行为数据，并对其进行分析，从而形成用户画像，然后根据用户画像为用户进行精准推荐，为用户提供更符合他们需求的商品，从而提高商品转化率。

2．直播销售中智能客服工具的配置

直播团队在配置智能客服工具时，需要重点关注以下 4 个问题。

（1）聊天机器人的选择

聊天机器人是常见的智能客服工具，直播团队在选择聊天机器人时可以从以下 3 个方面入手。

- 选择功能强大的聊天机器人，一些先进的聊天机器人可以基于深度学习算法，对用户的提问进行语义分析，能够准确地理解问题，并从商品知识库中寻找答案。

- 软件要具备多渠道接入功能，能够同时处理来自直播平台聊天窗口、官方网站咨询窗口、社交媒体私信等多个渠道的咨询，确保来自不同渠道的用户都能得到及时回应。

- 知识库内容丰富，应包含商品信息、销售政策、售后服务等各个方面的内容，而且知识库要定期更新，以确保信息的准确性。

（2）接入渠道的配置

智能客服工具要能与直播平台实现无缝对接，直播团队可以通过直播平台提供的接口，将智能客服工具嵌入直播界面，方便用户向智能客服工具进行咨询。例如，在直播间的侧边栏或评论区设置智能客服工具入口，用户点击即可进行相关咨询。直播团队还可以实现智能客服工具与其他渠道的对接，如社交媒体平台，以便直播团队能够接收来自不同渠道的用户的咨询。

（3）人机协作机制的设置

当智能客服工具遇到无法回答的复杂问题时，需要将问题转给人工客服。直播团队可以设置一个转接规则，例如，当问题涉及复杂的售后纠纷或者需要人工判断的特殊情况时，智能客服工具自动将问题和之前的沟通记录发送给人工客服。

同时，人工客服和智能客服工具应共享知识库，这样人工客服在回答问题时可以参考智能客服工具的回答标准，保证服务的一致性，并且人工客服也可以将新的问题和答案反馈给智能客服工具，用于知识库的更新。

✎ 知识链接

共享知识库的内容包括产品知识（产品基本信息、产品使用方法、产品更新和升级信息）、服务政策（售后服务政策、服务收费标准）、常见问题与解决方案（问题分类、标准解决方案）。

知识库的共享方式主要是建立数据存储和访问平台。通过建立一个集中的数据存储平台，如云端数据库，将知识库的内容存储在数据存储平台。人工客服可以通过内部网络，使用专门的客服软件访问数据存储平台；智能客服工具则通过接口与数据存储平台相连，实现数据的读取和更新。

例如，企业使用一个专业的知识库管理系统，人工客服在接收到用户咨询时，在客服软件界面输入关键词，系统就会从知识库中检索相关内容并显示；智能客服工具则根据用户提问，通过自动调用知识库接口获取答案。

当知识库的内容更新时，无论是产品信息更新、服务政策变化，还是添加了新的常见问题解决方案，同步机制都会确保人工客服和智能客服工具能够及时获取最新信息。

例如，当企业发布了一款新产品的信息，知识库管理团队会将新产品相关信息录入知识库，同时通过消息推送或版本更新的方式，让人工客服的软件终端和智能客服工具的算法系统同步更新。

对于新入职的人工客服，共享知识库是很好的培训资料。他们可以通过学习知识库中的内容快速了解产品和服务，提升业务能力。同时，知识库的更新也为客服人员提供了持续学习的机会，使他们能够及时掌握最新的产品和服务信息。

（4）评估和监控系统的建立

直播团队要建立智能客服工具评估和监控系统，用于跟踪智能客服工具的性能。直播团队可以通过统计用户的提问数量、智能客服工具的回答准确率、问题解决率等指标来评估智能客服工具的工作效果。

例如，如果智能客服工具对某个产品的常见问题回答准确率持续较低，就需要分析是知识库内容不完整，还是聊天机器人算法需要优化。同时，监控系统可以收集用户的反馈，如用户对智能客服工具回答的满意度评分、投诉内容等，根据这些反馈及时优化智能客服工具，以不断提升服务质量。

9.2 直播销售活动复盘

直播销售活动复盘就是直播团队在直播销售活动结束后对本次直播进行回顾、评估和总结的过程。通过复盘，直播团队可以从中总结经验教训，为后续的直播销售活动提供参考。

9.2.1 直播销售活动复盘的意义

对直播团队来说，直播销售活动复盘的意义主要体现在以下3个方面。

1．优化直播流程与内容

通过直播过程复盘，直播团队能够细致梳理直播销售活动各个环节的实际表现。例如，分析直播开场是否足够吸睛，能否迅速抓住用户的注意力、拉高人气；商品介绍环节有无拖沓，卖点阐述是否清晰易懂。借此精准找到流程上的不足，在下一场直播时优化顺序、精简内容，提升用户的观看体验。

复盘还能让直播团队了解直播内容的表现效果，例如，互动环节中用户参与度是高是低、抽奖玩法是否激发了用户足够的热情等，从而及时淘汰效果不佳的直播内容，保留受欢迎的玩法创意，持续优化直播内容。

2．提升团队协作能力

直播涉及运营、场控、客服、主播等多个岗位人员，复盘时各岗位人员一同回顾直播情况，从自己的视角分享遇到的问题。例如，运营人员可以指出流量波动时场控人员配合的欠缺，客服人员可以反馈用户咨询频率高的问题，借此增进不同岗位人员之间的理解，优化协作流程，减少后续直播的失误与摩擦。

在复盘过程中，直播团队可以清晰地看到每个岗位人员在直播中的表现。例如，运营人员是否及时处理了技术问题，客服人员是否能快速回复用户的咨询，场控人员是否能快速解决直播过程中遇到的机器故障问题等，从而发现岗位人员的技能短板，并有针对性地进行技能提升。

3．提升数据驱动决策能力

直播销售复盘的一项重要内容是对直播数据进行分析，通过分析用户的观看时长、进入和离开直播间的时间点等数据，直播团队可以了解用户的行为模式。通过分析用户的地域分布、年龄层次等数据，直播团队还可以更好地了解用户的属性特点，为直播的目标用户定位提供依据。

对用户的互动数据（如点赞、分享、评论等数据）的分析也很关键。如果在某一个商品介绍环节用户的评论数和点赞数很高，说明这个环节很受用户欢迎，主播可以考虑在后续直播中延长该环节的时长，或者将其作为重点推广环节。

直播团队可以根据复盘得到的数据调整直播的策略。例如，在直播时间安排上，如果通过复盘发现夜间直播的用户活跃度和购买率更高，就可以适当增加夜间直播的场次。在商品选择方面，直播团队通过分析不同商品的销售数据，可以确定哪些商品是直播间的热门商品，哪些商品需要优化展示方式或者被替换。同时，直播团队还可以根据数据调整促销活动的力度和方式。例如，直播团队通过复盘发现满减活动比折扣活动更能吸引用户下单，就可以在后续直播中更多地采用满减策略。

9.2.2　直播销售活动复盘的步骤

直播销售活动复盘是对整个直播过程中各个环节的深度剖析。直播团队可以按照以下步骤进行直播销售活动复盘。

1．回顾直播过程

回顾直播过程就是对直播销售活动进行整体回顾。例如，回顾直播预热效果，回顾直播过程中各个成员的表现，回顾直播场景布置、道具的使用效果，回顾直播过程中突发事件预警和处理情况，收集并总结各项直播数据，等等。

直播团队可以通过自我总结、团队讨论等方式来对直播过程进行回顾。

（1）自我总结

各团队成员进行自我总结，回顾、总结、反思自己在直播时的表现。例如，主播回顾自己在直播中的表现，包括话术是否流畅、商品介绍是否清晰、对用户情绪的把控是否得当等。运营人员回顾在直播前的准备工作是否充分，如选品是否恰当、推广策略执行情况是否达到预期等。如果发现推广效果不如预期，运营人员则要检查是宣传文案的问题还是推广渠道的问题。

（2）团队讨论

在团队讨论时，可以采取跨岗位沟通的方式来进行，即主播、运营、客服等相关岗位人员共同参与讨论。主播分享直播中的实际情况和用户反馈意见，运营人员介绍流量和推广数据，客服人员反馈售后问题。

✎ **知识链接**

直播工作涉及多个岗位，包括运营、主播、技术、客服等。跨岗位沟通可以让不同专业背景的人员从各自角度分析直播过程中的问题。例如，运营人员可以从流量获取、用户留存等方面提供数据和见解；主播能够分享在镜头前的实际感受，如产品展示是否方便、与用户互动是否容易；技术人员可以检查直播过程中的技术故障、网络稳定性等情况；客服人员则可以反馈用户在直播后的咨询和投诉问题。这种多维度的分析有助于直播团队全面了解直播的效果。

通过共同参与讨论，各个岗位人员能够更好地理解其他岗位的工作内容和困难。例如，技术人员可能会了解到主播在直播过程中对设备操作的特殊需求，从而在后续的直播中提供更贴合实际的技术支持；运营人员也能明白客服人员在处理用户问题时面临的压力，进而在直播策划中考虑如何提前规避一些可能引发大量咨询的问题。

直播团队除了开复盘会议，还可以创建一个供团队成员共享的在线文档，各岗位人员可以将直播相关的信息、数据、问题和建议及时记录在文档中。例如，技术人员可以在文档中记录每次直播的技术参数、设备运行情况；主播可以写下直播中的亮点和不足；运营人员更新直播的推广效果和用户行为数据；客服人员添加用户反馈的问题类型和数量。这样，不同岗位的人员在讨论之前就可以对其他岗位的情况有一定的了解，提高沟通效率。

在全面复盘的基础上，针对直播中的关键问题，例如，如何提高用户互动率、如何减少技术故障等，组织跨岗位的小组讨论或头脑风暴，鼓励各岗位人员积极发表意见，打破部门壁垒，共同寻找创新的解决方案。例如，在讨论如何提高用户互动率时，主播可以提出希望增加一些有趣的互动环节；运营人员可以考虑结合热门话题进行互动话题策划；技术人员则可以思考如何利用技术手段更好地展示互动效果，如优化实时抽奖系统。

2．总结经验与不足

直播团队在自我总结和团队讨论的基础上总结经验，找出问题与不足。

（1）总结经验

在总结经验时，直播团队需要重点关注数据亮点、内容与体验亮点。数据亮点是指数据方面表现出色的部分。例如，某个渠道的引流效果特别好，或者某款商品的销售转化率远超预期。要认真分析这些数据亮点背后的原因，例如，该引流渠道的宣传内容有吸引力，或者商品在直播中有独特的展示方式等。

内容与体验亮点，即直播内容维度和用户体验维度的成功之处。例如，直播活动主题受到用户的广泛好评，主播的出色表现得到用户的认可，或者某个互动环节的设计让用户参与度提高。直播团队要详细记录这些亮点的具体内容和实施方式，以便在后续直播活动中复制与优化相关内容。

（2）找出问题与不足

直播团队可以从数据、内容与体验上寻找问题与不足。首先，直播团队要分析数据表现不佳的部分，如流量低、销售转化率低、互动率低等。针对每个问题，从多个角度思考原因，例如，如果流量低，可能是因为没有选择合适的引流渠道，或者在渠道宣传上没有突出直播活动的亮点。同时，直播团队要对比预期数据和实际数据，找出差距最大的环节。例如，预期销售额是100万元，但实际上销售额只有50万元，直播团队就要重点分析销售环节中可能出现的问题，如商品价格没有竞争力、促销活动吸引力不够等。

内容与体验问题是指内容和体验方面的不足之处，例如，活动主题不够吸引人、主播话术有问题、活动流程混乱等。对于每个问题，直播团队都要结合用户反馈和实际观察，深入分析问题出现的原因。例如，如果用户反馈主播话术晦涩难懂，可能是因为主播没有使用通俗易懂的语言，或者没有充分考虑用户的知识水平。

3．归纳与整理

在归纳与整理环节，直播团队不仅要将成功经验归档，还要整理出问题与不足清单并制定改进计划。

　　直播团队要将直播中的成功经验进行整理和归档，如某个独特的商品展示方式带来了高销量、某个互动环节深受用户喜爱等，将其纳入案例库，以供后续直播参考和复用。

　　此外，直播团队还要把复盘过程中发现的问题与不足列成清单，并为每个问题制定详细的改进计划，计划中列明具体的任务、负责人、时间节点等。例如，对于商品转化率低的问题，要指定运营人员在一周内重新评估选品和定价策略。

9.2.3　直播销售活动复盘的要点

　　直播团队可以从数据层面、内容层面、团队表现层面、观众层面对直播销售活动进行全面剖析，从而了解直播数据表现、内容吸引力、团队协作与表现、观众体验和反馈等信息。

1. 数据层面

　　数据层面的分析主要包括流量数据分析、销售数据分析、互动数据分析、观众画像数据分析。

（1）流量数据分析

　　流量数据分析主要包括流量来源分析、观看人数分析和观看时长分析等。

　　流量来源分析是指分析观众是通过哪些渠道进入直播间的，直播团队要确定观众是从平台推荐、社交媒体分享、搜索还是其他渠道进入直播间的，评估每个渠道的引流效果和质量。例如，直播团队若发现通过抖音短视频进入直播间的观众占比达到50%，且转化率较高，就需要考虑在后续营销中加大在抖音平台的投入。同时，直播团队还要评估各渠道引流的质量，例如，直播团队要分析从不同渠道来的观众的停留时间、参与互动的程度和购买转化率。

　　观看人数分析是直播团队要分析直播间中观看人数的变化，记录直播开始时的观众涌入量、峰值人数出现的时间点，以及观众大量流失的时间段。确定观众人数的高峰和低谷时段，分析是什么内容或环节导致了人数的增减。

　　观看时长分析就是计算观众平均观看时长，从而了解直播对观众的吸引力、观众对不同环节的兴趣。例如，如果观众在互动环节的平均观看时长明显长于商品介绍环节，直播团队可以考虑增加互动环节的时长。

（2）销售数据分析

　　直播团队对销售数据进行分析时，应注意结合整体销售情况和商品销售细节进行分析。

　　整体销售情况分析是指统计直播期间的总销售额、总销售量，对比本次直播与以往直播的销售数据，评估销售业绩的增长或下降情况。例如，若本次直播销售额是上次的1.5倍，需要分析是因为直播商品更受欢迎、促销力度更大还是其他因素。同时，商家要注意计算客单价，分析客单价的变化趋势。如果客单价降低，可能是因为实施促销活动，或者是套餐搭配不够合理，没有引导观众购买高价值商品。

　　商品销售细节分析，指直播团队要分析各商品的销售数据，包括单品销售额、销售量和销售排名，找出爆款商品和滞销商品。对于爆款商品，总结其成功销售的原因，如商品有特点、价格有优势、主播推荐力度大等；对于滞销商品，要分析商品滞销的原因，是商品本身有问题、展示有问题还是价格有问题。同时，直播团队应注意查看各款商品的加购率和购买转化率，商品的点击率高但加购率低可能是因为商品详情页信息不足或商品负面评价较多；商品的加购率高但购买转化率低则可能是因为价格较高。

（3）互动数据分析

互动数据包含点赞数、评论数、分享数以及观众提问等。

点赞数、评论数和分享数可以反映观众的参与度。高点赞数可能意味着观众对商品或主播比较认可；评论数多说明观众有交流的欲望，主播可以从中挖掘观众的需求和意见；分享数则体现了观众对直播内容的传播意愿。

直播团队还要整理观众提出的问题，分析观众关心的问题，如商品质量、使用方法、售后服务等，这些问题可以为后续商品介绍和客服培训提供方向。

（4）观众画像数据分析

直播团队在分析观众画像数据时需要关注年龄、性别和地域分布及消费偏好和购买能力。

年龄、性别和地域分布分析能反映观众的主要年龄层次、性别比例和地域。直播团队可以根据这些信息调整商品推荐策略。如果观众以年轻女性为主，可以多推荐时尚、美妆类商品；若某地区观众占比高且购买能力强，可以针对该地区做特色营销。

通过分析观众的消费偏好和购买能力，直播团队可以了解观众的消费习惯特征、对价格的敏感程度等，这有助于直播团队选择合适的商品和定价策略。

2．内容层面

内容层面的复盘主要是对直播销售活动的内容进行复盘，包括复盘活动主题与目标、主播表现、活动流程与内容安排。

（1）活动主题与目标

直播团队对活动主题与目标进行复盘需要关注主题契合度和目标达成情况。

主题契合度分析是指直播团队要评估活动主题与品牌形象、商品特点和目标观众的契合程度。例如，一个运动品牌的直播主题是"活力运动季——新品体验"，直播团队要分析这个主题是否能够准确传达品牌的运动属性，并且吸引目标观众的关注。同时，直播团队要思考主题是否具有独特性和吸引力，比较本次主题与市场上同类直播活动的主题，看是否能够在众多活动中脱颖而出。

目标达成情况分析是指直播团队将预先设定的直播销售活动的目标与实际达成结果做对比，分析目标是否达成。例如，预先设定的目标是直播间账号增加10 000个粉丝，但实际上只增加了3 000个，此时，直播团队需要分析原因，是宣传不到位还是直播内容对观众吸引力不足。

（2）主播表现

直播团队在分析主播表现时，要结合主播形象与风格匹配度、表达能力、互动引导能力、控场能力进行复盘。

主播形象与风格匹配分析，指检查主播的形象（包括外貌、穿着、气质等）是否与品牌和活动主题相匹配，同时注意评估主播的直播风格（如幽默风趣、专业严谨、亲切自然等）是否适合目标观众和活动氛围。例如，一场科技商品直播，专业严谨的主播风格可能更能让观众信任商品介绍。

表达能力分析是指分析主播的话术是否清晰、准确、有感染力。主播在介绍商品时，是否能够突出商品的卖点，将商品的功能、优势等信息有效地传达给观众。例如，主播在介绍一款电子商品时，能够用通俗易懂的语言解释商品的技术参数，并且强调商品能为观众带来的实际价值。同时，直播团队要检查主播的语言节奏和情绪控制能力；检查语言节奏是否适中，不能让观众感到过于急促或拖沓；检查情绪是否饱满，是否能够调动观众的情绪。

互动引导能力分析是指评估主播引导观众参与互动的能力，如主播是否能够主动发起互动话题，鼓励观众点赞、评论、分享和参与活动。

主播的控场能力分析是指分析主播应对突发情况的能力，突发情况如网络卡顿、观众质疑等。例如，检查在直播过程中出现技术问题，主播能否及时安抚观众情绪并解决问题。

（3）活动流程与内容安排

直播团队对活动流程与内容安排进行复盘时，要注意流程合理性、内容丰富度与吸引力。

流程合理性分析是指审视整个直播活动的流程是否合理、顺畅，环节之间的衔接是否自然。例如，从商品介绍到促销活动，再到观众互动，这样的顺序是否符合观众的心理预期和行为逻辑。同时，直播团队要检查活动流程是否紧凑有序，是否没有过长的冷场或拖沓的环节。直播团队应该合理安排每个环节的时间，确保重点内容（如爆款商品介绍、重要促销活动）有足够的时间展示，同时避免观众感到无聊。

内容丰富度与吸引力分析，指评估直播内容的丰富程度，是否包含了足够的商品介绍、互动环节、福利发放等内容。同时，直播团队要分析每个环节内容的吸引力。例如，商品介绍环节是否通过多种方式（如实物展示、效果演示、对比分析等）来突出商品的吸引力；互动环节是否有趣、新颖，是否能够吸引观众积极参与。

3．团队表现层面

在直播销售活动复盘时，团队表现评估是至关重要的一个环节，它能帮助直播团队发现问题、提升协作效率。

（1）分析成员任务完成情况

梳理角色分工，首先列出团队中每个成员在直播销售活动过程中的角色，如主播、运营人员、客服人员、技术人员等，然后明确每个角色的主要职责，并制作一个详细的职责清单，将每个角色对应的具体任务和目标明确下来。例如，运营人员的任务包括提前规划直播流程、准备商品资料、协调主播和其他团队成员的时间安排，目标是提高直播的观看量和观众的参与度。

查看任务完成情况，根据职责清单，逐一检查每个成员在直播中的任务完成情况，查看主播是否按照计划完成了所有商品的介绍，并且有效地引导了观众互动。对于运营人员，检查直播策划方案是否得到有效执行，如促销活动是否按时推出、流量推广是否达到预期效果。查看客服人员是否及时回复观众的咨询，处理售后问题的效率和观众满意度是否达标。例如，统计客服人员的平均回复时间，查看观众对客服处理结果的评价。

（2）分析团队协作情况

观察沟通协作过程，回顾直播过程中团队成员之间的沟通情况，查看是否存在沟通不畅的问题。例如，运营人员临时调整了促销活动规则，调查其是否及时告知主播。观察团队成员在处理突发情况时的协作情况，例如，直播过程中出现技术故障，技术人员、运营人员和主播之间是否配合解决了问题。如果技术故障导致直播中断，观察团队成员是否能够迅速采取措施恢复直播，并且安抚观众情绪。

评估协作效率与效果，通过直播中的数据和观众反馈来评估团队协作的效率和效果。例如，从观众的评论和反馈中了解团队协作是否给观众带来了良好的体验。分析团队协作对直播销售指标的影响，如观看人数、转化率、销售额等。如果团队协作良好，能够有效地引导观众参与互动和购买商品，这些指标表现应该会比较好；反之，如果团队协作存在问题，可能会导致观众流失和商品销售效果不佳。

4．观众层面

观众层面的复盘主要包括观看体验复盘、参与体验复盘、评论和私信内容复盘，以及售后反馈复盘。

（1）观看体验复盘

观看体验复盘主要包括技术层面复盘、视觉与听觉体验复盘。

技术层面复盘是指检查直播的画质是否清晰、稳定，声音是否清晰、无杂音。如果出现画面卡顿、声音延迟等技术问题，就要分析这些问题对观众观看体验的影响程度。例如，频繁的画面卡顿使观众观看体验差，可能会导致观众流失，直播团队需要考虑升级直播设备或优化网络环境。

此外，直播团队还要评估直播平台的界面是否友好，是否方便观众操作。例如，评估商品信息是否易于查看，互动按钮（点赞、评论、分享等）是否明显，观众是否能够方便地在不同商品界面或活动环节之间进行切换。

视觉与听觉体验复盘是指从视觉角度分析直播间的布置、商品展示的视觉效果等。例如，分析直播间的背景是否整洁、美观，是否与品牌形象一致；直播间的灯光设置是否能够突出商品的外观特点。同时，直播团队要从听觉角度评估背景音乐、主播声音等是否合适。例如，评估背景音乐是否能够营造出与活动主题相符的氛围，主播的声音是否有吸引力、音量是否适中。

（2）参与体验复盘

参与体验复盘包括互动体验复盘和购买体验复盘。

互动体验复盘是指直播团队通过回顾观众参与互动环节的体验，如互动游戏是否容易理解和参与，抽奖活动是否公平、透明，以了解观众对直播内容的兴趣度。例如，回顾互动游戏的规则是否简单明了，观众是否能够快速上手；抽奖活动是否有明确的参与条件和中奖名单公示。

此外，直播团队还要分析观众在互动过程中的反馈，如评论区的互动情绪，如果观众在互动环节中表现出积极的情绪，如兴奋、好奇等，说明互动体验较好；如果出现抱怨等情绪，需要分析原因并加以改进。

购买体验复盘是指直播团队要检查购买流程是否便捷，例如，购物车是否易于找到，支付界面是否安全、快速，是否支持多种常见的支付方式。同时，直播团队要分析商品配送信息的透明度和售后服务的质量，如分析观众是否能够清楚地了解商品的配送时间、方式和费用；购买后如果出现问题，观众是否能够方便地联系客服并得到及时解决。

（3）评论和私信内容复盘

评论和私信内容复盘是指直播团队要仔细分析观众在评论区和私信中提出的问题、建议和投诉。例如，观众可能在评论中询问商品的成分、售后政策等问题，这些反馈可以帮助直播团队优化商品介绍和服务。同时，直播团队也要关注观众对商品和直播的评价，是好评居多，还是差评居多。通过分析好评和差评总结经验，找出问题并寻找解决方法。

（4）售后反馈复盘

直播团队要了解购买后的观众反馈，包括商品的使用体验、退换货申请等。如果有较多观众要求退换货，要分析是商品本身存在质量问题还是直播中主播对商品的描述与实际不符。此外，售后客服在与观众沟通中收集到的意见也很重要，这可以反映出观众对整个购物体验的满意度。

9.2.4 直播销售活动数据分析

数据能直观地反映直播销售活动的结果，直播团队可以通过分析直播销售活动的相关数据来发现问题，进而解决问题。直播销售活动数据分析通常包括5个步骤，即明确目的、收集数据、处理数据、分析数据、做出总结。

1. 明确目的

在开展数据分析之前，直播团队应该先明确实施数据分析的目的，即自己想要通过数据分析发现并解决哪些问题。例如，寻找导致本场直播销售额下降的原因，或者分析近一个月直播间销售额的变化等，都可以作为实施数据分析的目的。

2. 收集数据

明确了实施数据分析的目的后，直播团队就要根据实施数据分析的目的有针对性地收集数据。直播团队可以通过以下4个渠道来收集数据。

（1）账号后台

直播间账号后台通常会有直播数据统计，直播团队可以在直播过程中或直播结束后通过账号后台获取直播数据。

（2）平台数据工具

一些直播平台会为直播团队提供一些数据分析工具，如抖音电商罗盘、快手生意通、淘宝的生意参谋等，直播团队可以充分利用这些工具收集账号关于直播方面的数据。

（3）第三方数据分析工具

市场上有一些专门为直播团队提供数据分析服务的第三方数据分析工具，如飞瓜数据、蝉妈妈、达多多等，这些工具通常会提供与直播相关的数据，如热销商品数据、热门直播间数据等，直播团队可以通过这些工具来收集自己需要的数据。

（4）网页数据抓取工具

直播团队还可以使用八爪鱼采集器之类的网页数据采集器来爬取数据。

3. 处理数据

很多情况下直播团队收集到的一些数据是原始数据，经过合适的处理后才可以使用。常见的数据处理方式有数据修正、数据剔除、数据计算。

（1）数据修正

直播团队要对收集来的数据进行排查，发现异常数据并对其进行修正，以保证数据的准确性和有效性。例如，发现缺失的数据或不合常理的数据，人为地对其进行修正。

（2）数据剔除

从收集到的数据中将与分析目的无关的数据剔除。例如，分析某场直播的观众画像，通常需要使用观众性别分布、年龄分布、地域分布、消费需求分布等数据，而直播间点赞数、评论数、转发数等数据可以被剔除。

（3）数据计算

有些数据不能直接从原始数据中获得，需要经过计算来获得。例如，收集到的原始数据中只有某款商品的销量和单价两项数据，但直播团队需要的是此款商品的销售额，此时就需要进行数据计算。

4. 分析数据

分析数据就是直播团队采用合适的工具和方法对处理后的数据进行分析，并从数据中获得有价值的信息。常用的数据分析工具如 Excel、Python 等，常用的数据分析方法如直接观察法、对比分析法、四象限分析法等。在分析数据的过程中，直播团队可以使用折线图、柱形图、饼图等图表来展示数据以及数据之间的关系。

5．做出总结

直播团队根据数据分析的结果做出总结，并得出结论，从中发现直播销售活动存在的问题，为优化后续直播销售活动提供有效参考。

素养课堂

在大数据时代，我们要培养数据运营思维，深入挖掘数据的价值，善于运用数据指导直播销售活动。在运用数据的过程中，我们要尊重数据，讲究数据的真实性、可靠性，不编造、篡改数据。

案例在线

利用第三方数据分析工具分析直播数据

飞瓜数据分为飞瓜抖音、飞瓜快手、飞瓜B站（哔哩哔哩简称 B 站），分别提供抖音、快手、哔哩哔哩平台的数据分析服务。使用飞瓜抖音分析单场直播数据的具体操作方法如下。

（1）登录飞瓜数据官方网站，单击"飞瓜抖音"按钮，如图 9-1 所示。

图 9-1　单击"飞瓜抖音"按钮

（2）注册并登录飞瓜抖音账号，进入账号工作台，在搜索框中输入直播间账号名称，单击搜索按钮 ，如图 9-2 所示。

图 9-2　搜索直播间账号

（3）进入数据分析页面，如图9-3所示。页面最上方展示直播标题、开播时间、下播时间、直播时长、直播间账号名称、直播当日粉丝数、直播带货口碑等信息，下方是数据分析详情，包括数据概览、观众画像、流量来源、观众互动等分析内容。直播团队可以综合观众画像、流量来源、观众互动等维度的数据，了解账号单场直播的带货效果。

图9-3　数据分析页面

（4）在"数据概览"的"直播趋势"板块，直播团队可以按照人气、带货、涨粉等维度并选择不同的指标进行查看。通过分析观看人次和在线人数，直播团队可以了解本场直播的人气峰值所处的时间段，并分析人气到达峰值的原因，如嘉宾进入直播间、发放红包等。在此，选中人气下的观看人次和在线人数两个选项，并将鼠标指针放在下方时间节点上，可以分析关键节点的商品上下架、商品讲解（见图9-4）、福袋发放等对直播间人气的影响。

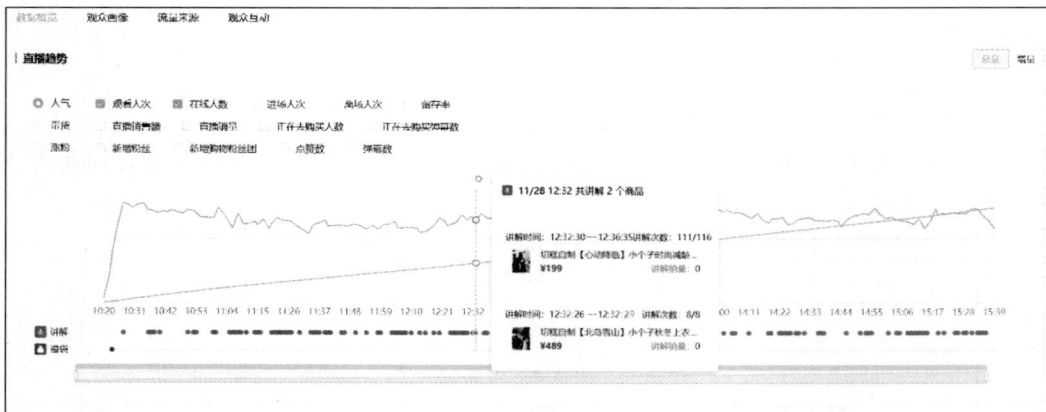

图9-4　直播趋势-人气趋势分析

（5）在"带货商品"板块，可以分析本场直播的商品分布、直播转化率，以及各款商品直播销量、直播销售额、讲解时长、上/下架时间、转化率等，如图9-5所示。

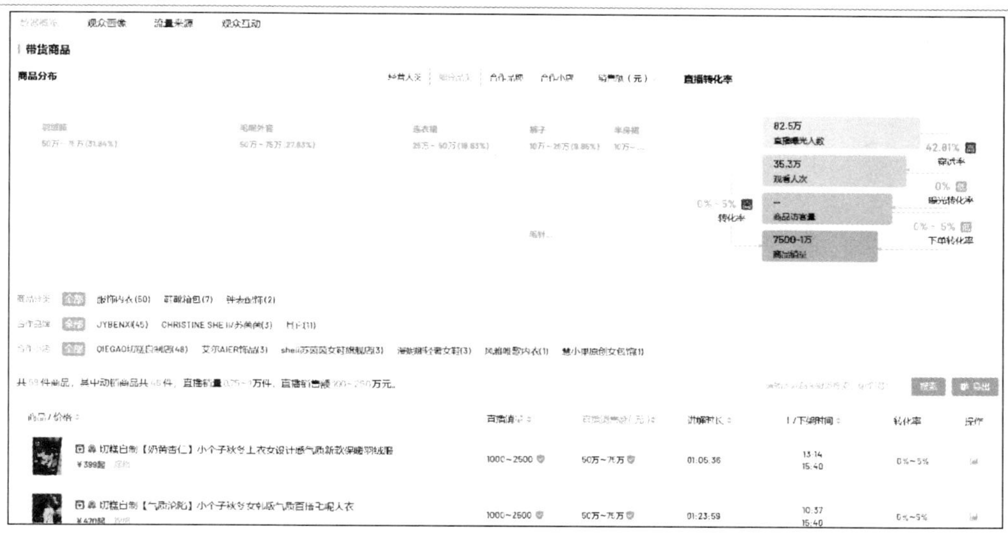

图 9-5 "带货商品"板块

（6）单击"观众画像"选项卡，可以分别查看直播观众画像和粉丝团观众画像，图 9-6 所示为直播观众画像分析，包括性别分布、年龄分布、地域分布、消费需求分布、感兴趣的内容等分析内容。通过分析观众画像，直播团队可以了解直播间观众的特点，并根据观众的特点进行直播选品、互动活动设计等。

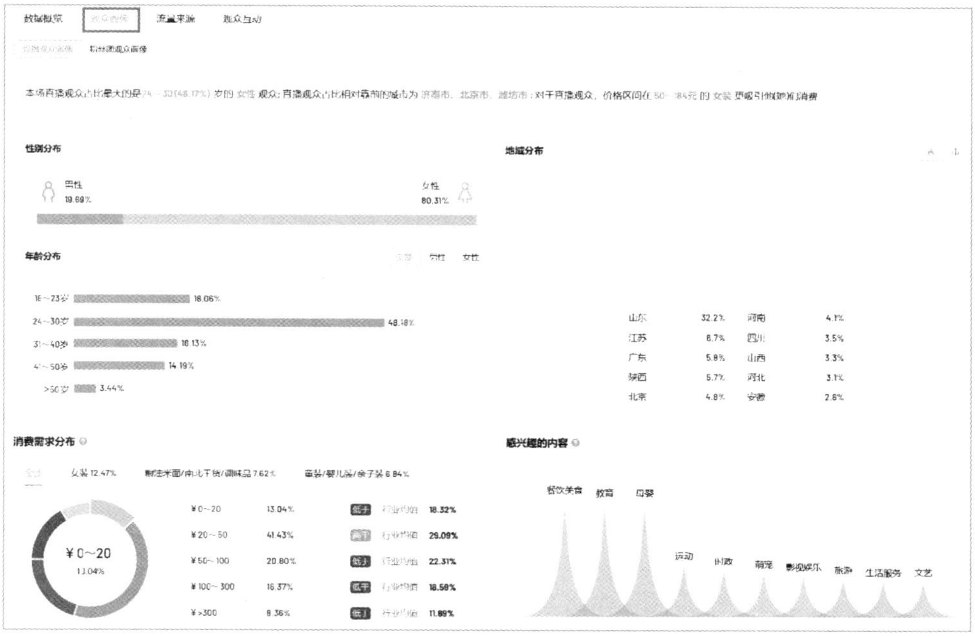

图 9-6 直播观众画像分析

（7）单击"流量来源"选项卡，进入"流量来源"板块，如图 9-7 所示。直播团队可以查看直播间流量结构分析和直播引流视频分析。直播团队通过分析直播间流量结构，了解直播间的观众来源；通过分析直播引流视频的相关数据，了解直播间的高点赞引流视频的特点，为后续创作引流视频提供参考。

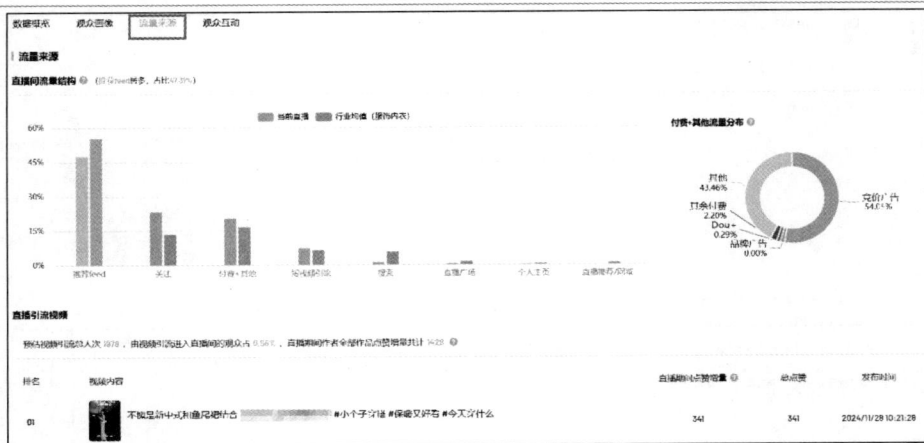

图 9-7　流量来源分析

（8）单击"观众互动"选项卡，可以查看直播间观众互动分析，包括观众互动、弹幕占比、互动趋势图、弹幕词云、弹幕商品需求、福袋分析等，如图 9-8 所示。通过分析直播间观众弹幕词云和弹幕商品需求，直播团队可以了解本场直播中观众的关注点和商品购买偏好，为后续直播选品提供参考。

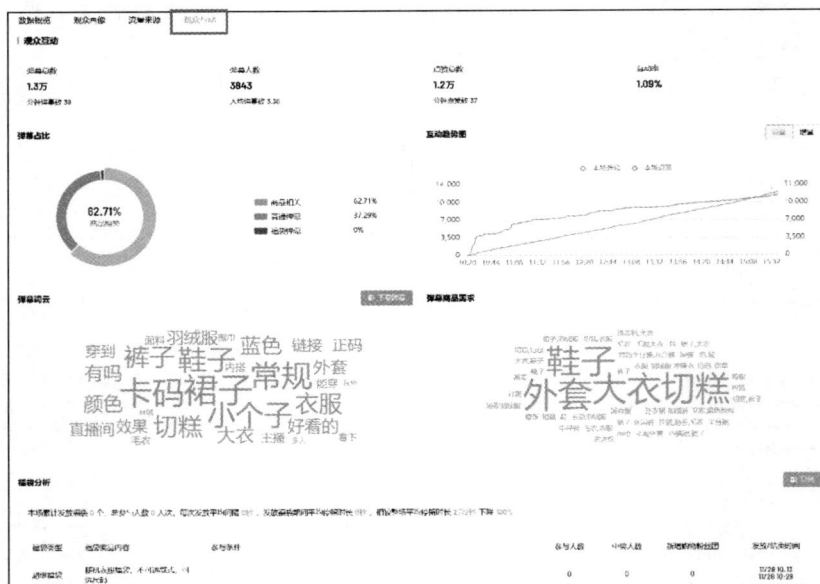

图 9-8　观众互动分析

课堂实训：沫檬直播销售活动数据分析

1. 实训背景

沫檬是一个家用清洁剂品牌，主营家居清洁产品，包括多用途清洁剂、洗衣机清洁剂、管道疏通剂、马桶清洁剂/洁厕剂等。为了提高商品销量和品牌知名度，沫檬在抖音平台创建了多个账号进行直播销售，账号"沫檬官方旗舰店"是其中的一个代表，该账号通过高频率、长时间的直播，收获了不俗的直播成绩。

2．实训要求

在抖音平台观看账号"沫檬官方旗舰店"的一场直播，使用飞瓜抖音分析该账号的直播销售数据，包括人气数据、观众画像、流量数据、观众互动数据等。

3．实训思路

（1）收集数据

注册并登录飞瓜抖音账号，搜索账号名称，进入数据分析页面，根据需求分别查看相关数据分析结果。

（2）总结数据

对收集到的数据分析结果进行总结，撰写数据分析报告，总结账号"沫檬官方旗舰店"本场直播中维护和提升直播间人气的策略、观众特征、引流策略和效果、引导观众互动的策略和效果。

课后练习

1．简述做好直播销售活动售后服务的策略。

2．简述直播销售活动复盘的基本步骤。

3．简述直播销售活动复盘的要点。

4．简述直播销售活动数据分析的策略。

5．为了保证数据分析结果的客观性、有效性，直播团队在实施直播销售活动数据分析时需要注意哪些问题？

第10章 直播销售案例分析

本章概述

抖音、淘宝、视频号、小红书是当前主流的直播平台，每个平台都有自身的特色，且流量分发机制各不相同，在不同的直播平台上开展直播销售活动，主播应注意采用差异化的策略。本章重点介绍抖音、淘宝、视频号、小红书等直播平台的特点、流量分发机制、直播销售策略，并分别从各个平台上选择具有代表性的直播销售案例，剖析其直播销售的策略与技巧。

学习目标

➢ 了解抖音、淘宝、视频号、小红书平台的特点和流量分发机制。
➢ 掌握在抖音、淘宝、视频号、小红书平台进行直播销售的策略。

本章关键词

平台特点   流量分发机制   直播销售策略

案例导入

"小明正能量"用特色直播赋能乡村振兴

"小明正能量"是随县文化和旅游局副局长舒明在抖音平台上运营的直播账号，该账号助力乡村振兴、推广随州本地农产品。该账号通过真实、接地气的直播，成功地吸引了大量观众的关注，为随州本地农产品开拓了新的销售渠道。

微课视频

（1）亲和力强

舒明在直播中总是以亲切、自然的语言与观众交流，如"久违了大家，今天我们又回到我的家乡"，让观众感觉他像是一位老朋友。

舒明对所推荐的产品和助农事业充满热情，这种热情能够感染观众，使观众更愿意参与到直播互动中来，增强观众对其推荐产品的认同感。

（2）产品展示与讲解专业

直播中所售产品多为随州当地农户或企业直接提供的土特产，如双福山黄茶、随州香菇等，强调产地直发，保证了产品的新鲜度和品质，展现出舒明对产品质量的严格把控，传递出专业、务实的态度。

舒明对所售产品的了解深入细致，能够准确地向观众介绍产品的特点、优势和食用方法等。例如，主播在介绍随州香菇时，会提及北纬 31° 赋予其得天独厚的生长环境，以及随州香菇裂纹开花、外形像龟壳、经水泡发后肉质肥美的特性，专业的讲解增强了观众对产品的信任和购买欲。

（3）直播场景丰富多样

舒明会将直播间搬到农产品的产地，如在田间地头展示农产品的生长环境和采摘过程，让观众直观地了解农产品的源头和生产过程。在相关活动现场进行直播，如在随州香菇产业的相关活动中，现场展示和销售香菇及系列产品，借助活动的氛围和资源，更好地推广当地的特色产品和产业文化。

在直播中舒明会现场品尝、试用产品，并将自己的真实体验分享给观众。例如，在随州农民丰收节直播中，舒明与嘉宾边品尝边介绍各类土特产，通过这种直观的方式让观众更好地感受产品的特点和优势。

（4）互动性强

在直播过程中，舒明会积极回答观众提出的问题，与观众进行实时互动，解答他们对产品的疑问，增强了观众的参与感和购买意愿。例如，在讲解随州香菇时，舒明及时回应观众提出的关于香菇保存方法、烹饪建议等方面的问题。

（5）助农与文旅结合

作为随县文化和旅游局副局长，舒明不仅推销当地的农产品，还会在直播中融入当地的文化旅游元素，宣传随州的风土人情、历史文化和旅游景点等，实现助农与文旅推广的有机结合，丰富了直播的内容和内涵。

案例思考：很多历史文化遗迹周边都有特色农产品，在直播销售活动中，主播想要既展示历史文化遗迹的魅力又推广当地特产，可以采取哪些策略？

10.1 抖音直播

抖音平台不只在短视频领域发展势头较好，在直播领域也颇具竞争力，助力众多商家和主播创造了许多直播佳绩。

10.1.1 抖音平台分析

依托庞大的用户基数、前沿的技术架构及创新的运营策略，抖音已经构建起一个集社交互动、文化传播、商业变现等多元功能于一体的直播生态系统，为商家和主播进行直播销售创造了有利的条件。

1．抖音平台的特点

与其他直播平台相比，抖音平台的特点主要体现在以下几个方面。

（1）用户基数庞大且年轻

抖音平台拥有海量的活跃用户，这为抖音直播提供了良好的用户基础。用户以年轻人为主，他们对新鲜事物充满兴趣，愿意尝试新的娱乐方式和消费模式，并且在平台上的活跃度较高。

（2）内容主题广泛，风格多元

抖音平台涵盖了各种类型的短视频内容，如个人叙述式短视频、二人对话式短视频、剧情式短视频等。直播的内容也涉及众多领域，包括但不限于音乐、舞蹈、美食、健身、知识分享、电商带货等。无论是追求娱乐消遣的用户，还是希望获取专业知识的用户，都能在抖音上找到自己感兴趣的内容。

抖音平台上内容的主题广泛，从搞笑幽默、美食、旅游、音乐、舞蹈，到科技、教育、文化等，能够满足不同用户的多样化需求。主播们的直播风格各不相同，有的幽默风趣，有的专业严谨，有的善于与用户互动，有的则以独特的才艺吸引用户。多元化的直播风格满足了不同用户的需求，使得抖音平台具有较高的包容性和吸引力。

（3）商品偏向时尚化

抖音平台的商品更偏向时尚化，如创意家居用品、时尚饰品、美妆新品等。在品牌方面，除了一些知名品牌，也有大量工厂品牌通过直播来吸引用户。

（4）社交互动性强

在抖音平台，用户可以对短视频进行点赞、评论、分享、收藏等操作，在直播间中可以通过发送弹幕、点赞、送礼物等方式与主播进行实时互动。此外，抖音平台还推出了私信功能，方便用户之间进行一对一的沟通。此外，抖音平台经常发起各种挑战和话题，鼓励用户创作和分享，增强了用户的互动性和参与感。

抖音直播支持主播与用户之间的连麦互动，用户可以申请与主播连麦，进行面对面的交流。这不仅增强了互动的趣味性，还为主播和用户之间搭建了更加直接的沟通桥梁，用户有机会更深入地参与到直播中。

（5）以兴趣电商为核心

抖音直播以兴趣电商为核心，用内容激发用户的非计划性购物需求，其兴趣电商的基本逻辑如图 10-1 所示。

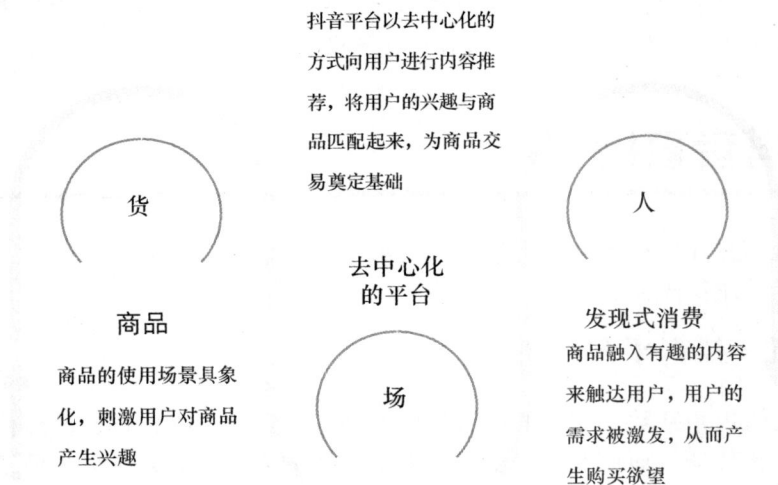

图 10-1　抖音直播兴趣电商的基本逻辑

抖音是典型的内容平台，是用户获取信息的渠道之一。在抖音平台上，内容能够帮助没有明确消费目标的用户发现兴趣、升级购物体验和购买高性价比商品。抖音平台用户的购买决策过程如图 10-2 所示。

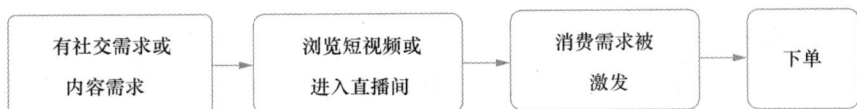

图 10-2　抖音平台用户的购买决策过程

2．抖音直播的流量分发机制

抖音直播的流量分发机制决定了哪些直播内容能够脱颖而出，获得更多的推广和曝光机会。深入探究抖音直播的流量分发机制，对于理解抖音直播的运作原理、优化直播策略、提升用户体验具有重要作用。

（1）流量池推荐规则

对于新开播的直播间，系统会先将其放入一个较小的初始流量池进行测试。在这个流量池中，系统会观察直播间的各项数据指标，如观看人数、观看时长、点赞数、评论数、转发数等。如果这些数据指标表现良好，说明直播间的内容比较受用户的欢迎，系统会将直播间推荐到更大的流量池中，让更多的用户看到。

随着直播间在流量池中的表现不断变好，系统会逐渐将其推荐到更高层级的流量池中，从而让直播间获得更多的曝光机会和流量。例如，一个直播间在初始流量池中的直播数据表现良好，系统就会将其推荐到中级流量池，在中级流量池中表现优秀的直播间会进一步进入高级流量池，以此类推。但是，如果直播间在某个流量池中的数据表现不佳，系统就会停止对其进行推荐，或者将其放到较低层级的流量池中。

知识链接

抖音不是按照整场累积数据来分配流量的，而是以 5 分钟、30 分钟、3 小时等时间段的数据来分配流量的。其中，直播间前 10 分钟和前 30 分钟尤为重要，每个时间段的数据都会影响下一个时间段的自然流量的进入，这意味着直播间需要在各个时间段内都保持较好的数据表现，才能持续获得流量。

抖音直播间的流量池有不同等级，新直播间一般在最低等级的初始流量池，随着数据表现逐渐变好，直播间逐步进入更高等级的流量池，获得更多的流量。例如，当直播间有 20 人在线时，如果人气能够稳定 3 分钟左右，平台会给直播间推荐更多的流量；如果 50 人同时在线稳定 3 分钟左右，平台会进一步给直播间推荐流量，以此类推，使得直播间获得更多的流量。

（2）影响直播间流量的因素

影响直播间流量的因素主要有以下 5 个。

① 直播间热度

直播间热度是影响流量分发的重要因素之一。直播间的热度包括用户的互动情况（如点赞、评论、分享等）、主播的表现（如口才、才艺、专业度等）及直播内容的吸引力等。热度越高的直播间，越容易获得系统的推荐，从而吸引更多的用户进入直播间。

② 账号权重

账号权重与主播的历史表现、账号的粉丝数量、粉丝质量、账号的违规记录等因素有关。权重高的账号，发布的直播内容更容易获得系统的推荐，从而进入更高等级的流量池。因此，主播需要长期保持良好的直播表现，积累粉丝，提高账号的权重。

新号开播时，系统会根据账号的注册信息、过往行为数据等对账号进行初步评估，赋予账号初始权重。例如，一个完善了个人信息、有一定活跃度的账号，可能会比信息不完善、从未有过互动行为的账号获得稍多的初始流量。

对于老账号，账号以往的直播数据表现、视频发布质量和粉丝互动情况等都会对账号的权重产生影响。如果一个账号过去的直播观看人数多、互动率高、粉丝数增长快，那么它的权重相对较高，在直播时更容易获得更多的流量。

③ 标签匹配

抖音系统会根据直播间的内容、主题、商品等信息为直播间打上相应的标签，同时也会根据用户的兴趣爱好、行为习惯等为用户打上标签，然后根据直播间的标签将直播间推荐给标签相同或相似的用户。例如，一个直播间的标签是"美妆"，那么系统会将这个直播间推送给经常关注美妆内容、给美妆视频点赞的用户。

④ 粉丝行为

账号的粉丝数量和粉丝行为也会对直播间流量产生影响。如果一个账号拥有大量的粉丝，并且粉丝的活跃度高、忠诚度高，那么该账号直播时，粉丝更容易收到系统推送的直播通知并进入直播间，从而为直播间带来稳定的流量。同时，新用户进入直播间后，如果关注了主播，也有利于提高该账号的权重。

粉丝在直播间内做出点赞、评论、分享等互动行为，不仅能够提高直播间的热度和活跃度，还会触发系统的推荐机制，让直播间被更多的用户看到。例如，粉丝的分享行为可以将直播间推荐给他们的好友和关注者，进一步扩大直播间的曝光范围。

⑤ 付费推广

主播或商家可以通过抖音平台的 DOU+、巨量千川等的付费推广功能来获取更多的流量，提高直播间的曝光度。

10.1.2　抖音直播销售策略

短视频是抖音平台重要的内容板块，在抖音平台，商家要能够将短视频与直播进行结合，以短视频进行宣传推广，再由直播进行转化变现。首先，商家以短视频进行内容营销，增强用户黏性，通过持续发布高质量的短视频与用户进行持续沟通，为品牌积蓄流量。之后，通过有规律的直播与用户进行互动，并在直播中推动用户转化。

此外，对直播来说，引流是一个至关重要的环节。在抖音平台，商家可以通过优质的短视频为直播引流，将用户引进直播间后，主播通过专业讲解促使用户完成消费。直播具有较强的即时性，直播的精彩内容稍纵即逝，而短视频可以弥补直播的这一短板，商家可以将直播中的优质内容进行二次创作，剪辑成片段并进行分发，为后续直播蓄力。

商家运用短视频为直播引流可以采取表 10-1 所示的策略。

表 10-1　运用短视频为直播引流的策略

注意事项	直播前	直播中	直播后
短视频内容要点	①直白地介绍要上播的商品、直播的活动机制； ②在日常发布的常规短视频中插入直播信息，如直播时间、直播利益点等； ③展现直播选品的过程，如直播团队与品牌方进行价格谈判的过程等，突出主播对商品品质的把控，为用户争取优惠价格	①本场直播的某个片段，如展现直播间的热闹画面的片段、主播精彩讲解的片段、直播间中有趣互动的片段、主播讲解直播间优惠机制的片段等； ②直播中某款商品的卖点介绍； ③介绍直播商品清单	①直播中讲解某款商品的片段； ②预告下场直播的时间、商品、优惠机制； ③本场直播中主播精彩讲解、互动效果好的片段
建议发布时间	直播前 3 天至直播前半小时	直播进行中	直播结束后的 24 小时内
建议发布数量	每天 1～3 条	3～8 条	3～5 条

10.1.3 抖音直播销售案例分析

"小个子切糕教穿搭"是一个以推荐服装穿搭技巧、销售服装为主的抖音账号,该账号的直播销售策略如下。

1. 精准定位目标观众

账号名称为"小个子切糕教穿搭",明确指出了账号的目标观众和内容定位,内容面向小个子女生,专注于解决这一特定人群的穿搭难题。

2. 打造专业的主播人设

主播以"切糕"自称,是女装品牌"QIEGAO"的主理人,这一背景使其在小个子穿搭领域树立起专业的形象,提升了可信度,使观众愿意接受主播的推荐和建议。

在直播中,主播像是一位非常有耐心的朋友,与观众分享穿搭心得,积极回应观众的问题,这种亲切、贴心的人设有助于拉近主播与观众的距离,增强观众的情感共鸣,使观众愿意长期关注主播并参与直播互动。

主播通过强调自身的专业经验和对小个子女生服装穿搭的深入理解,塑造了一个专业、贴心的穿搭导师人设,让观众相信主播能为她们提供有价值的穿搭指导和优质的服装。

3. 塑造精致、灵动的主播形象

主播妆容清新自然,发型简约时尚,既突出小个子女生的灵动与精致,也不会喧宾夺主,而是起到衬托服装的作用,进一步强化了主播整体形象的吸引力和亲和力,使观众能够更加专注于穿搭本身,以及主播所传达的时尚信息。

4. 镜头表现自然大方

在直播过程中,主播的动作自然大方,没有刻意的摆拍或夸张的肢体语言。例如,在展示服装穿搭效果时,主播会自然地走动、转身,以不同的角度和姿势展示服装的全貌和细节,让观众能够清晰地看到服装的版型、剪裁及上身效果。

主播善于运用眼神与镜头前的观众进行互动交流,会时刻注视镜头,让观众感受到被关注和重视。同时,主播会根据讲解内容和互动情况,适时地展现出微笑、惊讶等丰富的表情,与观众进行互动,使观众更容易被吸引并沉浸在直播氛围中。

5. 有效进行选品

直播选品以满足小个子女生的穿搭需求为目标,涵盖了下装、连衣裙、外套、鞋、配饰等各类产品,形成了完整的小个子穿搭产品线。这些产品在款式、版型、尺码等方面都充分考虑了小个子身材的特点和穿着痛点,确保能够满足目标观众的个性化需求。

选品呈现出丰富多样的风格,包括甜美风、休闲风、职场风、时尚个性风等,以满足不同小个子女生的审美偏好和穿着场景需求。同时,主播注重产品的组合,会根据不同的主题和风格将多款服装进行搭配,形成一套完整的穿搭方案,如"夏日清新系列""秋日复古系列"等。每个系列中的服装和配饰在风格、色彩、图案等方面相互呼应、协调搭配,方便观众一站式选购整套穿搭,这样不仅提高了观众的购买便利性,还能通过系列化的视觉呈现增加产品的附加值,帮助观众更好地理解如何进行单品搭配,提升观众的穿搭水平。

6. 产品讲解话术多样化

主播在介绍和推荐产品时,会采用各种有效方式讲解产品的特色,向目标观众展示了多样化的产品讲解话术。

- 突出产品特点:在介绍每一款服装时,主播会详细阐述服装的独特之处。例如,强调服装版型能巧妙地修饰小个子女生的身材,高腰设计拉长腿部线条、修身剪裁凸显身材曲线等。又如，介绍服装面料的质感、舒适度和透气性："这件衣服的面料柔软亲肤，穿着很舒服，而且透气性好，不会让你觉得闷热。"再如，介绍服装颜色的百搭和时尚："这个颜色是今年的流行色，穿上非常显白，而且很容易搭配其他衣服。"

- 提供穿搭建议：除了介绍商品本身，主播还会结合商品给出具体的穿搭建议，包括服装与其他服装、配饰的搭配方法，以及服装适合的穿着场合等。例如，"这条裙子可以搭配一件简约的白色 T 恤和一双小白鞋，周末出去逛街的时候穿，清新又甜美；如果配上一件小西装外套和高跟鞋，则非常适合在职场中穿着，显得既大方又得体。"这样的讲解让观众清楚地了解如何将商品融入自己的生活和工作中，提升了商品的附加值和吸引力。

- 互动式引导购买：在讲解过程中，主播会频繁与观众进行互动，通过提问、征求意见等方式引导观众参与互动并表达自己的想法和需求。例如，"你们觉得这件衣服的颜色好看吗？喜欢的话在弹幕里发送'1'哦！""这件上衣你们想搭配什么样的裤子呢？大家可以在弹幕里留言。"这种互动方式不仅能够活跃直播气氛，还能让主播根据观众的反馈及时调整讲解重点和销售策略。同时，在观众积极参与互动并表示对产品的喜爱时，主播可以适时引导观众购买："喜欢的朋友们不要犹豫哦，点击下方链接就可以下单啦！"

7. 短视频内容预热

在直播前，主播会发布一系列与直播内容相关的短视频进行预热。这些短视频通常会展示主播即将在直播中推荐的服装的穿搭效果、亮点或穿搭技巧等，通过精彩的视觉内容吸引用户的关注，并在视频文案或评论区引导用户关注直播账号，告知用户直播中将有更多详细的穿搭讲解、产品优惠等福利，从而增强用户的期待感和参与直播的欲望，为直播吸引大量潜在观众。

8. 直播时段安排固定

"小个子切糕教穿搭"在账号简介中说明了固定的直播时段，这有助于培养观众的观看习惯，当观众习惯了在特定时间观看该账号的直播后，会更容易在直播时段主动进入直播间，提高直播的流量稳定性和观众留存率。

素养课堂

我们要保持一种持续学习的态度，不仅要从书本中汲取知识，更要积极从他人身上学习宝贵的经验。"它山之石，可以攻玉。"我们要通过不断地学习与借鉴，不断丰富自己的知识储备，提高自身的专业技能。

10.2 淘宝直播

淘宝平台在电商直播领域占据着重要地位，淘宝直播定位于"消费类直播"，其核心目标是通过直播的形式促进商品销售，为用户提供边看边买的购物体验。

10.2.1 淘宝平台分析

淘宝平台凭借完善的电商基础设施和丰富的内容展现形态，以及多元的用户运营方式，打造了完整的直播销售产业链。

1．淘宝平台的特点

淘宝平台具有典型的电商属性，是典型的电商直播平台，其以商品信息的客观性、专业性来获得用户的信任。在淘宝平台上，用户进入直播间通常带有明确的目的，例如，了解商品信息或寻找价格更低的商品。淘宝平台用户的购买决策过程如图10-3所示。

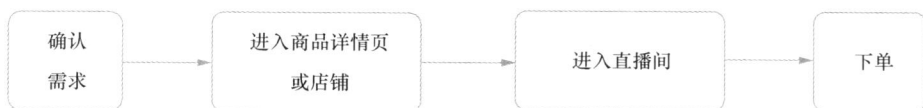

图10-3　淘宝平台用户的购买决策过程

此外，淘宝平台的商品种类丰富，几乎涵盖了所有品类，从大众日常消费品到高端商品应有尽有，能够满足不同用户的多样化需求。

在淘宝平台上，直播间的流量以公域流量为主，包括淘宝平台内的搜索流量、推荐流量等，直播间流量具有一定的稳定性和精准性。直播间注重与淘宝店铺的对接，主播可以通过提升店铺的权重、优化店铺内商品的详情页、在店铺内开展促销活动等方式吸引更多的潜在用户进入直播间，从而实现流量的转化和销售额的增长。

2．淘宝直播的流量分发机制

淘宝直播的流量分发机制涉及多个因素，具体如下。

（1）标签

主播需为直播间设置准确的标签，标签要与直播内容、商品品类、目标用户等相匹配。淘宝平台会根据用户的浏览历史、购买记录、兴趣爱好等数据，将带有相应标签的直播间推送给可能感兴趣的用户，提高直播间流量的精准度和转化率。

贴有同一标签的直播间之间存在流量竞争，表现更好的直播间将获得更多流量。因此，主播需要不断优化直播内容和运营策略，提高自身的竞争力，以获取更多的流量。

（2）账号分级

淘宝平台根据直播间账号的数据表现对其进行综合评定，将直播间账号划分为不同的层级。每个层级的直播间账号获得的流量扶持不同，直播间账号的层级越高，获得的流量扶持越多。腰部主播的直播间账号和头部主播的直播间账号通常会获得更多的流量。

（3）活动参与情况

淘宝平台会举办各种活动，如"双11"购物节、"6·18"购物节、主题直播活动、月终排位赛等，积极参与活动并表现优秀的直播间可以获得更多的流量奖励和曝光机会。在活动期间，淘宝平台会增加对参与活动的直播间的流量扶持，提高其在搜索结果页面、推荐页面等的排名，吸引更多用户。

通过参加淘宝平台的PK赛、录制小二力荐的商品讲解视频等方式，直播间有机会获得流量券，流量券可用于增加直播间的观看人次，提升直播间的人气。

（4）直播内容

直播内容也是淘宝平台进行流量分发的考核点之一。直播内容的评判标准主要包括5个方面，如表10-2所示。

表10-2　直播内容的评判标准

评判标准	释义	主要考察内容
内容能见度	直播内容覆盖用户的广度	直播间的宣传、引流能力
内容吸引度	直播内容吸引用户关注，影响用户情绪的能力	直播间商品构成、氛围和主播的吸引力

评判标准	释义	主要考察内容
内容引导力	直播内容将用户留住、引导其进入店铺并主动了解商品的能力	主播话术、主播控场能力
内容获客力	直播内容引导用户产生支付行为的能力	直播间商品的性价比、主播话术的吸引力
内容转粉力	直播内容将短暂停留在直播间的用户转变为停留时间较长、有购物目的的粉丝的能力	直播间商品的性价比、主播的话术、直播间持续输出优质内容的能力

10.2.2　淘宝直播销售策略

对主播来说，鲜明的人设有助于提高自身的辨识度，使用户加深对自身的印象。主播可以通过以下两个步骤来进行人设定位。

1. 挖掘自身特色

在挖掘自身特色时，主播可以问自己以下 3 个问题。

第一个问题：我有什么特色？主播要找到自身与众不同之处，对其进行深度挖掘。例如，从职业的角度挖掘，主播是厨师、花艺师、服装设计师等；从性格的角度挖掘，主播性格豪爽、幽默等；从地域的角度挖掘，主播来自东北、新疆等。

第二个问题：我能为用户带来什么？主播明确了这个问题，有利于让自身人设更有深度。不同的用户有着不同的需求，主播需要先明确自己的目标用户是哪些群体，再去思考如何满足他们的需求。

第三个问题：我要分享什么商品？对新手主播来说，不宜直接销售全品类商品，最好是术业有专攻，根据自身特长和目标用户需求来选择相应的商品类目。例如，职业为厨师的主播可以选择销售食品，职业为服装设计师的主播可以选择销售服饰。淘宝直播有众多商品类目，如时髦穿搭、家乡好货、居家生活等。主播确定商品类目后最好不要轻易变动，深耕某一类目更有利于主播吸引精准粉丝。

2. 进行账号定位

主播确定自身特色后，要进行账号定位。首先是设置账号主页，包括头像、昵称和个人简介，帮助用户快速了解主播的基本信息；其次，主播的服装搭配要贴近个人定位，直播间场景布置要体现商品风格；最后，对个人经历比较丰富的主播来说，可以在直播过程中反复地向用户介绍自己，使自身人设更加深入人心。

案例在线

"小薇的花铺"定位准确，助力直播间快速成长

"小薇的花铺"是淘宝平台鲜花类目下的一个直播间账号，主播以自主创业、分享园艺知识为直播特色。该主播的直播间之所以能快速成长，其定位准确是一大原因，这主要体现在以下几个方面。

● 知识分享：主播拥有园艺专业知识，经常在直播间与用户分享鲜花养护知识、插花方法等（见图10-4），营造"购物+学习"的直播氛围，让用户在观看直播时既能便捷地购买特色花卉，又能学到有用的花卉养护知识。

图 10-4　分享花卉知识

- 定制花卉礼品：直播间中销售的花卉都是精挑细选过的，品质有保障，并且有专业的花艺师团队为用户定制各类独特的花卉礼品，如花束、花篮、花盒等，每一份花卉礼品都独具创意。
- 设计特色活动：主播会在直播间设计特色活动，如幸运抽奖、花语分享等，既能回馈用户，又能增强用户的参与感和体验感。
- 花卉品种齐全：直播间中提供了多样化的鲜花品种，涵盖玫瑰、百合、康乃馨等热门花卉，能够满足不同用户的需求。

10.2.3　淘宝直播销售案例分析

"香菇来了"是一个全品类商品的淘宝直播账号，其直播销售策略分析如下。

1．选品

从美妆护肤类商品、时尚服饰类商品到家居用品、食品等，"香菇来了"直播间内的商品几乎涵盖了热门品类，能够满足不同用户的多样化需求，吸引更广泛的用户进入直播间，提高流量的转化率。

直播间与众多知名品牌及新兴品牌建立合作关系，借助品牌的影响力和口碑提升直播间的信誉度，同时也为品牌提供了一个高效的推广销售渠道。

2．公域流量运营

借助淘宝平台的搜索算法和推荐系统，"香菇来了"通过优化直播标题、关键词、封面图等措施，提高自身在公域搜索结果中的排名，吸引更多的自然流量。同时，"香菇来了"会积极参与淘宝平台推出的各类活动来获取更多的曝光机会，例如，在"双11""6·18"等大促期间，"香菇来了"通过参与淘宝平台的预热活动，吸引大量用户进入直播间。

3．私域流量运营

"香菇来了"建立了完善的私域流量运营体系，通过引导用户关注直播间、加入粉丝群、关注微信公众号等方式，将公域流量转化为私域流量，并通过定期的互动、发放福利等活动，增强粉丝的黏性。

在直播间中，主播会不断地提醒用户关注直播间，引导用户成为直播间粉丝。"香菇来了"微信公众号号设置了"产品许愿""积分商城"，通过引导用户参与直播选品和实施多样化的积分玩法充分调动用户的活跃性，进而培养用户的观看习惯并提升用户忠诚度。图10-5所示为产品许愿页面，图10-6所示为多样化的积分玩法。

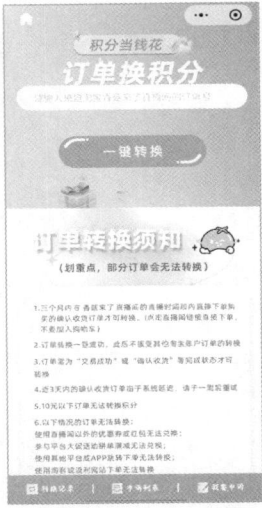

图 10-5　产品许愿页面

图 10-6　多样化的积分玩法

小程序"香菇来了粉丝中心"也是提升用户活跃度的关键渠道。"香菇来了"通过会员专享权益吸引用户注册成为会员。用户成为会员后，一方面，"香菇来了"能够快速获取用户信息；另一方面，能让用户快速体验积分带来的价值。

4．通过社交媒体引流

"香菇来了"充分利用微博平台进行直播预告、产品推广和粉丝互动，吸引社交媒体用户进入直播间。"香菇来了"通过发布有趣、有价值的内容，如产品评测、使用心得、搭配建议等，吸引用户的关注，引导他们进入直播间观看和购买商品。

5．丰富的直播形式与互动环节

直播形式多样化，如品牌专场、主题专场等，增强了直播的趣味性和新鲜感。品牌专场通常重点推荐某个品牌的商品；主题专场则围绕某一特定主题集中推荐某些品类，如"夏日清凉好物专场""暖冬时尚节"等。

直播过程中设有丰富的互动环节，如抽奖、问答等，鼓励用户积极参与直播，提升直播间的活跃度和人气。

6．培养专业的主播

在直播中，主播对所推荐的商品有着深入的了解，能够详细地介绍商品的特点、功效、使用方法、适用人群等信息，帮助用户更好地了解和选择商品。

"香菇来了"拥有专业的主播团队，他们具备良好的形象、气质、语言表达能力和销售技巧，能够在直播中展现出较高的专业素养和亲和力，吸引用户的关注。在直播中，主播注重与用户的互动交流，会及时回答用户的提问，关注用户的评论和留言，还会通过抽奖、发放优惠券等方式增加与用户的互动，提升用户的参与度和活跃度。

此外，直播间的主播之间配合默契，分工明确，能够相互补充和支持，共同营造活跃、有序的直播氛围，使整个直播过程更加流畅。

10.3 视频号直播

视频号是腾讯公司推出的基于微信生态的内容记录与创作平台。它不仅为用户提供了一个自由创作、分享视频和图片内容的空间，同时也是用户了解他人、了解世界的窗口，并且起着连接品牌与用户，助力商家实现业绩增长的重要作用。

10.3.1 视频号平台分析

近年来，视频号不断完善自身的电商生态，在直播领域加速布局。视频号直播作为微信生态的重要组成部分，发挥着重要的作用。

1. 视频号平台的特点

与其他直播平台相比，视频号平台的特点主要表现在以下几个方面。

（1）能够快速获取流量

依托微信平台，微信朋友圈、微信群、微信公众号是天然的流量池，能够为视频号的直播间快速引流。主播可以在微信朋友圈发布直播预告，吸引微信好友关注直播间；也可以在微信群、微信公众号中发布直播信息，吸引群成员和微信公众号关注者观看直播。

（2）便于私域流量运营

与其他平台相比，视频号在私域流量的运营上具有独特的优势。视频号背靠微信生态，与微信群、微信公众号、企业微信、小程序等工具互通，有利于主播更方便地运营私域流量。主播可以将自己的微信好友、微信群、微信公众号粉丝等私域流量转化为直播间的用户，并通过直播进一步增强与私域流量的互动，实现私域流量的高效变现。

（3）强大的社交关系链

视频号拥有微信数量庞大的用户，天然具有强大的社交属性，用户与用户之间形成强大的社交关系链，能够帮助直播间实现裂变引流。例如，用户的微信好友在微信平台上浏览过某个内容后，该用户微信发现中的"看一看""直播""视频号"等板块都会显示消息，提醒该用户自己的微信好友浏览过哪些信息。如果其他用户看到消息后对这些内容也感兴趣，就有可能去浏览这些内容，进而扩大直播的影响范围。

2. 视频号直播的流量分发机制

视频号平台会综合考虑多种因素来决定直播间的流量分发。这些因素相互作用，共同影响着直播内容的曝光度和用户参与度。

（1）社交行为

视频号依托微信庞大的社交网络，社交行为是其流量分发的重要基础。主播的微信好友点赞、评论、转发等行为会直接影响直播间的曝光度，这种基于熟人关系的社交行为能够有效地将私域流量引至直播间。

（2）用户兴趣

与抖音等平台主要基于标签进行内容推荐不同，视频号的个性化推荐更注重对用户真实兴趣和行为的洞察。即使直播内容没有明确的标签，但只要与用户的兴趣相匹配，仍有机会获得推荐，这为一些小众、垂直领域的直播内容提供了更多的曝光机会。

除了用户的观看历史、点赞、评论等常见行为数据，视频号的个性化推荐还会综合考虑用户的微信社交关系、地理位置、搜索历史等多维度信息，更全面地了解用户的兴趣和需求，从而实现更精准的内容推荐。例如，用户在微信搜一搜中搜索过的关键词，也会影响视频号的个性化推荐。

（3）搜索排名

在搜索推荐中，视频号会根据关键词的热度、与直播内容的相关性，以及直播的实时数据表现等因素综合确定搜索排名。一些具有较高时效性和话题性的直播，即使在标题和标签中未明确包含热门关键词，也可能因为内容与当前热点话题紧密相关而获得较高的搜索排名，获得更多的流量。

（4）流量分发的阶段性特点

对新主播或新账号来说，视频号在冷启动阶段更注重私域流量的作用。主播可以通过自己的微信好友、社群等私域渠道进行直播预热与推广，吸引用户进入直播间。一旦私域流量能够产生较好的互动和转化数据，平台就会基于这些数据给予更多的公域流量扶持，帮助主播快速积累人气和粉丝，实现从冷启动到成长的过渡。

当主播积累了一定的粉丝基础和公域流量后，视频号的流量分发机制会更加注重私域流量的维护，以及公私域流量的联动效应。私域流量的持续互动和忠诚度可以为直播间带来稳定的人气和热度，进而吸引更多的公域流量进入；而公域流量的增加又可以进一步扩大主播的影响力，促进私域流量的增长，形成相互促进、良性循环的发展态势。

（5）内容价值

视频号不仅关注直播内容本身的质量和吸引力，还重视其在社交互动方面的价值。例如，直播能否促使观众产生讨论、分享和二次传播等社交行为，是衡量内容价值的重要因素之一。具有较高社交互动价值的直播内容，更容易获得较多的流量，因为它能满足用户在社交层面的需求，增强用户之间的联系。

10.3.2　视频号直播销售策略

主播在视频号上进行直播销售要充分挖掘私域流量的价值，并让私域和公域联动，进而扩大直播间的影响范围。

1. 选择私域运营方式

视频号直播常见的私域运营方式如表10-3所示，主播可以根据自身情况选择适合自己的运营方式。

表 10-3　视频号直播常见的私域运营方式

运营要点	具体方式	适用对象
创建社群，维护用户	通过线上线下渠道获得用户，创建社群对用户进行维护和管理，在社群中分享直播间，利用私域增加直播间流量，提升直播间转化率。同时，利用私域用户的社交关系形成社交传播，进而吸引更多用户进入直播间	有线上线下私域用户来源的主播
用内容积累用户，用直播进行转化	通过生产高质量的内容，如教学类短视频、产品评测类视频、日常沟通式直播等，彰显主播的个人风格，展现主播对商品的理解，吸引用户的关注，引导用户预约并关注销售专场直播	有能力生产高质量内容的主播
利用私域进行分销	将自己的店员、核心粉丝、有分销能力的社群群主发展为分享员，鼓励分享员将直播间和商品分享到他们所在的各个社群中，并对分享员给予一定的激励	具有一定粉丝基础且有一定团队规模的主播

2. 通过私域渠道为直播间引流

主播在私域渠道巧妙地设置直播信息，有利于增加预约直播人数，为直播蓄势，更有机会获得平台的流量激励，提升直播转化率。

（1）在私域扩散直播预告

主播创建直播预告，并在朋友圈、微信好友、微信公众号文章、微信群、企业微信等渠道进行扩散，邀请私域用户预约直播。

（2）在支付凭证上投放直播信息

主播可以在微信支付凭证上投放直播信息，用户完成支付后即可看到视频号直播预约信息（见图10-7）。图10-8所示为点击支付凭证上的直播信息后的预约直播页面。

图 10-7　微信支付凭证上的直播信息

图 10-8　预约直播页面

（3）设置专属粉丝公告

商家或达人可以开通粉丝团并设置"专属粉丝公告"（见图10-9），粉丝团中的用户可以看到专属粉丝公告，这样可以提升粉丝团用户收到开播提醒的概率，大大提升开播时粉丝进入直播间的概率。

图 10-9　设置专属粉丝公告

（4）设置微信小店店铺分享员

具有门店导购、客服、社群运营等人员的商家，可以设置微信小店店铺分享员，并鼓励分享员在其社群、朋友圈、微信好友中分享直播间。

（5）使用小程序跳转到视频号

在微信生态中，如果小程序与视频号的注册主体相同或为关联主体，可以由小程序跳转到视频号直播间，或者在小程序内进行视频号直播预约。因此，主播可以通过小程序设置视频号直播预约、打开直播的功能，引导用户分享小程序，通过小程序的传播为直播间引流。图 10-10 所示为小程序活动页面，用户进入小程序后可以预约直播和将直播分享给好友，图 10-11 所示为用户将小程序分享给好友的页面。

图 10-10　小程序活动页面　　图 10-11　用户将小程序分享给好友的页面

10.3.3　视频号直播销售案例分析

泡泡玛特是国内知名的潮流文化娱乐品牌，它在全球范围内挖掘潮流艺术家和设计师，通过 IP 运营体系，打造潮流文化领域的 IP 形象及商品。通过视频号直播，泡泡玛特有效地提高了 IP 的知名度和影响力，进而提高了 IP 商品的销售额。

泡泡玛特视频号直播主要具有以下特点。

1. 私域流量优势明显

泡泡玛特早在 2018 年就开始在微信打造账号矩阵，这些私域流量为视频号直播提供了坚实的用户基础，能够快速为直播间导流，提升直播间的人气。

泡泡玛特通过微信公众号推文、小程序提醒等方式，将微信公众号、小程序、社群的私域用户引导至视频号直播间，实现了私域流量的高效转化。同时，视频号主页链接了微信公众号和小程序，方便用户在观看直播后进行下单。

2. 直播内容丰富多样

泡泡玛特会有规律地安排直播内容，形成固定的栏目，如周一的手作直播，教用户对商品进行二次或三次加工；周四、周五固定发布新品盲盒，并进行在线拆盒等，让用户在观看直播的过程中能够有所收获，培养用户的观看习惯。

泡泡玛特会利用视频号直播进行新品发布和展示，提前透露新品信息，激发用户的好奇心和购买欲望。主播通过详细介绍和展示，让用户更直观地了解新品的特点、设计理念和玩法，促进新品的销售。

在直播中，泡泡玛特注重与用户的互动，通过直播抽奖、在线抽盲盒等方式，增强用户的参与感和体验感。用户在观看直播的过程中不仅能够了解商品信息，还能获得乐趣和惊喜，从而提高用户的留存率和活跃度。

在直播中，除了有主播讲解商品，泡泡玛特还会邀请嘉宾来到直播间，如设计师、艺术家、知名博主等，增强直播的专业性和趣味性。嘉宾可以分享商品背后的创作故事、设计灵感，以及自己与泡泡玛特的不解之缘，提升用户对品牌的认同感和好感度。

3．融入微信生态

泡泡玛特将视频号直播与微信公众号、小程序、社群等其他渠道的业务进行深度融合，实现资源共享和优势互补。通过在微信生态中不同平台之间的相互引流和互动，扩大了品牌的传播范围和影响力，为视频号直播带来了更多的流量和曝光机会。

泡泡玛特充分利用微信的各种功能和特点，如直播预约、直播分享、直播红包等，提升直播的传播效果和用户参与度。例如，通过直播预约功能，提前通知用户直播时间和内容（见图 10-12），展示直播专享商品（见图 10-13），提高用户的观看率；通过直播分享功能，鼓励用户将直播分享到微信朋友圈、微信群等，吸引更多的潜在用户进入直播间。

图 10-12　通知直播时间和内容

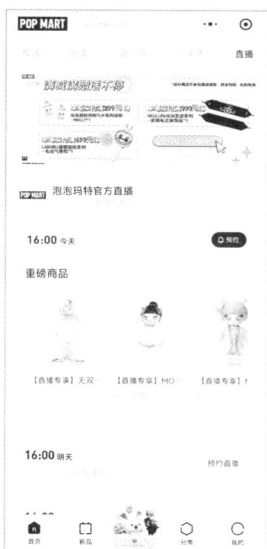

图 10-13　展示直播专享商品

4．线上线下融合

泡泡玛特将视频号直播与线下门店、线上电商平台等其他渠道的业务进行深度融合，实现线上线下的互动和协同发展。例如，在直播中推广线下门店的活动、优惠，引导用户到店消费；同时，线下门店也为视频号直播提供流量支持和体验场所，增强用户对品牌的信任和好感。

5．挖掘用户需求

通过直播中的互动、评论区留言、问卷调查等方式，泡泡玛特深入了解用户的需求和喜好，根据用户的反馈及时调整直播内容和选品策略，提供更符合用户需求的商品和服务，提高用户的满意度和忠诚度。

10.4　小红书直播

小红书上拥有大量年轻、追求新潮的用户，他们既是创作者也是消费者。对商家、达人主播来说，无论是提升自身影响力，还是促进商品销售，小红书都是一个不可忽视的平台。

10.4.1　小红书平台分析

作为生活方式分享平台，小红书不仅为用户提供了海量优质内容，还成为商家、达人等主体开展直播销售的重要渠道之一。

1．小红书平台的特点

与其他直播平台相比，小红书平台具有以下特点。

（1）用户年轻化、女性居多

小红书平台的用户以年轻女性为主，这部分用户对新鲜事物接受度高，具有较强的消费能力，是直播间的主要目标用户。

（2）"种草"属性强

作为一个生活方式社区，小红书的直播内容也多围绕生活方式展开，强调"种草"。主播可以通过分享自己的生活经验、好物使用心得等方式，激发用户的购买欲望，促进商品的销售。这种"种草"式的直播内容与小红书的整体定位相契合，更容易吸引用户的关注。

（3）场景式、生活化展示

小红书平台上的直播内容多是场景式、生活化的，主播将商品融入日常生活之中，通过展示商品在实际生活中的使用场景和效果让用户更直观地感受到商品的价值和魅力，从而强化用户的购买意愿。

2．小红书直播的流量分发机制

小红书直播的流量分发机制涉及权重分配、标签匹配、付费引流等多个因素，具体如下。

（1）权重分配

权重包括基础权重和实时排名权重。基础权重由直播间账号的综合表现决定，如账号的活跃度、内容质量、粉丝数量和互动情况，基础权重较高的账号在开播时会获得较多的曝光机会。

实时排名权重则根据直播间的实时数据表现（如点赞数、评论数、分享数、观看人数、互动率、停留时长、销售数据等）进行动态调整。表现优异的直播间会获得更多的流量支持，而表现不佳的直播间则可能面临流量减少或停止推流的情况。

（2）标签匹配

小红书会为用户和直播间分别打上各种标签，通过标签匹配，将直播间推送给可能感兴趣的用户，实现精准流量分发。主播需要在直播标题、内容描述、关键词等方面合理设置标签，以提升直播间与用户的匹配度。

（3）付费引流

直播团队通过购买小红书平台的付费流量，如信息流广告、搜索广告等，可以获得更多流量，进一步提升直播间的曝光度和观看人数。

10.4.2　小红书直播销售策略

在小红书平台，笔记、直播、群聊是小红书直播生态圈中的三大关键要素，"笔记+

直播+群聊"联动（见图10-14）是小红书直播销售的核心方法论。商家通过发布高质量的笔记触达用户，通过高质量直播转化和沉淀用户，再通过群聊积蓄私域流量，提升直播转化率。

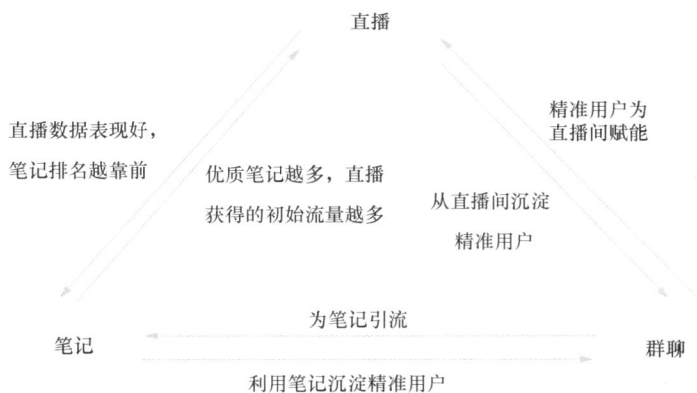

图 10-14 "笔记+直播+群聊"联动

1．用笔记为直播间引流

笔记是直播间流量的关键入口之一，如果商家正在直播，笔记中商家头像会显示"直播"字样（见图10-15），用户在"发现"页面浏览笔记的过程中，通过商家头像中的"直播"字样就能知道该商家正在直播，如果用户感兴趣可以直接点击商家头像进入直播间。因此，商家可以充分利用笔记为直播间引流。

图 10-15 笔记中商家头像会显示"直播"字样

商家在直播的不同阶段发布笔记的策略如表10-4所示。

表 10-4　在直播的不同阶段发布笔记的策略

注意事项	直播前	直播中	直播后
笔记内容要点	①日常发布优质笔记，笔记选题丰富，内容具有吸引力，封面图高清美观，标题带热门词以吸引用户阅读； ②在笔记中预告直播内容，例如，预告直播时间、直播商品、直播福利、到访名人等； ③展示直播中会上架的主推商品	展示直播间中主推商品，介绍直播间活动机制、福利、到访名人等	①将直播过程中的精彩片段剪辑成短视频进行发布； ②预告下次直播的时间、福利、商品等
建议发布时间	①日播：开播前 1 天至开播前 30 分钟； ②周播：开播前 1 周至开播前 30 分钟； ③月播：开播前 2 周至开播前 30 分钟	直播过程中	本次直播结束后至 24 小时内
建议发布数量	为每场直播至少发布 3 篇笔记	为每场直播至少发布 5～10 篇笔记	根据直播热度发布 2～5 篇笔记

商家发布笔记后要在评论区与用户互动，及时回复用户的评论，这样有利于让笔记获得更多的曝光机会，借助笔记吸引更多用户进入直播间。

2．群聊引流

在小红书平台，群聊是为直播间引流的重要途径，群聊中的用户通常是商家的精准用户和忠实用户，所以通过群聊进入直播间的用户的转化率更高。

在直播前，商家可以通过群聊中的消息提醒功能告知群内用户开播了（见图 10-16），商家也可以在群聊中推送直播预热信息，发布直播中要上架的商品，并@所有人，吸引群聊中用户的关注，如图 10-17 所示。

图 10-16　消息提醒

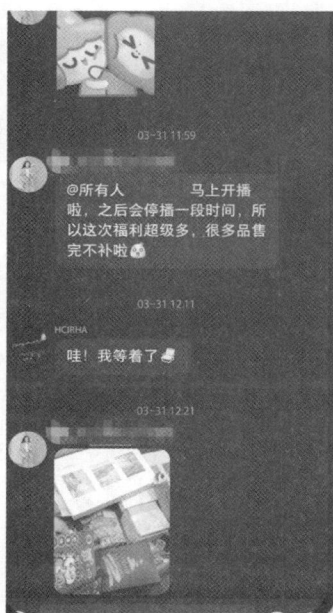

图 10-17　推送直播预热信息

在直播过程中，商家可以在群聊中分享直播卡片，告知用户直播已经开始，也可以分享直播中正在讲解的商品的相关信息（见图10-18），告诉用户主播正在讲解这款商品，还可以在群聊中推送直播的优惠活动，借福利吸引用户进入直播间，如图10-19所示。

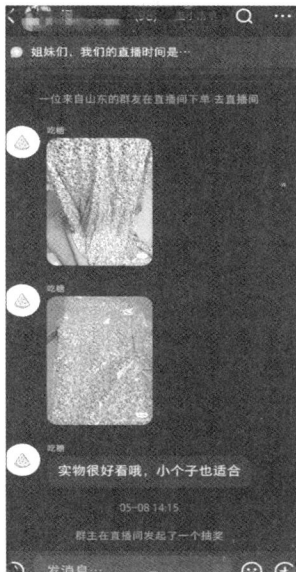 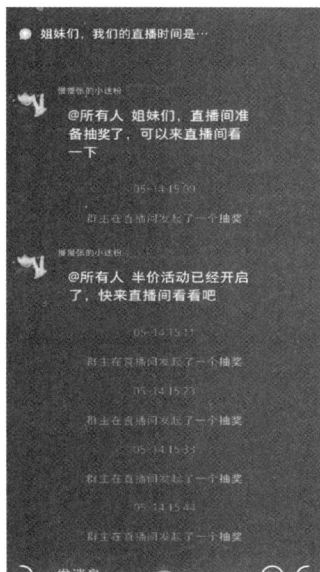

图 10-18　分享商品讲解信息　　　　图 10-19　推送优惠活动

案例在线

"笔记+直播+群聊"联动，生野安室有效提升直播转化率

微课视频

生野安室（Androom）是国内的独立设计家具品牌，专注于设计、生产与销售北欧风实木家居用品。该品牌在小红书平台保持着每月30多场直播的频率，通过直播间实时画面向用户展示产品材质、工艺。

（1）开播前高频发布笔记

该品牌每天都会发布笔记，且笔记内容多样，如介绍产品卖点的笔记、介绍产品使用场景的笔记等。品牌方通过爆款笔记测试出最受用户期待的产品，然后以这款产品为核心创作多篇笔记，增加产品的曝光。品牌方通过爆款笔记测试出最受用户期待的产品后，主播会在直播中对产品进行重点讲解，借直播提高产品销量。

（2）利用私域为直播间引流

该品牌建立了群聊，并利用其为直播间引流，避免刚开播时直播间的氛围过于冷清。在直播过程中，品牌方会在群聊中推送直播信息，如开播提醒信息、直播活动信息、直播抽奖信息等，如图10-20所示，不断吸引群聊中的用户进入直播间。

（3）直播互动性强

直播多采用问答形式，即用户在直播间里提出问题，主播在直播间中进行解答。这样既提高了直播间的互动率，也能让提出问题的用户为了获得答案而选择长时间停留在直播间，延长了用户的停留时间。此外，商家会不定期地在直播间里抽奖、发放补贴等，刺激用户在直播间下单。

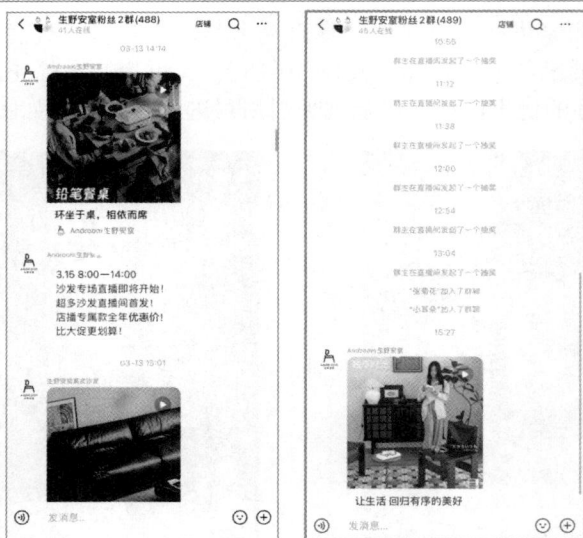

图 10-20　在群聊中推送直播信息

案例在线

使用通义撰写小红书笔记

主播可以使用通义撰写小红书笔记，具体操作方法如下。

（1）进入通义官方网站，单击"指令中心"按钮，如图 10-21所示。

图 10-21　单击"指令中心"按钮

（2）在页面右侧弹出的"指令中心"中找到"小红书文案"，单击该指令，如图 10-22所示。

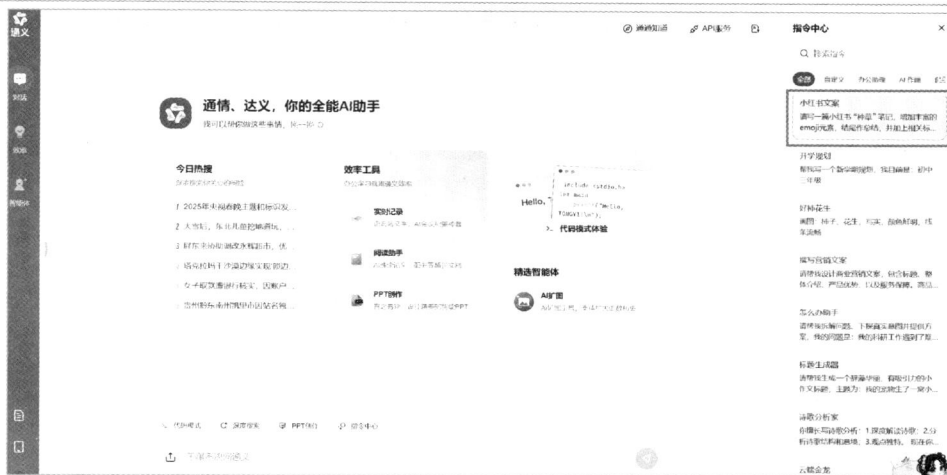

图 10-22　单击"小红书文案"指令

（3）对话框中弹出提示词，根据自身需求对提示词进行调整，然后单击生成按钮◉即可，如图 10-23 所示。

图 10-23　单击生成按钮

主播也可以自己设置提示词，下面列出了两个提示词参考方案。

• 你很擅长编写小红书"种草"笔记，请生成一篇小红书"种草"笔记，推广百色芒果。百色芒果的优点是核小肉厚、香气浓郁、肉质嫩滑、纤维少、口感清甜爽口。笔记的主要目标用户是喜欢吃水果的各类人群，要求笔记是小红书文章格式，充满 emoji 元素，简洁但内容充实。

• 以百色芒果为主题写一篇小红书文案。正文部分要包含百色芒果的特点。文案的每段都用表情隔开。

10.4.3　小红书直播销售案例分析

Banana moon 是国内一家拥有自主工厂的帽饰品牌，主打高品质、高性价比的各款帽饰。在小红书平台，Banana moon 凭借多样化和高性价比的商品收获了众多用户的喜爱和博主的推荐。同时，品牌通过店铺直播，吸引和沉淀了众多强黏性用户。

Banana moon 店铺直播的主要策略如下。

1．以多种方式预告直播

直播开始前，Banana moon 账号会发布直播预告笔记，在预告笔记中展示直播商品、直播福利，并在预告笔记中设置直播预约按钮（见图10-24），引导用户点击左下方直播预约按钮。商家还会将过往数据表现较好的笔记进行重新编辑，并在笔记中添加直播预约按钮，借助这些笔记的流量传播直播信息。

除了借笔记进行引流，商家还会采用在账号主页展示直播预告、在直播动态中设置直播预约信息（见图10-25）、在直播中设置下一场直播时间的公告、在笔记评论中添加直播时间、在笔记正文中重点标注直播时间（见图10-26）等方式，为直播预热。

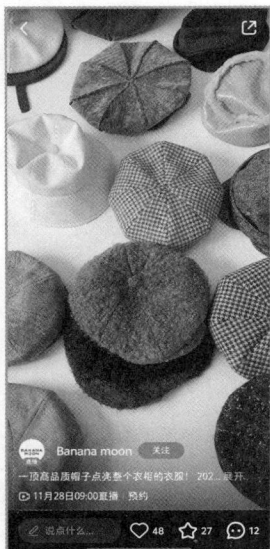

图 10-24　直播预告笔记　　　图 10-25　设置直播预约信息　　　图 10-26　标注直播时间

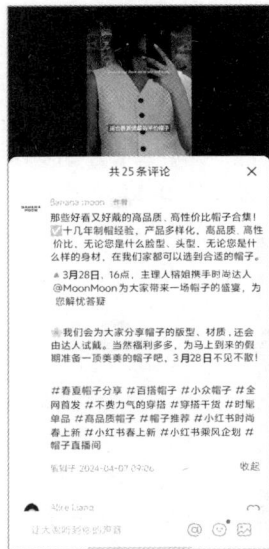

2．有效规划直播商品

商家会对直播商品进行精细的规划，每场直播中通常有 65%的热卖品、25%的当季新品、10%的福利性商品。热卖品的主要作用是吸引用户转化，提升直播间销售额；当季新品和福利性商品的作用主要是提高直播的吸引力，吸引更多用户进入直播间。

在直播刚开始人气较低时，商家会先上架福利性商品，并搭配一些营销工具为直播间快速提高人气。在直播间流量上升阶段，商家会穿插上架、讲解热卖品和当季新品，并搭配一些福利券，如"领券立减10元""领券立减50元"等，提高转化率。这种策略既延长了用户在直播间的停留时间，也带动了直播间销售额的增长，进而帮助直播间获得更多的自然流量。

3．布置直播间场景和氛围

商家会根据不同的直播主题设置直播间的场景，例如，对于春季上新主题的直播，商家会将直播间场景设置为生机盎然的氛围，如图 10-27 所示；对于秋冬上新主题的直播，商家会将直播间场景设置为温暖舒适氛围，如图 10-28 所示。在直播间中，商家会设置贴片，将商品信息、主播头围等信息展示出来。此外，直播间的灯光也非常有讲究。总之，商家综合利用多种方式减少用户观看直播的视觉疲劳，有效延长了用户在直播间的停留时间。

图 10-27 春季上新主题直播场景

图 10-28 秋冬上新主题直播场景

4．设置福利活动

商家会在直播过程中发放福利券，主播也会以口播的形式引导用户领取福利券，借助福利活动延长用户在直播间的停留时间。

5．积极回复用户提问

主播的直播风格很温和，语速和语调都很温柔，耐心讲解商品，耐心回答用户在评论区提出的问题。在解答用户问题的同时，主播还会再次介绍商品的卖点、优惠等信息，通过强化商品的利益点刺激用户下单。

课堂实训：百草味"年终大促"直播销售分析

1．实训背景

当前，休闲食品市场竞争白热化，直播销售作为新兴且极具影响力的营销模式，为众多品牌开辟了新赛道、注入了新活力。百草味作为休闲食品行业的知名品牌，产品线丰富，涵盖坚果、果脯、肉类零食等热门品类，凭借对市场风向的敏锐捕捉，积极投身于直播领域，与各大主播、平台深度合作，积累了丰富的直播销售实战经验与海量数据。

2．实训要求

精准提炼百草味在 2024 年"年终大促"期间的直播销售策略，包括直播商品规划策略、商品价格体系的构建、创意促销玩法、主播独特带货风格与互动技巧、商品讲解话术、多渠道引流推广策略等，从中汲取经验。

3．实训思路

（1）收集并整合资料

小组成员分工协作，在淘宝直播、抖音、小红书等主流直播平台，以及第三方数据监测平台（如蝉妈妈、抖查查），广泛收集百草味在 2024 年"年终大促"期间的直播场次，借助专业录屏软件按场次完整录制视频，同时收集直播预告海报、文案，产品宣传册、详情页等素材，按直播时间、主题分类归档，建立完备的资料库。

（2）解析营销策略

小组成员要从以下几个方面对百草味的直播策略进行解析。

- 产品策略洞察：梳理直播间展示的百草味零食品类、单品特色，分析产品组合逻辑（如节庆礼盒搭配、健康零食套餐）与展示方式；统计各品类、单品销量数据，探究产品差异化卖点（原料品质、工艺创新、口味独特），评估产品策略对流量吸引、销售转化的支撑力度。

- 价格策略解读：整理直播产品价格，划分常规价、促销价等不同类型，分析价格定位与产品成本、市场竞品价格的关联；统计各类价格策略（满减优惠、折扣活动、买赠玩法）下销量、销售额的波动；观察用户弹幕互动、下单时间，考量价格策略对用户购买决策的影响。

- 合作达人分析：分析合作主播（名人、网红达人）的形象气质、粉丝画像与百草味品牌的契合度，拆解主播带货话术风格（幽默风趣、严谨专业等）、互动环节设计（问答抽奖、游戏互动）。

- 直播销售话术分析：分析直播销售话术，包括开场话术、互动与引导关注话术、回答问题话术、成单与促单话术、直播结束话术等。

- 直播引流策略：追溯百草味直播前多平台引流路径，统计直播预告短视频在抖音、微博等平台的点赞量、评论量、转发量，分析其引流至直播平台的转化率；研究私域流量运营举措（微信公众号推送、社群推送、会员专属福利发放）对直播预热、老客召回的效果；剖析与平台（淘宝、抖音）的联动推广策略，评估不同推广渠道对直播流量增长的贡献度。

（3）总结经验

分析营销策略，从中总结经验，为直播销售实践提供参考。

课后练习

1. 分别在抖音、淘宝、视频号、小红书等平台上观看直播，分析这些平台直播的流量入口都有哪些。
2. 如何运用短视频为直播间引流？
3. 主播如何进行人设定位？
4. 若在视频号进行直播销售，如何做好私域运营？
5. 若在小红书平台上进行直播销售，如何运用笔记和群聊为直播间引流？